W0299360

Stuart Crainer/Des Dearlove

Der **ATLAS** des **MANAGEMENTS**

REDLINE WIRTSCHAFT

Danksagung
Für ihre freundliche Unterstützung danken die Herausgeber und Autoren folgenden Personen und Unternehmen: Richard Burton, Steve Coomber, IDEO, Ton Wesseling, Robbert Blauwkuip, Paula Kettenis, Pieter Koomen, Ton Damen, Heller the Runner, Jeanne Radford & Jonathan Young.

Stuart Crainer/Des Dearlove

Der **ATLAS** des **MANAGEMENTS**

Navigationshilfen für die Reise durch die Business-Welt

REDLINE WIRTSCHAFT

Stuart Crainer/Des Dearlove
Der Atlas des Managements
Navigationshilfen für die Reise durch die Business-Welt
Frankfurt: Redline Wirtschaft, 2006
ISBN 3-636-01171-5

Unsere Web-Adresse:
http://www.redline-wirtschaft.de

Original publication by Meteor Press BV, the Netherlands
Copyright © 2005 Meteor Press Licensing BV, the Netherlands
World of Experience® is a trade mark of Meteor Press Licensing BV.
All rights reserved, Meteor Press Licensing BV, Amsterdam, the Netherlands
CompanyMAP® is a trade mark of CompanyMAP International Licensing BV.
All rights reserved, CompanyMAP International Licensing BV, the Netherlands

Aus dem Englischen übersetzt von Sabine Schilasky.

Copyright © 2006 der deutschsprachigen Ausgabe by Redline Wirtschaft, Redline GmbH, Heidelberg. Ein Unternehmen von Süddeutscher Verlag | Mediengruppe.

Alle Rechte, insbesondere das Recht der Vervielfältigung und Verbreitung sowie der Übersetzung, vorbehalten. Kein Teil des Werkes darf in irgendeiner Form (durch Fotokopie, Mikrofilm oder ein anderes Verfahren) ohne schriftliche Genehmigung des Verlags reproduziert oder unter Verwendung elektronischer Systeme gespeichert, verarbeitet, vervielfältigt oder verbreitet werden.

Umschlag: CompanyMAP/ZERO Werbeagentur, München
Karten: Company Map®, Amsterdam, & Red Lion Cartography, UK
Design: MPA, London
Abbildungen: S. 9, Copyright European Central Bank; S. 52, S. 96, S. 148, S. 165, Getty/Bruno Press; S. 39, IDEO; S. 66, Leigh Bureau
Redaktion: Kathrin Stachora, Landsberg am Lech
Satz: Redline GmbH, J. Echter
Druck: Drukkerij Offset Service Valkenswaard Holland
Printed in EU

Inhalt

Kartensymbole

Physische Karte

- Unerschlossenes Gebiet
- Grünflächen
- Wüste
- Berg/Gipfel
- Fluss
- Kanal
- See
- Sumpf
- Baumbestand/Wald
- Oase/Garten
- Städtisches Gebiet
- Grenze/Zaun
- Flagge/Markierung
- Aussichtspunkt
- Höhlen/Gruben

Verkehr

- Bahnhof
- Zug
- Autobahn/Kreuzung
- Hauptstraße/Straße/Kreuzung
- Tankstelle
- Brücken
- Fußgängerbrücke/Steg
- Zoll
- Flughafen/Rolllbahn
- Tower
- Flugzeug

Meer/Wasser

- Passagierschiff
- Forschungsschiff
- Fischerboot
- Fähre
- Frachtschiff
- Kriegsschiff
- U-Boot
- Yacht
- Kanalschiff
- Werft
- Leuchtturm/Feuerschiff
- Schwimmhafen
- Boje
- Minenfeld/Minen
- Schiffswrack
- Strand
- Surfbereich
- Schwimmbereich

Energie/Technologie

- Atomkraftwerk
- Kraftwerk
- Windkraftturbine
- Überlandleitung
- Radar/Observatorium
- Satellit
- Innovation
- Treibstofflager
- Brunnen/Pumpe
- Pipeline

Militär

- Turm/Festung
- Burg/Fort
- Pforte/Fallgatter
- Schlacht
- Angriffsmacht/Bewegung
- Panzer/Gewehrstellung
- Raketenabschussbasis
- Lager/Hütte
- Wachturm

Infrastruktur

- Stadt
- Dorf
- Gebäude
- Fabrikanlage/Lagerhaus
- Institut/Einrichtung
- Zentrale
- Sender
- Krankenhaus/Klinik/Rettungsstation
- Theater
- Villa
- Kirche
- Tempel
- Friedhof
- Denkmal/Prachtbau
- Mine
- Freizeitpark
- Zirkuszelt
- Stadion
- Siegerpodium

Verzeichnis der Karten

„Dieses Buch ist anders als andere Wirtschaftsbücher. Wie aber will man die Reise durch eine so komplizierte Landschaft wie die des Managements meistern, ohne eine Karte zur Hand zu haben? Hier wird die Welt der Wirtschaft nicht nur in Textform, sondern auch in Karten abgebildet – in fremden, faszinierenden und sehr ansprechenden Karten, die Sie durch die Welt des modernen Managements führen."

Vorwort

Mit meinem Rücktritt (2003) als Chef der Europäischen Zentralbank habe ich eine aufregende Karriere beendet. Als ich 1998 auf den Posten berufen wurde, sollte ich eine europäische Einheitswährung einführen und für ökonomische Stabilität in der Eurozone sorgen. Viele Leute zweifelten daran, dass es überhaupt möglich war, und dennoch nutzen heute über 300 Millionen Menschen den Euro als ihr tägliches Zahlungsmittel.

In gewisser Weise handelt auch dieses Buch von einer Reise, einer Reise durch die Welt des Managements und der Wirtschaft – einer Welt, in der ich und viele andere ihr Arbeitsleben verbringen. Was Sie auf den folgenden Seiten finden werden, sind Informationen und Problemdiskussionen, die Sie persönlich angehen, ganz gleich, ob Sie der Gründer eines Start-up-Unternehmens, der CEO eines multinationalen Konzerns, Beschäftigter im öffentlichen Dienst, Mitarbeiter eines Non-Profit-Unternehmens oder Fabrikarbeiter sind.

Bei meiner Reise an der EZB hatte ich praktisch mit allen Fassetten der Wirtschaft zu tun, die man sich nur vorstellen kann – Finanzen, Führung, Organisation, Management, Strategie, Innovation, die Liste setzt sich unendlich fort. Zu meinem Glück führte meine Reise mich zu einem produktiven Ziel.

Dieses Buch ist anders als andere Wirtschaftsbücher. Wie aber will man die Reise durch eine so komplizierte Landschaft wie die des Managements meistern, ohne eine Karte zur Hand zu haben? Hier wird die Welt der Wirtschaft nicht nur in Textform, sondern auch in Karten abgebildet – in fremden, faszinierenden und sehr ansprechenden Karten, die Sie durch die Welt des modernen Managements führen.

Jede Reise hat ein Ziel – eine Endstation. Ich hoffe, dass die Einführung des Euro ein Schritt auf dem Weg zur Schaffung langfristigen Friedens und ökonomischer Stabilität in Europa sein wird.

Jeder von Ihnen wird zu seinem persönlichen Ziel unterwegs sein. Ich hoffe, das Lesen dieses Buches wird Ihnen helfen, eine sorgenfreie Reise dahin zu planen. Andererseits haben meine Reiseerfahrungen mich gelehrt, stets mit dem Unerwarteten zu rechnen!

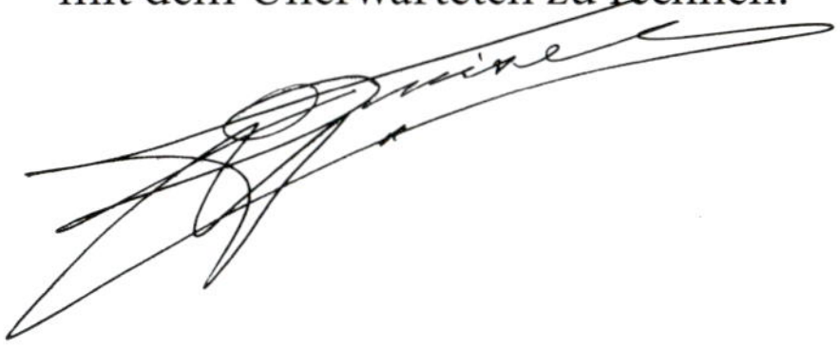

Wim F. Duisenberg (1935-2005)
Erster Präsident der Europäischen Zentralbank, 1998-2003

Anmerkung des Herausgebers:
Wim Duisenberg gelangte unerwartet ans Ende seiner Lebensreise, ohne dass er das Erscheinen dieses Buches miterleben durfte. Seine Persönlichkeit wie seine herausragenden Leistungen werden immer ein fester Bestandteil der europäischen Geschichte sein und besonders die Niederländer werden seiner mit Zuneigung und Respekt gedenken.

Einleitung

Die Welt, in der wir leben, setzt sich aus vielen kleinen und großen Welten zusammen. Da wären die Welt der Unterhaltung, die Welt der Wissenschaft, die Welt des Sports und die Welt der Kindheit, um nur ein paar zu nennen. Und natürlich ist da noch die Welt der Wirtschaft und der Unternehmen – eine Welt, in der viele von uns einen Großteil ihres Lebens verbringen. Das Zentrum dieser Welt, ihre Kerneinheit, ist das Unternehmen.

Die Welt der Wirtschaftsfragen

- I Wie mache ich mehr Geld?
- II Woher kommen die besten Ideen?
- III Wer hat hier das Sagen?
- IV Wie führe ich Menschen?
- V Wohin gehen wir? (Kann ich die Zukunft planen?)
- VI Wie kann ich mehr verkaufen?
- VII Wie sollen wir unsere Firma organisieren?
- VIII Wie mache ich meinen Betrieb effizienter?
- IX Was kann die Technologie für mich tun?
- X Wie kann ich von den besten Unternehmen lernen?
- XI Wie sollte mein Karriere-Management aussehen?
- XII Welches ist die wirkliche Bedeutung von Erfolg?

Reisejournal

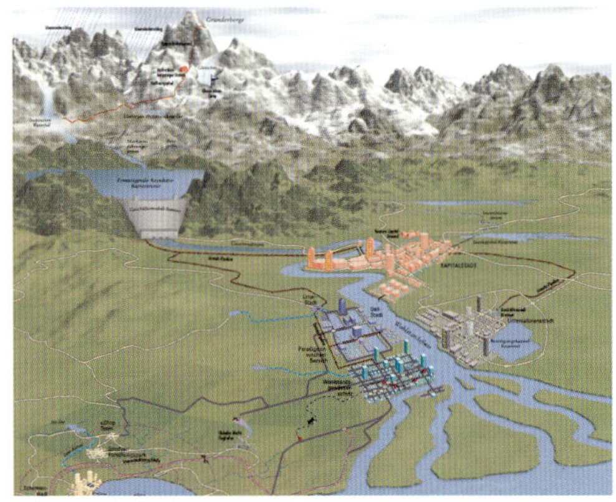

Kapitel I: Wie mache ich mehr Geld?

Kapitel II: Woher kommen die besten Ideen?

Nun gibt es ganz unterschiedliche Unternehmen. Manche von ihnen sind mächtiger als Nationen. So lagen im Jahr 2004 die Umsätze des amerikanischen Einzelhandelsgiganten Wal-Mart über dem BIP von Portugal. Unternehmen wie General Electric, Shell und Ford sind reicher als viele Regierungen. Andere wiederum bestehen aus einem einsamen Unternehmer und seinen Träumen. Dazwischen gibt es Unternehmen in allen vorstellbaren Größen und Formen. Einige von ihnen sind nicht auf der Erde, um Profite zu machen, sondern vielmehr wird von ihnen erwartet, dass sie Gewinn bringend arbeiten, denn solche Erwartungen sind typisch für die Zeit, in der wir leben.

All diese Unternehmen aber haben eines gemein: Sie befinden sich inmitten eines harten Überlebenskampfes. Tag für Tag mühen sich ihre Manager, sie so zu leiten, dass die Gewinne maximiert werden. Wie? Indem sie sich auf sämtliche Aspekte des Geschäfts konzentrieren und versuchen, sie zu verbessern.

Es gibt viele verschiedene Möglichkeiten, die Welt der Wirtschaft zu erkunden. Wir machten zwölf Schlüsselfragen aus, die den Weg zum Erfolg markieren. Jede dieser Fragen steht für eine abgeschlossene Etappe auf der Reise hin zum Verständnis dessen, was notwendig ist, um besser im Geschäft zu sein.

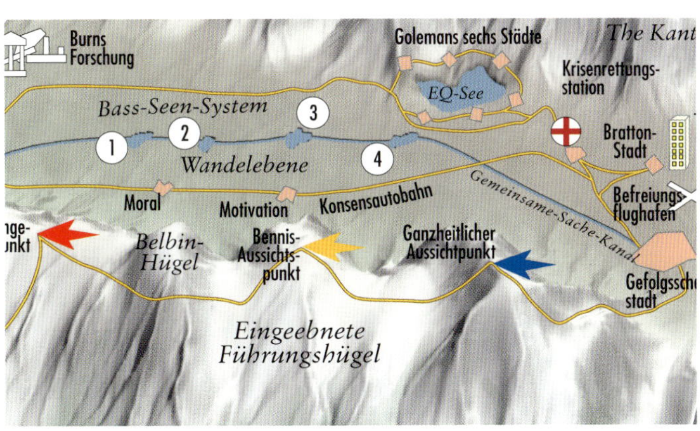

Kapitel III: Wer hat hier das Sagen?

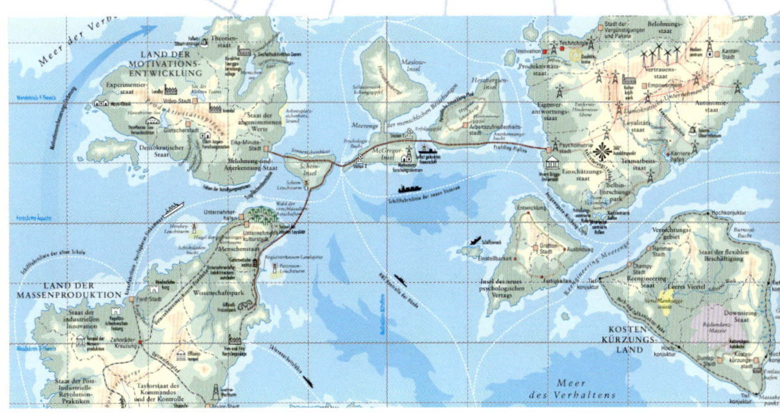

Kapitel IV: Wie führt man Menschen?

Die Welt der Wirtschaft ist ein berauschender Mix aus Investmentbanken, Börsenplätzen, Börsenmaklern, Devisenmärkten, Devisenmaklern, stillen Investoren, Venture-Kapitalisten, Börsenanalysten, Gesellschaftern, Optionen, Bonds, Staatsanleihen, Futures, Derivaten und einer ganzen Reihe von anderen Institutionen, Menschen, Produkten und Dienstleistungen.

Hier geht es nicht bloß um Unternehmen: Jeder Einzelne hat sich ebenfalls auf eine Reise zu begeben. Wir verbringen einen großen Teil unseres Lebens mit der Arbeit. Warum sollten wir diese Erfahrung nicht so bereichernd wie möglich gestalten?

Wenngleich die Kapitel zwangsläufig miteinander zusammenhängen, ist es nicht unser Ziel, einen festen Fahrplan vorzugeben. Jedes Kapitel befasst sich mit einem wesentlichen Aspekt der Wirtschaft, doch ob die Strategie vor der Innovation oder das Unternehmen vor der Führung kommen sollte, sei dahingestellt. Derlei Fragen werden in den Business Schools und Vorstandsetagen der Welt in endlosen Stunden diskutiert. Dieses Buch jedoch ist nicht das Forum für eine solche Debatte, sondern will einen eigenen Ausblick bieten, der von Fallstudien gestützt wird, die wegweisende Informationen aus erster Hand liefern. Die Leser planen ihre Reise, wie es ihnen am besten gefällt: Sie können die Welt des Managements einmal umkreisen oder hier und da Exkursionen einschieben, wann immer sich die Gelegenheit ergibt. Das bleibt ihnen überlassen.

Ehe wir uns auf die Reise machen, wollen wir eine kleine Vorschau auf die Route bieten, wobei wir etwas länger an jenen Stationen verweilen werden, die für jede Reise durch die Welt des Managements wesentlich sind.

Wie mache ich mehr Geld? Im Zentrum des Strebens nach mehr Geld stehen das Geschäftsmodell und der Businessplan. Ob sie nun auf der Rückseite einer Papierserviette skizziert sind, wie im Fall Southwest Airlines, oder sich über mehrere Bände erstrecken – kein Unternehmen kann ohne einen Businessplan und ein anständiges Geschäftsmodell erfolgreich sein. Unternehmen erreichen oft ungeahnte Höhen, was ihren Erfindungsreichtum angeht, doch dann holen ihre Geschäftsmodelle sie wieder auf den Boden herunter: Wer seinen Plan richtig formuliert und ihm folgt, wird über kurz oder lang auf dem Wohlstandsfluss mitschwimmen.

Woher kommen die besten Ideen? Innovation ist ein sehr wichtiges Element der modernen Wirtschaftswelt und Ideen sind ihre neue Währung. Wissen gehört zu den wertvollsten Aktiva. Genießen Sie Ihren Besuch auf Terra Innova. Sie gelangen über Neufundland dorthin, wo Sie die Geschichte der Innovation von der Kolonisierung bis zur Konsolidierung nachvollziehen können. Die Wetterbedingungen in diesem Küstenbereich sind von Brainstorms geprägt. IDEO-Keys ist die Heimat eines Großteils des modernen Querdenkens und der Inspiration.

Wer hat hier das Sagen? Wenn Unternehmen sich an neue ökonomische Gegebenheiten anpassen müssen, sehen sich auch ihre Führungskräfte mit neuen Herausforderungen konfrontiert. Ein großes Unternehmen zu leiten ist heute schwieriger denn je. Einige Führungskräfte brechen unter der Last der Vorschriften und der Erwartungen vonseiten der Stakeholder zusammen. Unter den CEOs wächst die Liste der Unfallopfer. Eine Führungskraft ist gleichzeitig Berg und

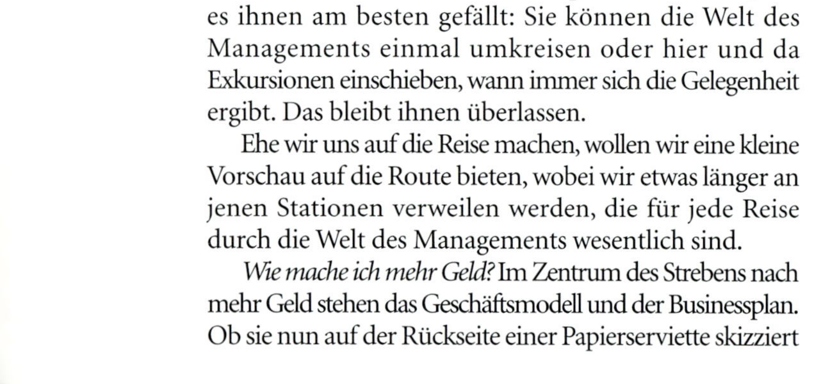

Kapitel V: Wohin gehen wir?

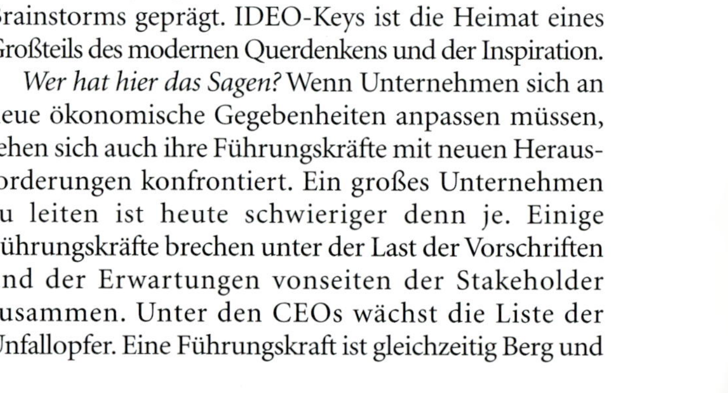

Kapitel VI: Wie kann ich mehr verkaufen?

Bergsteiger. Sie gibt die Standards für ihre Mitarbeiter vor und führt den Anstieg ehrgeiziger Unternehmen. Deshalb müssen Führungskräfte vorsichtig sein, um nicht in einen Höhenrausch zu geraten, und zugleich sollten sie genügend Zeit in luftigen Höhen verbringen, denn dadurch qualifizieren sie sich für die Reise durch die Unternehmenswelt.

Wie führt man Menschen? Das neue Millenium bringt uns auch neue Arbeitspraktiken. Die bisherige Taktik von Zuckerbrot und Peitsche wirkt nicht mehr als Motivator für moderne westliche Arbeitskräfte. Der Psychologe Abraham Maslow stellte die Selbstverwirklichung an die Spitze seiner Hierarchie der Bedürfnisse – „die Sehnsucht danach, mehr und mehr zu dem zu werden, der man ist, alles zu sein, was man nur irgend sein kann". Im Zentrum der Welt der Personalführung gelegen ist die Maslow-Insel der Drehpunkt auf der Reise zur Machtverteilung. Maschinen können effizient Prozesse beaufsichtigen, aber den eigentlichen Wettbewerbsvorteil bringen Menschen. Wenn die Unternehmen ihren Mitarbeitern die Mittel zur Selbstverwirklichung vorenthalten, werden diese ihr Wissen nehmen und woanders hingehen.

Wohin gehen wir? Unternehmerische Bemühungen ohne ein klares Ziel sind sinnlos. Und wenn ein Konkurrent eine bessere Strategie hat als wir, werden wir verlieren. Dieser Abschnitt der Reise kann eine Konfliktzone sein. In der superschnellen Hightech-Welt ist jede Planung schwierig. Ein Unternehmen kann Millionen in die Forschung und Entwicklung für ein neues Produkt stecken, das einen wesentlichen Teil seiner Strategie zur Eroberung der Märkte darstellt. Innerhalb von Monaten nach der Produkteinführung bringt dann die Konkurrenz ein Nachahmerprodukt auf den Markt. Die Geschwindigkeit, in der Veränderungen erfolgen, lässt die Unterschiede zwischen Strategie und Taktik zusehends verschwimmen. Zu viel Diskutieren und Planen kann also jene klugen, schnellen Schritte behindern, die uns vor der Konkurrenz in die Region des Neuen Marktes bringen können.

Wie kann ich mehr verkaufen? Die Marketing-und-Verkauf-Autobahn ist eine laute und bunte Straße, die beim Kunden anfängt und bei ihm endet. Umsätze sind wichtig: Ein Unternehmen, das nichts verkauft, kann nicht überleben. In der modernen Geschäftswelt haben die Kunden das Sagen. Wer sie mit Botschaften überflutet, verkommt zum bloßen Hintergrundgeräusch. In der Zone des Erlaubnis-Marketings wird der Kunde zum Sprachrohr für die Marketing-Botschaft. Reisen Sie durchs Kundenland und entdecken Sie, dass es aufs Marketing ankommt: Kunden erkennen Marken, keine Unternehmen.

Wie sollen wir unsere Firma organisieren? Das Unternehmen ist das neue globale Imperium: Ohne Regeln und Strukturen droht das Chaos. Die Reise vom tyrannischen Stadtstaat Weberton zu den vielgliedrigen Organisationen des 21. Jahrhunderts wird auf den Karten dieses Kapitels nachvollzogen.

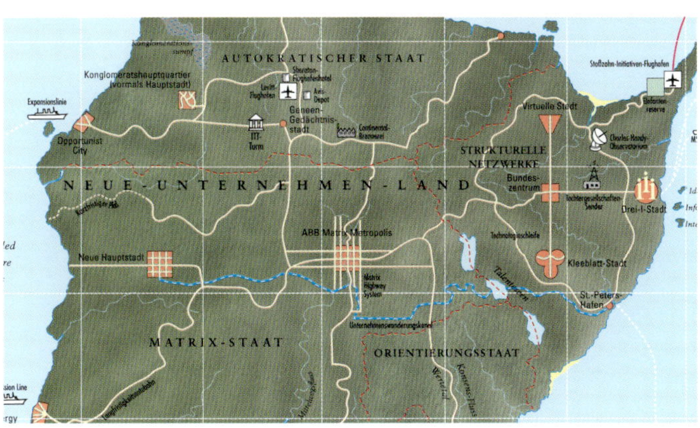

Kapitel VII: Wie sollen wir unsere Firma organisieren?

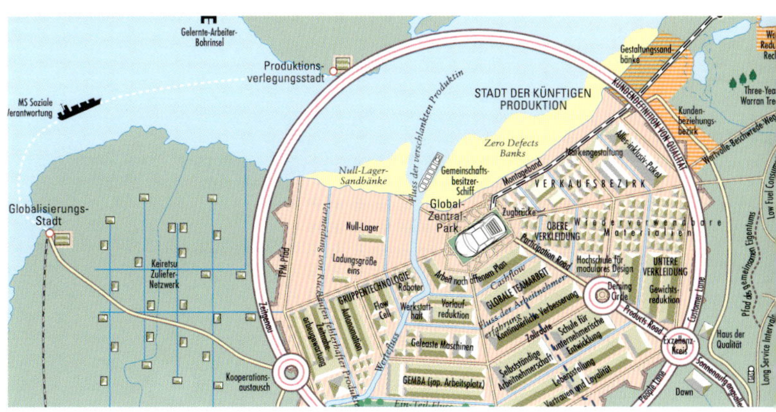

Kapitel VIII: Wie mache ich meinen Betrieb effizienter?

Die Reise mag aufregend sein, ist allerdings auch eine gefährliche Odyssee. Ehe Sie sich auf den Weg machen, nehmen Sie sich die Zeit, über Ihre Mission nachzudenken. Erst dann – und mithilfe der Karten – werden Sie wissen, wann Sie Ihr Ziel erreicht haben.

Die Grundeinstellung entspricht nicht mehr dem hierarchischen Management von oben nach unten. Der Paternalismus mag überleben, die Tyrannei wird es auf keinen Fall. Eines der größten Probleme mit Blick auf den Erfolg oder Misserfolg von modernen multinationalen Unternehmen ist, ein neues Gleichgewicht herzustellen, bei dem die Kontrolle effektiv ist, zugleich aber nicht die Initiative der Einzelnen erstickt. Die Notwendigkeit der Arbeitnehmerbeteiligung und die Zunahme von freiberuflichen Mitarbeitern haben die Dynamik der modernen Unternehmen verändert und weisen in Richtung eines Zukunftslandes, in dem uns neue Unternehmensparadigmen erwarten.

Wie mache ich meinen Betrieb effizienter? Maximale Effizienz ist oberstes Gebot in der globalen Wettbewerbsökonomie. Doch wie wir sehen werden, wenn wir die Stadtkarte in diesem Kapitel betrachten, kann Effizienz zu unterschiedlichen Zeiten und an unterschiedlichen Orten ganz Unterschiedliches bedeuten. Heute definieren die qualitätsbezogenen Konzepte und Praktiken eher das, was früher Zielsetzungen mit Effizienz meinten. In der Produktionsstadt erweist sich der Wertstrom als interessantester Fluss der Zukunft, obwohl er zur Zeit der Automobilproduktion an einem bestimmten Punkt beinahe ins Stocken kam. Sehen Sie sich an, wie sich die Produktionsprozesse in den 100 Jahren seit Henry Fords Highland Park verändert haben.

Was kann die Technologie für mich tun? Technopolis stellt das Technologiewachstum als einen Faktor für die Sicherung der tiefsten Wünsche und Bedürfnisse der Menschheit dar. Technologie ist der Diener der Effizienz: ein Mittel, kein Zweck. Technologie ist eine Kraft, die entweder menschliche Fehler reduzieren oder jedwede Kultur und Persönlichkeit verdrängen kann, je nachdem, wie man sie sieht. Sie hilft dem Unternehmen, seine Geschäfte zu verbessern – Neues zu tun oder das Bisherige besser zu machen – wie das Doppeldeckerflugzeug der Wright-Brüder und eine Boeing 747: derselbe Zweck, aber unterschiedliche Technologien; bessere Ergebnisse für die Fluglinien und ihre Passagiere (wenngleich vielleicht nicht für die Umwelt). Wenn die Technologie nach Utopia führen soll, muss dieselbe Technologie auch für die Minderung der negativen Nebeneffekte Verantwortung übernehmen, die mit Veränderung und Innovation einhergehen.

Wie kann ich von den besten Unternehmen lernen? Hier besuchen wir den Best-Practice-Staat auf der Auf-der-Suche-nach-Spitzenleistungen-Karte. Lernen Sie von den Besten, indem Sie anderswo Unternehmen besuchen und sich ansehen, was sie besser machen – sei es in der benachbarten Stadt oder auf der anderen Seite des Globus. Bereisen Sie die zehn Geheimnisinseln, die Benchmarks und die Wild Side, die unzivilisierte Seite. Sie können sogar etwas von der Falschinsel lernen, der ersten Adresse für alle, die den Irrtum suchen!

Kapitel IX: Was kann die Technologie für mich tun?

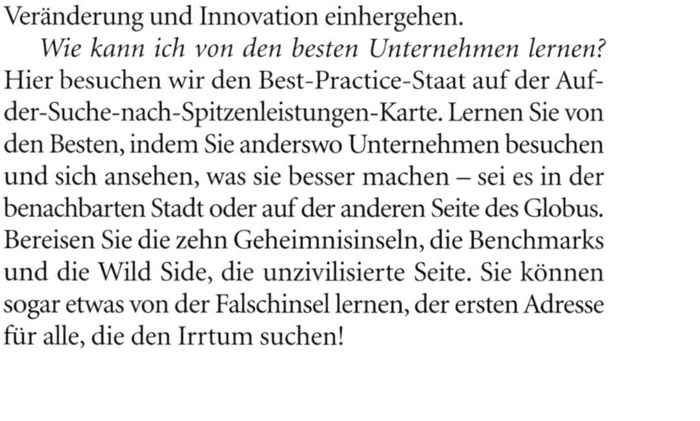

Kapitel X: Wie kann ich von den besten Unternehmen lernen?

Wie sollte mein Karriere-Management aussehen? Je nachdem, aus welchem Blickwinkel man sie betrachtet, stellt sich die Unternehmenswelt ganz unterschiedlich dar. Für den durchschnittlichen Angestellten kommt das Arbeitsleben einer Weltumrundung mit geplanten und ungeplanten Zwischenstationen gleich. Mitarbeiter bewegen sich auf ihrem Karrierepfad von einem Unternehmen zum nächsten. Ein Leitervergleich bietet sich hier eigentlich nicht an, sondern eher der mit einer Flugroutenkarte – viele verschiedene Routen, unterschiedliche Zielflughäfen. Einige Reisen sind sorgfältig durchdacht und perfekt organisiert, andere sind ein bisschen willkürlicher. Drei Landmassen dominieren diese Karte: das Berufungsland, das Unternehmerland und das Profiland. Das Ziel heißt, wenn möglich: persönliche Erfüllung; der Startpunkt: der Abflughafen für die Karriere – zu dem man am besten mit der Selbsterkenntnis-U-Bahn und ihrem Persönliche-Bestandsaufnahme-Netz gelangt.

Welches ist die wirkliche Bedeutung von Erfolg? Schließlich kommen wir zu der wohl wichtigsten Frage in einer Unternehmenswelt: Was soll das Ganze? Eine Standardantwort vonseiten der Unternehmen lautet: Werte für die Shareholder schöpfen. Nur ist es normalerweise nicht so einfach. Auf persönlicher Ebene wird jeder von uns eine andere Antwort parat haben. Für einige ist der Sinn des Ganzen die Ansammlung von Reichtümern und materiellen Gütern, für andere die spirituelle Zufriedenheit oder Genuss und Spaß. In der abschließenden *Mission-zu-den-Sternen-Karte* erkennen wir vertraute Zielorte in den Weiten des Raums. Unser Raumschiff muss entsprechend gerüstet sein, damit wir überleben. Die Reise kann aufregend sein, ist aber zugleich eine riskante Odyssee. Ehe Sie aufbrechen, sollten Sie sich Zeit nehmen, um über Ihre Mission nachzudenken. Erst dann können Sie mithilfe der Karte erkennen, wann Sie Ihren Zielort erreicht haben.

Wir wünschen Ihnen eine gute Reise!

Stuart Crainer & Des Dearlove, 2005

Wegmarken

Viele Menschen finden sofort Zugang zu Associative Cartography® und der Anwendung der Karten. Die Wegmarken am Ende eines jeden Kapitels fassen noch einmal die darin vorgestellten Konzepte zusammen und stellen dem Leser einige kartenbezogene Aufgaben. Die mitgelieferte CD-ROM enthält eine Blankokarte, die Sie sich ausdrucken können, um sie zur Entwicklung Ihrer eigenen Karte zu nutzen.

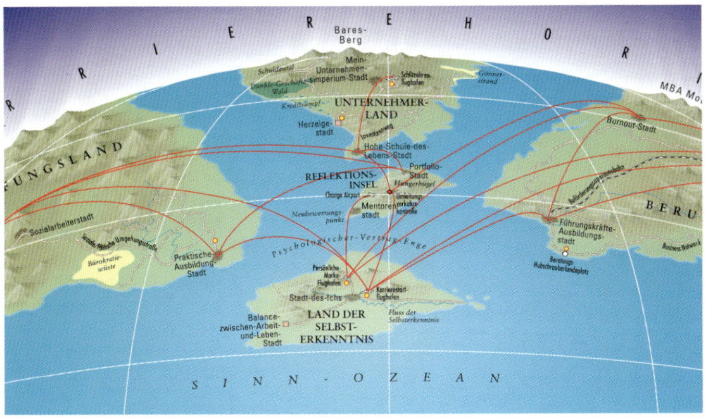

Kapitel XI: Wie sollte mein Karriere-Management aussehen?

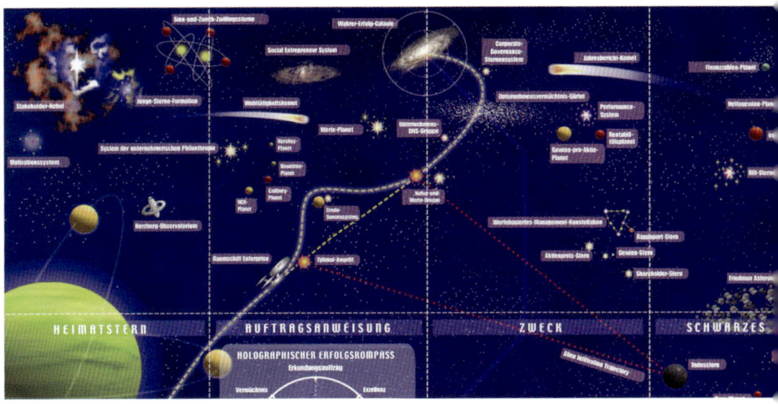

Kapitel XII: Welches ist die wirkliche Bedeutung von Erfolg?

Associative Cartography® wendet sich an alle, die Fakten analytisch verarbeiten und auf diese Weise neue Perspektiven zu Themen, Abläufen und Zielen gewinnen wollen.

Associative Cartography® Von Kartographen und Kommunikatoren

Was haben Karten mit der Welt der Wirtschaft zu tun? Dieses Buch stellt die Ideen der Associative Cartography® vor, bei der Karten als Hilfsmittel zur Visualisierung von Erfahrungen aus allen Lebensbereichen eingesetzt werden, einschließlich dem des Managements von Unternehmen.

Alles verändert sich: Es ist immer dasselbe. Dieses Paradoxon trifft auf sämtliche Bereiche zu, auch wenn es das eigentlich nicht sollte. Unternehmen und Organisationen demonstrieren es auf ihre Weise. Sehen wir uns nur typische Lebenszyklen an. Unternehmen schießen aus dem Boden, reiten eine Weile auf einer Modewelle oder schwimmen mit einem bestimmten Zeitgeist mit. Ihre Triumphe füllen die Seiten der Wirtschaftspresse, während die Gründer wieder und wieder aufgefordert werden, ihre Geschichten in Lifestyle-Magazinen zu erzählen. Einige Zeit später verschwinden sie still und leise und mit ihnen ihre Übernacht-Imperien. Manchmal fällt ihr Abgang allerdings auch weniger leise aus.

Und da setzt sich das Paradoxon auch schon fort: Einerseits scheint es mindestens einen MBA zu brauchen, um die Spitze der Geschäftswelt zu erklimmen, andererseits handeln einige der größten Erfolgsgeschichten von Leuten, die kaum formelle Qualifikationen mitbrachten, dafür aber eine starke Persönlichkeit, Erfahrung, einen guten Instinkt und ein sicheres Urteilsvermögen. Von solchen Menschen gibt es mehr, als wir zunächst glauben mögen. Und viele von ihnen steigen in ihren Unternehmen nie auf, weil sie von jenen ausgebremst werden, die sie eigentlich inspirieren und motivieren sollten.

Dieses Buch ist die erste Veröffentlichung von Associative Cartography® und soll ein Werkzeug für Menschen wie für Unternehmen sein. CompanyMap® ist das internationale Unternehmen, das diese bewährte Methodologie für die Anwendung bei einer Vielzahl von Unternehmenskunden entwickelte. Associative Cartography® versammelt die Einzelbeiträge zahlreicher Leute, die Faktenmaterial beisteuern, das dann hier analytisch verarbeitet wird. Durch die Karten werden anschauliche neue Sichtweisen zu jedem beliebigen Thema, jedem Prozess oder jeder Zielsetzung geboten. Die Übersetzung in die Kartenform selbst ist zunächst einmal ein belebender Prozess, der sowohl für Teams als auch für Einzelpersonen funktioniert und sie auf eine Entdeckungsreise entführt, die ungeahnte Kreativitätsenergien freilegt.

Jede menschliche Erfahrung im Zusammenhang mit Veränderung oder Wachstum kann als eine Reise betrachtet werden und für jede Reise brauchen wir eine Karte. Jede strategische Maßnahme von Einzelnen oder Unternehmen startet mit denselben analytischen Fragen: Wo stehe ich jetzt? Wo will ich stehen? Wie komme ich dahin? Zum besseren Verständnis sollten natürlich auch Fragen gestellt werden wie: Woher komme ich? Wie kam ich dahin? Fortschritt, gleich welcher Art, ist ohne Neugier nicht möglich – und dennoch unterdrücken Unternehmen oft die natürliche Neugier ihrer Mitarbeiter und steuern sie wie ihre Projekte in einer Weise, die jedwede Kreativität erstickt.

Der Atlas des Managements zeigt einen neuen Weg zum Verständnis der Schlüsselfragen, denen Unternehmen begegnen, indem er Karten bietet, die den Umgang gerade mit den Fragen erleichtern, die Führungskräfte am ehesten bewegen. Das Schöne an Associative Cartography® ist, dass die Methode einen Prozess „von innen nach außen" in Gang setzt, der neue Denkweisen bei der Bewältigung von alten Problemen anregt. Mithilfe der Karten kann das Umfeld oder „die Landschaft" neu erfunden oder neu entdeckt werden, in der ein Unternehmen, seine Mitarbeiter, seine Partner und auch seine Kunden heute arbeiten oder in Zukunft arbeiten könnten.

CompanyMap® konnte Associative Cartography® bereits erfolgreich nutzen, um Unternehmen beim Management von Wandel, beim Führungskräftetraining, bei der Integration anderer Unternehmen nach Fusionen, bei der Qualitätsverbesserung, bei der Versorgungskettenoptimierung, bei der Händler-Netzwerke-Motivation, bei der Kundengewinnung, bei der Umsetzung von Visionen und Wertstrategien und zahlreichen anderen Maßnahmen zu helfen.

Im Atlas des Managements werden Sie etwa 200 Karten finden. Sie folgen jeweils dem Inhalt des Textes und sind dazu gedacht, den Leser zu einem neuen Umgang mit den Ideen anzuregen, die ihm bereits geläufig sein dürften.

Associative Cartography® ist kein Zauberstab und erst recht keine kreative Augenwischerei: Es ist ein innovatives und praxisrelevantes Werkzeug, das Mitarbeiter in Unternehmen in die Lage versetzt, effektiver zu arbeiten, indem es ihre Beteiligung ebenso einfordert wie ihr Engagement, ihre Kreativität und ihre Kommunikationsfähigkeit.

Sollte Ihnen das Konzept von Associative Cartography® noch neu und fremd vorkommen, können Sie es einfach wie eine Reise ansehen, die Sie unternehmen. Ob es sich um eine vertraute Reiseroute handelt oder um einen neuen Weg, den Sie erstmals beschreiten – Sie können Ihre Reise entwerfen und planen: Ihr Ziel, die Orte, an denen Sie Rast machen, ob Sie die malerische Landstraße oder die Autobahn nehmen. Die Karte für Ihre Reise ist Ihre Navigationshilfe, mit der Sie sicherstellen, dass Sie den besten Weg zu Ihrem Ziel wählen, die Ihnen zeigt, welche Fortschritte Sie machen, und Ihnen alternative Strecken und besondere Sehenswürdigkeiten anbietet. Für Unternehmen oder Einzelne, die sich auf eine Associative Cartography®-Reise begeben, ist die Karte umso nützlicher, da sie ihre eigene Landschaft und Reiseroute skizzieren, sich selbst ebenso die wichtigsten Berge und Täler, Wälder und Flüsse ansehen wie die kürzesten und malerischsten Strecken. Sie werden überrascht sein, wie harmonisch in diesem Prozess analytisches Denken mit Unterhaltung und Spaß verschmilzt. Und Sie sollten außerdem daran denken, dass jede Reise ihre schwierigen Abschnitte und potenziellen Irrwege haben kann: Sie durchzumachen und hinterher weiter vorwärts zu ziehen ist einer der eindeutig positiven Aspekte dieses Prozesses.

Um sich mit der Methode von Associative Cartography® vertraut zu machen, sollten Sie zunächst den Wegmarken folgen, die am Ende eines jeden Kapitels stehen, und die entsprechenden Quellen auf der CD-ROM nachsehen, die dem Buch beiliegt. Wenn dies Ihre erste Reise mit Associative Cartography® ist, wünschen wir Ihnen „bon voyage" und eine sichere Ankunft am Ziel. Ach ja, und vielleicht haben Sie Lust, uns eine Postkarte zu schicken, wenn Sie angekommen sind!

ORGANON: Unsere expandierende Welt

Ein Teil der neuen Mission sind die Visions- und Werteerklärungen des Unternehmens. Die vollständige Karte zeigt die Sechs-Werte-Regionen: Vertrauen, Respekt, Integrität, Unternehmergeist, Qualität und Spitzenleistung.

Wie mache ich mehr Geld?

Die Welt der Wirtschaft ist ein berauschender Mix aus Investmentbanken, Börsenplätzen, Börsenmaklern, Devisenmärkten, Devisenmaklern, Börsenanalysten, Gesellschaftern, Optionen, Bonds, Staatsanleihen, Futures, Derivaten und vielen Institutionen, Menschen, Produkten und Dienstleistungen. Die Abläufe in dieser komplizierten Welt zu erklären würde einige Bücher füllen, die sich ausschließlich diesem Thema widmen.

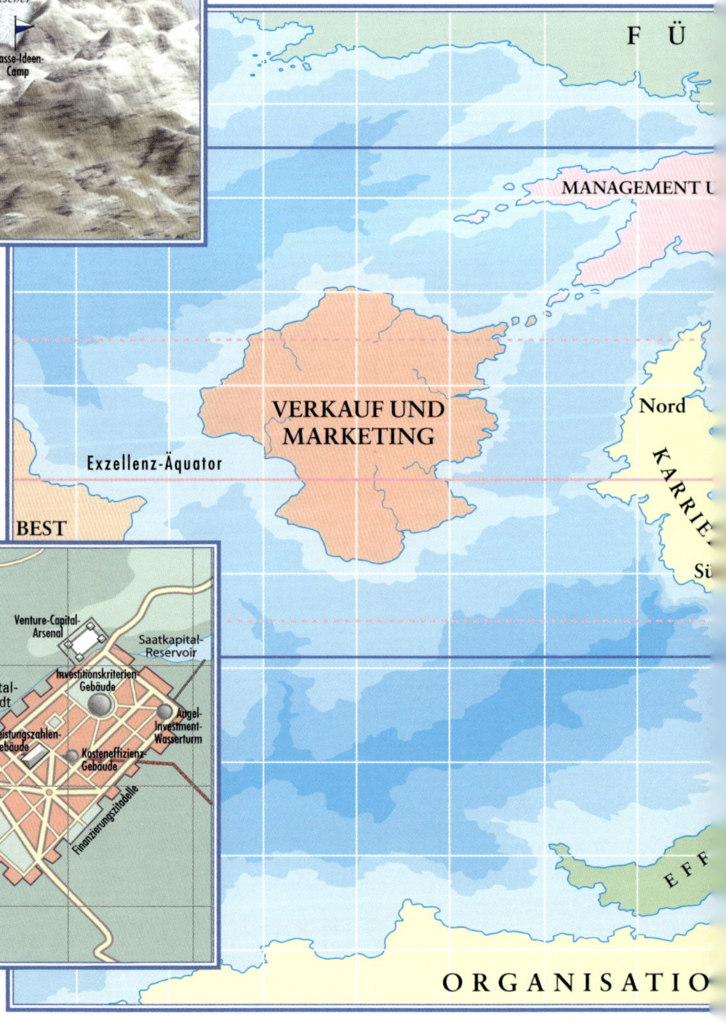

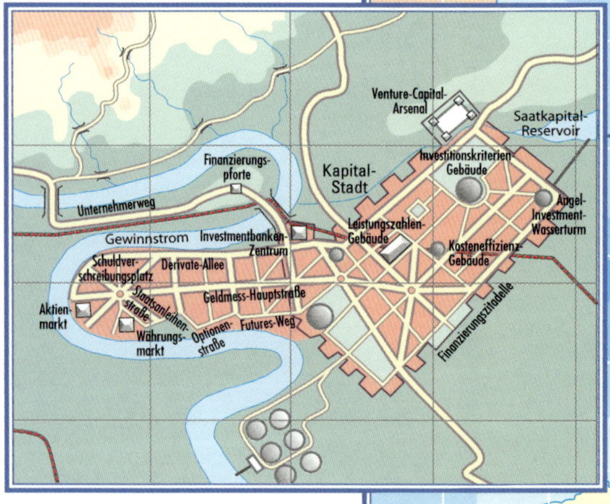

Glücklicherweise steht hinter all dem etwas, das relativ leicht zu begreifen ist: das bescheidene Unternehmen mit seinem kleinen Gründer, der eine große Firma aufbauen möchte, und den leitenden und sonstigen Angestellten, die hart am Erfolg ihres Unternehmens arbeiten. Hier, im Laden um die Ecke wie im multinationalen Konzern, wird das Vermögen geschaffen, das die globale Wirtschaft ankurbelt. Und genau hier im Unternehmen, das hoffentlich ein gewinnträchtiger Wirtschaftsbetrieb ist, muss auch die Suche nach dem Geheimnis anfangen, wie man zu noch größerem Unternehmensreichtum gelangen kann.

Am Anfang des Geldflusses steht der Unternehmensgründer. Umfragen verweisen wiederholt darauf, dass Unternehmer die unterschiedlichsten Gründe anführen, warum sie ihre eigenen Firmen ins Leben rufen. Die meisten dieser Gründe haben mit Geld nichts zu tun. Die Mehrzahl der Gründer ist nicht auf Reichtum aus. Sie sieht den Geldfluss eher als eine Art Nebenprodukt dessen, was sie macht, um ganz andere Ziele zu erreichen. „Motivation ist nicht so einfach, wie die Leute gern glauben. Mit Geld hat sie nichts zu tun", sagt David Freemantle, Autor des Buches *The Stimulus Factor*. „Sir Richard Branson sprach in den Interviews mit mir nicht einmal von Geld. Ihm geht es um die Herausforderung, Dinge anders zu machen, darum, mit seiner Arbeit etwas zu erreichen."

Studien mit jungen Berufsanfängern ergaben, dass Geld nicht mehr das oberste Ziel ist. Die neue Generation ist zwar nicht immun gegen den schnöden Mammon, aber sie hat erkannt, dass es im Leben mehr gibt (geben kann).

Zweifellos spielt Geld in jedem kommerziellen (und nichtkommerziellen) Unternehmen eine wesentliche Rolle. Unternehmensküken brauchen Geldreserven, damit sie loslegen und wachsen können – Startkapital und Venture-Capital. Reife Unternehmen brauchen ganze Pipelines an Futter – Cashflow –, um ihr Wachstum, ihre Forschung und Entwicklung sowie vieles mehr zu finanzieren. Ja, sobald Unternehmen sich einigermaßen behauptet haben, benötigen sie erst recht eigenes Geld, mit dem sie sowohl die Anteilseigner zufrieden stellen können als auch die wachsenden Bedürfnisse innerhalb des Betriebs befriedigen. Mitarbeiter verlangen Gehälter und Boni, Aktionäre wollen Dividenden und Wertsteigerungen. Versiegt der Geldfluss, kommt es zum Konkursverfahren oder Ähnlichem.

All jene, die sich für den Faktor Geld interessieren, sollten nicht unbedingt mit der Frage „Wie mache ich mehr Geld?" beginnen. Mehr Geld zu verdienen ist nicht notwendigerweise dasselbe, wie mehr Geld zu behalten. Wie Mr. Micawber in *David Copperfield* so treffend sagt: „Jährliches Einkommen 20 Pfund, jährliche Ausgabe 19,06 Pfund ergibt Zufriedenheit; jährliches Einkommen 20 Pfund, jährliche Ausgaben 20,06 Pfund ergibt Elend." Mit Blick auf die Wirtschaftswelt des 21. Jahrhunderts würde Mr. Micawber wohl sagen: Wie schaffe ich mehr verfügbares Geld? Oder: Wie schaffe ich mehr Wert für meine Aktionäre?

Wie also kommen Unternehmen an mehr verfügbares Geld? Die einfache Antwort darauf ist: Indem sie mehr Waren bzw. Dienstleistungen mit derselben oder einer größeren Gewinnspanne verkaufen. Oder indem sie weniger Waren bzw. Dienstleistungen mit einer größeren Gewinnspanne verkaufen. Bei der komplizierten Antwort kommen Dinge wie Marketing, Betriebsabläufe, Personalmanagement, Strategie und andere Faktoren ins Spiel, auf die wir später noch eingehen werden. Doch ehe wir dazu kommen, fangen wir mit dem an, womit alle Unternehmer anfangen, die nach Reichtümern streben, nämlich mit dem Geschäftsmodell. Ist das Geld die wirtschaftliche Wasserversorgung, dann ist das Geschäftsmodell die Wasserquelle.

Ein Modellunternehmen

Analysieren Investoren Unternehmen, wenden sie eine Vielzahl von Kriterien an, zu denen Finanzkennzahlen, Leistungsbilanzen und andere Evaluationsinstrumente gehören. Abgesehen von diesen gewiss wertvollen Handwerkszeugen der Unternehmensanalyse sollten Investoren aber zunächst einmal folgende Frage stellen: Wie sieht das Geschäftsmodell aus? Letzteres nämlich macht am Ende den Unterschied zwischen großartigen Unternehmen und Mitläufern aus. Legt ein Unternehmen ein gutes Geschäftsmodell vor, dann ist die Schlacht um die Milliarden schon halb gewonnen, während Firmen mit einem dürftigen Geschäftsmodell selbst mit den besten Geschäftspraktiken außerstande sein könnten, den Konkurs abzuwenden.

Was aber ist ein Geschäftsmodell genau? Im Wesentlichen handelt es sich dabei um die Art und Weise, wie ein Unternehmen sein Geld verdienen will. Im Falle eines Blumenhändlers beispielsweise sähe das Geschäftsmodell im Grunde so aus, dass die Firma Blumen einkauft und sie mit Gewinn wieder verkauft. Geschäftsmodelle gehen jedoch gemeinhin etwas detaillierter an die Sache heran. Da wird etwa gefragt, ob der Blumenhändler bei einem Großhandel einkauft und ob er an Endverbraucher oder andere Firmen verkauft. Des Weiteren wäre zu klären, ob das Unternehmen als Kette von Einzelhändlern auftreten will, und wenn ja, ob die einzelnen Verkaufsniederlassungen gekauft oder geleast werden. Eventuell ist auch ein Franchise-Modell vorgesehen. Denken wir an ein beliebiges bekanntes Unternehmen und fragen uns: Wie wird dort Geld gemacht? Woher kommen die Umsätze? Welches Geschäftsmodell bildet das Herz des Unternehmens?

Die Antwort ist nicht immer offensichtlich und bisweilen sind es die auf den ersten Blick wenig einfallsreich scheinenden Modelle, die funktionieren. King Camp Gillette gründete sein Unternehmen Gillette Safety Razor bereits 1903. Anfangs waren die Umsätze erbärmlich – gerade einmal 51 Rasierer und 168 Klingen. Dann aber stellte Gillette das Geschäftsmodell auf den Kopf. Entgegen dem Rat anderer und im Gegensatz zur Konkurrenz senkte Gillette die Kosten für Rasierer von 75 Cent auf 55 Cent, während er zugleich den Preis für die Klingen leicht anhob. Gillettes Strategie hatte Erfolg. 1906 wurden über zwölf Millionen Klingen verkauft und bis heute verkauft das Unternehmen seine Rasierer billig und verdient gleichzeitig das Geld mit den Klingen. Das Gillette-Modell fand in jüngster Zeit Nachahmer unter den Handy-Anbietern und den PC-Druckerherstellern.

Nun darf man das Geschäftsmodell nicht mit dem Businessplan verwechseln. Der Businessplan ist ein Dokument, das normalerweise von Firmengründern erstellt wird, potenzielle Investoren zu werben. Für gewöhnlich enthält er relativ detaillierte Informationen im Hinblick auf Marketing, Management, erwarteten Cashflow, Eigenkapital und Vergütungen, geplante Strategien und dergleichen. Das Geschäftsmodell indes liefert die Rahmenvorgaben, an denen sich der Businessplan orientiert. Ohne Geschäftsmodell kann es also keinen Businessplan geben.

Zeig mir das Geld

Was macht ein erfolgreiches Geschäftsmodell aus? Seit Jahrhunderten stellen sich Investoren diese Frage, denn sie sind diejenigen, die das eigentliche Risiko eingehen. Ein Firmengründer gibt gern Venture-Capital in Millionenhöhe aus, ehe er einsieht, dass sein Geschäftsmodell nicht funktioniert. Investoren hingegen können es sich nicht leisten, so lange abzuwarten. Leider gibt es weder für Investoren noch für Firmengründer ein Patentrezept – ja, nicht einmal eine Liste mit Standardkriterien, an die sie sich halten können. Was es allerdings gibt, sind ein paar Grundregeln.

Ein Geschäftsmodell muss überzeugen, sprich: den Schnee-an-die-Eskimos-verkaufen-Test bestehen. Jede Woche passieren hunderte von Geschäftsmodellen die Schreibtische der großen Venture-Capital-Firmen und die meisten von ihnen werden nie weiterverfolgt, weil sie einer genauen Prüfung – in manchen Fällen auch

Die Geschichte des Geldes

Vieh & Feldfrüchte	Erste Banken lagern wertvolle Metalle und Feldfrüchte.	Silberbarren	Kauri-schnecken-häuser 
9-6000 v. Chr. Prähistorische Welt	3-2000 v. Chr. Mesopotamien	2250-2150 v. Chr.	1200 v. Chr. *China*

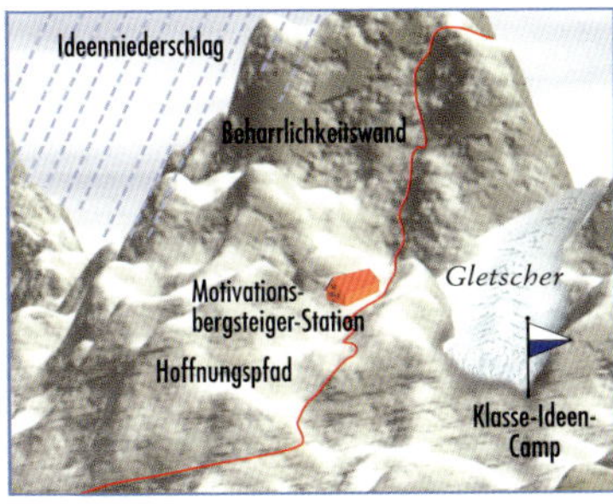

Unternehmer arbeiten in Hochlagen, wo sie ganz auf sich allein gestellt sind, wenn sie noch höhere Lagen erreichen wollen.

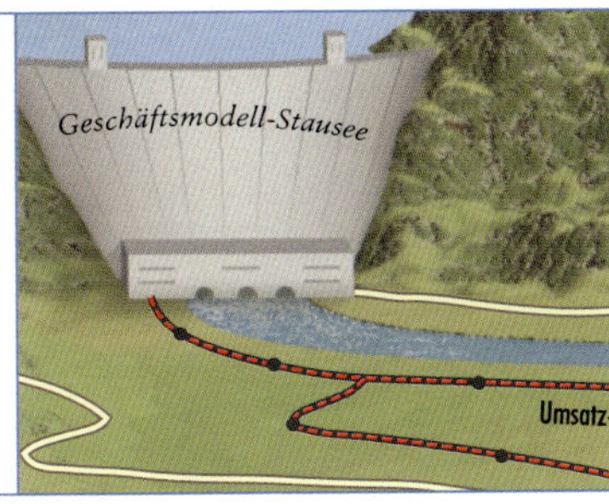

Wenn Geld die ökonomische Wasserversorgung ist, dann ist das Geschäftsmodell die dazugehörige Quelle.

nur einer flüchtigen – nicht standhalten. Sie rechnen sich nicht. Ob es sich um Burger-Stände in Indien oder um Eiscremewagen in Grönland handelt, das Modell kann einfach nicht funktionieren.

So offensichtlich stellen sich die Dinge allerdings längst nicht dar. Häufig sehen Geschäftsmodelle sehr wohl viel versprechend aus und müssten eigentlich funktionieren, tun es in der Praxis aber nicht. Andere wiederum laufen zunächst gut an und dann plötzlich gar nicht mehr. Die Zeiten ändern sich, die wirtschaftlichen Bedingungen ebenfalls und Branchen sowieso. Ein Geschäftsmodell kann in einer Dekade absolut sinnvoll sein und in einer anderen zu einer echten Belastung werden.

Eine neue Politik

Die Versicherungsbranche in Großbritannien ist ein Beispiel dafür, wie Geschäftsmodelle auf einmal jegliche Logik verlieren. Das traditionelle Geschäftsmodell der Privatversicherungen – Hausrat- und Kfz-Versicherungen zum Beispiel – sah vor, dass die Kunden ihre Versicherungen über einen Vermittler, den Versicherungsmakler, kauften. Der Makler bot den nötigen Rat, indem er sich auf seine Kenntnis des Marktes stützte, um die beste Deckung zur günstigsten Prämie zu bekommen, und war im Schadensfall der erste Ansprechpartner des Kunden. Das Versicherungsunternehmen seinerseits zahlte dem Makler eine Provision für dessen Dienste – sowohl für den Geschäftsabschluss als auch für seine Vermittlungstätigkeit zwischen Versicherungsgesellschaft und Kunden.

Dieses Geschäftsmodell funktionierte so lange, wie alle Beteiligten davon einen gewissen Nutzen hatten, und den hatten sie eine ganze Zeit lang. Irgendwann jedoch war die Versicherungsbranche reif für ein alternatives Geschäftsmodell. Die Unterschiede in der Deckung bei einigen Policen – namentlich der Kfz- und der Hausratversicherung – waren so verschwindend, dass die Kunden begannen, ihre Wahl nur noch nach dem Preis zu treffen. Schließlich durchbrach ein Versicherer die alten Hierarchien und bot seine Kfz-Versicherung direkt an. Firmengründer Peter Wood wagte sich mit seinem *DirectLine*-Konzept 1985 vor, bei dem, wie der Name schon sagt, Kunden ihre Kfz-Versicherung per Telefon direkt beim Versicherer abschließen können. Da die Direktversicherer keine Provisionen mehr an Makler zu zahlen hatten, konnten sie die Ersparnisse an die Kunden weitergeben und niedrigere Prämien anbieten. Dann kam das Internet als weiterer Kanal für den direkten Versicherungsverkauf hinzu. 2002 konnten die Direktversicherer erstmals die Versicherungsmakler bei den Vermittlungszahlen von privaten Kfz-Versicherungen in Großbritannien überrunden. Ihr Marktanteil war von 39,3 Prozent im Vorjahr auf 45,5 Prozent gestiegen. Die Versicherungsmakler mussten mit ansehen, wie ihr Marktanteil im selben Zeitraum von 54,4 auf 44,2 Prozent schrumpfte. Mit dem Direktversicherungsmodell von Peter Wood machten er und seine Investoren Millionen. Wood verkaufte sein ursprüngliches Geschäft und gründete weitere Direktversicherungen wie *esure* und *First Alternative*, die sich auf Nischenmärkte innerhalb der Kfz-Versicherungsbranche spezialisierten.

Damit und mit der Erkenntnis der traditionellen Versicherer, dass Internet und Computer-Ratings ihnen die Möglichkeit verliehen, den Makler zu umgehen und die Endverbraucher direkt anzusprechen, veränderte sich die gesamte Versicherungslandschaft. Die Maklermärkte brachen zusammen, da immer mehr kleinere Makler aufgeben mussten. Sie waren gezwungen, ihre Geschäftsmodelle zu verändern, und so konzentrierten sich viele auf Spezialversicherungen, bei denen die Kunden technischen und fachlichen Rat brauchten.

Dieses Beispiel zeigt gleichermaßen die Macht von Geschäftsmodellen wie auch ihre Anfälligkeit. Gute Geschäftsmodelle können nicht nur das Schicksal einzelner Unternehmen beeinflussen, sondern das ganzer Branchen.

Die kritische Masse

Geschäftsmodelle müssen nicht bloß überzeugen, sondern sie müssen auch Geld einbringen. Ein Geschäftsmodell kann auf dem Papier toll aussehen, kann eine real vorhandene Nachfrage ansprechen und sie sogar bedienen, doch wenn die Zahlen nicht stimmen, wird trotzdem nichts daraus.

Grobe Münzen

640 v. Chr. *Lydien*

Geprägte Münzen

600 v. Chr. *Griechenland*

Goldmünzen

500 v. Chr. *Persien*

Warenbezogenes Giro-Bankwesen

c. 300 v. Chr. *Ägypten*

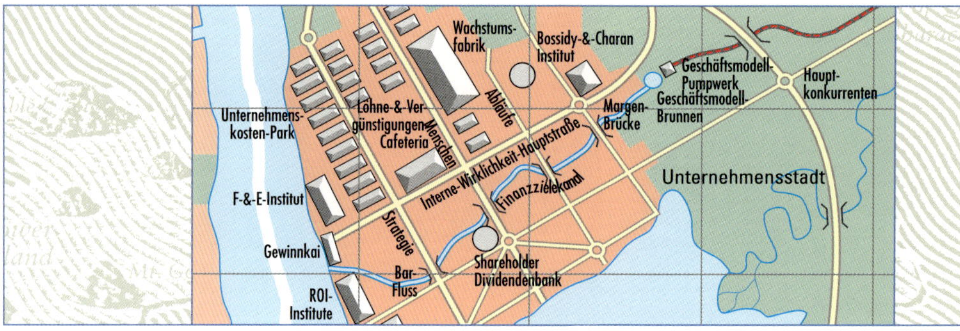

Jedes erfolgreiche Unternehmen gründet auf einem profitablen Geschäftsmodell. Gemäß Bossidy & Charan braucht ein solches Modell drei zentrale Komponenten.

Zu dieser Einsicht musste vor allem die Automobilindustrie auf schmerzliche Weise gelangen, noch dazu mehr als einmal. Als Henry Ford 1908 erstmals sein Model T baute, war es revolutionär. Hier hatte er ein perfektes Geschäftsmodell: die Massenproduktion. Mithilfe der neuesten Technologien, sprich: des Fließbands, konnte Ford den Preis niedrig genug halten, dass die Masse sich die Wagen leisten konnte. Ford nutzte die Chance weidlich und brachte 15.458.781 Stück auf den Markt.

Bald jedoch waren hunderte von Autobauern da, die sich ihren Marktanteil sichern wollten. Der Wettbewerb zwang die Preise in die Knie. Hatte Ford sein Model T anfangs für 850 Dollar verkauft, konnte er 1927 gerade noch 200 Dollar dafür verlangen. Und ein weiterer Faktor nagte am Erfolg des ursprünglichen Geschäftsmodells: der Verkauf von Gebrauchtwagen. Wie die Geschichte wiederholt bewiesen hat, sind die Verbraucher deutlich klüger, als die Unternehmen glauben. Binnen weniger Jahre war der Markt für Neuwagenkäufer übersättigt und potenzielle Kunden erkannten, dass sie eine bessere Wertschöpfung bekamen, wenn sie einen Gebrauchtwagen anstelle eines neuen Model T kauften. Dasselbe galt für andere Modelle. In den drei Jahren zwischen 1927 und 1930 kaufte und verschrottete Chevrolet 650.000 Gebrauchtwagen, um seinen Markt zu schützen. 1927 gaben 44 von 108 Autobauern in den USA auf, sodass 1929 nur noch drei große Unternehmen – Chrysler, Ford und General Motors – 80 Prozent aller Wagen in den USA herstellten.

Heute scheinen sich die Zahlen in der amerikanischen Autobauindustrie wieder nicht zu rechnen. Und wieder setzt der Gebrauchtwagenmarkt den großen Autobauern zu und bringt sie um ihre Gewinne. Hinzu kommen Überkapazitäten, welche die Hersteller zwingen, besondere Incentives zu bieten, um ihren Markt zu halten und ausländische Konkurrenten abzuwehren. Während der wiederholten Wirtschaftskrisen brachen die Autoverkäufe ein, die Preise drücken mehr und mehr nach unten und die Gewinnspannen werden immer kleiner. Es muss etwas passieren.

Derzeit gerät das Händlermodell zusehends unter Beschuss, da der hier erzeugte Mehrwert durch die Direktverkäufe einzelner Hersteller und über das Internet infrage gestellt wird. In Zukunft wird die Marktkontrolle über den praktisch selbstverständlichen Produktkauf kaum mehr bei den großen Autobauern liegen und in fernerer Zukunft könnten neue Transport- wie auch neue Herstellungsmethoden zu einer radikalen Veränderung der Branche führen, wenn nicht gar eine vollkommen neue Parallelbranche entstehen lassen.

Kluge Betriebsführung?

Ein Geschäftsmodell, das sowohl überzeugt als auch Geld einbringt, ist das Microsoft-Modell für Computerbetriebssysteme. IBM brachte 1981 seinen Personal Computer auf den Markt, machte aber, wie die Geschichte zeigte, zwei grundlegende Fehler: Das Unternehmen übergab erstens das Prozessorengeschäft an Intel und zweitens die Software für das Betriebssystem an eine damals unbekannte Softwarefirma namens Microsoft.

Die Einführung des IBM-PCs war anfangs ein kommerzieller Erfolg, doch das Unternehmen verschob den Löwenanteil seiner Gewinne aus dem PC-Geschäft an die beiden Partner. Der ursprüngliche Vertrag zwischen IBM und Microsoft sah vor, dass IBM den Großteil der Entwicklungskosten für das Betriebssystem MS-DOS übernahm, während Microsoft das alleinige Recht besaß, das System für Dritte zu lizenzieren. Und das war die Killer-Klausel.

Die PC-Branche explodierte und tausende von Konkurrenten drängten in den Markt. Praktisch alle neuen Hersteller klopften bei Microsoft an, um Lizenzen für MS-DOS zu erwerben, was Microsoft sich naturgemäß entsprechend gut bezahlen ließ. IBM und der PC-Markt brauchten ein paar Jahre, ehe sie begriffen, dass IBM zwar den Stein ins Rollen gebracht hatte, Intel und Microsoft aber die großen Gewinner waren. 1981 beschäftigte Microsoft 128 Mitarbeiter und erwirtschaftete einen Jahresumsatz von 16 Millionen Dollar.

2004 arbeiteten 57.000 Leute bei Microsoft und der Umsatz lag bei 36 Milliarden. Hätte IBM intensiver über

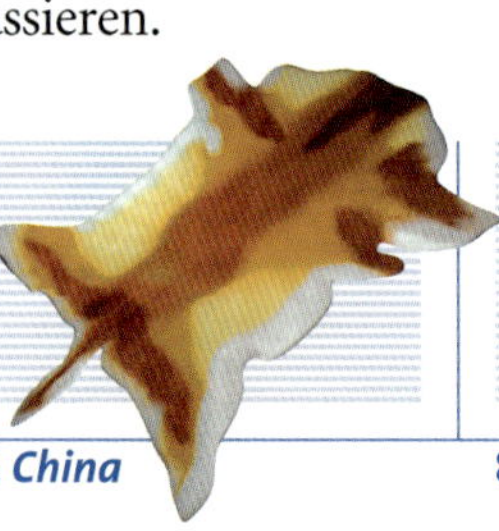

Felle
118 v. Chr. *China*

Kaiser Hien Tsung führt das Papiergeld ein.
806-821 *China*

Stadtstaaten geben ihre eigenen Goldmünzen heraus, z.B. den Florin in Florenz.
1232-1253 *Italien*

Leonardo entwirft eine Maschine, die Münzen prägt.
1440 *Deutschland/Italien*

sein Geschäftsmodell nachgedacht, wäre die Geschichte vielleicht ganz anders ausgegangen.

Die Umsetzung in die Praxis

Tatsache ist, dass es nicht das eine universell erfolgreiche Geschäftsmodell gibt. Geschäftsmodelle können sich von Unternehmen zu Unternehmen ähneln und doch ist jedes von ihnen einzigartig, sobald man einen Blick auf die Details wirft. Es gibt allerdings Aspekte, die in keinem Geschäftsmodell unberücksichtigt bleiben sollten. Welche das sind und wie sie berücksichtigt werden sollten, wurde nirgends so treffend zusammengefasst wie in dem unlängst erschienen Buch von Larry Bossidy und Ram Charan *Confronting Reality* (Crown Business, 2004).

Wie die beiden Autoren darlegen, kommt dem Thema Geschäftsmodell bei CEOs und leitenden Managern oft nicht die gebührende Aufmerksamkeit zu. Und sie benennen auch direkt die zentralen Elemente, die in keinem Geschäftsmodell fehlen dürfen, als da wären:

- Die externen Gegebenheiten: also die Finanzgeschichte der Branche, in der das Unternehmen tätig ist, die Hauptkonkurrenten, was sich in dem Branchenumfeld allgemein abspielt, wer die Kunden sind und welche möglichen Gefahren den Kundenstamm einbrechen lassen könnten
- Interne Gegebenheiten: die Strategien, die Betriebsabläufe, die Mitarbeiter und die Unternehmensorganisation
- Die Finanzziele: die Einschätzung der Betriebsmargen, des Cashflows, der Kapitalintensität, des Umsatzwachstums und der Investitionsgewinne

Sie alle bilden die Puzzleteile, aus denen das Bild des Geschäftsmodells zusammengesetzt wird. Wir müssen herausfinden, wie sie aussehen und an welchen Stellen sie zusammenpassen, und dann bekommen wir vielleicht ein Geschäftsmodell heraus, das funktioniert. Dabei dürfen wir nicht vergessen, dass wir es mit einem fortlaufenden Prozess zu tun haben. Wirtschaftliche Bedingungen ändern sich und mit ihnen muss sich auch das Geschäftsmodell verändern und neuen Gegebenheiten anpassen, ehe es kommerziell überzeugen kann.

Für den Firmengründer ist das Geschäftsmodell am ehesten einer Idee oder Inspiration vergleichbar, aus der sich erst etwas Konkreteres entwickelt. Während das Unternehmen wächst und erfolgreicher wird, werden auch die Feinheiten des Geschäftsmodells komplexer, wenngleich die ursprüngliche Idee, die ihm zugrunde liegt, dieselbe bleiben mag. Es würde den Rahmen sprengen, wollten wir hier alle denkbaren Elemente eines Geschäftsmodells beschreiben. Außerdem befassten sich andere Kommentatoren bereits ausführlich mit jedem von ihnen. Wer hierzu Näheres erfahren möchte, könnte seine Suche beispielsweise im Internet starten, und zwar unter http://www.howarddowding.com/modelx.htm. Dowding war viele Jahre als Berater für Unternehmen und Behörden tätig und entwarf ein eigenes universelles Geschäftsmodell.

Ein Euro, ein Yen, ein Dollar oder ein Pfund

Die ganze Welt dreht sich ums Geld. Woher aber stammt die Idee des Geldes? Einige kluge Köpfe verfolgten seinen Ursprung bis nach China zurück. Ebendort wurde noch vor 1000 v. Chr. eine Entscheidung getroffen, ohne die es weder Adam Smith noch Gordon Gekko gegeben hätte. Und die Entscheidung bestand darin, ein Kaurischneckenhaus als Währung zu benutzen. Besagte Schneckenhäuser waren kleiner als die meisten Münzen, dafür aber mindestens ebenso wichtig wie der Dollar heute. „Ehe Münzen in China erfunden wurden, benutzte man Kaurischneckenhäuser als Tauschwährung", schreibt Joe Cribb in *Geld: Die faszinierende Geschichte der Zahlungsmittel*. „Zahlungen von Kaurischneckenhäusern als Belohnungen werden bereits in Inschriften auf alten chinesischen Bronzen aus dem zweiten Jahrtausend vor Christus beschrieben. Chinesische Archäologen, die alte Grabstätten aus der Shangperiode (16. bis 11. Jahrhundert vor Christus) fanden, entdeckten große Mengen von Kaurischneckenhäusern, die als Tauschmittel dienten und oft auf Bänder aufgezogen waren."

Andere Dinge, die als Tauschwährung eingesetzt wurden, waren gemäß Glyn Davies *A History of Money* Bernstein, Perlen, Trommeln, Eier, Federn, Gongs, Hacken, Elfenbein, Jade, Leder, Matten, Nägel, Ochsen, Schweine, Quarz, Reis, Salz, Wodka und Garne.

Papiergeld gab es schon im antiken Mesopotamien in Form von quittierten Zahlungseingängen, auch als Wechsel bekannt. Wechsel bildeten denn auch die Grundlage für eines der ersten Bankensysteme im Ägypten des ersten Jahrhunderts vor Christus. Die Zirkulation von Papiergeld ähnlich den heutigen Banknoten und Schecks hat ihren Ursprung etwa 600 in China. Damals wurde das Kupfer knapp, aus dem die Münzen geprägt worden waren. Zunächst war das Papiergeld im Wert zeitlich wie regional begrenzt, doch diese Einschränkungen hob man bald auf. Seltsamerweise wurde das Papiergeld, als es im 15. Jahrhundert in Europa ankam, in China vorübergehend vom Markt genommen. Andererseits war diese Maßnahme so seltsam auch wieder nicht, zeigt sie doch, dass der Kaiser eine der frühen ökonomischen Lehren begriffen hatte: Zu viel gedrucktes Geld führt zu Inflation.

Die ersten Banknoten in Europa wurden 1660 in Schweden gedruckt. Als Nächstes folgte 1694 die Bank of England. In Nigeria gibt es bis heute Leute, die sich an die Kaurischneckenhäuser als Zahlungsmittel erinnern.

Henry VIII. führt den Gold-Sovereign ein.
1489 *England*

Joachimsthal prägt den „Thaler", der dann als „Dollar" in den USA übernommen wird.
1519 *Böhmen*

Die Bank of Amsterdam wird gegründet.
1609 *Niederlande*

Tabak wird als Tauschwährung benutzt.

1619 *Virginia America*

Fallstudie

eBAY: Bieten für den Erfolg

eBay zählt zu den wenigen wirklich erfolgreichen Internet-Geschäftsmodellen. Das Unternehmen mit Sitz in Kalifornien gehört mit 94 Millionen registrierten Nutzern zu den ganz Großen im Online-Auktionsgeschäft. eBay ist ein dot.com-Unternehmen, das Gewinne macht, und zwar seit dem ersten Monat seiner Gründung.

In diesem Online-Pendant zu Aladins Wunderlampe kann man für alles und jedes bieten, vom alten Gemälde bis hin zu den Diensten eines Patentanwalts. Im Cyberspace bedient das Angebot die Nachfrage. Nach über einem Jahrhundert des Festpreishandels markieren die Online-Auktionen eine Rückwendung zur traditionellen Preisgestaltung. Sie signalisieren nichts anderes, als dass die Marktkräfte tun können, was sie wollen. Reibungsverluste sind praktisch getilgt. Adam Smith, der als Begründer der Volkswirtschaftslehre gilt, wäre begeistert.

Alles fing mit Pierre Omidyar und einem Pez-Boy (diese kleinen Plastikspender für Bonbons mit dem Pappkopf einer Komikfigur, der auf

eBay-Stadt

1662 *Großbritanien*	1766 *Amerika*	1784 *New York*	1803 *Louisiana/Frankreich*
Die erste gerändelte Münze kommt in den Umlauf – die Krone.	Großbritannien erlaubt Papiergeld in den Kolonien.	Die Bank of New York wird gegründet.	Napoleon verkauft Louisiana für 15 Millionen an die Vereinigten Staaten.

Druck zurückklappt und ein Bonbon freigibt) an.

Omidyar war ein typischer Computer-Freak und begann bereits an der Highschool, Computer-Codes zu schreiben. Nach der Highschool machte er einen Abschluss in Computer-Wissenschaften an der Tufts University in Massachusetts. Anschließend folgte eine Anstellung bei Claris als Software-Entwickler und Problemlöser im technischen Bereich, bevor er das Unternehmen verließ, um sich selbstständig zu machen.

Seine Verlobte Pam, die leidenschaftlich Pez-Boys sammelte, beklagte sich 1995 darüber, wie mühsam der Austausch mit anderen Pez-Sammlern war. Omidyar hatte mittlerweile eShop mit gegründet, ein Unternehmen, das ihn zum Millionär machte und das er später an Microsoft verkaufte. Er dachte über Pams Problem nach. Und so kam er auf die Idee einer Internet-Auktionsseite, für die er sogleich den passenden Code schrieb. Am Labour-Day-Wochenende eröffnete er Auction Web. Die Seite wurde von einem regionalen Internet-Service-Provider in der San Francisco Bay Area unterstützt und ihre Adresse lautete www.ebay.com. Bei diesem Namen blieb es.

Anfangs war es ein Gratis-Service für den Austausch von Computer-Zubehör, doch schon bald wurde der Verkehr auf der Seite so rege, dass Omidyars monatliche Internetrechnungen von 30 Dollar auf 250 Dollar anwuchsen. Also fing er an, Gebühren zu verlangen: einen festen Betrag für das Inserieren und einen festen Prozentsatz vom erzielten Verkaufspreis.

Die Bargelderträge waren klein – manchmal gingen Centstücke bei Omidyar ein, die auf Postkarten aufgeklebt waren –, aber sie kamen in Mengen. Im ersten Monat verdiente eBay 1.000 Dollar – mehr als die laufenden Kosten. Omidyar erkannte, dass er auf eine Goldader gestoßen war, als er einen kaputten Laserdrucker inserierte (Neupreis 30 Dollar), der eigentlich für den Sperrmüll bestimmt war. Er gab in seinem Inserat an, dass der Drucker nicht funktionierte, und eröffnete das Gebot mit einem Dollar. Eine wahre Lawine an Geboten katapultierte den Laserdrucker auf 14 Dollar.

Inzwischen verdoppelten sich die Umsätze der Website weiter. Im zweiten Monat verbuchte sie 2.500 Dollar, dann 5.000 Dollar und schließlich 10.000 Dollar. Omidyar gab seinen Hauptberuf auf, was ein kluger Schritt war. Heute ist eBay eine der Topmarken im Internet. Omidyar brachte die richtigen Leute zur richtigen Zeit in sein Unternehmen.

Als Ersten holte er sich Jeff Skoll ins Boot, einen Freund und Stanford-Absolventen. 1997 hatte Omidyar eine Venture-Capital-Firma in Aussicht – Benchmark Capital, deren Anfangsinvestition von 6,5 Millionen Dollar heute Milliarden wert ist. Dann rekrutierte Omidyar einen CEO: Er warb die frühere Marketingchefin von Disney, Meg Whitman, von Hasbro ab, damit sie den Börsengang seines Unternehmens vorbereitete.

Am 24. September 1998 wurden erstmals Aktien für 18 Dollar angeboten. Bei Börsenschluss war der Preis auf 47 Dollar gestiegen.

Omidyar wurde zum Milliardär und verließ das Unternehmen, um sich ganz der Philanthropie zu widmen. Jeff Skoll blieb noch bis 2001 an der Firmenspitze, bevor auch er sich zurückzog und seinem Engagement im sozialen Bereich nachging. eBay erlebte Höhen und Tiefen, einschließlich einer Reihe von Computerabstürzen und dem einen oder anderen fragwürdigen Kunden, der bizarre Dinge zur Versteigerung bot. So tauchte einmal jemand auf der Site auf, der seine Niere verkaufen wollte – die Gebote hatten 5,7 Millionen Dollar erreicht, ehe das Unternehmen eingriff und den Stecker zog. Ebenso wurden eine Bazooka und andere Armeeartikel aus dem Angebot genommen. Sogar ihre Jungfräulichkeit stellten einige eBayer zur Versteigerung ins Netz.

Trotz dieser gelegentlichen Entgleisungen bleibt eBay einer der hellsten Sterne am Internet-Himmel.

Steigende Gebote

Credit Agricole wird gegründet.
1860 ***Frankreich***

Die Hong Kong & Shanghai Bank wird gegründet.
1865 ***Hongkong***

Der Deutsche Bund gibt die Reichsmark heraus.
1871 ***Deutschland***

Yen und Sen werden als neue Währungseinheiten ausgegeben.

1871 ***Japan***

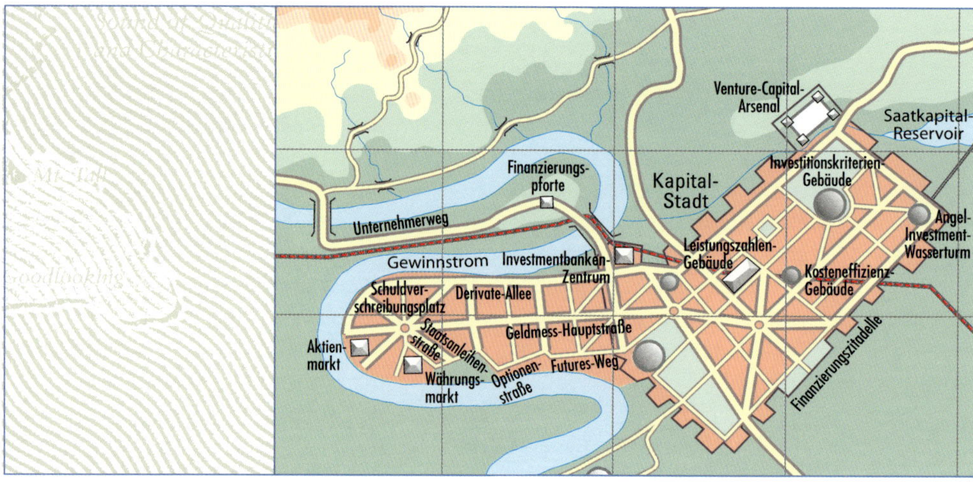

Die meisten Unternehmen benötigen irgendwann zusätzliche Mittel. Wollen sie die Institutionen der Finanzierungszitadelle erreichen, brauchen sie eine wohldurchdachte Sturmtaktik.

Der Ursprung des Wortes „Geld“ ist eng mit einer Gänseherde verbunden. In einer dunklen Nacht im Rom des Jahres 387 schlichen sich gallische Eindringlinge den Hügel zum Capitol hinauf, als Gänse die Römer warnten und es Marcus Manlius Capitolinus möglich machten, die Eindringlinge abzuwehren. Die Göttin Juno wurde unter verschiedenen Namen angebetet, die sich jeweils auf einen bestimmten Zweck bezogen. Einer ihrer Namen war „Juno Moneta“ vom lateinischen „monere“ – warnen. Ihr zu Ehren wurde ein Tempel an der Stelle erbaut, an der die Gänse die Römer vor den Galliern gewarnt hatten – der Tempel der Juno Moneta. Die ersten römischen Münzprägereien wurden in der Nähe des Tempels, teils sogar im Tempel, eingerichtet und den Münzen wurde vielfach der Kopf der Juno Moneta aufgeprägt. Hiervon leitete sich schließlich das englische Wort „money“ für Geldmünzen ab.

Das Wort „currency“ (Währung) stammt vom lateinischen „currere“ für „kursieren“ oder „fließen“ wie ein Strom. Das Geld fließt von einem Menschen oder einem Unternehmen zum anderen.

Zu den Zahlen

Investoren und Manager sehen sich auch eine ganze Reihe anderer Indikatoren neben dem Geschäftsmodell an, um die Gesundheit eines Unternehmens einzuschätzen, und bei den meisten von ihnen handelt es sich um Finanzinformationen.

Gewinnzahlen sind ein möglicher Ausgangspunkt bei der Prüfung. Nun lassen sich Gewinne unterschiedlich definieren. Gemeinhin versteht man unter Profit die Differenz zwischen dem Verkaufspreis und den Produktionskosten, wobei wir hier von Produktionskosten im weitesten Sinne des Wortes sprechen, d. h. nicht bloß von den Herstellungskosten für ein Produkt, sondern von alle festen und variablen Kosten, die sich auf den Prozess der Produktion und des Vertriebs eines Produktes oder einer Dienstleistung beziehen.

Der Bruttogewinn ergibt sich aus der Differenz zwischen dem Verkaufsumsatz und den direkten Produktionskosten eines Unternehmens. Er berücksichtigt nicht die Kosten, die im Unternehmen als solchem anfallen. Normalerweise wird der Bruttogewinn in der Gewinn- und Verlustrechnung ausgewiesen. Teilt man den Bruttogewinn durch den Umsatz, erhält man die Zahl der Bruttoertragsspanne. Letztere zeigt, welchen Preis das Unternehmen für sein Produkt bekommt. Fällt sie, bedeutet das, das Unternehmen ist außerstande, einen guten Preis für sein Produkt oder seine Dienstleistung zu erhalten.

Auf der nächstunteren Ebene steht der Nettogewinn. Er errechnet sich aus der Summe der Bruttogewinne und anderer Erträge, von denen die Betriebskosten subtrahiert werden. Der Nettogewinn kann sowohl vor als auch nach Steuern angegeben werden.

„Operativer Gewinn“ ist ein Terminus, der für den Gewinn oder Verlust aus der Haupttätigkeit eines Unternehmens steht. Der operative Gewinn ergibt sich aus dem Abzug aller Betriebskosten, die sich auf die Kerntätigkeit beziehen, von den Umsatzgewinnen (Gewinne vor dem Abzug von Posten wie Steuerberater- oder Zinskosten). Übersteigen die operativen Kosten die Umsätze, sprechen wir von einem operativen Verlust.

Geldmaßsysteme

Wenn Firmengründer oder Manager von einem neuen Finanzgeschäft sprechen, beziehen sie sich häufig auf den „Return on Investment“ (ROI – Investitionsgewinn). Hierbei handelt es sich um einen Begriff, für den es bislang keine einzige akzeptable Definition gibt. Nun gibt es viele Investitionen, von denen man einen ROI erwartet, z. B. beim eingesetzten Kapital und Eigenkapital, bei den eingesetzten Mitteln insgesamt. Grob vereinfacht könnte man sagen: ROI

Börsenboom
1928-29 ***USA***

Zusammenbruch der Wall Street und nachfolgende große Wirtschaftskrise
1929 ***USA***

Aus dem Bretton-Woods-Abkommen gehen IWF, IBRD und GATT hervor.
1944-71 ***USA***

Die Deutsche Mark wird zur deutschen Währungseinheit.

1948 ***Deutschland***

Der Wohlstandsgewässerschutz

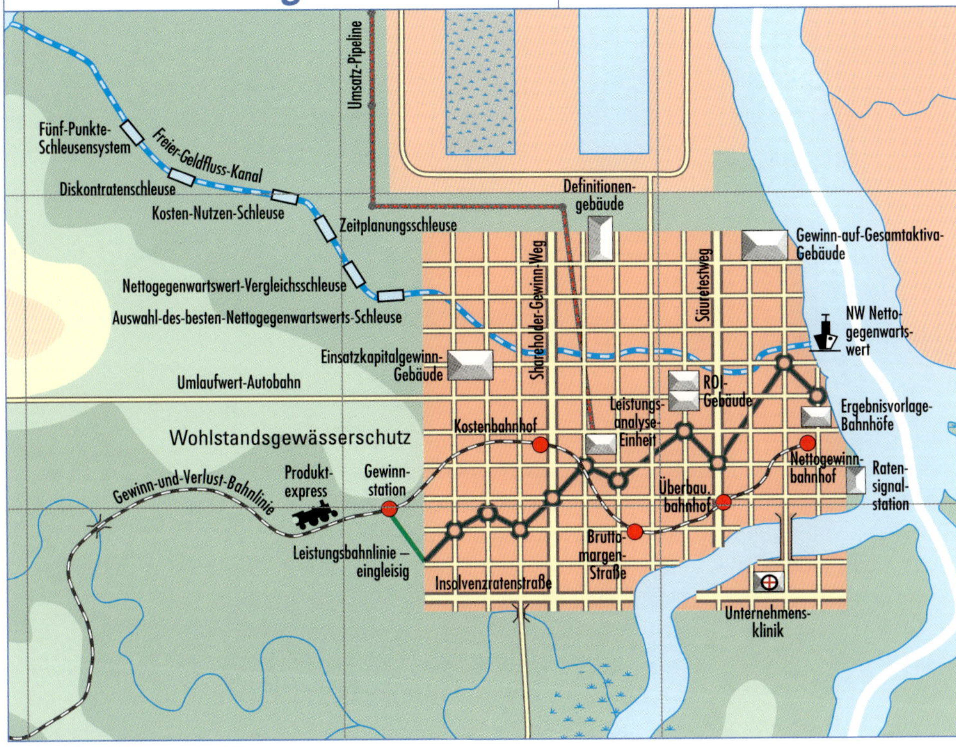

Die Gesundheit eines Unternehmens bemisst sich vor allem am Geldfluss. Investoren wie Führungskräfte benutzen feste Kennzahlensysteme, anhand deren sie die Liquidität bestimmen.

bezieht sich auf die erwarteten Gewinne einer Aktion abzüglich ihrer Gesamtkosten. (Man teile das Ergebnis durch die Kosten, um den ROI als Prozentsatz zu erhalten). Allerdings wird es problematisch, wenn es nicht möglich ist, die Gewinne direkt bestimmten Kosten zuzuordnen, was innerhalb von normalen Betriebsabläufen nicht selten vorkommt. So ist es beispielsweise schwierig, den exakten Gewinn zu errechnen, den Werbemaßnahmen erwirtschaften.

Außer Gewinnzahlen werden zahlreiche andere Finanzkriterien betrachtet, um die Leistungsfähigkeit eines Unternehmens zu prüfen. Sie dienen der Analyse finanziell relevanter Aspekte wie Verbindlichkeiten, Börsen-Performance und Profitabilität. Analysten messen sie im Vergleich zu Branchentrends, um die Leistungsfähigkeit eines Unternehmens gegenüber der anderen Firmen im selben Markt zu beschreiben. Gewöhnlich werden Kriterien angesetzt wie das Umlaufvermögen, die Liquidität, das Insolvenzrisiko und der Beteiligungsgewinn.

Eines der wichtigsten Raster, anhand dessen die Performance von Unternehmen gemessen wird, ist der Cashflow. Hiermit sind die verfügbaren Geldmittel, die sich aus dem Betrieb ergeben, abzüglich des Kapitalaufwands gemeint. An dieser Zahl lässt sich praktisch nichts manipulieren – im Gegensatz zu den gemeldeten Erträgen. Zieht man die Kapitalauslagen für Dinge wie Ausstattung und Gebäude von dem Geld ab, das durch den Betrieb verdient wird, dann ergeben sich daraus die Geldmittel, die dem Unternehmen zur Verfügung stehen und mit denen es tun kann, was immer es will: beispielsweise Dividenden ausschütten oder ins Unternehmen reinvestieren.

Und schließlich lohnt sich immer auch ein Blick auf den gegenwärtigen Nettowert, der sich, auf die Einschätzung finanzieller Entscheidungen basierend, auf den zeitbedingt variierenden Geldwert bezieht. Die Bestimmung des gegenwärtigen Nettowerts stellt eine Methode der Finanzanalyse dar und basiert auf der Idee, dass Geld einen Zeitwert hat. Demnach ist ein Dollar, den man heute einnimmt, mehr wert als einer, den man erst morgen verdient, weil man damit Zinsgewinne macht, während der morgen eingenommene Dollar eine Zinsbelastung durch geliehenes Kapital bedeutet.

Nehmen wir zum Beispiel an, jemand hat die Gelegenheit, einen Wagen zu kaufen, für den er oder sie sich den vollen Kaufpreis leiht. Er oder sie hat zwei Möglichkeiten: die 11.000 Dollar für den Wagen beim Kauf zu bezahlen oder sich für ein Jahr ein zinsloses Darlehen über denselben Betrag geben zu lassen. Berücksichtigen wir den Zeitwert des Geldes, ist die zweite Option die bessere. Warum? Weil dabei die Zinsen für ein Jahr gespart werden. Und wie sieht es aus, wenn man die Wahl zwischen 10.000 Dollar Barzahlung und einem zinsfreien Darlehen für ein Jahr hätte?

Japanisches Wirtschaftswunder
1950–70 ***Japan***

Friedmans Neudarstellung der Quantitätstheorie löst den modernen Monetarismus aus.
1956 ***USA***

Japans Handelsüberschuss erreicht die Marke von 87 Milliarden Dollar.
1987 ***Japan***

Der Euro wird als Gemeinschaftswährung von zwölf Mitgliedsstaaten der EU erstmals ausgegeben.

2002 ***Europa***

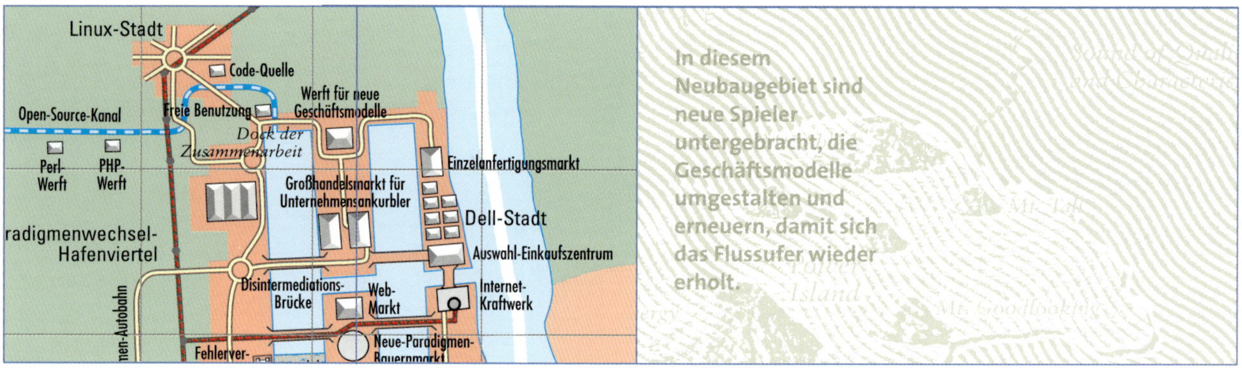

In diesem Neubaugebiet sind neue Spieler untergebracht, die Geschäftsmodelle umgestalten und erneuern, damit sich das Flussufer wieder erholt.

Um einen sinnvollen Vergleich anzustellen, nahmen wir den „Gegenwartswert" des Geldes.

Bei einem Zinssatz von zehn Prozent bringen 10.000 investierte Dollar in einem Jahr 1.000 Dollar an Zinsen ein. Daher ist der Gegenwartswert von 11.000 Dollar heute in einem Jahr bei einer Zinsrate von zehn Prozent 10.000 Dollar. Entsprechend sind beide Optionen gleich gut.

Eine exakte Analyse des Gegenwartswertes erfordert allerdings auch die Berücksichtigung sonstiger möglicher Einnahmen, wie etwa des Erlöses, der bei einem Verkauf von Gegenständen nach der Gebrauchszeit anfällt. Die Differenz zwischen dem Gegenwartswert der Einnahmen und dem Gegenwartswert der Ausgaben ergibt den Netto-Gegenwartswert.

Die beste Wahl zwischen zwei finanziellen Alternativen ist die mit dem höchsten Netto-Gegenwartswert. In der Realität kann die Kalkulation von Netto-Gegenwartswerten mathematisch kompliziert sein, da sie unterschiedliche Einnahmezeiträume ebenso berücksichtigen muss wie variierende Zins- und Wechselraten. Grundsätzlich kann man eine solche Kalkulation in fünf rudimentäre Stadien unterteilen: die Wahl des Diskontsatzes, die Kosten/Nutzen-Rechnung, die in der Analyse angewandt wird, die Festlegung des Zeitraumes für die Kosten/Nutzen-Rechnung, die Errechnung des Gegenwartswertes für jede einzelne Alternative und die Wahl der besten Alternative auf Basis des besten Gegenwartswertes.

Paradigmenwechsel

Von Zeit zu Zeit bewirken technische oder andere ökonomische Faktoren einen so genannten Paradigmenwechsel – eine grundsätzliche Veränderung im Denken der Menschen. Solche Verschiebungen in der Branchendynamik sind oft vom Ruf nach neuen Geschäftsmodellen begleitet, woraufhin prompt erfolgreiche neue Geschäftsmodelle entworfen werden. Allerdings kommen auf diese Weise viele Geschäftsmodelle zustande, die sich im Nachhinein als falsche Versprechungen erweisen.

Der Internet-Boom der 1990er-Jahre beförderte eine wahre Flut neuer Geschäftsmodelle, die alle diesen neuen Kommunikations- und Vertriebskanal nutzen. Einige der internetbasierten Unternehmen konnten Aufsehen erregende Erfolge verzeichnen wie etwa amazon, eBay und, in jüngerer Zeit, Google. Viele der anfangs strahlenden Dot.com-Sterne, die auf neue Modelle aufbauten, sind jedoch längst verglüht.

Das erste Modell, das einen Härtetest durchmachte, war das reine Internet-Geschäft. In der Theorie sollten diese Unternehmen erfolgreiche Geschäftstransaktionen über das Internet abwickeln, ohne irgendwelchen physischen Kontakt zum Einzelhandel zu haben. Bald schon stellte sich der Mangel an Web-Präsenz als tödliches Handicap der Internet-Einzelhändler heraus.

Pets.com schloss seine virtuellen Pforten 2000, als die Idee, Haustierbedarf ausschließlich über das Internet zu vertreiben, endgültig auf dem Schrotthaufen der großen Träume landete. Das Unternehmen hatte es geschafft, mit einer negativen Bruttogewinnspanne zu arbeiten, indem es weniger für die Waren und Dienstleistungen von seinen Kunden erhielt, als es den Lieferanten für dieselben Waren und Dienstleistungen bezahlen musste. Das Venture-Capital war binnen kurzer Zeit restlos aufgebraucht und das Unternehmen musste dichtmachen.

Andere große Dot-Bomben waren boo.com, eToys, Priceline, Furniture.com, Living.com, ToySmart, Webvan ... die Liste ist sehr, sehr lang.

Beliebt war auch das Incubatoren-Modell. Hier nimmt man ein Unternehmen und benutzt es als eine Art Brutkasten für eine Vielzahl von Internet-Unternehmen. Der Incubator liefert dabei die Ressourcen und Infrastrukturen, die es braucht, damit die Firmenküken heranwachsen. Sobald sie flügge sind, bekommt der Incubator seinen Lohn in Form von Beteiligungen an den Firmen, die er ausgebrütet hat. Bei diesem Geschäftsmodell wurde in technischen Termini wie Business Accelerator, Econet und Keiretsu gesprochen – im Wesentlichen handelt es sich dabei um Unternehmensnetzwerke, die sich gegenseitig stützen. Leider flatterten viele der so aufgezogenen Küken nur kurze Zeit orientierungslos herum, bevor sie zu Boden fielen.

Noch schlimmer wurde es, als der Internet-Schwerlaster eine Vollbremsung machte. Viele der Incubatoren, wie Efinanceworks, verschwanden direkt, andere hinkten noch eine Weile weiter, wie CMGI, ehe sie schließlich auf andere Modelle umsattelten. Wieder andere, wie Idealab, haben überlebt, was beweist, dass das Incubatoren-Modell doch einige Vorzüge hat.

Auch bei den Dot.coms gilt: Des einen Leid ist des andern Freud. So erhielt David Kirsch, Assistenzprofessor für Unternehmensgründung an der Smith School of Business der University of Maryland, angeblich 300.000 Dollar, um ein Verzeichnis gescheiterter Dot.com-Geschäftsmodelle zu erstellen (www.businessplanarchive.org).

Aber nicht alle neuen Geschäftsmodelle waren Rohrkrepierer. Einige hatten sogar spektakulären Erfolg. Disintermediation hieß eines der Zauberwörter der Internet-Revolution. Dahinter steckt, vereinfacht ausgedrückt, die Abschaffung von Mittelsleuten oder Zwischenschaltstellen bei Transaktionen. In der aufregenden Internet-Geschäftswelt können Verkäufer und Käufer einer Ware oder einer Dienstleistung direkt abschließen – ohne einen Makler. So jedenfalls klang es in der Theorie.

In der Praxis jedoch bieten Makler häufig die Unabhängigkeit und Information, die Verkäufer nicht bieten können und auf die sich die eine oder andere Seite bei der Transaktion verlässt, weshalb es eher unwahrscheinlich ist, dass die Makler ganz und gar vom Markt verschwinden. Doch wenngleich das Internet nicht zum Untergang aller Zwischenhändler führte, so hat es die klassischen Versorgungsketten doch auf unkonventionelle Weise neu geordnet. Ein Beispiel wären die Internet-Märkte, welche eine Umordnung der Versorgungsketten mit sich brachten, die als Reintermediation bezeichnet wird.

Dell ist eines der Unternehmen, die das Internet erfolgreich nutzten, um neue Geschäftsmodelle umzusetzen. Dells Gründer Michael Dell erkannte, dass PCs via Internet auf Bestellung gebaut und direkt an den Kunden verkauft werden können. Daraus ergaben sich zwei wesentliche Vorteile: Dell musste sich nicht von Einzelhändlern knebeln lassen, die ihre Interessen auf Dells Kosten durchsetzten, und man schaltete die Mittelsmänner aus. Dadurch konnte Dell die Verkaufskosten auf zehn Prozent des Umsatzes drosseln. Außerdem musste das Unternehmen keine große Lagerhaltung betreiben. Tatsächlich hat Dell stets nur Zubehör für eine Woche am Lager. Ein weiterer innovativer Aspekt des Dell'schen Geschäftsmodells ist die „Massenindividualisierung". Die Kunden stimmen ihre Ware auf den eigenen Bedarf ab, was naturgemäß zu zufriedenen Kunden, geringen Akquisitionskosten und mehr Kundenloyalität führt.

Hohe Gewinnmargen und niedrige Kosten machen in jedem Geschäft Sinn. Im Computergeschäft mit seinen rasanten Neuerungen sind sie das Nirwana. Dell wies in den ersten acht Jahren eine verlässliche Wachstumsrate von 80 Prozent auf, die dann auf ein „Schneckentempo" von 55 Prozent zurückging. Der Gründer Dell hat ehrgeizige Pläne für sein Unternehmen: 60 Milliarden Dollar Umsatz im Jahr 2006.

Wie künftige Modelle aussehen werden

Wer Beweise will, dass Geschäftsmodelle Unternehmen und Gesellschaften verändern können, braucht nicht weiter zu suchen als bis zu den Open-Source-Modellen.

„Open Source" war anfangs nur ein Begriff aus der Software-Entwicklung, der besagte, dass Quellcodes, die die Grundlage für Software-Programme bilden, für jedermann frei erhältlich und vom Endnutzer nach Bedarf veränderbar sind. Dahinter steckte der Gedanke, freie Quellcodes als Kooperationsmodell wären die beste Methode, optimale Software zu entwickeln.

Als Verfechter dieser Philosophie tritt eine Gruppe von Programmierern an, die als die „Open-Source-Bewegung" bekannt sind. Anschauliche Beispiele für Open-Source-Software sind etwa Linux, Perl, PHP und der Apache-Web-Server. Der Bewegung gehören unter anderem der schwedische Linux-Erfinder Linus Torvalds und der Amerikaner Eric Raymond an, der das Buch *Die Kathedrale und der Basar* schrieb (O'Reilly 2001).

Das Open-Source-Modell ist die Antithese zum in sich geschlossenen kommerziellen Geschäftsmodell, in dem die Quellcodes ein mit Argusaugen bewachtes Geheimnis darstellen. Sie werden von Gesetzen zum Schutz intellektuellen Eigentums verteidigt und gegen Gebühr lizenziert. Wie es mit der Kommerzialisierung von Produkten aus der Open-Source-Entwicklung steht, ist noch nicht geklärt. Das Spannende an diesem Modell aber ist sein Erweiterungspotenzial über die Software-Grenzen hinaus, ist es doch Beispiel dafür, wie Gemeinschaften gemeinsam an der Entwicklung überlegener Produkte arbeiten. Open Source gewährt uns mithin einen Blick auf die Geschäftsmodelle der Zukunft. Wer mehr Geld machen will, sollte hier auf der Hut sein.

Wegmarken

Können Sie Ihr Geschäftsmodell skizzieren?

- ***Ist es sinnvoll? Legen Sie es unters Mikroskop, stellen Sie es ein paar vertrauten Freunden vor und sehen Sie, ob es der Prüfung standhält.***

Rechnet es sich?

- ***Jeder kann Waren oder Dienstleistungen mit Verlust verkaufen, aber ein solches Geschäftsmodell ist langfristig nicht haltbar.***
- ***Prüfen Sie anhand der Rahmenvorgaben von Bossidy und Charan die internen Gegebenheiten, die Finanzziele und die externen Gegebenheiten.***
- ***Beherrschen Sie die Zahlen. Sie müssen kein Quantenphysiker sein, um die finanzielle Situation eines Unternehmens einzuschätzen. Solange Sie ein paar wesentliche Rechenarten beherrschen, können Sie jedes Unternehmen einem schnellen Gesundheitscheck unterziehen.***
- ***Achten Sie auf Paradigmenwechsel. Neue Technologien oder andere bedeutende Veränderungen schaffen nicht bloß Möglichkeiten für Firmengründer, sondern können auch das brillanteste Geschäftsmodell über Nacht zu einer Pleite machen.***

Das Wohlstandsflussbecken

Liquide Mittel und Kapital sind die Maßeinheiten für Wohlstand, den wir metaphorisch als „Wasser“ bezeichnen. Hier sehen wir den Lauf des Wassers von der Entstehung bis zum Recycling.

Wohlstandsschaffungs-Region
Dies sind die luftigen Höhen, in denen die Unternehmer leben. Sind gerade keine Wolken am Himmel, haben sie von hier einen fantastischen Ausblick. Viele Ideen verursachen heftige Strömungen.

Wohlstandsmanagement-Region
Diese mittlere Höhe ist von Unternehmen und Institutionen besiedelt. Die Infrastruktur besteht aus breiten Kanälen. Die Anwohner sind hoch bezahlte, risikoscheue Mitarbeiter. Wird die Strömung zu stark, führt das zu Erosionen und Uferschäden; ist sie zu schwach, setzt sich Schlamm ab und der Wasserfluss stagniert.

Wohlstandskonservierungs-Region
Zahlreiche breite Kanäle: niedriger Wasserstand, großes Volumen, träger Fluss. Wasser ist zwar reichlich vorhanden, aber nur an der Oberfläche zu gebrauchen, da es in den unteren Bereichen von Schlamm durchsetzt ist.

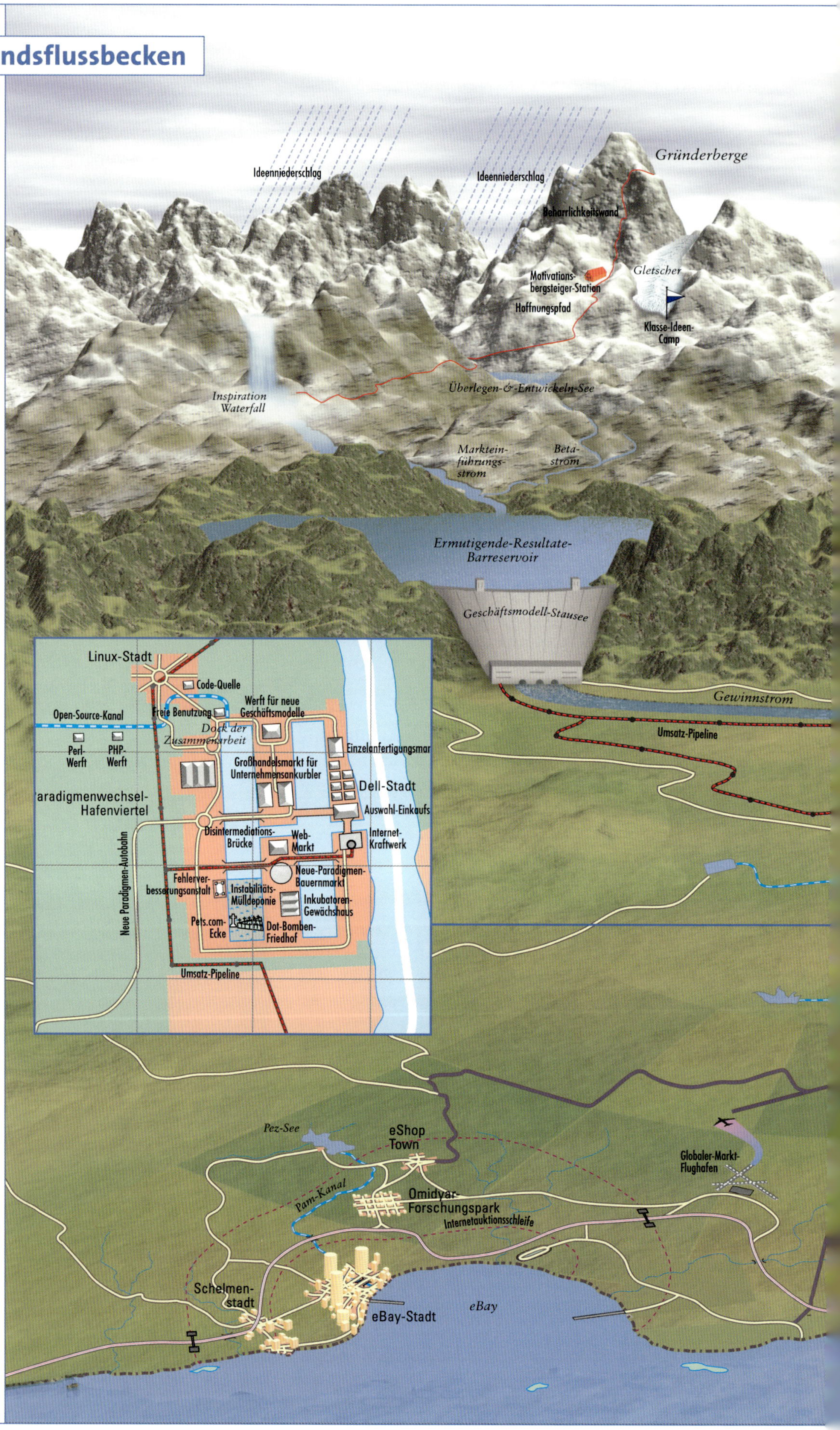

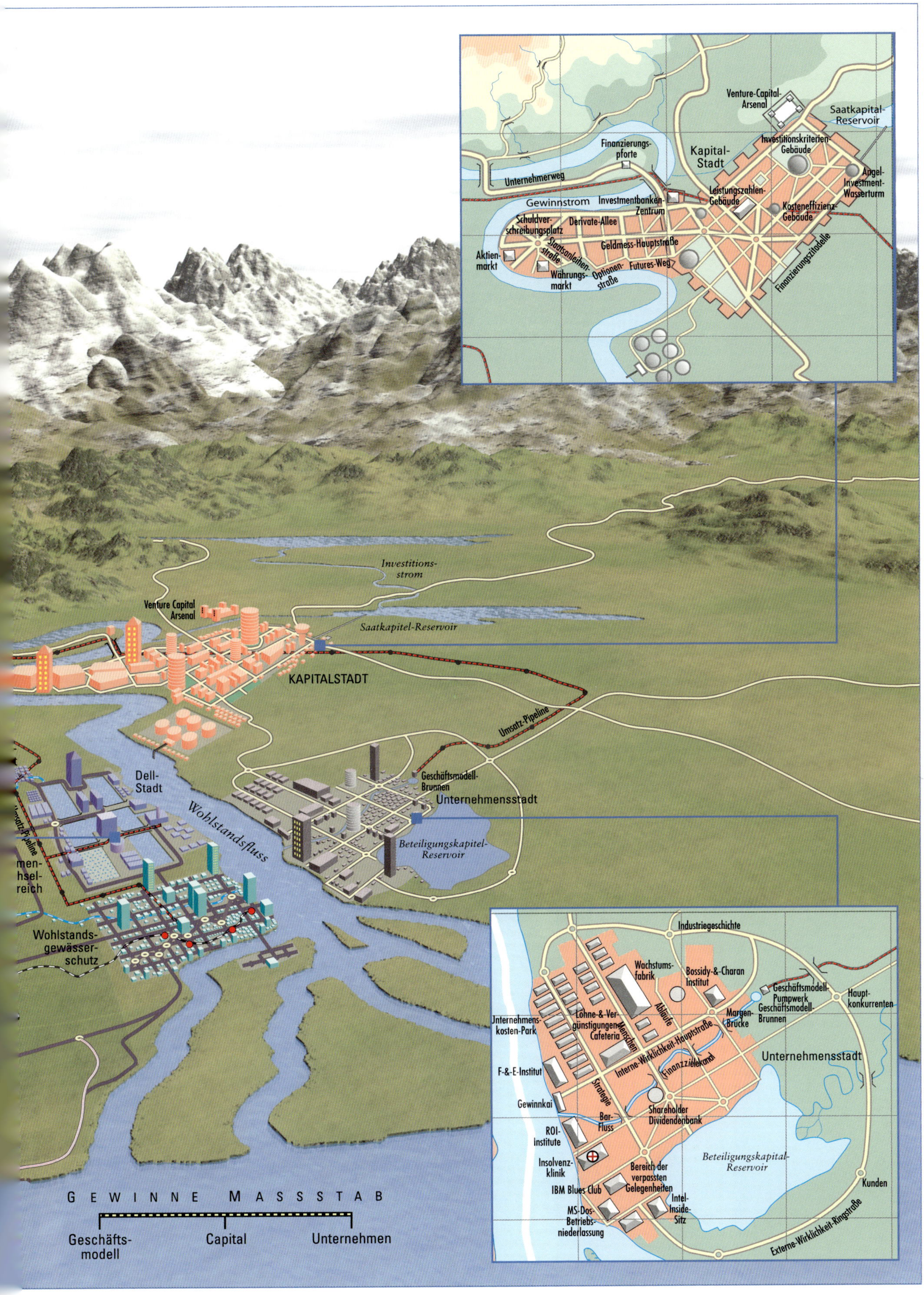
Venture-Capital-Arsenal
Saatkapital-Reservoir
Investitionskriterien-Gebäude
Kapital-Stadt
Finanzierungs-pforte
Unternehmerweg
Angel-Investment-Wasserturm
Leistungszahlen-Gebäude
Gewinnstrom
Investmentbanken-Zentrum
Kosteneffizienz-Gebäude
Schuldver-schreibungsplatz
Derivate-Allee
Staatsanleihen-straße
Geldmess-Hauptstraße
Aktien-markt
Währungs-markt
Optionen-straße
Futures-Weg
Finanzierungszitadelle
Investitions-strom
Venture Capital Arsenal
Saatkapital-Reservoir
KAPITALSTADT
Umsatz-Pipeline
Dell-Stadt
Geschäftsmodell-Brunnen
Unternehmensstadt
Wohlstandsfluss
Beteiligungskapitel-Reservoir
Wohlstands-gewässer-schutz
Industriegeschichte
Wachstums-fabrik
Bossidy-&-Charan Institut
Geschäftsmodell-Pumpwerk
Geschäftsmodell-Brunnen
Haupt-konkurrenten
Abläufe
Margen-Brücke
Unternehmens-kosten-Park
Löhne-&-Ver-günstigungen-Cafeteria
Menschen
Interne-Wirklichkeit-Hauptstraße
Finanzzielekanal
Unternehmensstadt
F-&-E-Institut
Strategie
Gewinnkai
Bar-Fluss
Shareholder Dividendenbank
ROI-Institute
Beteiligungskapital-Reservoir
Insolvenz-klinik
Bereich der verpassten Gelegenheiten
IBM Blues Club
Intel-Inside-Sitz
MS-Dos-Betriebs-niederlassung
Kunden
Externe-Wirklichkeit-Ringstraße
GEWINNE MASSSTAB
Geschäfts-modell
Capital
Unternehmen

Woher kommen die besten Ideen?

In der modernen, digital angetriebenen Welt wird zusehends klarer, dass der Wettbewerbsvorteil der Zukunft nicht im Kapital oder in physischen Mitteln liegt, sondern im Wissen und somit in den Köpfen der Menschen. Entsprechend redet alle Welt von der Schaffung einer wissensbasierten Ökonomie. Was die USA mit dem Silicon Valley anfingen, dem Archetypen technologischer Ballungszentren, versuchen andere Ökonomien nachzuahmen.

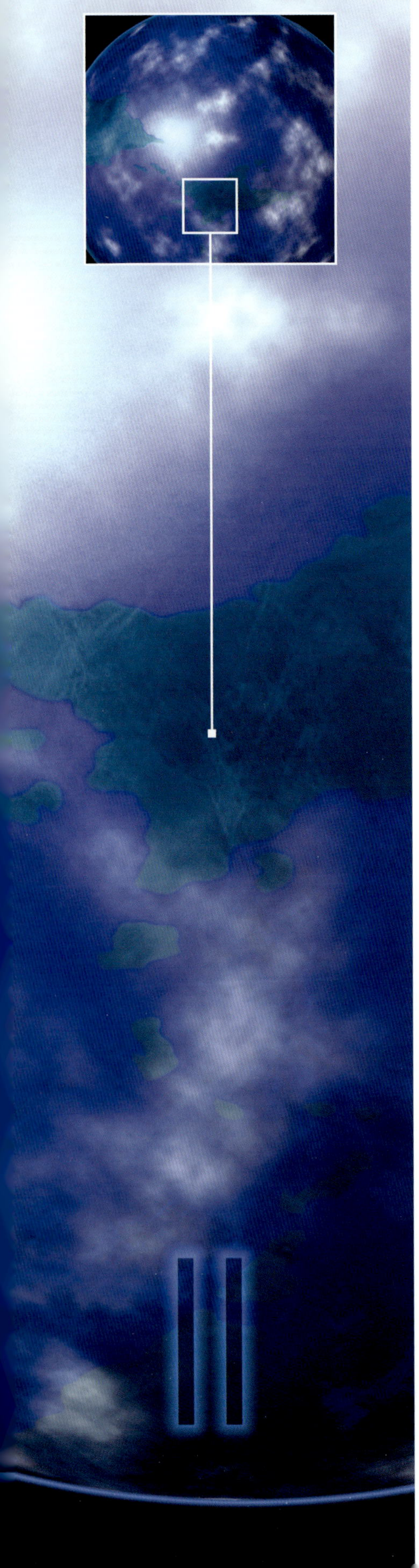

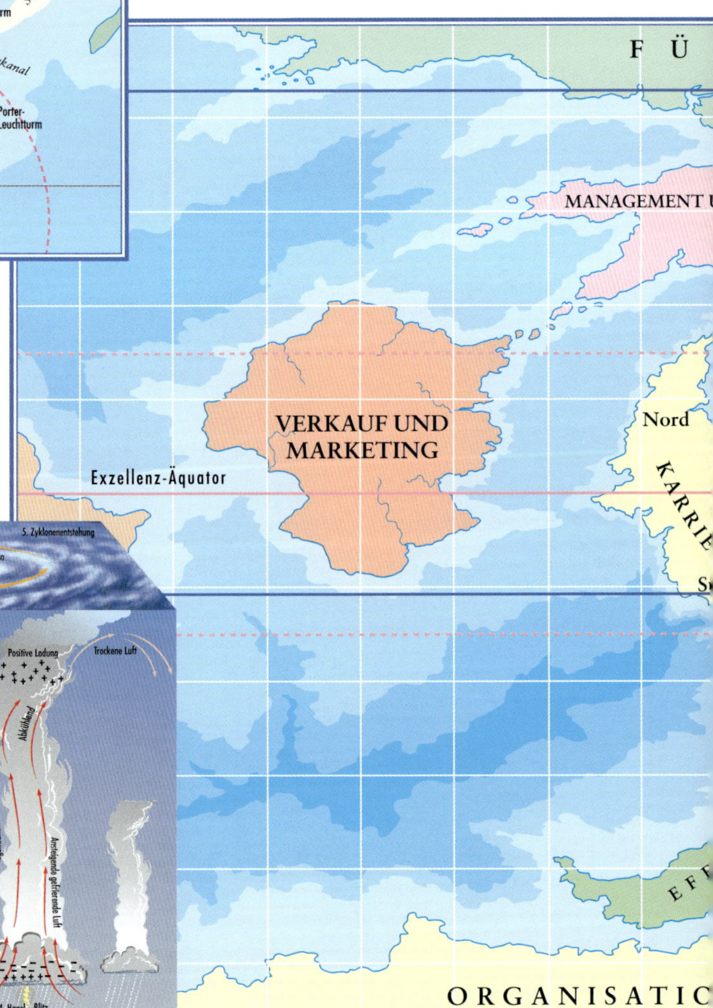

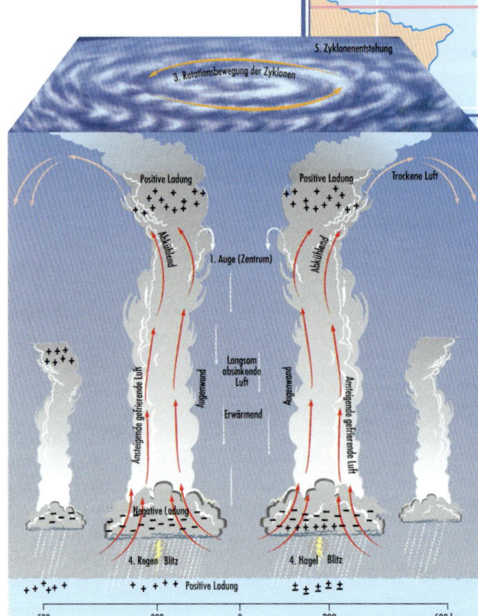

Wie die Entdecker, die sich vor Jahrhunderten aufmachten, neue Kontinente zu finden, streben Unternehmen heute danach, unbekannte kommerzielle Territorien zu entdecken und auszubeuten. Anstelle von Kolonien und Handelsrouten sind die Ziele heute allerdings neue Ideen und Praktiken, die sich in lukrative neue Produkte und Dienstleistungen übersetzen lassen. Der Schlüssel zu diesen neuen Territorien ist die Innovation – die Schaffung von Neuem. Allerdings geht es bei Innovation nicht nur um „die großartige Idee". Erfolgreiche Innovation erfordert zweierlei: Erfindung (die Entdeckung einer neuen Idee) und Kommerzialisierung (die Schaffung funktionierender Märkte auf Basis dieser Idee).

Innovation erobert derzeit die Tagesordnungen der Management-Meetings, denn wie sich herausstellte, wirkt sich Innovation direkt auf die Unternehmensbilanz aus. Sie führt zu erhöhter Produktivität, mehr Wettbewerbsfähigkeit und wirtschaftlichem Wachstum. In einer Gruppe von Unternehmen, die sich über Amerika, Europa, Australien und Japan verteilen, konnte beispielsweise in den letzten fünf Jahren ein zehnprozentiger Umsatzzuwachs mit Produkten und Dienstleistungen und damit ein 2,5-prozentiger Gewinnzuwachs erzielt werden, und das Jahr für Jahr. Vor allem konnten Unternehmen, die ihre Umsätze zu 80 Prozent mit neuen Produkten machten, ihre Marktkapitalisierung in demselben Zeitraum verdoppeln.

Das erklärt, warum leitende Manager ihre Leute heutzutage zur Kreativität anhalten. Dabei werden sie vom Sirenengesang der Management-Gurus angespornt: „Heute führt der einzige Weg zum Wettbewerbsvorteil über die Innovation", bemerkte die Koryphäe der Harvard Business School, Michael Porter. Und wenn eine der führenden Autoritäten für globalen Wettbewerb das sagt, dann hören die CEOs zu. Tom Peters ist ebenfalls ein offener Verfechter der Innovation. „Spitzenqualität, vernünftige Preise und guter Service reichen gerade einmal, um überhaupt ins Spiel zu kommen, nicht um zu gewinnen. Erneuere oder stirb", sagt Peters unverblümt.

Welches aber sind die Geheimnisse erfolgreicher Innovation? Welches sind die magischen Zutaten, die es einem Unternehmen ermöglichen, weltbewegende Technologien zu entwickeln? Gibt es eine Formel, die man aus den Erfolgen ableiten und kopieren kann?

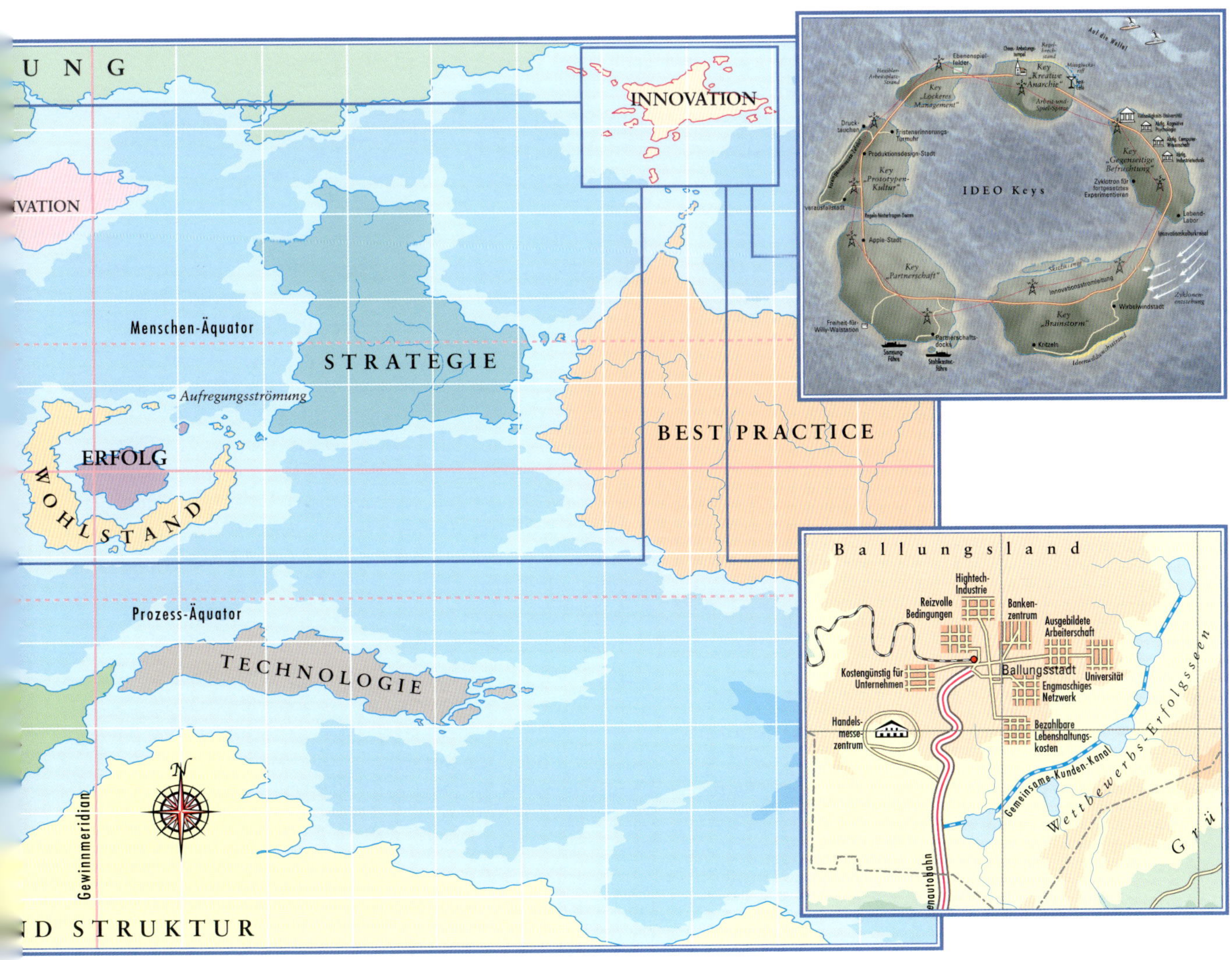

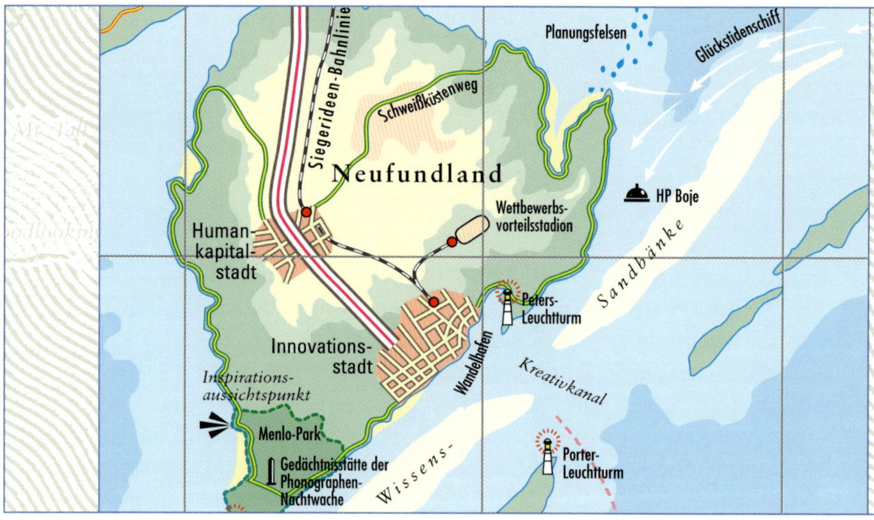

Der Weg zur Innovation beginnt hier, wo die Pioniere ihre ersten Siedlungen errichten – einer stürmischen Seereise, zu der sie aufbrachen, weil sie die Veränderung suchten. Doch dies ist erst der Anfang. Sie müssen noch einen weiten Weg zurücklegen, um Wert aus ihren neuen Ideen zu schöpfen.

Die Antwort ist: Es gibt keine Garantie dafür, dass eine Innovation erfolgreich ist. Wie bei den frühen Entdeckern gilt auch bei den heutigen, dass große Entdeckungen stets das Risiko bergen, sich als Irrwege zu entpuppen. Forschungen haben allerdings bestätigt, dass Unternehmen ihre Innovationspannen durchaus zu ihren Gunsten nutzen können.

So glauben beispielsweise viele, bestimmte Firmen wären eher für Innovationen gerüstet als andere. Die Theoretiker Paul Geroski und Costas Markides beschreiben die Welt unternehmerischer Innovation mit den Begriffen der Kolonialisation. Ihnen zufolge gibt es Firmen, die gut in der Erfindung und Konsolidierung sind, und solche, die gut in der Kommerzialisierung sind. Laut Geroski und Markides sind Firmen, die in beidem gut sind – beidhändige Unternehmen – eher eine seltene Spezies.

Für Geroski und Markides sind Ideen die Brückenköpfe der ersten Entdecker – der Entrepreneure und anderer, die an Start-ups arbeiten und ihre Unternehmen in den Frühstadien vorantreiben. Sie halten Bürokratie und Kontrolle – Wörter, die zumeist mit großen Unternehmenskomplexen assoziiert werden – für die Schrecken aller Erfinder schlechthin. Demzufolge läuft es so ab, dass ein neues Land entdeckt wird und, sobald die ersten Zeltlager den ersten festen Siedlungen weichen, die Verwaltung an die Stelle der Pioniere tritt, die den Geist der Kreativität erstickt. Andere Theoretiker halten dagegen, auch reifere Unternehmen könnten durchaus erfolgreiche Innovatoren sein, sofern sie nur die Innovation richtig angehen.

Der Heureka-Moment

Der griechische Erfinder und Mathematiker der Antike, Archimedes, war berühmt dafür, seinen Heureka-Moment im Bad erlebt zu haben. Dieser Augenblick der Klarheit, in dem er die Wahrheit hinter dem Prinzip der treibenden Körper erkannte, erfüllte ihn mit einer solchen Begeisterung, dass er nackt auf die Straßen von Syrakus hinausrannte und rief: „Heureka – ich habe es gefunden!“

In der Geschichte sind Firmen häufig eher über ihre großen innovativen Ideen gestolpert, als dass sie diese planten. Zu Beginn des 20. Jahrhunderts wurde Innovation häufig mit der Genialität weniger Einzelner assoziiert. Kaum jemand dachte daran, die richtigen Bedingungen zu schaffen, um zur Innovation und Kreativität in Unternehmen anzuregen. Gemäß den vorherrschenden Managementtheorien jener Zeit lautete das Standardrezept für Innovation: Hole dir ein paar sehr kluge Leute, schließe sie in einem Zimmer ein, lass sie lange und hart arbeiten – und schon folgt die Innovation quasi von selbst. Wenn Entdecker lange genug geradeaus segeln, kommen sie irgendwann an eine neue Küste.

Die Ideenfabrik

Sogar Thomas Alva Edison (1847-1931), das Erfindergenie schlechthin, zog die Arbeitsmoral dem kreativen Umfeld vor. Diesem Denken entspringt denn auch sein oft zitierter Satz: „Genie ist ein Prozent Inspiration und 99 Prozent Transpiration.“ Transpiration kannten seine angestellten Erfinder oder „Kumpels“, wie sie genannt wurden, nur zu gut. Sie arbeiteten im Schnitt 55 Stunden die Woche, verteilt auf sechs Tage – bei schlechter Bezahlung. Nach den Triumphen, die in der von Gemeinschaftssinn getragenen Atmosphäre von Menlo-Park erzielt wurden, verlegte Edison sich zunehmend auf die Rolle des Supervisors in seinem Laborkomplex in West Orange, New Jersey. Das Labor wurde wie eine Fabrik geführt – mit Stechuhren und einer erdrückenden Administration, die jede Kreativität lähmte. Eine Episode, die als „Phonographen-Nachtwache“ in die Geschichte einging, erzählt, wie Edison sein Forscherteam einsperrte und erst drei Tage später wieder herausließ, als sie mit einem verbesserten Phonographen aufwarten konnten.

60 Jahre später hatte sich an den Vorstellungen zur Innovationsanregung nicht viel geändert. Der britische Forscher William Shockley versammelte 1955 einige der hellsten Köpfe im Bereich der Elektronik in seinem Halbleiterlabor in Palo Alto, Kalifornien. Zwei Jahre darauf gingen acht der besten Wissenschaftler weg und gründeten ihr eigenes Unternehmen, Fairchild Semiconductors. Begleitet wurde das Ganze von Geschichten über Geheimprojekte innerhalb anderer Projekte und Shockleys furchtbarem Führungsstil. Fairchild revolutionierte mit seiner Arbeit an den Silikontransis-

toren die Welt der Computer. Und das Unternehmen brachte einige Talente hervor, die zu den Gründern der bekanntesten Firmen im Silicon Valley wurden.

Heute hat sich die Einstellung zur Innovation grundlegend verändert. Da Innovation in der Wissensökonomie unverzichtbar ist, konzentriert sich die Forschung darauf, wie Innovation und Kreativität gefördert werden können. Es mag helfen, genial oder sogar verrückt zu sein: Jacob Schick, der Erfinder des elektrischen Rasierers, glaubte, wenn man sich jeden Tag richtig rasierte, könnte man 120 werden. Auch Glück kann eine Rolle spielen: 1979 entdeckte ein Hewlett-Packard-Ingenieur, dass Metall bei einer bestimmten Art der Erhitzung spritzt, und die Ausnutzung dieses Effekts führte letztlich zur Entwicklung der Tintenstrahldrucker. Immer mehr Unternehmen erkennen, wie sehr ihr Erfolg davon abhängt, Bedingungen zu schaffen, die zur Innovation anregen. Nicht minder klar ist ihnen, dass Innovation keinen Gewinn bringt, solange sie aus Erfindungen keine kommerziellen Produkte machen können.

Das Dilemma der Neuerer

Das Mantra der Innovation zu singen ist einfach. Ein Unternehmen zu werden, das erfolgreiche Innovationen vorweisen kann, ist es nicht. Zunächst einmal scheinen große Unternehmen, ganz gleich wie erfolgreich sie sind, einen eingebauten Nachteil zu haben, wenn es um Innovation geht. Sie neigen institutionell dazu, auf „nachhaltige" Technologien zu setzen – sprich: auf die kontinuierliche Verbesserung dessen, was sie bereits tun. Gleichzeitig tun sie sich entsprechend schwer mit der Entwicklung von „Störtechnologien" – sprich: radikalen methodischen Veränderungen oder Neuerungen. So sieht das Neuererdilemma aus, wie es Clayton Christensen aus Harvard beschreibt.

Christensen zufolge haben erfolgreiche Unternehmen per se eine Aversion gegen jede Form radikaler Innovation, die bestehende Produkte, Dienstleistungen oder Abläufe obsolet macht. Diese Eigenschaft macht sie naturgemäß blind für neue Möglichkeiten, zumal große Investitionen in bereits existierende Technologien häufig auf eine Ablehnung neuer oder bahnbrechender Technologien zurückzuführen ist.

Rückendeckung erfährt Christensens Theorie, große Unternehmen täten sich schwer mit Innovationen, von zwei Londoner Wissenschaftlern: Paul Geroski, einem Professor für Wirtschaftswissenschaften, und Costas Markides, der die Robert-P.-Bauman-Professur für strategische Führung innehat. Beide lehren an der London Business School und vertreten die Ansicht, viele große Unternehmen gingen grundsätzlich falsch an Innovation heran, insofern sie sich dabei einzig auf Aspekte wie optimale Nutzung und Kommerzialisierung konzentrierten.

Falsch ist das tatsächlich, wenn man sich klar macht, dass die Kompetenzen, die für Neuerungen und Kommerzialisierung gefordert sind, nicht bloß vollkommen unterschiedlicher, sondern sogar widersprüchlicher Natur sind. Firmen, die gute Erfindungen hervorbringen – die Kolonisten oder Pioniere – sind eher selten in der Kommerzialisierung gut – dem Hoheitsgebiet der Konsolidierer. Nur sehr wenige Firmen sind gut in beidem.

Gemeinhin, so meinen Geroski und Markides, sind kleine Start-up-Unternehmen Naturtalente, wenn es ums Kolonisieren geht, während den großen und etablierten Firmen das Konsolidieren gegeben ist. Das heißt aber auch, dass die Versuche großer Firmen, mehr wie Entrepreneure zu werden – die Kultur und die Strukturen von kleinen Firmen zu übernehmen –, größtenteils Zeitverschwendung sind. Sie können sich nicht einfach „das Silicon Valley ins Haus holen". Stattdessen sollten große Unternehmen sich der eigentlichen Herausforderung stellen, wie sie ihre natürlichen Vorteile als Konsolidierer nutzen, um die Ideen anderer auszubauen.

Effektive Kolonisierer sind „imstande, neue Technologien schnell und effektiv zu erkunden und einen kreativen Bogen zu schlagen von der neuen technischen Möglichkeit hin zu etwas, das die Kundennachfrage bedient. Sie sind gut darin, neue Marktnischen zu schaffen." Naturtalente im Konsolidieren hingegen sind „imstande, Märkte zu organisieren und Ideen in Produkte umzusetzen, die sich wirtschaftlich herstellen und in einem Massenmarkt vertreiben lassen".

Geroski und Markides behaupten nicht, es wäre unmöglich, Kolonisierung und Konsolidierung miteinander zu kombinieren, sondern halten lediglich die Wahrscheinlichkeit für sehr gering, dass es gelingt. Beidhändige Unternehmen, wie sie sie nennen, kommen vor, nur eben selten: als Ausnahmen, welche die Regel bestätigen.

Was aber heißt das für die großen Unternehmen? Eine logische Schlussfolgerung wäre die, dass große Unternehmen sich statt auf die Generierung neuer Ideen vielleicht besser auf deren Übernahme von kleineren Firmen verlegen sollten – mithilfe von Lizenzen, Unternehmenszukäufen, Abwerbung von Mitarbeitern oder sogar Nachahmung – die sie dann für den Massenmarkt weiterentwickeln.

Skunk Works als Lösung?

Nicht jeder glaubt, große Unternehmen wären per se nicht für erfolgreiche Innovationen geschaffen. Tom Peters etwa schrieb über Skunk Works – die unabhängigen Entwicklungsabteilungen innerhalb großer Unternehmen, deren Aufgabe die Generierung neuer Ideen ist. In seinem Buch *Leistung aus Leidenschaft* definiert Peters die Skunk Works als „hochgradig innovative, schnell voranschreitende und ansatzweise exzentrische Abläufe in den Randbereichen der Unternehmen".

Peters weist darauf hin, dass der Innovationsprozess zwangsläufig ein chaotischer ist, der in großen Unternehmen eher zufällig in Gang kommt. „Innovation geschieht nun einmal nicht auf die Art, wie sie es eigentlich soll", sagt er. Und wenn überhaupt, beginnt sie meist in kleinen Projektteams, die lange genug in Ruhe gelassen wurden, um ein paar gute Ideen hervorzubringen.

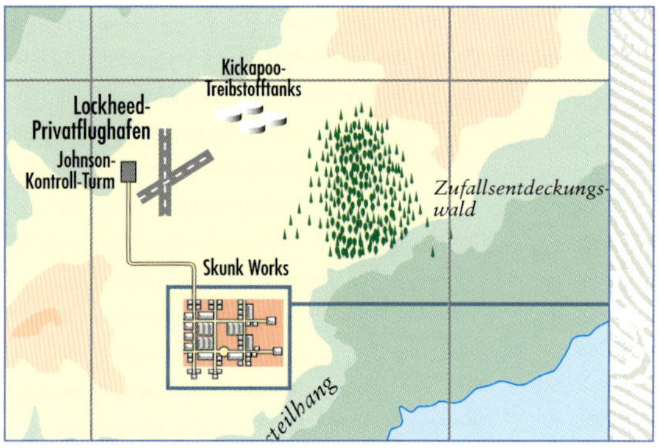

Die Begriff Skunk Works geht auf Clarence „Kelly" Johnsons Arbeit im Lockheed-Entwicklungscenter in Burbank, Kalifornien, kurz nach dem Zweiten Weltkrieg zurück. Als man dort fragte, was Johnson eigentlich machte, antwortete jemand: „Ich glaube, der gute Kelly rührt ein bisschen Kickapoo-Saft an." Kickapoo-Saft war die Bezeichnung für den schwarzgebrannten Whisky der Hinterwäldler-Familie aus einem Al-Capp-Comic. In diesem Comic wirft die Familie immer wieder einmal ein Stinktier (skunk) mit in den Topf, um dem Whisky die richtige Würze zu verleihen. So kam das Lockheed-Entwicklungsteam zu seinem Spitznamen Skunk Works, der bis heute überlebt hat.

Lockheed ist allerdings nicht das einzige große Unternehmen, das von dieser Form der Innovationsförderung profitierte. Auch die PC-Entwicklung bei IBM fand in solchen Insellabors statt, denn IBM hatte es eilig mit der Entwicklung des PCs und gleichzeitig war man sich darüber im Klaren, dass die erstarrten Firmenstrukturen eine rasche Innovation nur behindern würden. Also baute IBM eine separate und streng geheime Entwicklungsabteilung in Boca Raton, Florida, wo man einem kleinen Entwicklerteam die Arbeit an dem PC anvertraute.

Weitere Innovationsfabriken, die von großen Unternehmen eingerichtet wurden, sind das Palo-Alto-Forschungszentrum von Xerox und die Bell-Laboratories von AT&T.

Manch einer mag jetzt einwenden, solche Brutkästen für Forschung und Entwicklung könnten ja durchaus tolle Ideen hervorbringen, doch mangelt es häufig an der Fähigkeit ihrer großen Mutterunternehmen, diese Ideen entsprechend zu nutzen. Immerhin war es ein Gastforscher am Palo-Alto-Forschungszentrum, der als Erster die Graphical User Interface (GUI – grafische Benutzeroberfläche) für den Personalcomputer sah – Steve Jobs, der CEO eines jungen Unternehmens namens Apple Computers. Die GUI trug wesentlich zum kommerziellen Erfolg von Apple Macintosh bei.

Ideen in die Praxis umsetzen

Am Anfang eines jeden erfolgreichen Unternehmens steht eine großartige Idee. Und dennoch reichen Ideen allein nicht aus. Auf jeden Henry Ford und jeden Bill Gates, deren großartige Ideen sich in Unternehmensimperien und persönlichen Reichtum wandeln ließen, kommen tausende gescheiterter Firmengründer. Innovation besteht aus mehr als nur Ideen. Es geht auch und vor allem um die Kommerzialisierung dieser Ideen. Unternehmen erkennen heute mehr und mehr, dass die eigentliche Herausforderung bei der Innovation in der effektiven Umsetzung der Ideen liegt.

Welches aber ist das Geheimnis, mit dem Ideen zu Gold werden? Auf diese Frage finden sich fast so viele Antworten wie es Ideen gibt. In einem Bericht des Henley Management College, *Going Beyond the Idea,* werden fünf Schlüsselfaktoren aufgeführt, anhand deren sich Entdeckungen in Umsätze wandeln lassen.

Demnach stünde an erster Stelle die Konzentration auf die Probleme der Kunden anstelle des blinden Verfolgens einer Idee.

Als zweiter Punkt folgt, dass eine Idee nur in die Wirklichkeit umgesetzt werden kann, wenn sich ein begeistertes Team unter Anleitung einer begeisterten Führungskraft daranmacht und alle gleich stark am Erfolg interessiert sind. (Einer der häufigsten Fehler in den Unternehmen ist der, die Geschäftsidee zu früh von ihren Erfindern zu trennen.)

Der dritte Erfolgsfaktor ist eine gemeinsame Sprache für die Kommunikation wie für die Erfolgsmessung. Innovationsinitiativen werden oft in unpassende Jahresbudgets oder Investmentpläne gezwängt und müssen so mit den üblichen Investitionen des Unternehmens um die verfügbaren Mittel konkurrieren. Der vierte Faktor sind die relevanten und zahlenmäßig erfassbaren Mittel und Fertigkeiten, die zur Verfügung stehen. Viele Unternehmen überschätzen den Nutzen ihrer Fertigkeiten und Mittel für die Verbraucher.

Der letzte und lebenswichtige Faktor ist das Netzwerk – das interne wie externe. Interne Netzwerke stimulieren die Unternehmensinteressen und helfen dem Entwicklerteam, die unternehmerischen Schikanen zu überwinden. Externe Netzwerke helfen bei der Beantwortung der drei kritischen Fragen, die jeder Vorstand stellt, wenn ihm neue Ideen präsentiert werden: Sind sie realistisch? Können wir damit gewinnen? Lohnt es sich, damit zu gewinnen?

Der kreative Geist

Eine andere fortlaufende Debatte befasst sich mit dem Wesen der Innovation an sich. Was beispielsweise ist Kreativität? Kann jeder kreativ sein oder sind es nur ein paar wenige Auserwählte? Können Unternehmen Techniken und Umfelder schaffen, die eigens dazu gedacht sind, Innovation zu fördern?

Edward de Bono, der Erfinder und Apostel des lateralen Denkens, definiert Kreativität als die Schaffung von etwas, das vorher noch nicht da war. Des Weiteren muss Kreativität nach de Bono grundsätzlich Veränderung, Neues und Unerwartetes begrüßen. Der Kreativitätsforscher und Assistenzprofessor für Lernen, Kognition und Instruktion an der Indiana University School of Education, Jonathan Plucker, definiert Kreativität als „das Zusammenspiel von Fähigkeiten und Abläufen, die es einem Einzelnen oder einer Gruppe erlauben, ein Ergebnis oder Produkt hervorzubringen, das sowohl neu als auch in einem bestimmten sozialen Kontext nützlich ist."

Brainstorm

Neue Ideen wühlen auf und bringen Veränderungen mit sich.

1 Das Auge des Sturms: Der Mittelpunkt
Im Zentrum eines Brainstorms befindet sich ein Gebiet der Ruhe. Hier erwärmt sich die Luft und sinkt hinab auf den Boden, eine glänzend weiße Oberfläche, auf der die Ideen sichtbar werden.

2 Die schnell ansteigende Luft: Ideenwildwuchs
Die aufsteigende Luft gibt Dämpfe ab und fällt wieder. Das erhöht den Aufwärtsdruck des Brainstorms. Turbulenzen schaffen Polarität zwischen der aufgeladenen Spitze und dem Wolkengrund. Geschlossen wird der „Kreislauf" durch die Blitze innovativer Ideen.

3 Rotation: Urteilsverzicht
Rotationsbewegungen sorgen für einen Austausch von Luft und Ideen sowie für den Antrieb, der den Brainstorm in eine bestimmte Richtung lenkt.

4 Niederschlag: Auf Ideen anderer aufbauen
Niederschlag ist ein messbarer Effekt und kann störend sein.

5 Zyklonenentstehung: Eine Idee zur rechten Zeit
Viele Zellen bilden ein System, das von den verantwortlichen Autoritäten eine eigene Identität erhält.

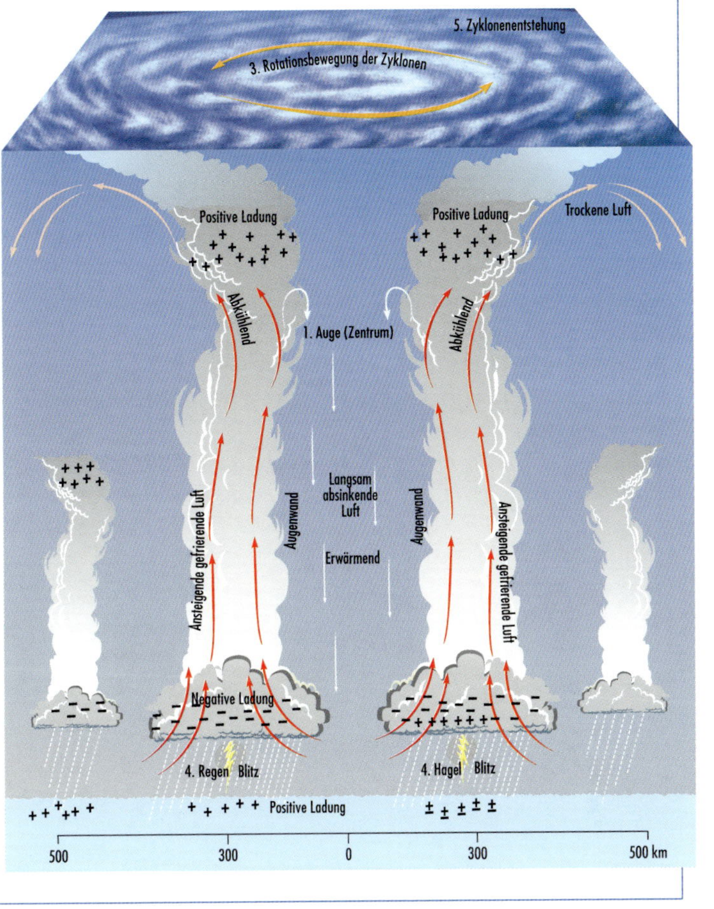

Egal welche der beiden Definitionen wir bevorzugen – Kreativität steht bei beiden im Zentrum des effektiven Unternehmens. Innovative Lösungen für komplexe Probleme bilden die Grundlagen für Wettbewerbsvorteile. Kreativität ist ein gutes Geschäft. Problematisch ist allerdings, dass die meisten Unternehmen eine Organisation aufweisen, in der jede Kreativität im Keim erstickt wird. Sie wird in Ketten gelegt und wartet nur darauf, sich aus den engen Schranken der unternehmerischen Erwartungen und Verhaltensvorgaben zu befreien.

Denken wir allein an die Art formeller strategischer Planung, wie sie in vielen Unternehmen betrieben wird. „Planung", sagte Henry Mintzberg, Professor für Management an der McGill University, Montreal, „gibt von Haus aus feste Kategorien vor. Kreativität an sich schafft neue Kategorien oder ordnet bestehende neu. Deshalb kann strategische Planung Kreativität weder hervorbringen noch mit ihr umgehen, wenn sie auf anderen Wegen zustande kommt."

Die Kunst der Kreativität

Üblicherweise denkt man bei Kreativität zunächst an Künstler, und zwar an Künstler als Menschen, die ihre Fantasie und ihre Fertigkeiten nutzen, um einen ästhetischen Wert zu schaffen – also Schriftsteller, Maler, Komponisten oder Bildhauer. Dementsprechend haben viele Unternehmen versucht, Kreativität mittels künstlerischer Kompetenzen und Kommunikationsformen zu fördern, was einigen besser gelang als anderen. Unternehmen können sich zum Beispiel verschiedener Techniken und Hilfsmittel, wie Metaphern, Wortassoziationen, Brainstormings, Bilder, kreatives Schreiben und neuerdings auch Associative Cartography®, bedienen.

Nehmen wir das Geschichtenerzählen. Seit den frühen Tagen der Menschheit benutzen die Leute Geschichten, um wichtige Botschaften zu vermitteln. Ob sie nun von Stammesältesten am Lagerfeuer oder von Wanderpredigern erzählt wurden – Geschichten hatten immer den Zweck, sowohl zu unterhalten als auch kollektive Erinnerungen zu bewahren, ehe die Menschen lesen und schreiben konnten. Und dabei sollten auch die unterhaltenden Geschichten meist nicht bloß unterhalten: Selbst die Märchen enthielten oft ein Körnchen Weisheit oder waren zur Warnung gedacht.

Heute entdeckt die Wirtschaftswelt die Macht des Geschichtenerzählens zunehmend auch für sich. General Electric, IBM, Unilever, The Body Shop und Nestlé gehören zu jenen Unternehmen, die in ihrer Kommunikation ausdrücklich auf das Element des Geschichtenerzählens setzen. Andere Organisationen, die dies ebenfalls praktizieren, sind die Weltbank, die NASA, die US-Army und die CIA. Kreatives Geschichtenerzählen bekommt auch dem Verkauf von Wirtschaftsbüchern, wie sich nicht zuletzt an Spencer Johnsons *Die Mäuse-Strategie für Manager* gezeigt hat – einem Buch, das die Macht der Wirtschaftsfabel belegt. Der israelische Vordenker der Ökonomie, Eli Goldratt, hat mit seinem Bestseller *The Goat* bewiesen, wie leicht

Fallstudie

IDEO: Innovation als erklärte Absicht

Sie suchen nach Inspiration? Da brauchen Sie bloß bei IDEO nachzuschauen. IDEOs kreative Säfte haben sich als derart wirksame Zaubertränke erwiesen, dass ein Magazin das scheinbar chaotische Entwicklungsbüro des Unternehmens als „eine der Geheimwaffen des Silicon Valley" bezeichnete. Das Geheimnis des Erfolges von IDEO liegt, nach eigener Aussage, in seiner Fähigkeit, nachhaltig eine Kultur der Innovation zu erhalten.

IDEO ist die größte Produktdesignfirma der Welt. Sie war an so unterschiedlichen Projekten beteiligt wie der allerersten Apple-Computermaus und dem Design des 25 Fuß langen mechanischen Wals für die „Free Willy"-Filme. IDEO macht sein Geschäft mit Innovation.

Wie aber stellt IDEO es an? Tim Brown, der CEO und Präsident des Unternehmens, hält als Antwort einige beunruhigende Neuigkeiten für all jene parat, die ihre Arbeitsplätze gern sauber und aufgeräumt haben. „Vor allem", so erklärt er, „setzt Innovation die Bereitschaft voraus, sich für das Chaos zu begeistern. Man muss Leuten die Zügel in die Hand geben, die selbstbewusst, dickköpfig und ganz wild darauf sind, alle Regeln infrage zu stellen. Innovation verlangt nach losen Managementstrukturen, bei denen die Leute nicht in isolierten Abteilungen oder unterschiedlichen Hierarchieebenen arbeiten. Sie braucht vielmehr flexible Arbeitsräume, die zum Austausch anregen, bei dem sich die Ideen

IDEO-Keys

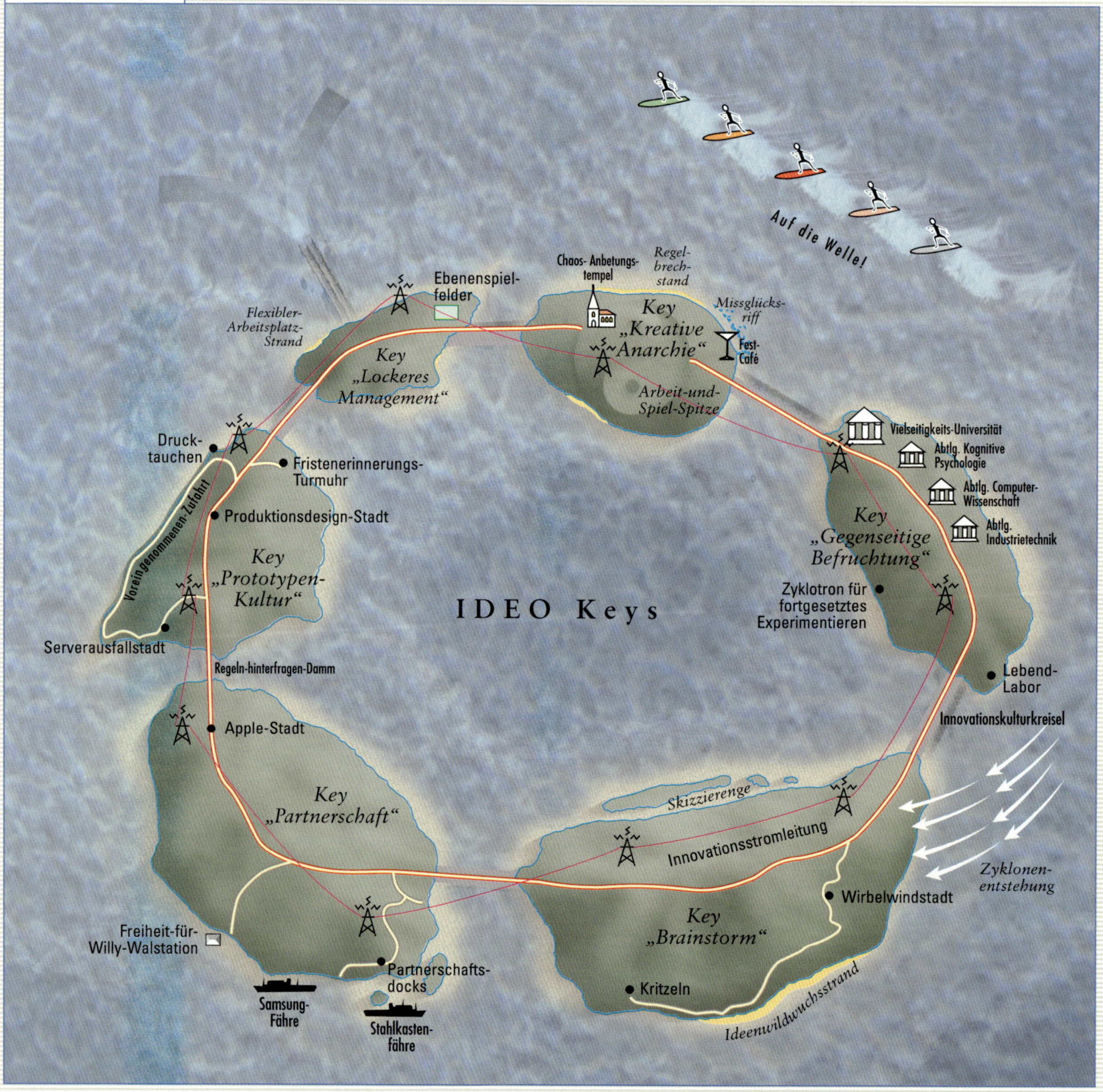

über alle Bereiche hinweg gegenseitig befruchten, und sie setzt Risikofreude voraus." Trotz des hohen Drucks und der engen Fristen schafft es das Unternehmen, sich seine Atmosphäre der kreativen Anarchie zu erhalten, von der es glaubt, sie sei das optimale Innovationsumfeld.

Die Mitarbeiter werden angehalten, bei der Arbeit zu „spielen", und die oberste Regel ist die, immer wieder Regeln zu brechen. IDEO beschäftigt absichtlich eine zusammengewürfelte Truppe, zu der u. a. kognitive Psychologen, Computerwissenschaftler sowie Designer und Techniker gehören. Und mit diesem Team entwerfen sie im Schnitt 90 neue Produkte, Dienstleistungen und Arbeitsumfelder pro Jahr.

Neben den neuesten Computertechnologien stehen in den IDEO-Büros Unmengen an Papp-, Schaumstoff-, Holz- und Plastikprototypen. Die Angestellten arbeiten dort, wo sie gerade sind, weshalb überall Notizzettel herumfliegen. Für das ungeübte Auge mag es wie ein furchtbares Chaos aussehen, aber für David Kelley, den Firmengründer, ist es „ein lebendiges Labor". „Das Unternehmen befindet sich in einem Dauerzustand des Experimentierens", sagt er. „Wir probieren ständig neue Ideen für unsere Projekte, unseren Arbeitsplatz, ja sogar für unsere Firmenkultur aus."

Alle Aufgaben werden in Projektgruppen erledigt, die sich innerhalb von Wochen oder Monaten zusammentun und wieder auflösen. Es gibt weder feste Aufgabenbereiche noch Titel in der Firma. Außerdem glaubt man bei IDEO daran, dass besonders Designer eine Menge lernen können, wenn sie sich die Arbeit und die Kultur in anderen Büros ansehen. Deshalb werden die Mitarbeiter in andere Büros abgeordnet – und können sich auch freiwillig in andere Büros versetzen, sofern sie Kollegen finden, die mit ihnen tauschen möchten.

Wie das Unternehmen an Innovation herangeht, spiegelt sich vor allem in den einzigartigen Brainstorming-Techniken. Normalerweise berufen die Projektleiter zu Beginn eines neuen Auftrags ein Brainstorming ein.

Sobald das Brainstorming beginnt, können die Mitarbeiter praktisch auf allem kritzeln und schreiben, was da ist – an den Wänden hängen Whiteboards und die Konferenztische sind mit weißem Papier bedeckt. Hightech-Präsentationen mit Videos und Computerprojektionen gehören natürlich auch dazu.

Um die besten Resultate zu erzielen, wird an der Wand an die fünf Brainstorming-Prinzipien des Unternehmens erinnert: auf das Thema konzentrieren; kühne Ideen unterstützen; vorschnelle Urteile ablehnen; auf Ideen anderer aufbauen; ein Gespräch zur rechten Zeit.

Aber selbst die Brainstorming-Regeln der Firma müssen hier und da infrage gestellt werden. Laut Tim Brown ist es gefährlich, überhaupt einen Bereich des innovativen Prozesses zu formalisieren.

„Bestimmte Abläufe zu haben ist hilfreich", sagt er, „allerdings ist die Vermittlung zwischen Prozessen und Innovationen ein heikler Balanceakt. Man muss sehr vorsichtig sein, damit man nicht ein System schafft, das jede Innovation erdrückt. Und man muss darauf vorbereitet sein, eine Menge Fehlschläge zu erleben. Das Tolle an einer Prototypen-Kultur wie der unseren ist, dass wir reihenweise spektaktuläre Fehlschläge einstecken. Wir feiern sie."

Kreatives Brainstorming im Palo-Alto-Büro, wo die Regeln an der Wand hängen

Picture: Roberto Carra

verdaulich seine Theorie der Zwänge wird, verpackt man sie in einen Wirtschaftsroman.

Moderne Forschungen legen nahe, dass es sich bei Kreativität nicht, wie die antiken Griechen glaubten, um ein Göttergeschenk handelt. Ebenso wenig ist sie einzig den Künstlern vorbehalten. Beinahe jeder hat das Potenzial, kreativ zu sein. „Echte Kreativität oder Fantasie ist uns allen angeboren, unabhängig von der individuellen Intelligenz", sagte der angesehene Autor und Neurologe Oliver Sacks in seiner Rede zur Einweihung des Australian National University's Centre for the Mind. Das eigentliche Problem besteht, gemäß Jonathan Plucker, in der „fehlgeleiteten traditionellen Sichtweise von Kreativität".

Statt sich auf das Erlernen von Kreativität zu konzentrieren, sollten die Unternehmen sich lieber damit beschäftigen, die sozialen Barrieren abzubauen, die Kreativität und Motivation blockieren. Erst dann können ihre Mitarbeiter ihr kreatives Potenzial erreichen.

Sechs Verhaltensmerkmale in kreativen Unternehmen

Glaubt man der internationalen Innovationsberatung ?What If!, so lassen sich bei den meisten innovativen Unternehmen sechs kreative Verhaltensmerkmale beobachten:

1. Frische: das ständige Ausprobieren neuer Verfahrensweisen. Frische als Merkmal heißt, absichtlich Strukturen zu schaffen, die neue Denkweisen ins Unternehmen bringen.

Um die Kreativität frisch zu halten, führten Ben & Jerry's Home-made Ice Cream die so genannten Dessert Tours ein.

Dazu werden die Mitarbeiter der Entwicklungs- und Forschungsabteilung auf eine kulinarische Rundreise durch die amerikanischen Restaurants der Ost- und Westküste geschickt, wo sie sich mit den Köchen und Kunden unterhalten, um das Neueste aus dem Bereich der Esskultur zu erfahren. Sie fragen nach den gerade angesagten Geschmacksrichtungen und Zutaten, die eventuell auch für die Eiskremewelt infrage kommen.

2. Gewächshäuser: Ideen brauchen Raum zum Wachsen. Wer sich auf Innovationen versteht, ist auch offen genug, um Ideen bis zum Ende weiterzuverfolgen und auf ihr Potenzial abzuklopfen. Das heißt aber vor allem, dass man sich mit vorschnellen Urteilen zurückhalten und dem Drang widerstehen muss, für alles und jedes gleich eine Analyse zu liefern.

Southwest Airlines zum Beispiel ist eine offizielle „No Zinger"-Zone. Zingers sind, im Southwest-Jargon, so etwas wie „destruktive kritische/vorurteilsbeladene Kommentare".

3. Echtheit: Innovative Ideen bleiben Ideen, es sei denn, sie üben einen Einfluss auf das wirkliche Leben aus. Bei Disney diskutierten die leitenden Manager darüber, ob der Tier-Themenpark „Animal Kingdom" auch spannend genug wäre. Da sie sich nicht entscheiden konnten, setzten sie ein weiteres Meeting an. Zu diesem erschien der Projektleiter mit einem lebendigen, 450 Pfund schweren Tiger, um ihnen zu zeigen, wie spannend der Park sein könnte. Sämtliche Einwände hatten sich damit erledigt.

4. Schwung: Wenn etwas eine Idee killt, dann ist es Langsamkeit. Der Hi-Fi-Einzelhändler Richer Sounds verfolgt eine Firmenpolitik, die unter dem Motto „Cut the crap" („Weg mit dem Müll") steht und besagt, dass die Manager auf jeden Mitarbeitervorschlag binnen 48 Stunden eingehen müssen.

5. Klare Signale: Außerhalb der Arbeitswelt wird jeder einsehen, dass Signale von unschätzbarem Wert sind. Bei der Arbeit jedoch geben sich die Leute nur selten gegenseitig Signale. Infolgedessen werden viele innovative und unausgereifte Ideen bereits in den ersten Stadien durch Analysen erdrückt.

Die Verständigung über Signale soll ein Verhalten fördern, das es den Leuten erlaubt, sicher zwischen Analyse und Kreativität zu navigieren.

6. Mut: Innovation ist schon per definitionem mit Mut verbunden, da sie den Schritt ins Unbekannte verlangt. Die fünf Haupthindernisse des Muts sind: Angst, Mangel an Selbsterkenntnis, Mangel an Vision, negative Gewohnheiten und ein wenig unterstützendes Umfeld. (*Quelle: Sticky Wisdom: How to Start a Creative Revolution at Work,* Dave Allan, Matt Kingdon, Kris Murrin, Daz Rudkin, Capstone, 2002.)

Wetterkarte

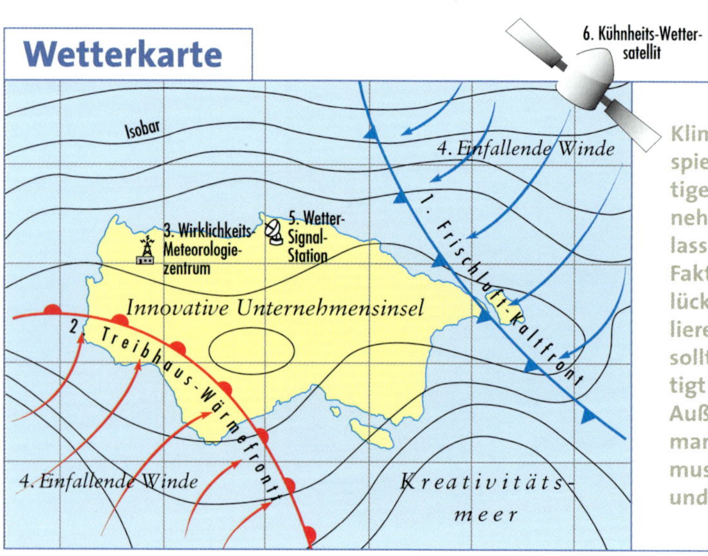

Klima und Kultur spielen eine wichtige Rolle im Unternehmen. Zwar lassen sich diese Faktoren nicht lückenlos kontrollieren, aber sie sollten berücksichtigt werden. Außerdem kann man Verhaltensmuster vorgeben und etablieren, um die Vorhersagen zu erfüllen. Regelmäßige Wetterberichte sind unentbehrlich.

1. Neue Denkweisen
2. Wachstumsräume
3. Einfluss auf die Außenwelt
4. Keine Verzögerungen
5. Geeignete Messsysteme
6. Unbekanntes Terrain betreten

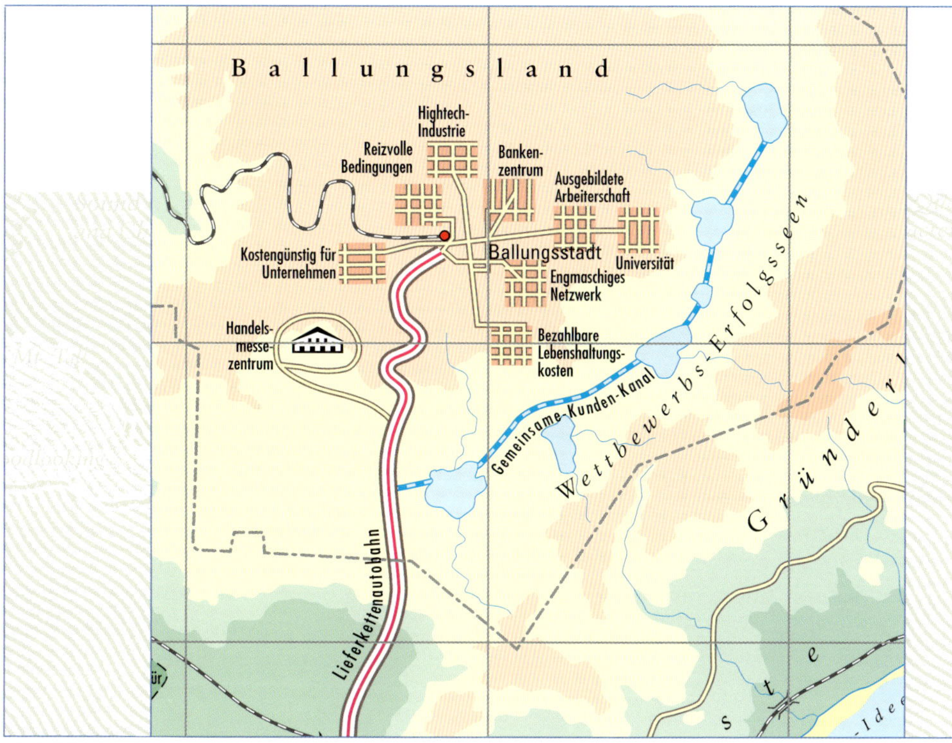

Die Ballungsstadt ist die natürliche Heimat der spezialisierten Branchen. Innovation wird hier von einer eng vernetzten Expertengemeinde angetrieben. Zugleich ist diese Region häufig ein bevorzugter Ort, um das Handelsmessezentrum zu besuchen. Dort führen Unternehmen ihre jüngsten Innovationen vor, um einen Wettbewerbsvorteil zu gewinnen.

Der Glanz der Ballungszentren – wie innovative Netzwerke glänzen

Ballungsgebiete gibt es überall in der Welt der Industrie und praktisch in jeder Branche. Die Hollywood-Filmindustrie und die Automobilindustrie um Detroit sind berühmte Beispiele dafür. Warum und wie es zu diesen geografischen Konzentrationen von Unternehmen einer Branche und den mit ihnen verbundenen Institutionen kommt, interessiert die Ökonomen und Geografen schon seit Langem.

Technologische Ballungszentren tun eine Menge für den Erhalt von Wissensökonomien, indem sie Innovation und Unternehmensgründungen fördern. Mitte der 1990er-Jahre waren beispielsweise 380 solcher Ballungszentren in den USA für annähernd 60 Prozent der nationalen Produktionsleistung verantwortlich.

Unter den Hightech-Ballungszentren ist das Silicon Valley führend. Es liegt um die Stanford University herum und bildet einen 30-Meilen-Korridor zwischen San Francisco und San Jose. Über 7.000 Software- und Elektronikfirmen sitzen hier, unter ihnen Hewlett-Packard, Oracle, Sun Microsystems und Apple. Auf dem Höhepunkt des Dot.com-Booms 1999 standen die Hightech-Unternehmen des Silicon Valley für einen Marktwert von 450 Milliarden Dollar.

Ballungszentren sind nichts Neues, auch wenn man sich erst heute richtig brennend für sie zu interessieren scheint. In Europa gibt es Ballungszentren, die schon Jahrhunderte alt sind. Zu den ältesten zählt die Lederwarenindustrie in Italien. Rund um Mailand sind Ferragamo, Gucci und eine ganze Reihe von spezialisierten Herstellern und Zulieferern ansässig. Ein anderes Beispiel wäre die Blumenzucht in den Niederlanden oder das Finanzviertel in der Square Mile von London.

Erstmals wurde der in Cambridge lehrende Ökonom Alfred Marshall im 19. Jahrhundert auf das Phänomen aufmerksam. Ihm fiel auf, dass spezialisierte Unternehmen dazu neigen, sich gemeinsam in einer Region anzusiedeln, wo sie Fachwissen und wirtschaftliche Aktivität geografisch ballten. (Deshalb heißen Ballungszentren bei Ökonomen auch Marshall-Knoten.)

Studien des Strategie-Gurus Michael Porter bestätigen, dass Ballungszentren von spezialisierten Unternehmen außergewöhnliche Wettbewerbserfolge vorweisen. Porter führt es darauf zurück, dass sich hier eine ganze Reihe von Branchen und anderen wichtigen Größen ansiedeln, die den Unternehmen wiederum zugute kommen – etwa Lieferanten und Anbieter für spezialisierte Infrastrukturen. Diese Ballungsräume dehnen sich darüber hinaus sowohl nach unten, also zu den Vertriebskanälen und Endverbrauchern, als auch seitwärts, zu anderen Unternehmen in technisch oder sonstwie verwandten Branchen, aus.

Schwieriger zu erklären ist allerdings, warum geografische Nähe in der globalen Ökonomie weiterhin einen Wettbewerbsvorteil bringen sollte. Der Erfolg des Silicon Valley und anderer Hightech-Ballungszentren beleuchtet das, was Porter das „Paradoxon des Standortes" nennt. Wenngleich der Schluss nahe liegt, dass in einer vernetzten Welt der geografische Standort kein wesentlicher Wettbewerbsfaktor mehr sein sollte, scheint gerade das Gegenteil zuzutreffen: Die Nähe zu anderen Technologien ist wichtiger denn je.

„Paradoxerweise liegt der Wettbewerbsvorteil in der globalen Ökonomie mehr und mehr in den lokalen Dingen – Wissen, Beziehungen und Motivation, gegen die entfernte Rivalen nicht ankommen", bemerkte Porter. Mit anderen Worten: In der globalen Ökonomie sind Ballungszentren so wichtig wie nie zuvor.

Natürlich kommt es vor allem auf das an, was in den Firmen passiert, aber der Ballungseffekt ist ein Indiz dafür, dass das unmittelbare äußere Umfeld ebenfalls eine entscheidende Rolle spielt. Die Nähe von Unternehmen in einem Ballungsraum beeinflusst den Wettbewerb offenbar auf dreierlei Weise. Erstens hebt sie die Produktivität der Firmen in der Region insgesamt. Zweitens gibt sie die Richtung und Geschwindigkeit für die Innovation vor und drittens stimuliert sie die Schaffung neuer Unternehmen im Ballungsgebiet.

Im Ballungsraum

Die Bedeutung von Ballungsräumen hat eine lebhafte Diskussion darüber entfacht, wie man sie künstlich schaffen könnte. Im Jahr 2000 konnte eine Studie des US-amerikanischen Milken Institute acht Grundelemente für die Entstehung von Ballungsräumen ausmachen. Das erste und wichtigste ist die Anwesenheit von modernsten Forschungseinrichtungen und Spitzenausbildungszentren. Ein dichtes Netzwerk von Forschungsinstitutionen, Entrepreneuren und risikofreudigen Venture-Capital-Gebern ist das zweitwichtigste Element. Beide zusammen ergeben eine rapide Anpassung an neue Technologien. Die übrigen sechs Grundelemente, die das Milken Institute herausfand, sind: gut ausgebildete und gebildete Arbeitskräfte; technische Überschüsse aus benachbarten Hightech-Branchen; die Verfügbarkeit von Venture-Capital; ein ansprechender Standort – sprich: angenehmes Klima, niedrige Kriminalität und gute Schulen; annehmbare Lebenshaltungskosten, besonders erschwingliche Immobilien. Und Faktoren, die sich günstig auf die Geschäftskosten auswirken, wie etwa niedrige Grundstückspreise.

Diese Elemente sind nicht nur der Schlüssel zur Entstehung von Hightech-Ballungszentren, sondern sie sind die wesentlichen Bausteine für das optimale Umfeld zur Förderung von Innovation und Entrepreneur-Geist.

Die Zukunft der Innovation

Unternehmensinnovation ist ein Prozess, der gemeinhin hinter verschlossenen Türen stattfindet. Ob es sich nun um den Quellcode für eine revolutionäre neue Software handelt, um die Formel für ein bahnbrechendes Biotech-Produkt oder das Design eines radikal anderen Autos – die Schlüsselwörter lauten Vorsicht und Geheimhaltung. Millionen wandern in die Forschung und Entwicklung, deshalb werden ihre Ergebnisse wie Schätze gehütet und von Patentanwälten und Anwälten für den Schutz intellektuellen Eigentums verteidigt. Allerdings führt all dieser Schutz dazu, dass diejenigen, deren Bedürfnisse die Innovation doch befriedigen soll, nämlich die Kunden oder sonstige Beteiligte, aus dem Innovationsprozess meist gänzlich ausgeschlossen sind. Der Ideenaustausch findet nur innerhalb der Mauern des Unternehmens statt.

Hier zeichnet sich eine Änderung ab, die augenscheinlich dem anhaltenden Erfolg von Open-Source-Software-Bewegungen zu verdanken ist, auf die wir bereits im ersten Kapitel hinwiesen. Die Einstellung zum intellektuellen Eigentum wird dabei auf den Kopf gestellt, indem die Open-Source-Software-Entwickler ihre Codes für die neuesten Projekte im Internet veröffentlichen. Beobachter sind sich einig, dass das Linux-Betriebssystem, welches Linus Torvalds erfand und über das Open-Source-Modell weiterentwickelte, eine echte Bedrohung für die Windows-OS-Vorherrschaft von Microsoft darstellt. Die Open-Source-Zusammenarbeit kann funktionieren und tut es auch.

Nun sind also die großen Handelsunternehmen genötigt, sich mit den Kooperationsprinzipien der offenen Innovation anzufreunden. In einem Artikel des Harvard Business Review, „Open Market Innovation", zählen Darrell Rigby und Chris Zook mehrere Vorteile der offenen Innovation auf: Es werden mehr Ideen generiert und eine breitere Wissensbasis zugänglich, was maßgebliche Verbesserungen bei „Kosten, Qualität und Geschwindigkeit"

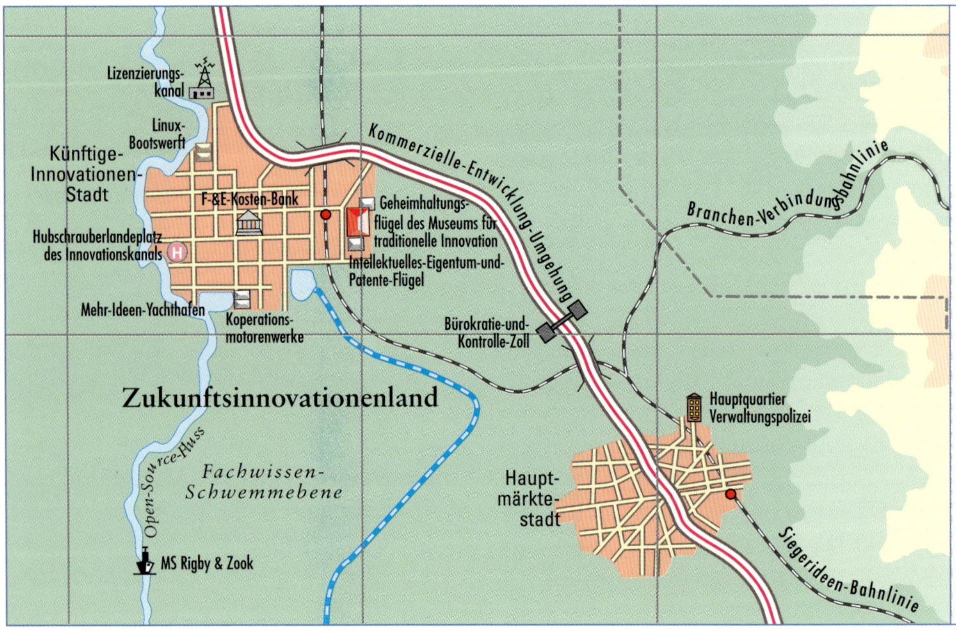

Die genaue Form der künftigen Innovation, sowohl der Stadt als auch der Umgebung, ist noch nicht festgelegt. Wahrscheinlich werden sich die geheimen Labore mit ihren städtischen Bauten weiter ausbreiten, während der Open-Source-Fluss den Bezugspunkt für radikalere innovative Unternehmen bildet, die sich zu schnell wachsenden Gemeinden formieren.

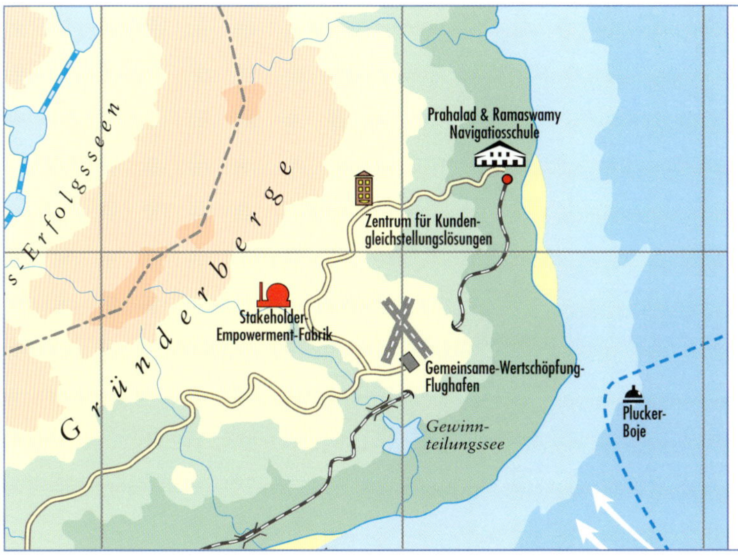

Die Region der gemeinsamen Wertschöpfung ist ein unterbesiedelter Bereich. Er gewinnt besonders durch seine natürlichen Ressourcen an Aufmerksamkeit, zu denen sowohl förderbare Bodenschätze als auch alternative wie industrielle Energiegewinnungsquellen gehören. Die Navigationsschule bringt viele Besucher in dieses Gebiet, von denen erwartet wird, dass sie sich die Kooperationsprojekte zunutze machen und hier dauerhaft Wurzeln schlagen.

von Innovationen bewirkt. Die Lizenzierung der neuesten Innovationen an Dritte kann darüber hinaus ein sinnvoller Stimulus innerhalb der Unternehmen sein, die intern generierten Ideen stärker zu nutzen, und exportierte Ideen erfahren möglicherweise eine gründlichere Prüfung und damit einen rigoroseren Test auf wirtschaftliche Nutzbarkeit.

Henry Chesbrough, der leitende Direktor des Center for Technology Strategy and Management an der Haas School of Business ist Autor des Buches *Open Innovation: The New Imperative for Creating and Profiting from Technology* (Harvard Business School Press, 2003). Wie er schreibt, unterscheiden sich die der offenen Innovation zugrunde liegenden Einstellungen radikal von jenen, auf die bisherige Innovationsansätze bauten. Danach müssen Unternehmen erkennen, dass es nicht mehr möglich ist, jeden hellen Kopf selbst zu beschäftigen; dass externe Forschung und Entwicklung bei der Wertschöpfung helfen können, sofern man bereit ist, mit der internen Forschung und Entwicklung zu dieser Wertschöpfung beizutragen; dass es nicht notwendig ist, Forschungen selbst in Gang zu setzen, um von ihnen zu profitieren; dass es sich lohnt, intellektuelles Eigentum anderer zu kaufen und anderen die Möglichkeit zu geben, von den Ideen des Unternehmens zu profitieren, vorausgesetzt, es lässt sich mit dem Geschäftsmodell vereinbaren; und dass jene Unternehmen gewinnen, die den bestmöglichen Nutzen aus internen wie externen Technologien ziehen.

Die offene Innovation bewirkt einen fundamentalen Wandel in der Art und Weise, wie Wert innerhalb von Unternehmen generiert wird: Sie versetzt die Teilhaber in die Lage, Werte zu co-kreiieren. In ihrem jüngsten Buch *Die Zukunft des Wettbewerbs: Einzigartige Werte mit dem Kunden gemeinsam schaffen* betonen C. K. Prahalad und sein Co-Autor Venkat Ramaswamy, beide Professoren an der University of Michigan Business School, die Bedeutung dieser neuen Form der Wertschöpfung: „Gemeinsame Wertschöpfung ist etwas vollkommen anderes, als kundenorientiert zu sein“, sagt Prahalad. „Hier geht es nicht um Firmen, die sich bestimmte Kunden zur Zielgruppe nehmen und eine gewisse Sensibilität für ihre Bedürfnisse entwickeln. Hier geht es darum, die Verbraucher in die Lage zu versetzen, selbst gleichberechtigte Problemlöser zu sein, damit man mit ihnen gemeinsam Werte schafft und mit ihnen gemeinsam Werte schöpfen kann. Entsprechend hilft der Konsument dem Unternehmen, Werte zu schaffen, und mindert zugleich den Wert, indem er Werte über explizite oder implizite Geschäfte extrahiert.“

Neben dem ganzen Gerede von Offenheit darf allerdings nicht die Angst vor dem Ideenaustausch ignoriert werden. Die Risiken des Innovationstransfers an einen Konkurrenten sind nach wie vor real, insbesondere wenn Nachahmungen den langfristigen Wettbewerbsvorteil durch einzelne Innovationen ohnehin unwahrscheinlich machen.

Wegmarken

Innovation dreht sich nicht bloß um Ideen. Sie teilt sich in zwei Phasen: Kreativität und Kommerzialisierung. Beides müssen Unternehmen beherrschen.

- ***Schaffen Sie ein kreatives Umfeld. Lassen Sie das Chaos in Teilen des Unternehmens zu – wie es IDEO tut. Wo ist der Chaosbereich auf der Karte Ihres Unternehmens?***
- ***Eignen Sie sich die Innovationsmerkmale von ?What If! an. Machen Sie sie zu Ihren kreativen Geboten.***
- ***Achten Sie auf die Schlüsselerfolgsfaktoren des Henley Management College, wenn es an die Kommerzialisierung geht.***
- ***Kooperieren Sie. Innovation kann Firmengrenzen überschreiten. Nutzen Sie die gemeinsame Wertschöpfung, indem Sie annehmen, was die Kunden einbringen können. Skizzieren Sie, welche Quellen und welche Kooperationen Sie nutzen möchten, und suchen Sie Ballungszentren!***

Terra Innova

Terra Innova ist die spannendste Region auf dem Unternehmensplaneten. Der Innovationspfad ist von vielen Quellen gesäumt und teilt sich in zahlreiche kleinere Wege, von denen einige jedoch in Sackgassen münden.

Das Gebiet teilt sich auf in Hoheitsgewässer, Kolonisiererküste und Konsolidiererland. Diese geografischen Unterteilungen sind allerdings weniger ausschlaggebend als die dynamische Infrastruktur, über die Ideen befördert werden, welche scheinbar aus dem Nichts kommen (aus der kreativen Tiefsee) und sich ihren Weg von Neufundland über die Störungsumgehung in die kommerzielle Verwendung bahnen (in der Von-der-Erfindung-bis-zur-Kommerzialisierung-Stadt). Pionierpfade und kommerzielle Autobahnen gibt es zuhauf, doch die Reisenden sollten sich vor den Sackgassen in Acht nehmen.

Nicht minder interessant als Terra Innova ist das Meer drumherum. Wer sich dort aufhält, tut es vor allem, weil ihn die Tiefen faszinieren, aus denen ganzjährig kreative Ideen auftauchen, geboren aus saisonalen Strömungen und wechselnden Tiefen.

Ausgebildete Arbeiterschaft
Universität
Engmaschiges Netzwerk
Bezahlbare Lebenshaltungskosten
Wettbewerbs-Erfolgsseen
Gründerberge
Prahalad & Ramaswamy Navigatiosschule
Zentrum für Kundengleichstellungslösungen
Stakeholder-Empowerment-Fabrik
Gemeinsame-Wertschöpfung-Flughafen
Gewinnteilungssee
küste
Neue-Ideen-Strand
Nachhaltigkeitszoll
Siegerideen-Bahnlinie
Schweißküstenweg
Neufundland
Planungsfelsen
Glückstidenschiff
HP Boje
Wettbewerbsvorteilsstadion
Sandbänke
Peters-Leuchtturm
Innovationsstadt
Wandelhafen
Kreativkanal
Menlo-Park
Gedächtnisstätte der Phonographen-Nachtwache
Edison-Leuchtturm
Porter-Leuchtturm
Wissens-
Querdenker-Radarsucher
Neue Sandbänke
Kreative Tiefsee
30000
10000
8000
5000
3000
1000
500
100
0 m
Mintzberg-Boje
Unilever
Weltbank
Wassersportgebiet „Meereskunst“
Plucker-Boje
NASA
Schreibflut
Schwimminsel „Mäusestrategie für Manager“
Johnson Boje
Key „Lockeres Management“
Key „Kreative Anarchie“
Key „Gegenseitige Befruchtung“
Key „Prototypenkultur“
IDEO-Keys
Malströmung
IBM
Key „Partnerschaft“
Key „Brainstorm“
Goldratt-Boje
Atlantikverschiebung
Märchenerzähler-Regatta
Atlantis (möglicher Lagepunkt)
GE (General Electric)
Sacks Buoy
N
MS Neuheit
MS Wandel
MS Unerwartet
De-Bono-Tiefseeflotte
IDEEN MASSSTAB
Erfindung
Kreativität
Innovation

Wer hat hier das Sagen?

Was macht eine effektive Führungskraft aus? Über diese Frage wird seit Jahrhunderten gestritten. Bereits im Altertum, als der griechische Poet Homer über die Heldentaten von Hektor, Odysseus und Achilles schrieb und Plutarch über die Leben großer Führer, dachten die Leute über Führungskräfte und das Führen als solches nach. Seither ist und bleibt Führung etwas, das gleichermaßen fasziniert und spaltet, egal ob wir über Politiker, Sport-Ikonen oder berühmte Wirtschaftsbosse sprechen.

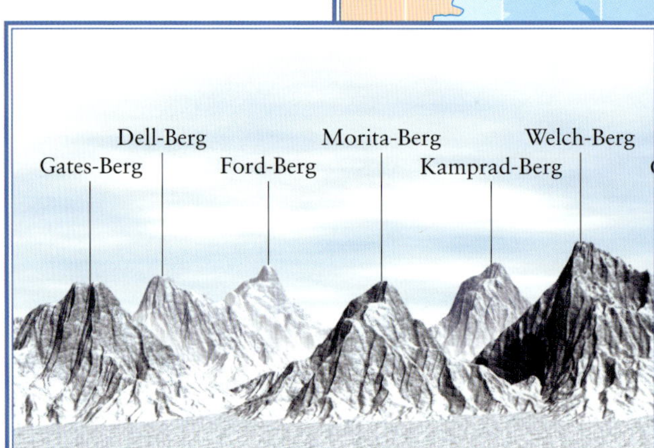

Wenngleich der Streit um das Führen andauert, hat sich unser Rollenverständnis bezüglich Führungskräften doch zweifellos verändert. Orientierten wir uns in der Vergangenheit ausschließlich an militärischen und politischen Führungskräften, so gilt unsere Aufmerksamkeit heute mehr und mehr auch den Wirtschaftsführern, unter denen wir nach passenden Rollenmodellen suchen. Das enorme Interesse am Unternehmensführer, dem CEO, spiegelt sich denn auch in den unzähligen Büchern, akademischen Abhandlungen und Artikeln zum Thema wider. Dennoch sind für uns die magischen Ingredienzen, welche eine effektive Führungskraft ausmachen, heute ebenso schwer zu greifen wie eh und je.

Es scheint sogar fast so viele Führungstheorien zu geben, wie es Führungskräfte gibt. Auf den ersten Blick kann man die Theorien zum Thema in drei grobe Kategorien unterteilen. Eine Theoriengruppe befasst sich vornehmlich mit dem Wesen der Führungskräfte, ihrer Persönlichkeit und ihren Eigenschaften. Eine andere widmet sich dem Verhalten von Managern in ihren verschiedenen Rollen und definiert Führung eher nach dem Handeln als nach dem Charakter. Und die dritte Theoriengruppe betrachtet Führung rein kontextspezifisch, woraus notwendig folgt, dass unterschiedliche Situationen unterschiedliche Führungsstile erfordern – denken wir beispielsweise daran, wie Rudy Giuliani nach dem 11. September sein Image neu erfand.

Sollten wir sie in die Wirtschaftslandschaft einordnen, wären die Führungskräfte die Berge, deren Präsenz und Einfluss das gesamte Umfeld beherrschen. Einige ähneln Vulkanen, werden von einem Augenblick zum anderen geformt. Andere bauen sich über Jahre hinweg auf und gewinnen ihre Konturen durch Kontext und Erfahrung.

Unsere Reise durch die Geschichte der Unternehmensführung nahm eine recht einfache Route: Wir starteten bei den heroischen Führern und der Führung mittels Autorität und Macht und endeten bei den modernen Konzepten der interaktiven Führung und des Konsensstils – denn effektive Führung braucht nicht bloß großartige Führungskräfte, sondern auch großartige Gefolgsleute.

Auf der Machtinsel finden wir Spuren und Merkmale der Führungskraft im Great-Man-Stil mit dem Machtberg im Zentrum. Aber der Skandalwald und der Narzisstenstrand sind nie weit weg.

Die großartige Führungskraft

Bei der Auseinandersetzung mit dem Verständnis von Führung fängt man am besten mit der „Great-Man-Theory“ an. Sie stellt sich auf die Seite der Natur gegen die Erziehung, indem sie davon ausgeht, einzelne Individuen seien geborene Führungskräfte und besäßen somit angeborene Fähigkeiten, die sich nicht per Erziehung vermitteln lassen. Daraus folgt zwangsläufig, dass Führungskräfte, die zur Führung geboren sein müssen und nicht geschult werden können, eher rar sind.

Die Great-Man-Theory hat eine lange Tradition. Sie war bereits im Altertum populär, als klassische Gelehrte die Leben großer Führungspersönlichkeiten in biografischen Werken wie etwa Plutarchs *Bioi paralleloi* festhielten, und wurde noch im 19. und frühen 20. Jahrhundert vertreten. Der schottische Schriftsteller und Historiker Thomas Carlyle beispielsweise schrieb sein einflussreiches Buch *Helden, Heldenverehrung und das Heldentümliche in der Geschichte* im Jahr 1840. Carlyles Geschichtsbetrachtung orientierte sich an großen Männern wie Martin Luther, Jean-Jacques Rousseau, Oliver Cromwell und Napoleon Bonaparte. Bis heute hat die Theorie vom Großen Mann noch einige Anhänger. Das moderne Mantra hat sich derweil von der Natur ab- und zur Erziehung als entscheidendes Moment hingewandt.

Eng verbunden mit der Great-Man-Theory ist die Theorie von den Eigenschaften. Sie ist nach wie vor groß in Mode und will bestimmte Schlüsseleigenschaften benennen, welche alle effektiven Führungskräfte gemein haben. Sind diese Eigenschaften erst einmal definiert, ist es nur noch ein kleiner Schritt, sie anzunehmen und eine Führungskraft zu werden. In der Theorie klingt das ziemlich einfach, in der Praxis wird es allerdings kompliziert.

Selbstverständlich sind Führungseigenschaften nicht unbedingt die, welche wir bei unseren Kindern gern sehen würden. Der florentinische Diplomat und Gelehrte Machiavelli glaubte fest an Führungseigenschaften. Sein Meisterwerk *Il principe* ist ein Manifest für Listigkeit und Einschüchterung als Mittel effektiverer Führung. Es ist eine Art frühes Ratgeberbuch, das den Medici in Florenz helfen sollte, die Gunst ihrer Untertanen zurückzugewinnen und an ihre einst glorreiche Erfolgsgeschichte anzuknüpfen.

Noch heute durchpflügen die Akademiker Geschichten großer Führungsgestalten auf der Suche nach typischen Merkmalen. Dazu zählen physische Merkmale wie etwa die Körpergröße und die Attraktivität, Persönlichkeitszüge wie Fleiß, Durchhaltevermögen und Ehrgeiz sowie Fähigkeiten wie Kommunikationstalent, IQ oder der neuerdings gern zitierte EQ (Emotionaler Quotient).

Machiavelli war ebenfalls ein früher Verfechter einer anderen Führungstheorie, die auf Macht und Einfluss schwört. Danach ist Führung vor allem eine Frage der Macht. Machiavellis Arbeiten basieren auf der Grundidee „Der Zweck heiligt die Mittel“. Führungskräfte können und sollen sogar rücksichtslos in ihrem Handeln sein, um ihre Ziele zu erreichen – deren erstes und letztes der Machterhalt ist. Woher aber kommt die Macht, auf welche Führung sich stützt?

Dieser Frage gingen u. a. die Psychologen John French und Bertram Raven in den 1950er-Jahren nach. French und Raven vertraten die Ansicht, Führung sei vor allem im Zusammenhang mit sozialer Macht und zwischenmenschlichen Beziehungen zu sehen. Demzufolge machen sie fünf Machtgrundlagen aus: Belohnung und Zwang – die Fähigkeit des Einzelnen, zu belohnen und zu strafen; Bezug – wie beliebt ein Einzelner ist; Legitimation – die Macht, die jemandem mit einer bestimmten Stellung innerhalb einer Organisation zufällt; die Expertise – das Fachwissen und die Kompetenz eines Einzelnen. Eine weitere Machtgrundlage, Information, wurde erst später hinzugefügt und bezeichnet den Einfluss auf den Umgang mit Informationen und Daten.

Sich wie eine Führungskraft verhalten

Die Eigenschaften von Führungskräften benennen zu wollen ist so, als wollte man einem hyperaktiven Esel einen zweiten Schwanz anstecken: schwierig bis unmöglich. So viele Führungskräfte besitzen so viele verschiedene Eigenschaften, dass es schwierig wird, die Theorie von den Führungseigenschaften stichhaltig zu belegen. Churchill und Stalin waren beide große Führungspersönlichkeiten und wiesen doch gänzlich verschiedene Züge auf. Und wenn die Eigenschaften, die man gemeinhin mit Führungspersönlichkeiten verbindet, erst einmal die Hundert überschritten haben, wird der praktische Nutzen dieser Theorie fragwürdig. Darüber hinaus weisen schlechte Führungskräfte ähnliche Eigenschaften auf wie gute oder solche Menschen, die gar keinen Ehrgeiz in diese Richtung entwickeln.

Da sich das Wesen der Führungskraft als schwer greifbar erwies, wandten sich die Denker der nicht minder schwer zu definierenden Natur der Führung zu. Die Verhaltenstheorie etwa befasst sich vornehmlich mit dem Verhalten von Führungspersönlichkeiten in Bezug auf ihre Untergebenen oder Anhänger. Ihr zufolge wird Führung durch unterschiedliche Führungsstile definiert, als da wären: aufgabenorientiert – hierbei konzentrieren sich die Führungskräfte auf die Verwirklichung bestimmter Ziele; mitarbeiterorientiert – hier behandeln Führungskräfte ihre Untergebenen/Anhänger als Individuen mit individuellen Bedürfnissen, Wünschen, Zielen etc.; weisungsorientiert – die Führungskräfte geben Anweisungen und erwarten, dass sie befolgt werden; und partizipierend – hierbei wird die Entscheidungsfindung bis zu einem gewissen Grad zwischen Führungskraft und Untergebenen geteilt.

Ein Beispiel für die verhaltensbezogene Führungstheorie ist Action Centered Leadership (ACL – handlungszentrierte Führung). ACL war besonders in den 1970er- und 1980er-Jahren modern, als John Adair sie begründete und die Schlüsselfunktionen der Führung festlegte, nämlich Planung, Initiative, Kontrolle, Unterstützung, Information und Evaluation. Adair benutzte diese Begriffe als Rahmenvorgabe für sein Führungsmodell, das vor allem für seine drei überlappenden Verantwortungsbereiche bekannt ist: Aufgabe, Team und Individuum, dargestellt als drei miteinander verbundene Kreise. Gemäß Adair kommt der Führungskraft die Verantwortung zu, einer Gruppe beim Erfüllen einer Aufgabe zu helfen, sie zu einem Team zu machen und die einzelnen Mitglieder anzuleiten und zu motivieren.

Adair sieht die Führungskraft als einen Jongleur, der versucht, diese drei Ringe (Aufgabe, Team und Einzelner) in der Luft zu halten. Wird der Teamring zu dominant, degeneriert das Team zu einem Komitee. Konzentriert sich die Kraft zu sehr auf die Aufgabe, wird die Führungskraft am Ende zum Diktator. Und entfernt sich schließlich der Einzelne zu weit von den anderen, droht Anarchie.

Die Situation

Als die wissenschaftlichen Studien zur Führung in den 1970er- und 1980er-Jahren zu einer eigenen Branche avancierten, tauchten neue Führungstheorien mit der Regelmäßigkeit von Bussen und Bahnen auf. Die nächste große Frage ließ nicht lang auf sich warten: Wie beeinflusst der Kontext den Führungsstil? Situationstheorien besagten, dass situationsbedingte Variablen berücksichtigt werden müssten, wollte man die probate Führungsweise für jeweils gegebene Umstände wählen. Hier scheiden sich wieder einmal die Geister. Einige behaupten, der Kontext, der die Führungsweise entscheidend prägt, beherrsche alles, während andere dagegenhalten, letztlich sei nur der Führungsstil ausschlaggebend.

Der amerikanische Psychologe Fred E. Fiedler zum Beispiel entwickelte ein Kontingenz-Führungsmodell, bei dem die Effektivität an zwei Faktoren gekoppelt ist: Führungsstil und Situationskontrolle. Diese Faktoren hängen ihrerseits ab von der Beziehung zwischen der Führungskraft und ihren Untergebenen, von der Strukturiertheit der Aufgabe und davon, wie viel Macht die Führungskraft innerhalb der Organisation besitzt.

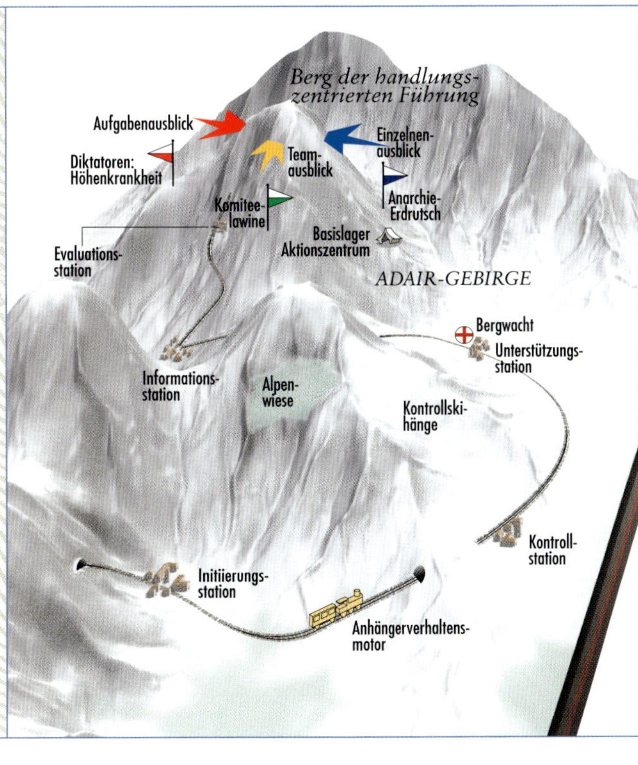

Auf dem Berg der handlungzentrierten Führung finden sich drei Aussichtspunkte: Aufgabe, Team und Einzelner. Dieser Stil bedient sich der Orientierung an Aufgaben oder Mitarbeitern zum Zwecke der Autoritätssicherung.

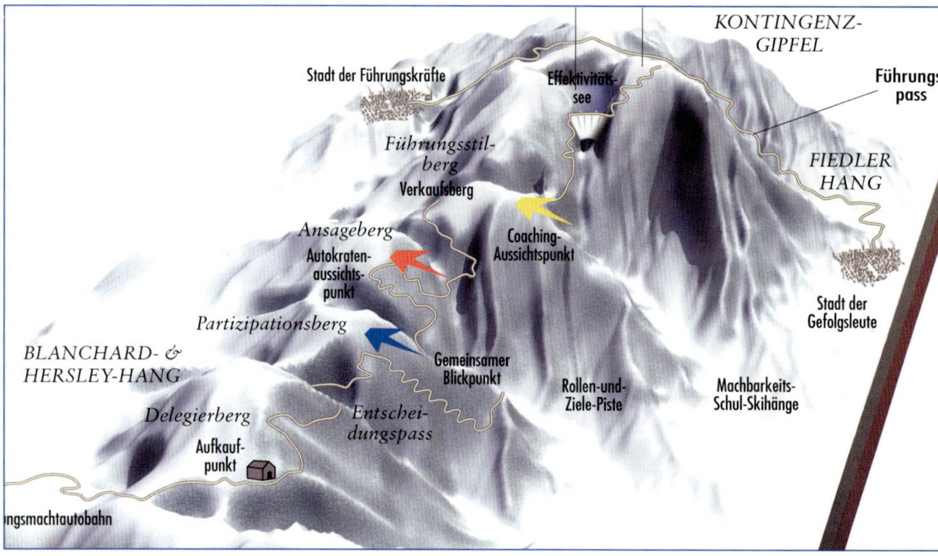

Führungskräfte werden oft nach ihrer Fähigkeit ausgewählt, in Krisensituationen die Kontrolle zu behalten und ihre Leute für sich zu gewinnen. Im Blanchard-&-Hersey-Gebirge wird aus vier verschiedenen Blickwinkeln gezeigt, wie situative Führung aussieht.

In den 1970er-Jahren identifizierten die Management-Theoretiker Ken Blanchard und Paul Hersey vier Führungsstile, die in verschiedenen Situationen anzuwenden sind. *Befehle erteilen* ist danach der autokratischste Führungsstil, dessen Anwendung sich empfiehlt, wenn die Mitarbeiter nicht willens oder in der Lage sind, das Erforderliche zu tun. Hier ist die Führungskraft gefordert, die Mitarbeiter anzuleiten und eine Menge Zeit auf die Vorgabe der Ziele und Rollen zu verwenden. *Führen durch Motivation* wird bisweilen eher als Coaching- denn als Führungsstil gesehen, da dabei zwar immer noch einige Anleitung vonseiten der Führungskraft nötig ist, aber zugleich auch die Zustimmung der Mitarbeiter abgefragt wird. Beim Führungsstil der *Partizipation* geht es um das gemeinsame Entscheiden von Führungskraft und Mitarbeitern, wobei der Führungskraft nur noch die Funktion des Ermöglichenden zufällt. *Delegieren* schließlich bezeichnet das Übertragen von Aufgaben an Mitarbeiter zur selbstständigen Bewältigung, allerdings erst, nachdem die Aufgaben von der Führungskraft definiert wurden.

Im Entstehen begriffene Führungsmodelle

Da die traditionellen Kommando-und-Kontroll-Strukturen der Unternehmen zusehends flacheren weichen, in denen es kaum noch hierarchische Stufen gibt, werden die alten Führungsmodelle zunehmend durch neuere ersetzt. Die Erschütterung der Unternehmensstrukturen zusammen mit dem Bruch des psychologischen Vertrags zwischen Mitarbeitern und Unternehmen machten die Suche nach einer neuen Art der Führung notwendig, die der modernen Arbeitspraxis gerecht wird. Der Statusunterschied zwischen Managern und Mitarbeitern verringert sich und entsprechend findet mehr und mehr eine Hinwendung zum partizipativen Führungsverhalten statt, bei dem die Entscheidungsfindung über Konsens erfolgt.

Der große Bruch in unserem Denken über Führung wurde in den späten 1970er-Jahren mit den Arbeiten von James McGregor Burns eingeläutet. Er definierte Führungskräfte als „Führende, die ihre Geführten dazu bewegen, sich für Ziele zu engagieren, welche die Werte und Motivationen sowohl der Führenden als auch der Geführten repräsentieren". Indem Burns den Schwerpunkt auf die Rolle der Geführten verschiebt, löst er sich klar von der traditionellen Fokussierung auf den Führenden, wie sie in der Great-Man- und der Theorie des Leistungsverhaltens vertreten wird. Und er wandte sich damit klar von dem ab, was heute als „der Mythos vom heroischen Führer" gilt.

Wandel im Führungsverhalten

Burns macht zwei gegensätzliche Führungsstile aus: den transagierenden und den tranformationellen. Die transagierende Führung tritt ein, wenn sich die Beziehung zwischen Führenden und Geführten auf den Austausch von Werten stützt, die für beide Seiten von Nutzen sind. Hierbei kann es sich um einen psychologischen, einen politischen oder einen ökonomischen Austausch handeln. Ein Beispiel dafür wäre der Politiker, der gewählt wird, weil er niedrigere Steuern verspricht. Dieser Führungsform mangelt es allerdings an einem gemeinsamen Zweck, der Führende und Geführte über den Wertaustausch hinaus verbindet.

Burns stellt dem einen Führungsstil gegenüber, den er als tranformationellen bezeichnet. Hinter diesem Terminus steht ein Führungsverhalten, das „stattfindet, wenn eine oder mehrere Personen sich mit anderen auf eine Weise zusammentun, die es den Führenden wie den Geführten ermöglicht, eine höhere Ebene der Motivation und Ethik zu erreichen. Ihre jeweiligen Zwecke, die eingangs unterschiedlicher Natur gewesen sein können und lediglich im Bezug zueinander standen, wie bei der transagierenden Führung, werden zu einem verschmolzen."

Die Beziehung zwischen Führendem und Geführten wird also vertieft. Tranformationelle Führer gehen über die Ausnutzung und Befriedigung existierender Bedürfnisse ihrer Geführten hinaus. Sie suchen die Zusammenarbeit mit ihnen. Der tranformationelle Führungsstil bewirkt also eine Identifizierung mit den Mitarbeitern, wodurch

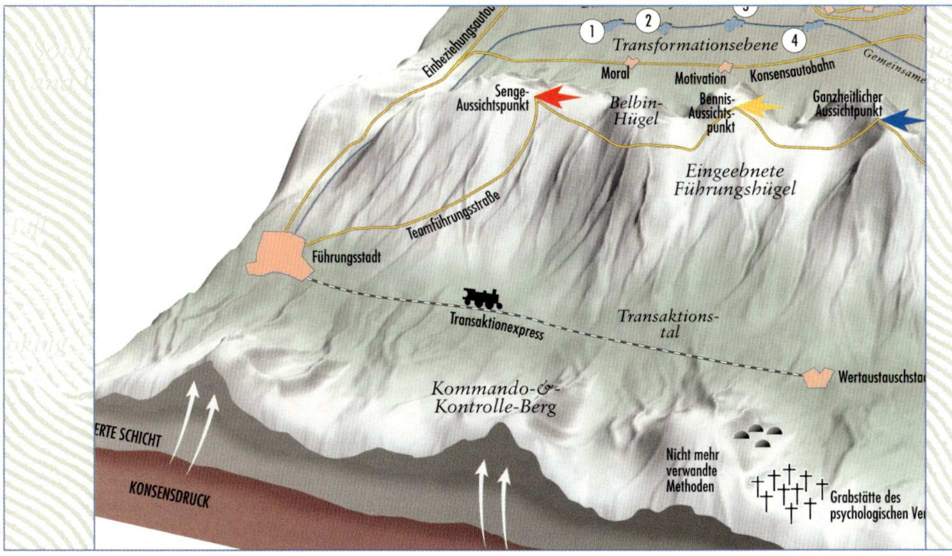

Der aufkommende Führungsstil verlässt das Transaktionstal und begibt sich auf die Suche nach neuen Ausblicken von der höher gelegenen Transformationsebene aus.

sich eine Bindung und wechselseitige Beziehung entwickelt. Das kann letztlich in einer Verwandlung der Geführten in Führende resultieren. Wie Sir Adrian Cadbury, der ehemalige Chef von *Cadbury Schweppes*, bemerkte: „Gute Führende lassen ihre Leute wachsen, schlechte lassen ihre verkümmern; gute Führende dienen ihren Untergebenen, schlechte versklaven sie."

Das Transformationsmodell des Führungsverhaltens wurde von dem amerikanischen Wissenschaftler Bernard Bass weiterentwickelt. Ihm zufolge basiert der tranformationale Führungsstil auf vier Komponenten.

Da wäre als erste der *idealisierte Einfluss*, bei dem es vor allem um Vertrauen zwischen Führendem und Geführten geht und der mit den moralischen und ethischen Standards des Führenden steht und fällt. Der Führende agiert als Rollenmodell und genießt den Respekt und die Bewunderung seiner Mitarbeiter. Als Nächstes folgt die *inspirierende Motivation*, mit der Mitarbeiter für die Verfolgung eines gemeinsamen Ziels gewonnen werden. Tranformationelle Führungskräfte inspirieren und motivieren ihre Geführten, um mehr zu erreichen, als sie ohne Motivation erreichen könnten.

Die dritte Komponente ist die *intellektuelle Stimulation*. Ein Führender, der intellektuell stimulieren kann, fordert seine Untergebenen heraus, ihre Überzeugungen und Werte infrage zu stellen. Er ermutigt sie zu unabhängigem Denken, zur Auseinandersetzung, zum Diskurs, zum rationalen Denken und zur Problemlösung.

Die letzte Komponente schließlich ist die *individualisierte Betrachtung*. Hierbei widmet der Führende seinen Geführten persönliche Aufmerksamkeit und bietet Rat an. Jack Welch beispielsweise, der Ex-CEO von GE, schickte seinen Mitarbeitern – von den Teilzeitkräften bis hin zu den leitenden Managern – regelmäßig kleine Mitteilungen. Einige von ihnen rahmten seine Briefe sogar als greifbare Beweise für die Wertschätzung ein, die ihnen der CEO entgegenbrachte.

Folge meiner Führungskraft

Die ganzheitliche Herangehensweise ans Führungsverhalten, bei der sich der Schwerpunkt vom Führenden auf seine Beziehung zu den Geführten verschiebt, wurde während der 1980er- und 1990er-Jahre weiter ausgebaut. Die Aufmerksamkeit galt nicht mehr dem Machismo der Führung, sondern der weniger glamourösen Seite derselben Gleichung: der Rolle der „Gefolgschaft".

Die Gipfelkette der großen Führungskräfte

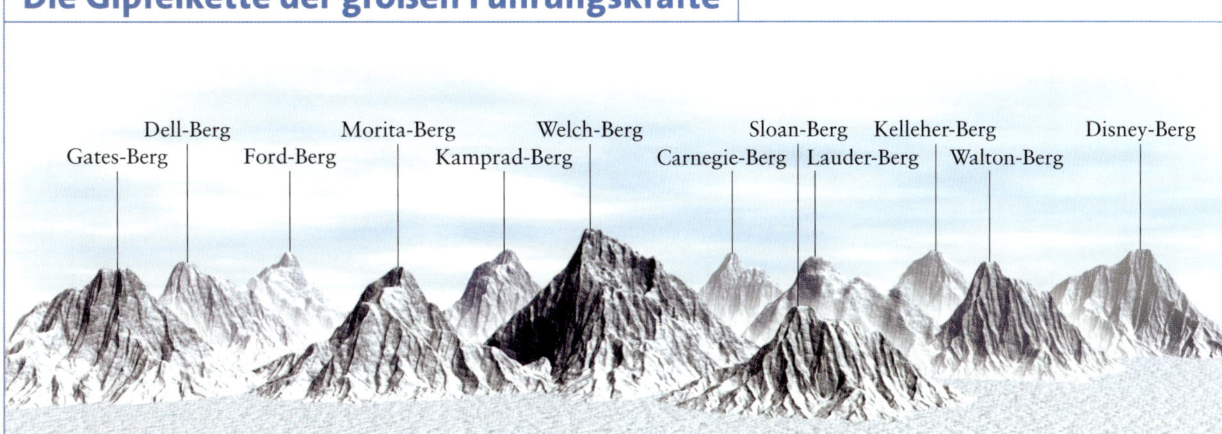

Fallstudie Jack Welch, ehemaliger CEO, General Electric (geb. 1935)

Die vielleicht größte und zweifellos am meisten gefeierte Führungskraft unserer Zeit ist Jack Welch, der zum Inbegriff des CEO als heroischer Führer wurde – ein menschlicher Dynamo, der jedes Unternehmen, ganz gleich, wie groß oder schwierig es sein mag, in eine Maschinerie permanenter Over-Performance verwandeln kann.

Und doch hätte es Welchs herausragende Karriere bei General Electric (GE) beinah nie gegeben. Welch kam 1960 direkt von der Universität als Chemieingenieur zu GE. Schon ein Jahr später war er die erstickende Bürokratie dort so leid, dass er an Kündigung dachte. Zum Glück für GE überredete sein Boss Welch zu bleiben, indem er ihm mehr Geld und eine bessere Stellung anbot. Im Dezember 1980, nach einem kometenhaften Aufstieg in der Firmenhierarchie, wurde Welch zum neuen CEO und Vorstandsvorsitzenden ernannt. Mit 45 Jahren war er der jüngste Firmenchef der Geschichte.

Welch erklärte, er wolle GE zum weltweit höchstwertigen Unternehmen machen. Von da ab war kein Raum mehr für unprofitable GE-Unternehmungen. Jeder GE-Geschäftsbereich musste entweder die Nummer eins oder zwei seiner Branche sein oder wurde eingestampft. Zudem verlegte man sich stärker auf den Dienstleistungsbereich. Im Rahmen dieser Übung wurden über 1.000 neue Geschäftsbereiche gegründet und 70 existierende geschlossen.

Als Nächstes dünnte Welch das Unternehmen aus, indem er den individuellen Einheiten mehr Eigenständigkeit verlieh und die Macht des Mutterunternehmens einschränkte. „Fight it. Hate it. Kick it. Break it" (sinngemäß „Bekämpfe. Hasse. Stoße ab. Zerschlage"), lautete Welchs Antibürokratie-Schlachtruf.

Die Einschnitte waren gewaltig. Annähernd 200.000 GE-Mitarbeiter gingen, die meisten durch Kündigung, und das Unternehmen sparte 56 Milliarden Dollar. Die Medien tauften Welch „Neutronen-Jack". Ende der 1980er-Jahre aber kam Welch auf Stufe zwei an: dem Umbau des Unternehmens für das 21. Jahrhundert. Er nahm sich vor, ein „grenzenloses" Unternehmen zu schaffen. „Reißt die Mauern ein, die uns im Inneren voneinander und im Äußeren von unseren Kunden trennen", war seine Formulierung. Die Absicht dahinter war eine Ermutigung zur Innovation und zum Ideenaustausch.

Welch ging es außerdem um Unternehmenswerte. Er nutzte sie, um seine Mitarbeiter zu führen und ihnen einen Sinn zu vermitteln, damit alle sicher sein konnten, am selben Strang zu ziehen. Er trug sogar eine Karte mit sich herum, auf der diese Werte aufgelistet waren. Wer sich ihnen nicht verschrieb, hatte im Unternehmen nichts verloren.

Mitte der 1990er-Jahre übernahm Welch den Six-Sigma-Qualitätsstandard, den Motorola 1985 entwickelt hatte. Welch hielt das Management an, sich 100-prozentig hinter Six Sigma zu stellen. Der dreiprozentige Anstieg der Profitmarge zwischen 1995 und 1999 wird auf die Umsetzung von Six Sigma bei GE zurückgeführt.

Ganz im Sinne des von der Wall Street genährten Bildes vom heroischen Manager spiegelte sich Welchs Erfolg direkt in den Börsenzahlen von GE wider. Zwischen März 1981 und November 1999 stieg der Aktienkurs von etwas über vier Dollar auf 133 Dollar, was vier Aktienzusammenlegungen ermöglichte und einem Anstieg von 3.200 Prozent entsprach. Von 1980 an belief sich der durchschnittliche Gewinn der GE-Aktien auf etwa 27 Prozent und das Unternehmen wies in 100 aufeinander folgenden Quartalen einen Gewinn aus dem laufenden Geschäft aus. 1999 war General Electric das zweitprofitabelste Unternehmen der Welt.

Diese beachtlichen Errungenschaften wurden haarklein analysiert und mit ihnen der Führungsstil Jack Welchs ohne Ende unter die Lupe genommen. „Jack Welch wandte eine Kombination aus Glauben und Angst an – wie die zwei Pedale in einem Wagen, die Kupplung und das Gas, deren kluge Bedienung ein Maximum an Kontrolle und tatsächlichem Respekt der Mitarbeiter möglich macht", schreibt Gerry Griffin, ein Fachmann für Unternehmensmacht und Autor des Buchs *Power Game*.

Dem mag so sein, aber auf jeden Fall funktionierte es – für Welch, für GE und die Shareholder. Es funktionierte wegen des Gewichts, das Welch der Qualität – und der Verlässlichkeit – der GE-Leute beimaß. Mit dem Work-out-Programm, dem Six-Sigma-Qualitätskreuzzug und seinem persönlichen Engagement in der Mitarbeiterschulung am GE-Management-Development-Centre in Crotonville tat Welch wahrscheinlich mehr als irgendein anderer Unternehmensführer, um Liberalisierung und Empowerment am Arbeitsplatz zu legitimieren.

Als die außergewöhnliche Führungskraft, die er war, hinterließ Welch zweifellos ein heikles Vermächtnis. Seine Glorifizierung erschwert die Last der Erwartungen für alle anderen Führungskräfte. Die „Heiligsprechung" Welchs bedeutet für sie, dass sie den Versuch unternehmen, eine Kombination von außergewöhnlichen strategischen Visionen,

Welch-Berg

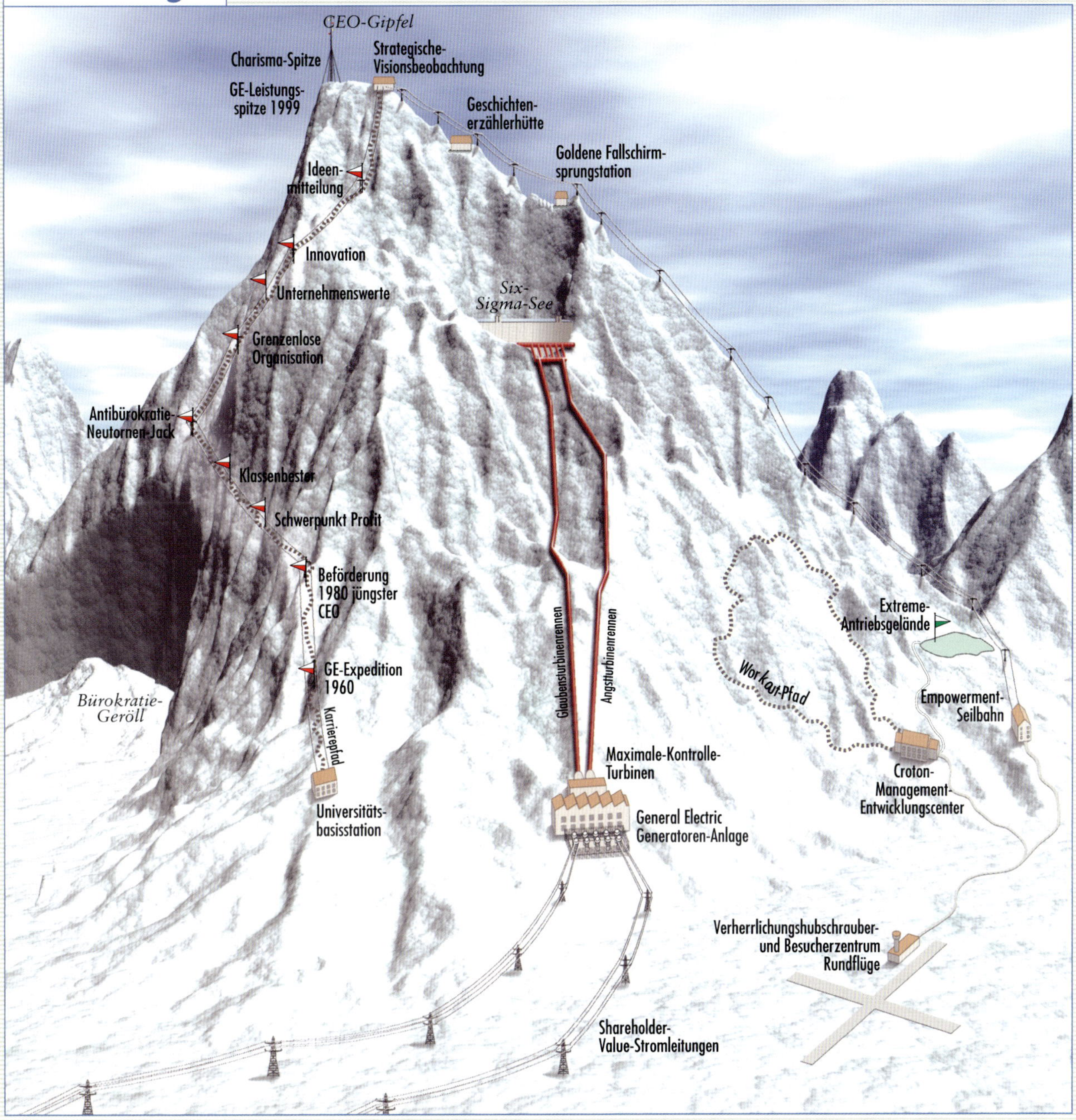

ehrgeizigen Wettbewerbsgedanken, jeder Menge Charisma und der Erzählkunst eines Lieblingsonkels an den Tag zu legen.

Nehmen wir dazu noch Welchs Golf-Handicap und die Zutaten für einen Unternehmenssuperman sind komplett. Er ist das unerreichbare Rollenmodell. Künftige Führungskräfte tun gewiss gut daran, seine Memoiren zu lesen und sie sofort wieder zu verdrängen. Die Zukunft nämlich wird woanders liegen.

Zeittafel

1935 Am 19. November in Peabody, Massachusetts, geboren.
1960 Beginnt als Berufsanfänger bei General Electric.
1961 Ist drauf und dran, bei GE zu kündigen.
1963 Wird Leiter für chemische Entwicklung.
1968 Welch wird mit 33 Jahren zum jüngsten Manager bei GE.
1972 Befördert zum Vice President.
1981 Wird CEO.
1986 Kauft RCA.
1995 Führt Six Sigma ein, das GE-Qualitätsmanagement-Programm.
1996 GEs Kapitalisierung erreicht 150 Millionen Dollar.
2000 Welchs Pensionierung wird verschoben, bis der Honeywell-Abschluss unter Dach und Fach ist.
2001 Das Honeywell-Geschäft platzt und Welch tritt am 7. September von seinem CEO-Posten zurück.

Die Verfechter des mitarbeiterzentrierten Führungsstils hatten erkannt, dass effektive Führungskräfte zunächst einmal gelernt haben mussten, gute Mitarbeiter zu sein. Mit wenigen Ausnahmen trifft dies in der Geschäftswelt ebenso sehr zu wie in der Politik oder beim Militär. Aristoteles bemerkte bereits: „Wer nie gelernt hat, zu gehorchen, kann kein guter Anführer sein."

Heute gilt mehr denn je, dass Manager bei der täglichen Arbeit sowohl als Führende wie als Geführte auftreten müssen. So begannen denn auch die Fachbuchautoren, größeres Interesse am „psychologischen Kontrakt" zwischen Führenden und Geführten zu zeigen und sich zu fragen, was Menschen dazu bewegt, dem einen Manager zu folgen und dem anderen nicht. Die Theorie des Leistungsverhaltens blickt hinter die Beziehung zwischen Führenden und Geführten, um zu sehen, was die Mitarbeiter willens macht, auf ihre Vorgesetzten zu hören.

Die Theorie der tranformationellen Führung konnte zunehmend an Boden gewinnen. Die Idee des Führenden als inspirierende Person, die es versteht, die Emotionen Einzelner anzusprechen, hat offensichtliche Vorzüge, zumal gegenüber dem Vorgesetzten, der lediglich an einer Beziehung interessiert ist, die auf der simplen Gleichung basiert: „Wenn ich dies für dich mache, tust du das für mich." Zahlreiche Fachautoren haben das Thema weiterentwickelt. Zu ihnen zählen Meredith Belbin mit seinem Buch über Teamführung sowie Warren Bennis, Jim Kouzes und Barrry Poster, die sich mit der Idee der Führungskraft als Veränderungskatalysator auseinander setzten, und Peter Senge, der die Rolle des strategischen Visionärs untersuchte.

Turnaround-Führung

Was haben die Unternehmensriesen Chrysler, IBM, Gillette, das Eishockeyteam San Jose Sharks, die New Yorker Polizei und das Land Südafrika gemeinsam? Die Antwort lautet: Sie alle haben in jüngster Zeit eine Schicksalswende erlebt. Und bei keinem von ihnen ergab sich diese Wende zufällig, sondern war das Produkt brillanter Führung – einer ganz besonderen Führung, wie es scheint.

Einzelne, die imstande sind, Unternehmen zu verwandeln und Mitarbeiter durch diese Wandlungsphasen zu führen, sind sehr gefragt. Studien zufolge erfordern dramatische Veränderungen von Teams, Unternehmen oder gar Nationen Führungskräfte mit einer einzigartigen Mischung von Fähigkeiten, die sie für den Job qualifiziert.

Aufgrund von Untersuchungen mehrerer Turnarounds kommt Professor Rosabeth Moss Kanter von der Havard Business School zu dem Schluss, dass Informationen und Beziehungen wesentlich für die Turnaround-Führung sind. Ehe es zu einer Erholung kommen kann, muss ein Turnaround-Manager zunächst eine psychologische Wandlung der Einstellungen und des Verhaltens bewirken.

Gute Turnaround-Manager besitzen die Fähigkeit, Informationen aus einem Unternehmen zu gewinnen, anhand deren sie die Situation einschätzen und gangbare strategische Turnaround-Pläne entwickeln können. Sie müssen allerdings auch die nötige Eignung mitbringen, das Vertrauen der Mitarbeiter, Teammitglieder und derjenigen, die mit dem Unternehmen zusammenarbeiten, wiederherzustellen.

Führungskräfte-Berg

Kanter zufolge besteht der Turnaround-Prozess aus vier wesentlichen Komponenten: Dialogförderung, Respektgewinnung, Kooperationsanreiz und inspirierende Initiative. Sehen wir uns beispielsweise an, wie Turnaround-CEOs ihre Unternehmen aus einer Abwärtsspirale retten. Das Erste, was sie tun, ist meist die Ermutigung zur Offenheit und zur freien Kommunikation. Dazu kann sogar die Freigabe von Unternehmensinformationen wie etwa Leistungskriterien und -daten des Managements gehören.

Ein weiterer Schritt auf dem Weg zur Besserung ist die Schaffung einer Kultur des gegenseitigen Respekts sowohl intern unter den Mitarbeitern als auch extern zwischen dem Unternehmen und seinen Kunden, Stakeholdern, Analysten, den Medien und allen anderen Parteien, die mit dem Unternehmen in Berührung kommen. Hierbei geht es darum, schlechte Erfahrungen hinter sich zu lassen und in eine bessere Zukunft aufzubrechen. Voraussetzung ist, dass sich das Unternehmen nicht in Schuldzuweisungen verrennt. Kanter verweist in diesem Zusammenhang auf das Beispiel von Nelson Mandelas Wahrheits-und-Versöhnungs-Kommission, die er nach der Apartheid in Südafrika einsetzte. Sobald ein Turnaround-CEO dafür gesorgt hat, dass sich das Unternehmen in die richtige Richtung bewegt, können interne Barrieren abgebaut und kooperative Partnerschaften wieder aufgebaut werden, damit die Innovation wiederbelebt und destruktive Abteilungsstrukturen sowie negative Einstellungen verbannt werden können. Und schließlich können Turnaround-Manager Einzelnen die Autorität übertragen, mit der Revolution fortzufahren.

Dies sind die großen Ikonen der Turnaround-Führung: (von links nach rechts) Theodore Newton Vail, AT & T; J. P. Morgan, US Financial System; Gordon Bethune, Continental Airlines; Steve Jobs, Apple; Carlos Ghosn, Nissan; John Harvey-Jones, ICI.

Kanters Ideen finden bei W. Chan Kim und Renée Mauborgne Unterstützung, Professorinnen an der französischen Wirtschaftshochschule Insead. Kim und Mauborgne sprechen von „Tipping Point Leadership". Der Begriff *Tipping Point* ist dank Malcolm Gladwells gleichnamigem und einflussreichen Buch weithin geläufig *(Tipping Point. Wie kleine Dinge Großes bewirken)*. Gladwell, ein ehemaliger Wirtschaftsjournalist der Washington Post, beschrieb darin, wie sich Moden durchsetzen, und er fand Parallelen zur der Verbreitung von Infektionen und der Epidemiologie. Gladwell deckte auf, dass anstelle eines messbaren Prozesses, von dem man vorher glaubte, er wäre am Werk, sich „Ideen, Produkte, Botschaften und Verhaltensweisen ebenso verbreiten wie Viren".

Die Krise kontern

Kim und Mauborgne weiten die Idee des Tipping Point auf das Führungsverhalten aus und konzentrieren sich dabei insbesondere auf das Change-Management. Als Beispiel für eine Tipping-Point-Leadership wählen sie die Arbeit des Polizeichefs von Los Angeles, William Bratton. Mitte der 1990er-Jahre konnte Bratton die Zahl der Verbrechen in New York um 39 Prozent eindämmen und innerhalb von zwei Jahren für einen Rückgang um 50 Prozent bei den Mord- und um 35 Prozent bei den Diebstahldelikten sorgen. In Brattons Lebenslauf sind darüber hinaus erfolgreiche Stippvisiten bei der New York Transit Police, der Boston Metropolitan Police, der Massachusetts Bay Transit Authority und dem Boston Police District Four enthalten. Überall konnte er bedeutende Veränderungen bewirken. Und er arbeitet weiter daran, seine besondere Form der Führungsmagie bei der Polizei von Los Angeles zum Einsatz zu bringen. Brattons Führung stützt sich auf vier Grundelemente: das Kognitive (kommunizieren und dafür sorgen, dass die Manager mit den Problemen in Berührung kommen), Politik (die internen Feinde zur Ruhe bringen und die externen isolieren), Ressourcen (sich zunächst auf die Problembereiche konzentrieren) und Motivation (die Botschaften den jeweiligen Ebenen innerhalb der Organisation anpassen).

Turnaround-Führungskräfte scheinen in Krisenzeiten regelrecht aufzuleben. Doch auch wenn einige Turnaround-Manager, wie etwa Lou Gerstner von IBM, selbst in Perioden von stabilem und gesundem Wachstum effektive Führungskräfte bleiben, tun sich andere damit schwer. Lee Iacocca zum Beispiel flog als Präsident von Ford Motors raus. Trotzdem machte er als Kopf eines der größten Unternehmens-Turnarounds des 20. Jahrhunderts weiter, indem er Chrysler vom Rand des Ruins zurückbrachte und das Unternehmen wiederbelebte.

Tatsache ist, dass die Fähigkeiten, die Turnaround-Manager brauchen, sich wesentlich von jenen unterscheiden, die für die Führung von etablierten Unternehmen in fortgeschrittenen Wachstumsphasen erforderlich sind. Turnaround-Manager neigen dazu, in der Anfangsphase des Turnaround nicht sehr viel zu delegieren. Stattdessen packen sie eher selbst zu. Sie müssen imstande sein, schnell Entscheidungen zu treffen, und sie brauchen eine starke Persönlichkeit, um dem Unternehmen ihre Ideen aufzuzwingen und es aus dem negativen Denken herauszureißen. Diese Fähigkeiten sind in Krisenzeiten überaus wertvoll, jedoch nicht unbedingt ein Zugewinn beim Übergang von der Umbruch- in die Stabilitätsphase.

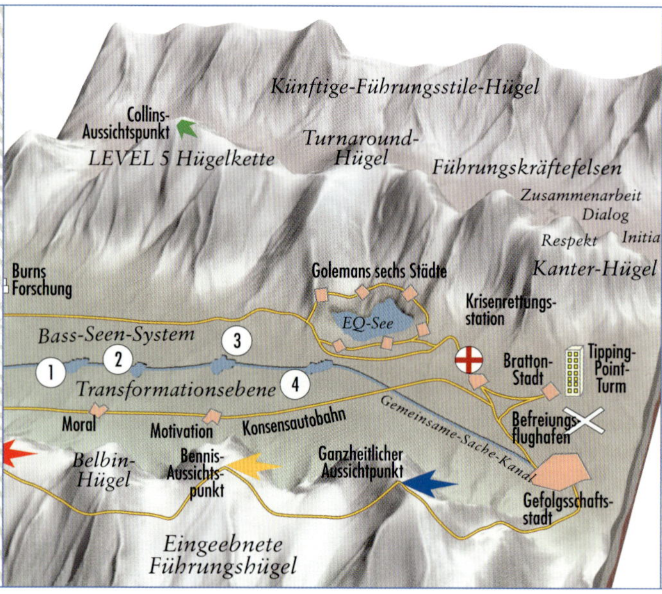

Die Transformationsebene ist ein Gebiet, das sich vor allem durch den regen Inspirationsverkehr auf dem Gemeinsame-Sache-Kanal und der Konsensautobahn auszeichnet. Die Aussicht auf die umliegenden Hochebenen lässt die Mitreisenden auf diesen Strecken immerfort nach oben blicken.

Moderne Führungskräfte für moderne Zeiten

Unser Denken über Führung und Führungsstile hat sich in den letzten paar Jahrzehnten dramatisch verändert. Heute gilt es als weithin akzeptiert, dass man auf jeder Unternehmensebene die Führungskräfte genau unter die Lupe nehmen muss.

Während der Nachwehen der Unternehmensskandale, an dieser Stelle sei nur Enron genannt, bricht das traditionelle Führungsmodell unter dem Gewicht des modernen Wirtschaftslebens zusammen. Die zunehmende Versagerquote unter den CEOs ist ein gutes Beispiel dafür. Die Führung selbst befindet sich in einem fließenden Zustand. Eine komplexere Welt verlangt nach neuen Einstellungen zur Führung. Führungskräfte müssen ihren Kompass neu einstellen.

Ständig tauchen neue Ideen zum Thema Führung auf. Zwei wesentliche Theorien davon sind die Level-5-Leadership von Jim Collins und die Emotionale Intelligenz von Daniel Goleman.

Auf dem Level

In seinem Bestseller *Der Weg zu den Besten* beschreibt Jim Collins einen Schlüsselfaktor, durch den sich große Unternehmen von anderen unterscheiden. Er nennt ihn Level-5-Führung. Sie bezeichnet das Gegenteil von erhaltenem Wissen. Collins stellt insbesondere die Grundannahme infrage, nach welcher die Wandlung von guten in großartige Unternehmen außergewöhnliche, charismatische Führungspersönlichkeiten erfordert – berühmte CEOs wie Jack Welch. Level-5-Führungskräfte scheinen vielmehr in der Anonymität aufzublühen, sprich: Führung im Stillen zu betreiben.

Die Führungskräfte, die er im Rahmen seiner Studie analysierte, waren außerhalb ihrer Branche weitestgehend unbekannt. Zu ihnen zählte beispielsweise der verstorbene Darwin E. Smith, der 20 Jahre lang CEO der Papierfirma Kimberly-Clark war. Unter seiner stillen Führung konnte das Unternehmen nicht nur Konkurrenten wie Scott Paper und Procter & Gamble überholen, sondern auch GE, Hewlett-Packard, Coca-Cola und 3M, die vermeintliche Crème de la Crème der amerikanischen Wirtschaft.

Bescheidenheit ist Collins zufolge eine unabdingbare Grundvoraussetzung. Die Level-5-Führung funktioniert nach der Formel Bescheidenheit + Wille = Level 5. „Level-5-Führungskräfte sind Forschungsobjekte für Dualität", bemerkt Collins. „Bescheiden und willensstark, scheu und angstfrei." Sie schreiben ihren Erfolg eher dem Glück zu als irgendwelchen heroischen Führungsqualitäten. Ihr Ehrgeiz gilt mehr dem Unternehmen als der eigenen Person. Sie neigen dazu, dauerhaftere Vermächtnisse zu hinterlassen, wenn sie sich zurückziehen.

Emotional werden

Daniel Goleman, von Haus aus Psychologe, baute auf die Ideen des Harvard-Psychologen Howard Gardner – dem die Entwicklung der Multiplen-Intelligenz-Theorie zu verdanken ist – und des Yale-Psychologen Peter Salovey auf. In Golemans 1995 erschienenem Buch EQ: *Emotionale Intelligenz* führt er aus, dass die menschlichen Kompetenzen wie Selbstbewusstsein, Selbstdisziplin, Durchhaltevermögen und Empathie im Leben einen weit größeren Einfluss ausüben als der IQ. Golemans emotionale Intelligenz hat fünf Dimensionen: Selbstbewusstsein, der Umgang mit Gefühlen, die Motivation anderer, das Zeigen von Empathie und das Aufrechterhalten von Bindungen.

Laut Goleman entscheidet die emotionale Dimension wesentlich über die Effektivität von Führungskräften, was er damit belegt, dass in anspruchsvollen Stellungen, in denen ein überdurchschnittlicher IQ gefordert ist, die überlegene emotionale Intelligenz letztlich den Ausschlag für den Erfolg von Führungskräften gibt. Auf höheren Ebenen zeichnen sich die wahren Führungskräfte mehr durch emotionale denn durch rationale Intelligenz aus.

Golemans Theorien über die Beziehung zwischen emotionaler Intelligenz und Führung werden von Daten der Hay Group über mehr als 3.000 Führungskräfte bestätigt, deren Studie auf sechs verschiedene Führungsstile kommt: autoritäre Führungskräfte, die ihre Leute für eine Vision mobilisieren; verbündete Führungskräfte, die emotionale Bindungen und Harmonie herstellen; anleitende Führungskräfte, die ihre Leute für die Zukunft aufbauen (Coaching); nötigende Führungskräfte, die die umgehende Befolgung ihrer Anweisungen erwarten; demokratische Führungskräfte, die auf Konsens mittels Partizipation bauen, und schließlich das Tempo bestimmende Führungskräfte, die Können und Selbstständigkeit erwarten.

Um effektiv zu sein, müssen Führungskräfte laut Goleman je nach Situation unterschiedliche Führungsstile anwenden. „Die nötigende Führungskraft von heute kann im nächsten Meeting schon gezwungen sein, in den Coaching-Modus zu wechseln", sagt er. „Führungskräfte, die vier oder mehr Stile beherrschen, insbesondere die autoritäre, die demokratische, die verbindende und die Coaching-Strategie, erzielen das beste Betriebsklima und die optimale Performance."

Das macht Sinn. Führungskräfte brauchen einen Mix aus Pragmatismus und mentaler Beweglichkeit, um den Morast der Unternehmenspolitik zu durchwaten, ganz zu schweigen von den Anforderungen des Marktes. Und es passt perfekt zu den Veränderungen in der Wirtschaftswelt. Unternehmen bewerten die Führungsqualitäten neu, die sie in Zukunft brauchen werden. Einige sprechen von einer Hinwendung zum Inneren. Mithin ist emotionale Intelligenz Teil dieser Neudefinierung.

Für die Führungskräfte der Zukunft könnte der EQ genauso wichtig sein wie der IQ. Das erklärt vielleicht auch, warum jemand wie Sir Richard Branson, der zweimal durch die Zwischenprüfung in Mathematik fiel, eine bessere Führungskraft abgibt als jemand mit einem Abschluss der Harvard Business School. Bransons emotionale Intelligenz – seine „Antenne für Menschen" – ist einfach besser entwickelt.

Wir sind wieder da, wo wir angefangen haben

Brauchen die Führungskräfte von heute neue Fähigkeiten? Viele scheinen davon überzeugt zu sein. Sehen wir uns an, was Führungsexperte Warren Bennis darüber denkt, was die erfolgreiche moderne Führungskraft ausmacht: „Zunächst einmal muss eine Führungskraft die Richtung vorgeben, das hat mit Visionen zu tun – eine kollektive Definition des Erfolgs finden. Führungskräfte müssen ihre Mitarbeiter einbinden, motivieren und animieren … Führungskräfte müssen imstande sein, Anpassungsfähigkeit zu demonstrieren, und ein Auge auf die Veränderungen in der Stakeholder-Landschaft haben … Ein gewisses Maß an emotionaler Intelligenz ist ebenfalls wesentlich."

Ob die neuen Führungstheorien den Test der Zeit bestehen werden, bleibt fraglich. Zum einen sollen die neuen Führungskräfte bescheiden, unprätentiös, mitreißend, flexibel, diplomatisch, ethisch einwandfrei und sogar unterwürfig sein. Zum anderen erwartet man von denselben Leuten, dass sie sicher im Umgang mit rücksichtslosen Medien sind, kühn die gewagtesten Geschäfte abschließen und angstfrei den Kampf gegen die Konkurrenz aufnehmen. Wirklich große Führungskräfte müssen, wie es scheint, eine erstaunliche Kombination offensichtlich unvereinbarer Charaktermerkmale und Fähigkeiten aufweisen.

Trotz der vielen Verfechter der neuen partizipativeren Führungsstile, welche aus der tranformationellen Führung hervorgehen, wollen die alten Theorien nicht recht verstummen. Alte Rollenmodelle werden wieder abgestaubt und neu präsentiert. In ihrem Buch *How Did They Manage? Leadership Secrets of History* zum Beispiel bieten Daniel Diehl und Mark Donnelly, zwei Fernseh-Dokumentarfilmer, einen unterhaltsamen Galopp durch die Führungsweisheiten der Vergangenheit, einschließlich jener von Sun Tzu, Niccolò Machiavelli, William Shakespeare, Salomon, Moses, Konfuzius und Elizabeth I. Heroische Manager werden nach wie vor von der Wall Street bejubelt und von Shareholdern gefeiert.

Wie es scheint, sind wir der Lösung des Rätsels, was eine effektive Führungskraft ausmacht, nicht näher gekommen, als es Plutarch und seine Zeitgenossen waren. Die Wahrheit ist, dass die besten Führungskräfte zu keiner einzigen der vorhandenen Theorien passen wollen. Führung ist zu komplex für Modelle. Worauf es ankommt, ist nicht das, was laut dieser oder jener Theorie funktioniert, sondern was tatsächlich für jeden Einzelnen funktioniert.

Effektive Führungskräfte wenden viele verschiedene Führungsstile an, während sie zu ihrem persönlichen Gipfel aufsteigen. Ahmen Sie nicht einfach den Führungsstil anderer nach, sondern entdecken Sie Ihren eigenen.

Wegmarken

Führung dreht sich nicht bloß darum, Leuten zu sagen und zu zeigen, was sie tun sollen. Sie ist weit komplizierter.

- ***Die Great-Man- und die Theorie des Leistungsverhaltens mögen unmodern sein, was allerdings nicht gleich bedeutend mit unzutreffend ist. Wenn Gene das Verhalten beeinflussen und das Verhalten wiederum die Führungseffizienz, dann mögen manche Menschen durchaus einen natürlichen Führungsvorteil haben.***
- ***Sehen wir uns das Führungstheorien-Menü an: Wo sind die Berge versetzenden Bedingungen für Ihre Führung? Betrachten Sie es einmal aus der Bergsteigerperspektive: Führungskräfte können der Berg und der Bergsteiger sein. Skizzieren Sie Ihren authentischen Führungsstil.***
- ***Es gibt keine Führungskraft ohne Geführte. Gute Führungskräfte, egal wie großartig sie sein mögen, respektieren ihre Untergebenen. Großartige Führungskräfte können auch großartige Untergebene sein. Wenn Sie Ihre Position in einer Führer/ Geführten-Beziehung darstellen, was verrät Ihnen das Bild?***

Eigenschaftsbergformation

Hier fangen die Berge als Vulkane an. Persönliches Magma wird ausgeworfen und bildet eine Bergformation. Extreme Führungskräfte können explosiv und destruktiv, aber auch höchst charismatisch sein.

Verhaltensbergformation

Unter der Oberfläche verschieben sich die Erdschichten gegeneinander, was zu einer Erhebung und Überlappung führt.

Die typischen Merkmale der Führungskräfte in dieser Kategorie illustriert John Adair mit seinem handlungszentrierten Führungsstilmodell.

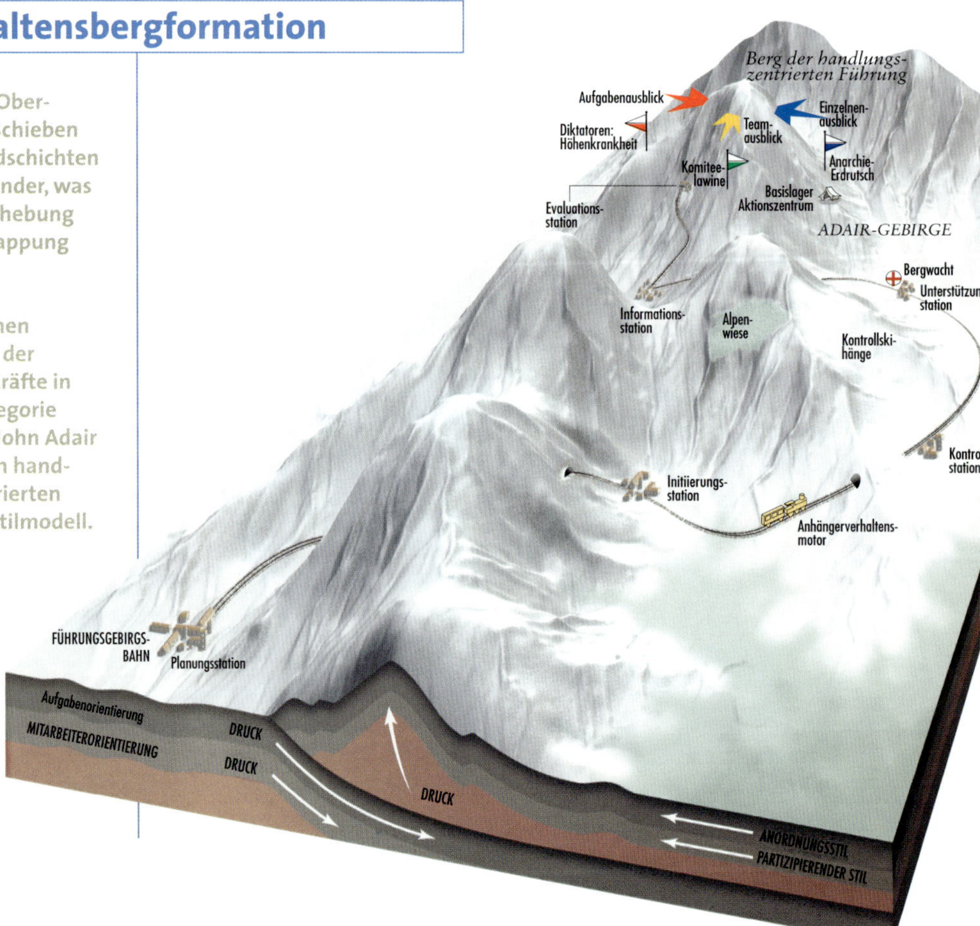

Situationsbergformation

Wie im Himalaya drücken auch hier die Platten gegeneinander und schaffen so Bedingungen, die noch höhere Aufschichtungen zur Folge haben. Die Führungskräfte werden von einer starken Anhängerschaft gestützt – solange die Situation unverändert bleibt.

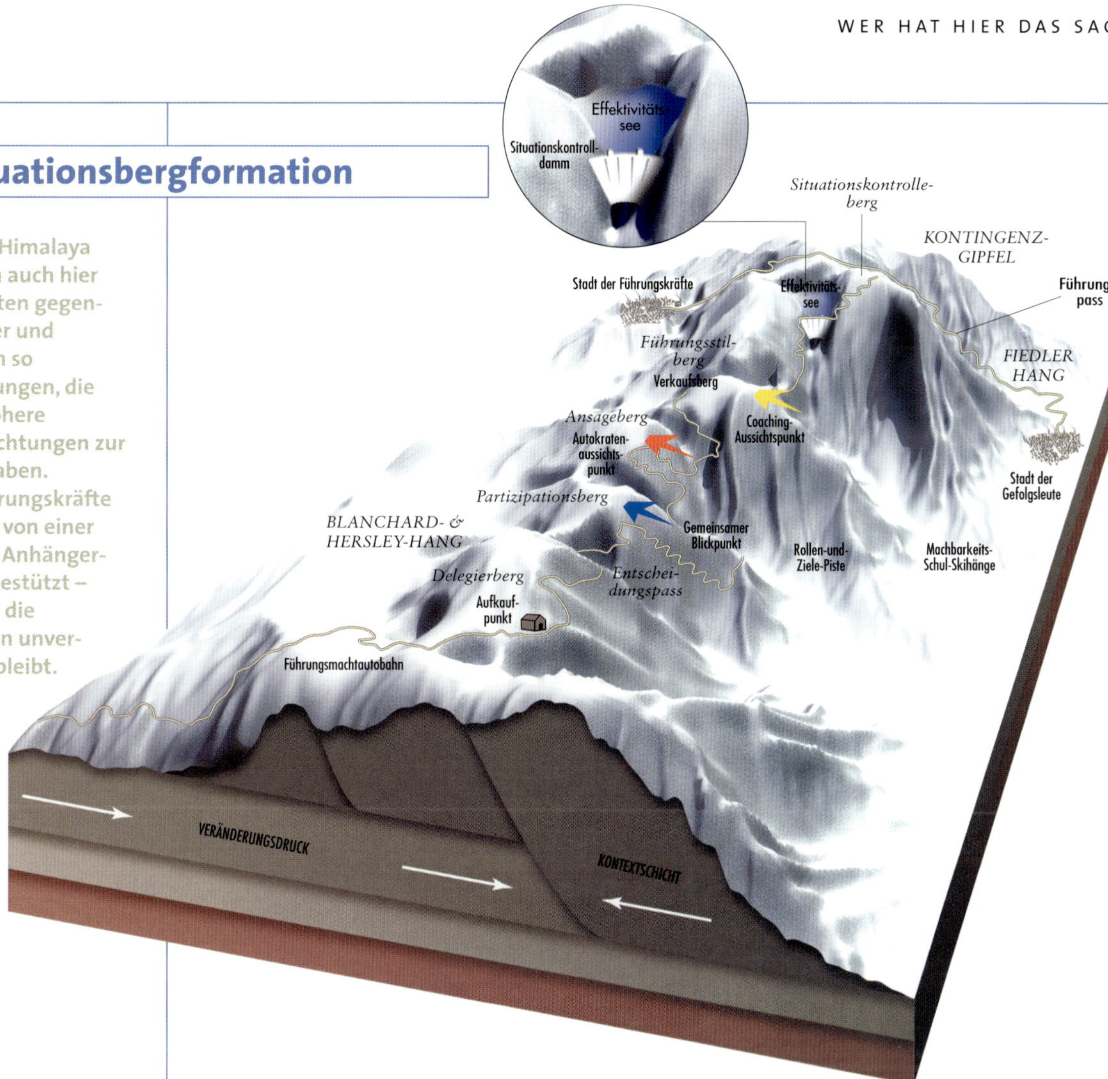

Aufstrebende Bergformation

Die traditionellen Führungsgipfel sind zu einer verflachten Landschaft erodiert. Führungskräfte gewinnen ihre Mitarbeiter über Konsensbestrebungen und stellen damit zugleich eine größere Nähe zu ihnen her. In den sich wandelnden Landschaften finden sich unterschiedliche Formationen und Kulturen.

Diese Führungskräfte regen ihre Gefolgschaften zu Partizipation an und haben eine tiefere Einsicht in deren Bedürfnisse.

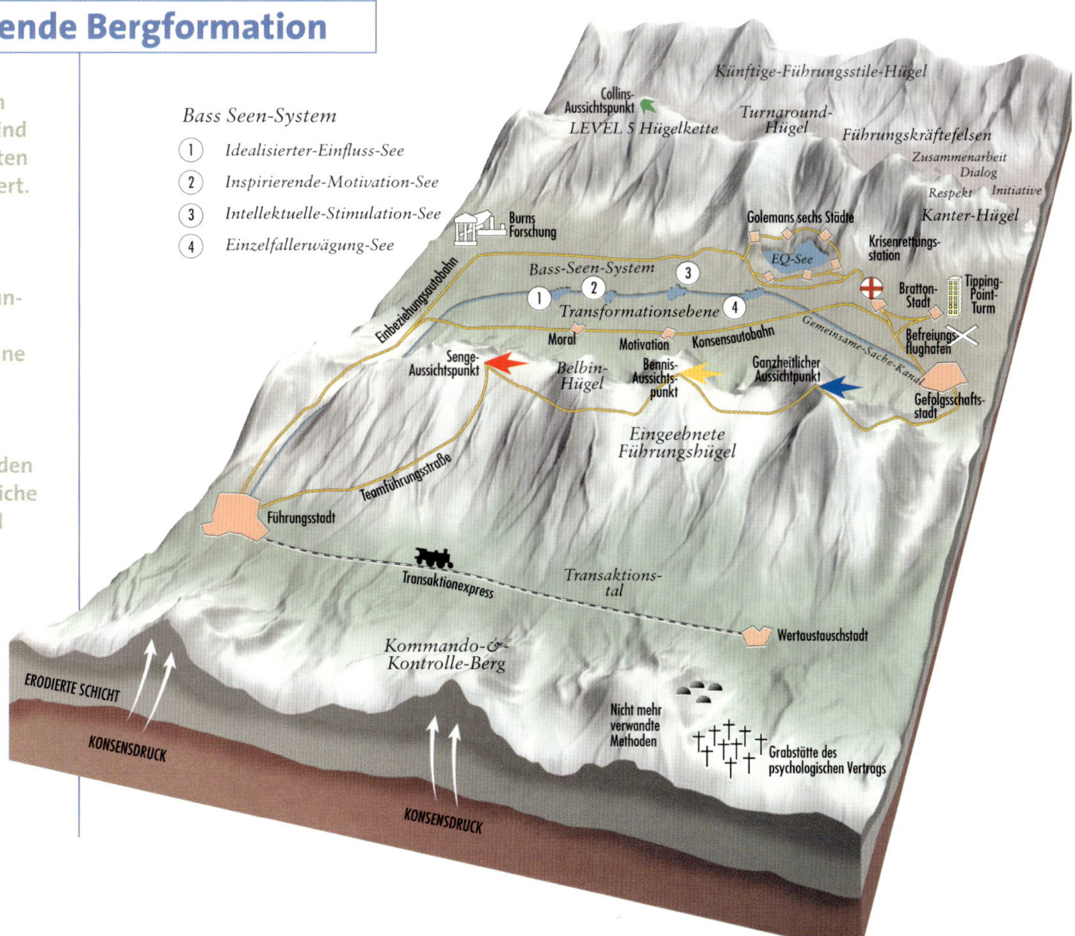

Wie führe ich Menschen?

Menschen sind der große Unsicherheitsfaktor im Geschäftsleben. Man kommt nicht ohne sie aus, aber oft machen gerade sie die Unternehmensführung anstrengend, kompliziert und frustrierend. Sie beeinflussen fast sämtliche Abläufe, können sich einerseits an Dinge gewöhnen und widersetzen sich andererseits Veränderungen. Zugleich entscheidet die Motivation der Mitarbeiter in jedweder Branche über die Qualität ihrer Leistungen, und zwar nicht nur im „inneren Zirkel", sondern auch nach außen hin, sprich: im Umgang mit Lieferanten und vor allem mit den Kunden.

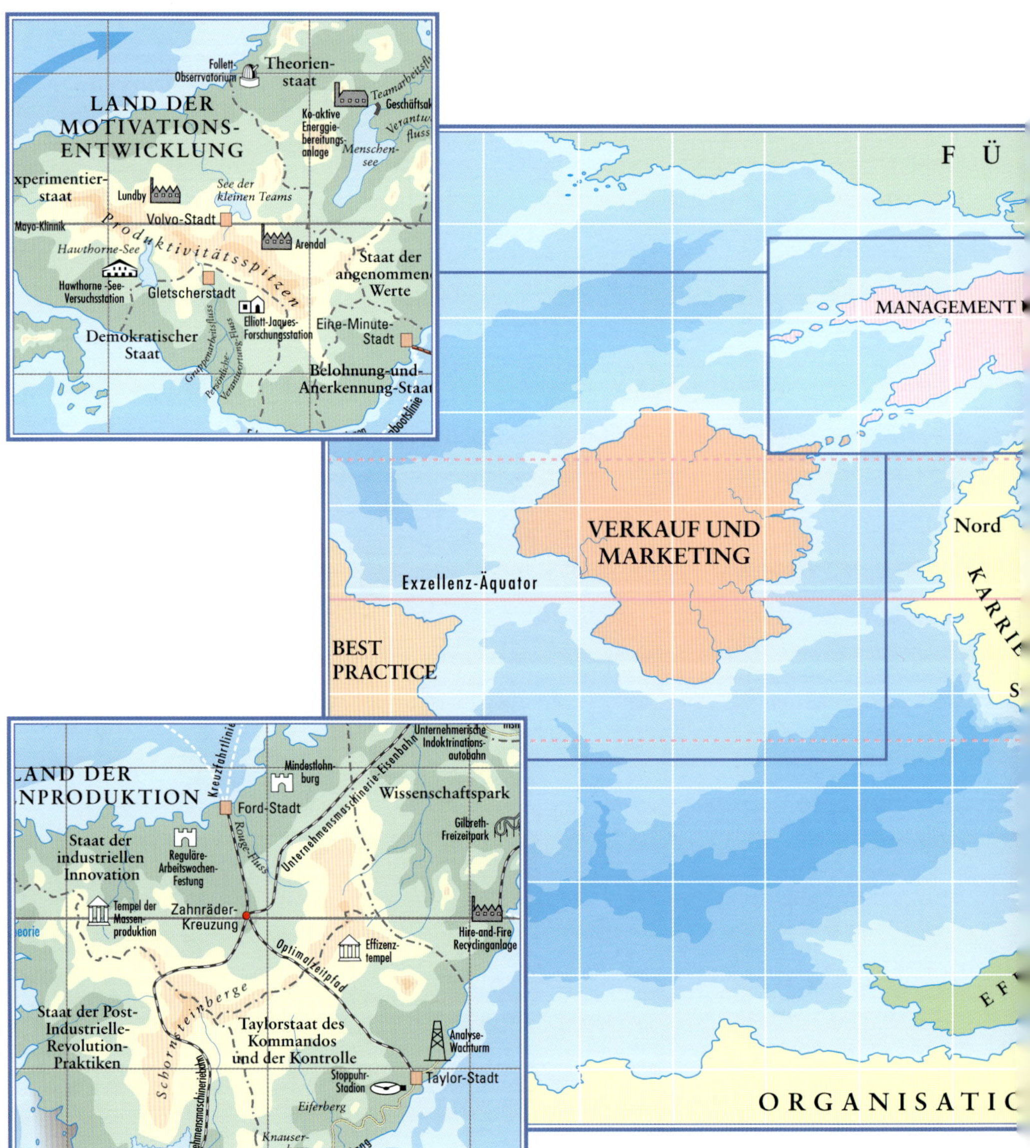

Ob beim Bau der Pyramiden oder bei der Leitung multinationaler Unternehmen – Manager kämpfen von jeher mit demselben Dilemma: Wie bekomme ich jemanden dazu, das zu tun, was ich möchte? Die Antworten auf diese Frage sind nicht minder komplex als das Problem selbst und verbergen sich zumeist hinter dem Schleier des Personalmanagement-Jargons. Zugleich lassen sich in der Welt der Führung und Motivation von Menschen zwei Pole ausmachen: Zuckerbrot und Peitsche. Seit tausenden von Jahren wird darüber gestritten, ob Zuckerbrot oder Peitsche besser ist, und im Allgemeinen hat die Peitsche noch bis vor Kurzem im Bereich der Mitarbeitermotivation dominiert.

Zweifellos waren Arbeiter vor den Gewerkschaftsbewegungen des frühen 19. Jahrhunderts in ihren Rechten sehr eingeschränkt. Bei genauerer Geschichtsbetrachtung stellt man aber fest, dass aufgeklärte Manager keineswegs ein neues Phänomen sind.

Nehmen wir beispielsweise den römischen Kaiser Hadrian. Die alten Römer hatten normalerweise kein Problem damit, ihre Leute zu motivieren. Sklaverei und die Drohung, sie den Löwen zum Fraß vorzuwerfen, waren für gewöhnlich sehr wirksame Motivationsmethoden. Dennoch war Hadrian eine aufgeklärte Führungskraft. Er veranlasste, dass alle Minen Badehäuser bekamen, womit er sich sowohl bei den Minenarbeitern als auch bei ihren Ehefrauen beliebt machte. Heute weiß man, dass die Peitsche Resultate erzielen mag, langfristig jedoch eine zufriedene und glückliche Arbeiterschaft die besseren Resultate bringt.

Es dauerte lange, bis sich durchsetzen konnte, was bereits Hadrian wusste. Im Laufe des 20. Jahrhunderts wandelte sich das Management. Die stechuhrenbeherrschte Welt Frederick Taylors und die Wissenschaft von der Führung verwandelten sich in den 1930er-Jahren unter den Verfechtern der Machtverteilung in die Schule der menschlichen Beziehungen, näherten sich vorübergehend der Sozialpsychologie an, um nebenher den Theorien X, Y und Z zu huldigen und schließlich auf dem Weg ins 21. Jahrhundert den Paternalismus ein für alle Mal abzulegen. Die Revolution im Personalmanagement, wie sie im vergangenen Jahrhundert begann, ist noch nicht zu Ende.

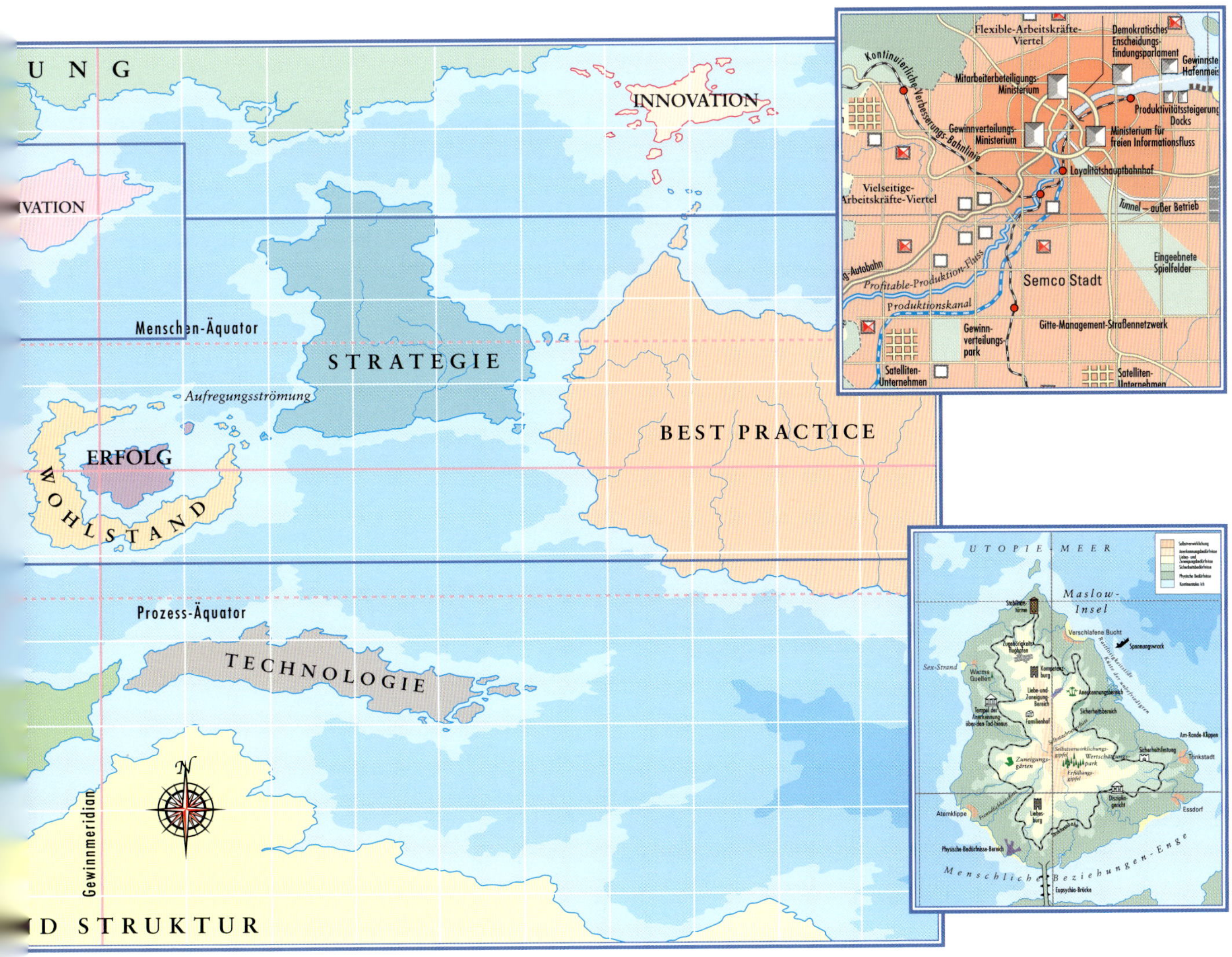

Personalmanagement ist kein Fall mehr für Zuckerbrot oder Peitsche, sondern eine komplizierte Mischung aus beidem. Das Personalmanagement des 20. Jahrhunderts stellte in erster Linie die Geschichte einer Reise dar, weg von der Kontrolle der Tätigkeiten hin zu den Köpfen, die es zu inspirieren galt. Im 21. Jahrhundert werden Unternehmen, die sich der Bedeutung einer kompetenten und motivierten Arbeiterschaft verschließen, kaum eine Überlebenschance haben.

Der Mensch als Maschine

Die Reise begann mit der unternehmerischen Peitsche zu Beginn des 20. Jahrhunderts. Mit dem Aufkommen der Massenproduktion wurde die mechanisierte Reglementierung zur Tagesordnung. Um es mit einer Metapher auszudrücken: Menschen wurden als die Zahnräder der Unternehmensmaschinerie betrachtet – und entsprechend behandelt. Die Kerntheorie hinter dieser Betrachtung war das wissenschaftliche Management, welches größtenteils auf Frederick Taylor (1856-1915) zurückging. Taylor war ein multitalentierter Amerikaner, Erfinder, Tennisprofi, Begründer des Über-Arm-Wurfs im Baseball und vielleicht der erste Managementberater der Welt.

Seiner Überzeugung nach neigten Arbeiter von Natur aus zur Langsamkeit. „Es besteht kein Zweifel", schrieb er, „an der Tendenz des durchschnittlichen Menschen (in sämtlichen Lebensbereichen), langsam und im gemäßigten Gang zu arbeiten. Erst nach gründlicher Überlegung und einem Beispiel, dem eigenen Gewissen oder externem Druck folgend geht er zu einer schnelleren Arbeitsweise über."

Taylors Antwort auf dieses Problem war die Analyse dessen, was Menschen eigentlich tun, um sodann die optimalen Zeiten für die Erledigung der einzelnen Aufgaben vorzugeben. Anschließend standen die Manager mit Stoppuhren in der Hand neben ihren Arbeitern.

Das wissenschaftliche Management hatte in den riesigen Automobilfabriken ein natürliches Zuhause gefunden, etwa in Highland Park und River Rouge, die Henry Ford während der ersten zwei Dekaden des 20. Jahrhunderts baute. Ford war ein komplizierter Mann. Wenngleich er Tempel der Massenproduktion schuf und Gewerkschaften wie Arbeitnehmerrechten kurzerhand die Tür wies, blieb er doch zeitlebens ein engagierter Patriarch, wenn es um seine Arbeiterschaft ging.

Ford führte einen Mindestlohn von fünf Dollar täglich ein – was vom Wall Street Journal als „Wirtschaftsverbrechen" gerügt wurde –, womit er deutlich über den branchenüblichen Löhnen von 2,50 Dollar lag. Und er begründete die 40-Stunden-Woche mit fünf Arbeitstagen. Bei diesen Initiativen handelte es sich jedoch keineswegs um humanitäre oder altruistische Maßnahmen. Anders als beim Schokoladenhersteller Milton Hershey oder dem Registrierkassen-Pionier John Patterson spielte aufgeklärte Personalführung bei Fords Entscheidungen kaum eine Rolle.

Vielmehr war Fords Idee gewesen, durch eine Erhöhung der Freizeit und des verfügbaren Einkommens mehr Konsumenten für sein Produkt zu gewinnen und das nationale Wirtschaftswachstum anzukurbeln. Und seine Idee zahlte sich aus. Fords Maßnahmen trugen wesentlich zur Bildung der amerikanischen Mittelklasse bei.

Unter der Stechuhr

Einen Kontrapunkt zu Taylors Ansatz bildete die amerikanische Politikwissenschaftlerin Mary Parker Follett (1868-1933). In einem Zeitalter, das von reaktionären Männern dominiert wurde, deren ganzes Streben der Mechanisierung der Geschäftswelt galt, sprach die liberale Humanistin Follett Dinge wie Teamwork und Verantwortung (was heute als Machtverteilung wiedergeboren ist) an.

Folletts These besagte, vereinfacht ausgedrückt, dass Menschen für jede Wirtschaftstätigkeit wesentlich sind – oder überhaupt für jede Form der Tätigkeit. Follett erklärte: „Ich denke nicht, dass wir psychologische, ethische und wirtschaftliche Probleme haben. Wir haben vielmehr menschliche Probleme mit psychologischen, ethischen, wirtschaftlichen und zahlreichen anderen Aspekten, je nach Betrachtungsweise."

Follett plädierte dafür, den Menschen bei der Arbeit mehr Verantwortung zu geben – und das zu einer Zeit, in der die mechanische Macht der Massenproduktion auf ihrem Höhepunkt war.

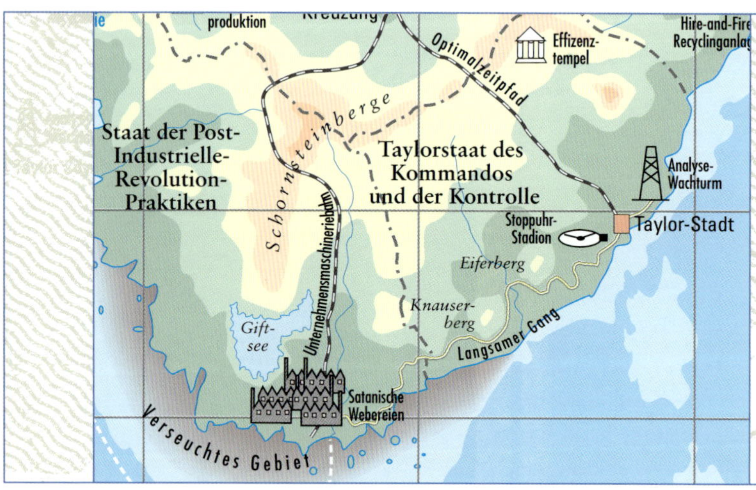

In einem Land, das von Produktionseffizienz angetrieben wird, sind die Leute auf ihre Funktion als Zahnräder im Getriebe reduziert. Indes fördert der Wert, der durch Effizienz erzielt wird, in einigen Bereichen aufgeklärtere Praktiken.

Experimentelle Siedlungen wie Gletscherstadt, Lundby und Arendal verschreiben sich den frühen Motivationstheorien, wie sie das Follett-Observatorium vertritt: Das neue co-aktive Kraftwerk liefert die Produktionsenergie.

„Mir scheint", sagte sie, „dass Macht zwar normalerweise Macht über etwas, also die Macht einiger oder von Gruppen über einige andere oder Gruppen bedeutet, dass es aber durchaus möglich ist, ein Konzept von Macht mit anderen, also von gemeinsam entwickelter, co-aktiver und nicht aufzwingender Macht zu entwerfen."

In der Wirtschaftswelt jedoch hörte ihr kaum jemand zu. Die Machtverteilung sollte noch weitere 50 Jahre auf sich warten lassen. Die Unternehmensleiter interessierte, wie sie ihre Arbeiter motivieren konnten. Dieses Thema dominierte die Managementexperimente der nächsten sechs Dekaden.

Motivationsexperimente

Eine der frühen Erkenntnisse in Sachen Arbeitnehmermotivation geht auf den australischen Psychologen Elton Mayo zurück (1880-1949), der während der 1930er-Jahre eine Studie über die Arbeiter in den Hawthorne-Werken von Chicago erstellte. Mayo fand heraus, dass bei einer besseren Beleuchtung in den Fabrikhallen die Arbeitsmoral wie die Produktivität zunahmen. Das schien ziemlich offensichtlich. Weniger offensichtlich war, dass bei einer erneuten Dämmung des Lichts die Arbeitsmoral und die Produktivität wieder zunahmen. Und die Schlussfolgerung? Die Menschen reagieren, wenn man ihnen Aufmerksamkeit schenkt. Ignoriert man sie, arbeiten sie schlechter.

Eine weitere Erkenntnis verdanken wir den Erfahrungen der US-Industrie während des Zweiten Weltkriegs, als die Produktion so explosiv anstieg wie nie zuvor. Die Kombination von Massenproduktionstechniken und einem gemeinsamen Ziel erwies sich als ausgesprochen inspirierend. Das amerikanische BIP stieg 1945 von 91,3 Milliarden Dollar auf 166,6 Milliarden. Aufgrund der Kriegsproduktion wurde der Produktionsausstoß der Fabriken beinahe verdoppelt und der der Landwirtschaft steigerte sich um 22 Prozent. Amerika produzierte insgesamt 86.000 Panzer, 296.000 Flugzeuge, 15.000.000 Gewehre, 41.000.000.000 Munitionseinheiten, 5.400 Handelsschiffe und 6.500 Kriegsschiffe.

Die Kriegsproduktion lief auf Hochtouren. Donald Nelson von Sears, der von 1942 bis 1944 dem War Production Board vorstand, erklärte das Phänomen später mit folgenden Worten:

„Die amerikanische Kriegsproduktion war wohl die größte kollektive Errungenschaft aller Zeiten. Neben ihr sehen die sieben Weltwunder der Antike wie die Kritzeleien eines kleinen Jungen an einem regnerischen Sonntagnachmittag aus."

Die Botschaft? Die Kombination von Ziel und neuester Technologie kann häufig unwiderstehlich sein. Die neuen Managementtheoretiker erkannten, dass Motivation von innen kommt.

Der menschliche Touch

Je mehr die Unternehmen über Mitarbeiterführung lernten, umso mehr wandten sie sich von der Stechuhr ab und der Psychologie zu. Die neu aufkommende Wissenschaft bot neue Rahmenstrukturen für das Verständnis menschlicher Motivation und neue Hilfsmittel, die den Unternehmen halfen, ihre Arbeitskräfte effektiver zu nutzen.

In den 1950er- und 1960er-Jahren waren die Arbeiten der so genannten Human-Relations-Schule, zu der Leute wie Abraham Maslow, Douglas McGregor, Frederick Herzberg und Edgar Schein gehörten, von großem Einfluss auf die Unternehmen, die sich mehr und mehr für die psychologischen Motivationstheorien zu interessieren begannen. Gleichzeitig kam das psychologische Profiling von Bewerbern in Mode.

Maslow zufolge gibt es fünf menschliche Grundbedürfnisse – angefangen beim Überlebensdrang, der sich im Bedürfnis nach Nahrung und Wärme äußert, bis hin zum Bedürfnis nach einem Ziel und einer erfüllten Karriere (siehe Seite 68).

McGregor ging sogar noch weiter. Seine Arbeit spricht die zentrale Dichotomie des Managements an: Sind die Arbeitnehmer Individuen, die sich selbst motivieren, oder sind sie grundsätzlich faul und brauchen ständige Anleitung?

Diese beiden Positionen bezeichnete er als Theorie Y und Theorie X. Nach McGregor definiert sich die Rolle des Managements danach, welcher der Theorien das Unternehmen anhängt.

Echte Motivation, so Herzberg, nährt sich aus Erfolgserlebnissen, Jobzufriedenheit und Anerkennung ... Man motiviere die Menschen durch den Job.

Die Rolle der Teamarbeit in puncto Motivation und Empowerment: Effektive Teams brauchen ein Gleichgewicht aller drei Rollen.

Desgleichen bestimmt die Theorie den Kern der menschlichen Befindlichkeit. „Die wesentliche Aufgabe des Managements", sagte McGregor, „besteht darin, die Unternehmensbedingungen und Arbeitsmethoden so zu gestalten, dass die Leute ihre eigenen Ziele am besten erreichen, indem sie ihre eigenen Bemühungen auf die Unternehmensziele ausrichten."

McGregor selbst war ein Y-Mann – der Buchstabe wurde zu seinem Markenzeichen. Doch das Gros der Unternehmenswelt im Amerika seiner Zeit wandte, wie er bemerkte, die Theorie X an. Eine andere Sichtweise der Motivation steuerte der Psychologe Frederick Herzberg bei. Herzberg konzentrierte sich auf die Jobzufriedenheit und -unzufriedenheit – und prägte den heute so beliebten Begriff von der Arbeitsbereicherung. Seine Forschung aus den 1950er-Jahren unterteilte die Arbeitsmotivation in Hygienefaktoren – jene, die den animalischen Bedürfnissen der Menschen entsprachen – und Motivationsfaktoren – die den einzigartig menschlichen Bedürfnissen entsprachen.

Unter Hygienefaktoren – auch als Selbsterhaltungsfaktoren bekannt – fielen Dinge wie Supervision, zwischenmenschliche Beziehungen, physische Arbeitsbedingungen, Löhne, Unternehmenspolitik und Verwaltungspraxis, Vergünstigungen und Jobsicherheit. Hygiene allein reicht nicht aus, um die „Motivation zur Arbeit" zu bieten. Echte Motivation, so Herzberg, ist an Errungenschaften, an persönliche Entwicklung, Jobzufriedenheit und Anerkennung gekoppelt. Das Ziel sollte also sein, die Leute durch den Job selbst zu motivieren statt durch Belohnungen oder Druck.

Teamwork

Mit der Bewegung hin zum besseren psychologischen Verständnis erhielt die Teamarbeit einen höheren Stellenwert. Zum Verständnis der Dynamik innerhalb von Teams wurden unzählige Bücher geschrieben und Theorien entwickelt. Die einflussreichsten Arbeiten auf diesem Gebiet stammen von Meredith Belbin. 1967 bekam Belbin, der damals in der Industrial Training Unit des University College in London arbeitete, anlässlich einer Initiative des britischen Henley Management College die seltene Gelegenheit, Teamarbeit in einem kontrollierten Umfeld zu untersuchen. Henley führte ein computergesteuertes Unternehmensspiel in einem der Kurse ein. Das Spiel ließ Teams gegeneinander antreten und bot Belbin sein eigenes Teamarbeit-Labor.

Die Teammitglieder absolvierten eine Reihe von Persönlichkeits- und psychometrischen Tests. Belbin entdeckte anhand seiner Beobachtungen, dass bestimmte Persönlichkeitskombinationen erfolgreicher waren als andere. Und er machte neun archetypische Rollen aus, die für ein ideales Team erforderlich sind (siehe Kasten auf der nächsten Seite). Bis heute gilt Belbins Studie als wegweisend, seine Taxonomie der Teamrollen wird weithin genutzt.

In den 1970er-Jahren wurde in Skandinavien ein neues Kapitel in der Teamarbeit-Geschichte aufgeschlagen. Der Autohersteller Volvo begann mit kleinen autonomen Teams zu experimentieren. Die Lkw-Fabrik des Unternehmens in Lundby, Schweden, arbeitete mit voller Auslastung und dennoch wurden zusätzliche 400 Lastwagen jährlich gebraucht. Um das Defizit wettzumachen, baute Volvo eine Übergangsfabrik in Arendal bei Göteborg. Nun wollte Volvo nicht groß in eine Anlage investieren, die als Übergangslösung konzipiert war. Also beschloss man, hier eine neue Produktionsmethode auszuprobieren, die darin bestand, einer zwölfköpfigen Gruppe die Verantwortung für den Bau von zwei Lastwagen täglich zu übertragen. Dieses Pensum galt als ehrgeizig angesetzt. Die Gruppe war für die Montage, die Materialverwaltung, die Qualitätskontrolle und die Fehlerbehebung zuständig.

Das Experiment wurde prompt zu einem Erfolg. Die Gruppe produzierte mit Leichtigkeit zwei Lastwagen pro Tag und innerhalb von vier Monaten konnte die Montagezeit deutlich reduziert werden. Die so gewonnene Zeit verwandte die Gruppe auf die nähere Prüfung der getanen Arbeit und die Planung für den nächsten Tag. Als eine neue Autofabrik in Kalmar gebaut wurde, legte man sie gezielt dahingehend aus, dass auch hier die Arbeiter in kleinen Teams zusammenarbeiteten.

Die Spitze des Glacier-Eisbergs

Das Experiment in Volvos Arendal-Fabrik war kein isolierter Einzelfall. Die Theorien von Maslow, McGregor, Herzberg, Belbin und anderen regten eine ganze Reihe von Industrieversuchen an. Einer der wichtigsten war ein Langzeitexperiment in Sachen industrieller Demokratie bei der britischen Glacier Metal Company, das zwischen 1948 und 1965 stattfand.

Glacier führte einige sehr progressive Änderungen in den Arbeitsmethoden ein. Ein Werksrat wurde gegründet, dessen Befugnisse weit über die zahmen Versuche der Arbeitervertretungen jener Zeit hinausgingen. Sie reichten sogar so weit, dass eine Änderung der Unternehmenspolitik nur mit der Zustimmung aller Mitglieder im Werksrat möglich war, und jedes Einzelne von ihnen besaß ein Vetorecht. Im Gegensatz zu den Erwartungen der Fachleute und Beobachter brach das Unternehmen hierunter nicht zusammen. Zu den anderen Neuerungen bei Glacier gehörte die Abschaffung der Stechuhren, der traditionellen Methode zur Überprüfung, ob jemand bei der Arbeit erschienen war oder nicht.

Das Hauptgewicht wurde darauf gelegt, den Leuten Verantwortung zu übertragen und die Dynamik der Gruppenarbeit zu verstehen. „Ich bin fest überzeugt von der Notwendigkeit, jeden dazu zu ermutigen, ein Höchstmaß an persönlicher Verantwortung zu übernehmen und den Leuten ein Mitspracherecht bei allen Problemen zu geben, bei denen sie helfen können", sagte Elliott Jaques, ein Gründungsmitglied des Tavistock Institute for Human Relations in Großbritannien und einer der einflussreichsten Forscher auf diesem Gebiet.

Was das Glacier-Experiment deutlich machte: die Redundanz konventioneller Unternehmenstabellen, die potenzielle Macht der Unternehmenskultur (ein Konzept, das seinerzeit kaum bekannt war) sowie die potenziellen Nutzen einer Unternehmensführung auf faire und für beide Seiten profitable Weise.

Empowerment

Das Vermächtnis der Glacier-Studie überlebt in der Idee des Empowerment. „Empowerment ist ein Managementstil", bemerkt Quinn Mill von der Harvard Business School. „Der Begriff kommt dem Delegieren sehr nah, beschreibt in der strengen Definition jedoch die Befugnis der Untergebenen, zu entscheiden und zu handeln. Er impliziert ein großes Maß an Ermessensfreiheit und Unabhängigkeit für jene, die ermächtigt werden. Gemeinhin findet die Empowerment in einem Kontext statt, in dem die Ermessensfreiheit der Ermächtigten eingeschränkt ist."

Rosabeth Moss Kanter, von 1989 bis 1992 Herausgeberin des Harvard Business Review, trat für Empowerment ein. „Indem eine Führungskraft andere ermächtigt, schmälert sie nicht ihre eigene Macht, sondern kann sie sogar noch vergrößern – insbesondere wenn das Unternehmen als Ganzes bessere Leistungen erzielt", bemerkte sie 1997.

In der Theorie geht es bei Empowerment um die Beseitigung von Schranken, die den Einzelnen daran hindern, seinen Job so effektiv wie möglich zu machen. Die Idee dahinter ist die Verteilung der Macht – insbesondere der Ermessensfreiheit im Entscheidungsfindungsprozess – bis in die untersten Ebenen des Unternehmens, damit die Menschen bei der Erledigung ihrer Aufgaben größere Kontrolle über die Art haben, wie sie erledigt werden.

Frühe Anzeichen einer aufgeklärten Praxis kamen aus Japan. Bereits 1979 bemerkte der japanische Industrielle Konosuke Matsushita, wie sehr sich westliche Manager von seinen Landsleuten unterschieden.

„Für euch besteht Management darin, die Ideen aus den Köpfen der Bosse in die Hände der Arbeiter zu übertragen. Wir sind über das Taylor-Modell hinaus … Für uns ist Management vor allem die Kunst des Mobilisierens und Zusammenbringens der intellektuellen Ressourcen aller Mitarbeiter im Dienste der Firma …"

Die Botschaft war klar – aber es brauchte mehrere Jahre und einige schmerzliche Lektionen, bis sie den westlichen Unternehmen aufging. Dann schließlich stürzten sie sich mit Vergnügen auf die japanischen Managementtechniken wie Qualitätssicherung und Empowerment als Antwort auf alle unternehmerischen Leiden. Während manche Firmen erfolgreich auf Empowerment umsattelten (siehe Semco), entdeckten viele andere, dass sie längst nicht so einfach umzusetzen ist, wie es sich anhört.

Belbins Taxonomie der Teamrollen: Die neun Archetypen

Der Macher/Gestalter (Shaper): Dynamisch, kontaktfreudig, belastbar; fordert heraus, übt Druck aus, umschifft Hindernisse. Neigt zu Temperamentsausbrüchen.
Der Umsetzer (Implementer): Diszipliniert, verlässlich, effizient; setzt Ideen in Taten um. Unflexibel.
Der Vervollständiger/Perfektionist (Completer): Pedantisch, gewissenhaft, ängstlich; sucht nach Fehlern; tut sich schwer mit dem Delegieren.
Der Koordinator: Selbstbewusst, gestanden, vertrauensvoll; formuliert klare Ziele, fördert die Entscheidungsfindung. Nicht der Cleverste.
Der Teamarbeiter/Mitspieler (Teamworker): Sozial, freundlich, aufmerksam, vermittelnd; hört zu, harmonisiert, meidet Reibungen. In Krisensituationen unentschieden.
Der Wegbereiter/Weichensteller (Resource Investigator): Extrovertiert, enthusiastisch, kommunikativ; erforscht Möglichkeiten. Verliert nach anfänglichem Enthusiasmus schnell das Interesse.
Der Neuerer/Erfinder (Plant): Kreativ, phantasievoll, unorthodox; löst schwierige Probleme. Hinnehmbare Schwäche: kann schlecht mit gewöhnlichen Leuten umgehen.
Der Beobachter (Monitor Evaluator): Nüchtern, strategisch, besonnen. Erkennt alle Optionen und verfügt über ein gutes Urteilsvermögen. Antriebsarm und nur begrenzt fähig, andere anzuspornen.
Der Spezialist (Specialist): Eigenwillig, antriebsstark, kann nur begrenzt Nutzen stiften.

Fallstudie

Semco Revolution, Demokratie und Profit

Der in Brasilien geborene Ricardo Semler wäre um ein Haar nicht dazu gekommen, das Familienunternehmen Semler & Co. zu leiten. Frustriert durch die Weigerung seines Vaters, einen Teil seiner Autorität abzutreten, war Semler drauf und dran, sich selbstständig zu machen, als sein Vater schließlich doch die Mehrheitsanteile des Unternehmens auf seinen Sohn überschrieb mit den Worten: „Was immer du im Unternehmen ändern willst, solltest du jetzt tun." Am Ende des ersten Tages hatte Semler die Hälfte des Topmanagements entlassen. Und er hat es nie bereut.

Semler war fest entschlossen, den bisherigen autokratischen Managementstil seines Vaters durch einen neuen zu ersetzen. Seine Pläne für das Unternehmen, welches er nun in „Semco" umbenannte, lagen weitab von der Orthodoxie, mit der die Firma ehedem geführt worden war. Was nun folgte, war eine Art sozialunternehmerisches Experiment, in dessen Verlauf das Unternehmen eine beachtliche Wandlung durchmachte. Auf sämtlichen Ebenen wurden grundlegende Veränderungen durchgeführt.

Zunächst suchte Semler händeringend nach einem Unternehmensmodell, das zu seinen Vorstellungen passte. Er probierte diverse aus, doch sie alle erwiesen sich in dem einen oder anderen Punkt als unzulänglich. So führte eine Matrixstruktur zu Verwirrungen in der Kommunikation. Darauf folgten autonome Betriebseinheiten, die allerdings zu viel Machtgerangel und Konkurrenz zwischen den einzelnen Abteilungen mit sich brachten. Schließlich verlegte Semler sich auf ein Gittermodell, bei dem kleine Teams für alle Ebenen des Produktionsprozesses verantwortlich waren. Jede Gruppe kontrollierte darüber hinaus ihr eigenes Budget und – ein nicht unumstrittener Aspekt – ihre eigenen Ziele. Innerhalb von zwei Jahren, zwischen 1985 und 1987, verließ ein Drittel des mittleren Managements die Firma. Zugleich gingen die Kosten pro Betriebseinheit deutlich zurück und die Produktion wurde gesteigert.

Als Semler zu Beginn der 1990er-Jahre mit einer massiven Rezession zu kämpfen hatte, ergriff er Kostensparmaßnahmen ganz eigener Art. Zuerst einmal holte er sich die Zustimmung der Mitarbeiter zu den geplanten Einschnitten. Teil der Absprache war eine Kürzung Semlers und anderer Managergehälter um 40 Prozent, und obwohl alle Beschäftigten Gehaltseinbußen hinnehmen mussten, wurden die Produktivitätsboni unternehmensübergreifend angehoben. Zudem erhielt die Belegschaft ein Mitspracherecht bei der Verteilung der Unternehmensausgaben.

Als Nächstes wurden die Produktlinien restrukturiert und autonomen Teams zugeteilt. Diese Teams bekamen eine bis dahin ungekannte Macht. Im gesamten Unternehmen wurden die Entscheidungsprozesse demokratisiert und die Mitarbeiter auf sämtlichen Ebenen konnten Leute einstellen und entlassen – einschließlich des Managements. Semler führte Satellitenfirmen ein, um Talente zu halten, die andernfalls gegangen wären, um ihre eigenen Unternehmen zu gründen. Semler ließ ihnen ein Maximum ein Freiheit, stattete sie mit Kapital und Ressourcen aus und ließ sie ihre eigenen Geschäftsideen entwickeln. Im Gegenzug wurde Semler am Gewinn beteiligt beziehungsweise profitierte von den Kosteneinsparungen. Die Satellitenunternehmen machten am Ende über 60 Prozent des Semco-Geschäfts aus.

Die Arbeitsplatzrevolution wirkte bis ins Herz des Unternehmens. Es gab keinen Empfang, keine Sekretärinnen und keine persönlichen Assistenten. Alle Mitarbeiter, einschließlich der Manager, verwalteten ihre Büros selbst – sogar Semler. In der Arbeitsplatzdemokratie verloren Titel jedwede Bedeutung.

Die wohl ehrgeizigste Innovation war die Festlegung der Gehälter. Die Managergehälter wurden gekürzt und die Mitarbeiter legten ihre Löhne selbst fest. Das war Empowerment par excellence. Des Weiteren beschlossen die Angestellten gemeinsam, ob neue Leute eingestellt wurden oder nicht. In der verkehrten Semco-Welt stuften die Mitarbeiter regelmäßig das Management nach einer 100er-Skala ein und hängten die Bewertungen im Unternehmen aus. Wurde jemand aus dem oberen Viertel mehrmals hintereinander schlecht bewertet, kostete es ihn meist den Job.

Vielen weniger aufgeklärten Führungskräften mag das vorkommen, als würden die Insassen einer Irrenanstalt deren Leitung übernehmen. Die Resultate jedoch bestätigen, dass Semlers Wahnsinn durchaus Methode hatte. Zwischen 1990 und 1996 konnten die Umsätze von 35 Millionen Dollar auf 100 Millionen annähernd verdreifacht werden. Vor dem Hintergrund der Rezession und Hyperinflation konnte das Unternehmen um das Sechsfache wachsen, die Produktivität wurde versiebenfacht und die Gewinne verfünffacht.

Wie Semler-Dorf zu Semco-Stadt wurde

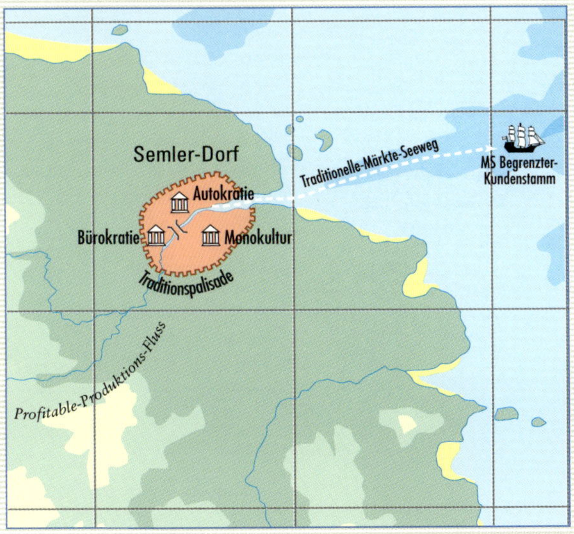

Semco-Stadt begann als eine kleine geschlossene Siedlung, die sich mit Befestigungsanlagen gegen die Kräfte des Wandels abschottete und von drei restriktiven Management-Prinzipien regiert wurde. Ihre Produktion war eingeschränkt und abhängig von sehr eingegrenzten Märkten.

Nun wurden drei historischen Prinzipien durch ein demokratisches Parlament und durch aufgeklärte Praktiken ersetzt, die die Menschen und ihre Ziele einten.

Die Gitterstrukturen des Managementstraßen-Netzwerks sorgten für eine stabile horizontale Entwicklung und Kommunikation, während das Flusstal der profitablen Produktion viele neue Produkte und Marktkanäle beherbergte. Festungsanlagen wurden entbehrlich, da die Bevölkerung bereit war, die Stadt ohne zu zögern gegen jede Bedrohung von außen zu verteidigen.

Semcos Demokratie erhält sich durch eine faire Verteilung des Vermögens und Empowerment aufrecht.

Die Maslow-Insel

In seinem Buch *Motivation und Persönlichkeit*, das 1954 erschien, vertrat Dr. Abraham Maslow die Hypothese, Menschen würden durch eine Hierarchie der Bedürfnisse motiviert. Demnach würde eine Bedürfnisbefriedigung auf einer niedrigeren Ebene zwangsläufig dazu führen, dass sie die nächsthöhere Stufe anstreben. Maslows Bedürfnishierarchie wird oft als Pyramide abgebildet, wobei jede einzelne Ebene von der unter ihr liegenden abhängig ist.
Die fünf Schichten der Maslow'schen Bedürfnishierarchie:

1. Physische Bedürfnisse. Dies sind rein biologische Bedürfnisse – das Bedürfnis nach Sauerstoff, nach Nahrung, nach Wasser und nach einer relativ konstanten Körpertemperatur. Sie sind am stärksten ausgeprägt, weil sie das Überleben sichern.

2. Sicherheitsbedürfnis. Außer in Zeiten von Notstand oder sozialem Verfall sind diese Bedürfnisse bei Erwachsenen nicht weiter ausgeprägt. Kinder hingegen zeigen häufig Symptome von Unsicherheit und ein großes Sicherheitsbedürfnis im Allgemeinen.

3. Bedürfnis nach Liebe, Zuneigung und Zugehörigkeit. Menschen haben generell das Bedürfnis, Gefühlen von Einsamkeit und Entfremdung zu entfliehen sowie Liebe und Zuneigung zu geben (und zu erhalten) und sich zugehörig zu fühlen.

4. Bedürfnis nach Anerkennung. Menschen brauchen ein stabiles, verlässliches und hohes Maß an Selbstachtung wie auch an Anerkennung durch andere, damit sie sich zufrieden, selbstsicher und geschätzt fühlen.

5. Bedürfnis nach Selbstverwirklichung. Gemäß Maslow ist das Bedürfnis nach Selbstverwirklichung „der Wunsch, beständig mehr zu werden, als man ist, um alles zu erreichen, was man sein kann". Selbstverwirklichung findet dann statt, wenn ein Individuum sein persönliches Potenzial ausschöpft. „Ein Musiker muss Musik machen, ein Maler muss malen, ein Dichter schreiben, will er letztlich Frieden mit sich selbst finden. Was ein Mensch sein kann, muss er auch sein", sagte Maslow.

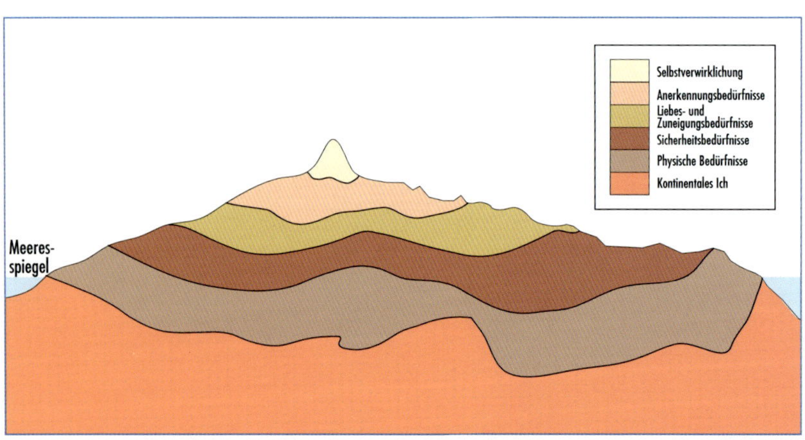

Der Vertrauensstaat herrscht von Empowerment-D. C. aus über das Land. Das Energiebewässerungsnetz verteilt die Energie von den Generatoren aus über alle anderen Staaten.

Das Talentetal ist die Heimat jener Stars, deren Loyalitätsstaat für den Bund lebenswichtig ist. Sie müssen sorgfältig beobachtet werden und regelmäßig das Land bereisen.

Stars führen: Das Talent-Observatorium

Stellen wir uns vor, wir wären Stars wie David Beckham im Fußball, Tim Duncan im Basketball oder Bernard Hopkins im Boxen. Wir sind reich, berühmt und talentiert; wir sind der Kapitän der englischen Nationalmannschaft, ein NBA-All-Star und ein MVP (Most Valuable Professional) oder der größte Boxer der Welt.

Und nun stellen wir uns vor, wir wären der Manager, Coach oder Trainer eines dieser Supertalente. Wie motivieren wir jemanden, der mit ein paar zusätzlichen Tausendern auf dem wöchentlichen Gehaltsscheck kaum zu beeindrucken ist?

Wie also bringen wir die Motivationspeitsche und das Motivationszuckerbrot in die richtige Balance, wenn die Zielperson bereits über einen ganzen Sack Zuckerstückchen verfügt und bei der geringsten Andeutung der Peitsche nach einer anderen Anstellung suchen wird? Wie sorgen wir dafür, dass unsere Supernova auch weiterhin in unserer Galaxie leuchtet, statt in die nächste zu ziehen und uns im schwarzen Loch zurückzulassen?

Mit diesen Fragen werden Führungskräfte von heute zunehmend konfrontiert. Ihre Stars mögen nicht so bekannt sein wie Beckham, Duncan und Hopkins, sie verdienen vielleicht auch weit weniger, aber ebenso wie die Sport-Ikonen brauchen sie mehr als Geld, damit sie motiviert sind und bleiben.

Ob wir in der Unterhaltungsbranche, im Investmentbanking, im IT-Bereich oder in der Biotechnologie arbeiten – die Führung und Motivation von Talenten werden immer wesentlichere Teile der Führungsaufgaben bilden. Und wenn Geld das einzige Mittel ist, um Toptalente zu halten, stehen schwierige Zeiten ins Haus. Zu dieser Erkenntnis musste John Mack kommen, als er im Juli 2001 seinen Posten als CEO der Credit Suisse First Boston antrat. Kurz nach seinem Amtsantritt leitete Mack umfassende Sparmaßnahmen ein und strich zahlreiche Jobs, konnte aber gleichzeitig wichtige Talente wie den legendären Banker Frank Quattrone und den Unternehmensanleihen-Chef Jack DiMaio dazu bringen, sich mit neuen Gehaltspaketen abzufinden.

Aber nicht jeder wollte unter dem neuen Regime mitspielen. Der Spitzenhändler Michael Martin wechselte zu UBS, gemeinsam mit seinen Bankerkollegen Oliver Sarkozy und John Adams. Der Co-Leiter für globales Investmentbanking, Charles Ward, ging zu Lazard LLC. Und der frühere Vorstandsvorsitzende der CSFB-Global-Investmentbanking-Group, Hamilton E. James, wechselte zur Blackstone Group. Es war ein Exodus der Stars, der erhebliche Folgen für CSFB hatte.

Wie also motivieren wir die Beckhams der Wirtschaftswelt? Robin Linnecar, einer der Gründer von Praesta Partners, hat einige Vorschläge zu dem Thema. Warum etwa sollte man nicht versuchen, den Star als Mentor für jemand Jüngeren zu gewinnen? „Vielleicht benutzt er das Wort nicht oder bezieht sich auch nicht direkt darauf, aber was daran reizvoll und mithin motivierend sein kann, ist, sich eines Einzelnen anzunehmen und mit ihm zusammenzuarbeiten, ein Rollenmodell dafür zu sein, wie man die Spieler durch das System nach oben bringt."

Wie Linnecar weiter anregt: „In der Wirtschaft wird eine Führungskraft vom Vorstand ernannt. Diese Führungskraft – oder der ‚Kapitän' – wird gemeinhin nicht bloß das Unternehmen und dessen Führungsteam leiten, sondern darüber hinaus auch bestrebt sein, sich persönlich weiterzuentwickeln, indem sie andere Rollen, etwa in der Gemeinde und dergleichen, übernimmt."

Der Motivationsexperte David Freemantle schlägt zehn Strategien vor, um einen Beckham zu motivieren, die sich mühelos auf Unternehmenstalente übertragen lassen:

„Behandeln Sie ihn wie einen Menschen, nicht wie eine Berühmtheit; entwickeln und demonstrieren Sie gegenseitigen Respekt und gegenseitiges Vertrauen; ermutigen Sie ihn, sich auf die anstehende Aufgabe (das Spiel zu gewinnen) zu konzentrieren; glauben Sie an ihn und zeigen Sie ihm, dass Sie an ihn glauben (und an seine Fähigkeit, harte Arbeit zu leisten sowie sein Bestes zu geben); seien Sie tolerant, wenn er Fehler macht oder einmal einen schlechten Tag hat; stellen Sie ihn vor kurzfristige Herausforderungen; erlauben Sie ihm, seine natürlichen Stärken auf dem Feld zu nutzen; gewähren Sie ihm Freiheiten (engen Sie ihn nicht zu sehr ein); geben Sie ihm Verantwortung und helfen Sie ihm, sein Potenzial weiter auszubauen."

Fraglos geht es bei der Motivation von Stars um mehr als die Bezahlung. Vielmehr stehen komplexe und weniger griffige Ideen im Vordergrund wie Unternehmenskultur, Visionen, Missionen und Ziele wie auch harte Profite.

Dieses Handelsland hat sich der modernen Arbeitswirtschaft angepasst. Jeder in der Welt der Personalführung steht in Verbindung zu dem einflussreichen Staat.

Es geht gleichermaßen um die soziale wie um die unternehmerische Komponente. Es geht um die Gewährleistung der Anerkennung dessen, was der Star leistet, und um die gleichzeitige Bereithaltung neuer Möglichkeiten der Weiterentwicklung. Und für jeden Star braucht man ein eigenes Motivationsrezept. Erst wenn CEOs das begreifen, werden die hellsten Sterne zu einer weniger flüchtigen Größe am Unternehmenshimmel.

Der psychologische Vertrag

Während des 20. Jahrhunderts hat sich ein Aspekt kaum verändert, nämlich der psychologische Vertrag zwischen Arbeitnehmer und Arbeitgeber.

In den stabileren Zeiten der 1950er- und 1960er-Jahre gründeten die Karrieren der Führungskräfte auf impliziten Übereinkünften und gegenseitigem Vertrauen. Die Manager und Mitarbeiter waren geprägt von den Nöten ihrer Eltern, die in den 1930er-Jahren gelernt hatten, Arbeitsplatzsicherheit zu schätzen, und im Militärdienst des Zweiten Weltkriegs dazu gedrillt worden waren, ihren Vorgesetzten bedingunglos zu gehorchen. Der Begriff „Unternehmer" (oder „Corporate Man") wurde eigens für diese Generation erfunden. (Die „Unternehmerin" oder „Corporate Woman" gab es praktisch nicht.)

Die implizite Übereinkunft besagte im Großen und Ganzen, dass Loyalität und solide Leistungen die Arbeitsplatzsicherheit garantierten. Davon hatten beide Seiten einen Nutzen. Die Führungskraft gewann ein respektables Einkommen und ein hohes Maß an Sicherheit und das Unternehmen einen loyalen, hart arbeitenden Manager. Dieser unausgesprochene Pakt wurde als psychologischer Vertrag bezeichnet.

Erstmals so benannt wurde er von dem Sozialpsychologen Ed Schein vom MIT. Schein interessierte sich in den späten 1950er-Jahren für die Arbeitnehmer-Arbeitgeber-Beziehung, weil er Ähnlichkeiten zwischen den Gehirnwäschen, die er im Korea-Krieg bezeugt hatte, und der Unternehmensindoktrination sah, wie sie bei GE, IBM und ähnlichen Firmen stattfand. Der Einfluss, den starke Werte auf Gruppen ausüben, ist ein Aspekt, der Scheins gesamte Arbeiten durchzieht.

Wie sein Vergleich mit der Gehirnwäsche nahe legt, bestand der psychologische Vertrag in weit mehr als einem für beide Seiten wünschenswerten gegenseitigen Einvernehmen. Er warf nämlich auch eine ganze Reihe von Problemen auf.

Zunächst einmal baute der psychologische Vertrag auf Loyalität. „Der wichtigste Einzelbeitrag, der von einer Führungskraft erwartet wird, und gewiss die universellste Qualifikation ist Loyalität gegenüber einer dominanten Unternehmenspersönlichkeit", bemerkte Chester Barnard in *The Functions of the Executive* (1938). Wenngleich Loyalität per se etwas Positives ist, kann sie doch leicht in blinde Gefolgstreue umschlagen. Was ist, wenn die Unternehmensstrategie die verkehrte ist oder das Unternehmen sich in rechtswidrige oder unmoralische Geschäfte verstrickt? Außerdem ist da die Frage, wem die Loyalität gelten soll. Vor 30 Jahren wurden Unternehmenswerte eher angenommen als tatsächlich benannt und geprüft.

Das zweite Problem mit dem psychologischen Vertrag war das der Perspektiven. Da ihre Karrieren als klar umrissen wahrgenommen wurden, ermutigte man Führungskräfte nicht, einmal über den unternehmerischen Tellerrand zu blicken und die größeren Zusammenhänge zu sehen. Infolgedessen wurden Firmen zu in sich geschlossenen Welten, die von einem komplizierten Aufbau aus Prüfungen, Systemen und Hierarchien getragen wurden. Das Unternehmen hatte Recht, und die Kunden, die in der weniger griffigen Außenwelt existierten, wurden eher als Randerscheinungen betrachtet. In den 1950er-, 1960er- und 1970er-Jahren verloren Führungskräfte ihre Jobs nicht, weil sie mindere Qualität oder schlechten Service ablieferten. In einigen Unternehmen kündigte man den Führungskräften sogar nur, wenn sie Mitarbeiter betrogen oder Vorgesetzte beleidigten. Ein Job fürs Leben, lautete das Motto, und für einen Großteil der Führungskräfte sollte es sich bewahrheiten.

Der psychologische Vertrag belohnte die Verlässlichen und die Folgsamen.

In Wahrheit legte der psychologische Vertrag das Hauptgewicht auf die Loyalität und weniger auf die Fähigkeiten, weshalb es möglich war, dass viele leistungsschwache Manager in die Chefetagen aufstiegen. Bezeichnend war auch, dass der psychologische Vertrag als dem Management vorbehalten angesehen wurde.

Weiter unten in den Hierarchien wurde unverdrossen weiter angeheuert und gefeuert.

Der Tod des Paternalismus

In jüngsten Jahren jedoch beobachten wir radikale Veränderungen im psychologischen Vertrag zwischen Arbeitgebern und Arbeitnehmern. Der wirtschaftliche Verfall Ende der 1980er-Jahre führte zu mehr Experimenten im Bereich der Machtstreuung und mit sinkenden Umsätzen galt die Aufmerksamkeit in den Unternehmen zusehends der Kosteneinsparung.

Die Geschäftsidee der frühen 1990er-Jahre war das Reengineering. Seine Vorreiter waren der Managementberater James Champy, Mitgründer der Unternehmensberatung CSC Index, und Michael Hammer, ein Elektroingenieur und früherer Professor für Computerwissenschaft am MIT. Champys und Hammers Buch *Business-Reengineering* war ein Bestseller, der eine wahre Flut von Reengineering-Programmen auslöste.

Die Grundidee hinter dem Reengineering war die, dass Unternehmen ihre zentralen Prozesse unter die Lupe nehmen und sie so schlank und effizient wie möglich gestalten sollten. Periphere Abläufe (und mit ihnen periphere Mitarbeiter) mussten verworfen werden. „Nicht automatisieren, sondern abschaffen", lautete Hammers Devise. Darauf folgte eine Verkleinerungswelle, in deren Rahmen die Unternehmen dieser Welt im Namen des Reengineering alles Mögliche abschafften.

Der Verschlankungsboom der 1980er- und 1990er-Jahre markierte das Ende des psychologischen Vertrags, wie er seit Jahrzehnten bestanden hatte. Auf beiden Seiten hatten sich die Erwartungen geändert. Die Arbeitgeber wollten keine Verpflichtungen mehr eingehen – auch keine impliziten – hinsichtlich einer langfristigen Arbeitsplatzsicherung. Sie legten vor allem Wert auf Flexibilität. Die Arbeitnehmer wiederum wollten ihre Fähigkeiten ausbauen und ihre Karriere alleinverantwortlich steuern.

Ein neuer Terminus wurde geschaffen, der sich besonders bei den Personalprofis großer Beliebtheit erfreute: die befristete Anstellung. Sie sollte die Grundlage für den neuen psychologischen Vertrag zwischen Arbeitgeber und Arbeitnehmer bilden. Da die Unternehmen ihren Angestellten keine langfristige Arbeitsplatzsicherheit mehr bieten konnten, stand die Befristung für eine neue Übereinkunft, insofern Arbeitgeber kürzere Beschäftigungsdauer mit der Zusage von Entwicklungsmöglichkeiten und Fortbildung offerierten, welche die Mitarbeiter am Ende noch williger werden ließen.

Der neue psychologische Vertrag dreht sich also eher um die Entwicklung von Fähigkeiten denn um Loyalität. Lynda Gratton von der London Business School meint, die Zukunft gehöre den demokratischeren Unternehmen. Ihre Begründung lautet: Wenn ein Unternehmen in die Entwicklung eines Einzelnen investiert, wird dieser Einzelne letztlich umso loyaler. Die Schwierigkeit dabei ist allerdings, dass derselbe Einzelne auch für andere Unternehmen interessanter wird.

In *The Elephant and the Flea* (2001) befasst sich der Sozialphilosoph Charles Handy mit der sich ändernden Arbeitswelt und konzentriert sich auf die symbiotische Beziehung zwischen großen Unternehmen (Elefanten) und kleinen Unternehmen beziehungsweise Einzelpersonen (Flöhe). Laut Handy verschiebt sich die Macht heute in Richtung „Flöhe".

„Elefanten waren die dominanten Tiere der alten Ökonomie – große, mächtige, bürokratische Unternehmen, die über jede Menge greifbarer Werte verfügten und deren Mitarbeiter Jobsicherheit als Gegenleistung für Loyalität erhielten. Diese Unternehmen waren abhängig von Vorhersehbarkeit, Routine und Märkten, auf denen ein erfolgreiches Produkt über Jahre dominant bleiben konnte", schrieb Handy. „Die heutige Unternehmenslandschaft sieht ganz anders aus."

In den westlichen Ökonomien zumindest hat sich das Machtgleichgewicht verschoben. Talentierte Mitarbeiter, die über das richtige Wissen und die richtigen Fähigkeiten verfügen, besitzen die Macht und wissen sie zu nutzen. Für die Hellsten und Besten bieten sich mehr Möglichkeiten, von Job zu Job und von Unternehmen zu Unternehmen zu wandern. Die Unternehmen ihrerseits müssen ihnen Erfüllung und Zufriedenheit bieten können. Die Masse der weniger begabten Arbeitnehmer hingegen wird womöglich noch unbedeutender und somit noch weniger in der Lage sein, die Anerkennung zu bekommen, die sie sich wünschen und die sie auch über viele Jahre erhielten.

Doch die Welt hört nicht auf, sich zu verändern. Bald wir China die weltweit größte wirtschaftliche Supermacht sein. Und in China entdecken westliche Unternehmen, dass sie Karrierepläne anbieten müssen, die sich über Jahrzehnte erstrecken, wollen sie die besten Arbeitnehmer bekommen. Die Managementreise geht also weiter.

Wegmarken

- ***Arbeitnehmer suchen persönliche Erfüllung am Arbeitsplatz. Bieten Sie die nicht, werden sie entweder weggehen oder unter ihrem Leistungsniveau arbeiten. Sicherheit ist für viele ein Grundbedürfnis – vergessen Sie die Märchen vom neuen, eigenverantwortlichen Arbeitnehmer. Finden Sie einen Weg, Sicherheit anzubieten.***
- ***Werden Sie den Bedürfnissen Ihres Teams gerecht, indem Sie es motivieren. Zeichnen Sie eine Skizze mit den Menschen und ihren Zielen – einschließlich Ihrer eigenen Person. Belbins Archetypen können die Regionen auf der Karte sein, anhand deren Sie die Teamstrukturen auf Ausgewogenheit hin überprüfen.***
- ***Radikale Managementexperimente sind riskant. Bei ausreichend Zeit können sie aber auch erstaunliche Resultate hervorbringen. Denken Sie an Semco. Skizzieren Sie Ihren Empowerment-Plan für Ihre Arbeitskräfte: Sehen Sie ein Land oder eine Reiseroute?***

Menschen-Hemisphäre
Arbeitsprozesse-Hemisphäre
Z u c k e r b r o t
Anreizstadt
Badehaus-strand
Hadrians-Minenarbeiter-Motivations-Strandclub
Inspirationskanal
Meer der Verbesserung
Follett-Observatorium
Theorien-staat
Teamarbeitsfluss
Geschäftsaktivitäten-Damm
Ko-aktive Energgie-bereitungs-anlage
Verantwortungs-fluss
Menschen-see
LAND DER MOTIVATIONS-ENTWICKLUNG
Experimentier-staat
Lundby
See der kleinen Teams
Wendekreis-Y-Theorie
Motivationsverbesserungs-Strömung
Mayo-Klinik
Volvo-Stadt
Produktivitätsspitzen
Arendal
Hawthorne-See
Hawthorne-See-Versuchsstation
Gletscherstadt
Staat der angenommenen Werte
Arbeitsplatz-sicherheits-Strand
Elliott-Jaques-Forschungsstation
Gruppenarbeitsfluss
Persönliche-Verantwortung-Fluss
Demokratischer Staat
Eine-Minute-Stadt
Belohnung-und-Anerkennung-Staat
Felsen der Beteiligungsoptionen
Tragflächenbootslinie
Sonnenscheinküste
Schein-Insel
Schein-Leuchtturm
Maslow-Insel
Hierarchieberge
Selbstverwirk-lichungsgipfel
Meerenge der menschlichen
Erfolgsg
Station Y
Psychologie-Bucht
McGregor-Insel
Station X
Motivations-forschungszentrum
Selbst gele Feuerscl
Schifffahrtslinie der
Fortschritts-Äquator
Kreuzfahrtlinie „Verfügbares Einkommen"
Unternehmer-hafen
Wald der verschlüsselten Botschaften
Hershey-Leuchtturm
Hügel des gegenseitiges Vertrauens
Unternehmens-kulturstadt
Tunnel der blinden Loyalität
Schokoladen-bucht
Menschenstaat
Registrierkassen-Landspitze
Gehirnwäsche-institut
Patterson-Leuchtturm
Schifffahrtslinie der alten Schule
Unternehmerische Indoktrinations-autobahn
Unternehmensmaschinerie-Eisenbahn
Mindestlohn-burg
HMS Kontrolle der Hände
LAND DER MASSENPRODUKTION
Ford-Stadt
Wissenschaftspark
Gilbreth-Freizeitpark
Motivations-Mittellinie
Staat der industriellen Innovation
Reguläre-Arbeitswochen-Festung
Ronge-Fluss
Tempel der Massen-produktion
Zahnräder-Kreuzung
Wendekreis-X-Theorie
Hire-and-Fire Recyclinganlage
Sklavenarbeitsfähre
Optimalzeitpfad
Effizenz-tempel
Schornsteinberge
Staat der Post-Industrielle-Revolution-Praktiken
Taylorstaat des Kommandos und der Kontrolle
Analyse-Wachturm
Stoppuhr-Stadion
Taylor-Stadt
Übergangs-lager
Eiferberg
Unternehmensmaschinerieba
Knauser-berg
Gift-see
Langsamer Gang
Karoshi-Höhlen
AUSBEUTUNGS-INSEL
Satanische Webereien
Verseuchtes Gebiet
Kaiserliches Arbeitslager
P e i t s c h

Die Welt der Menschenführung

Die Reise durch die Welt der Personalführung beginnt in der Dunkelheit des Landes der Massenproduktion und endet in den Vereinigten Staaten des Empowerment.

Diese Welt teilt sich in zwei Hemisphären von Menschen und Arbeitsabläufen, zwischen denen der Fortschrittsäquator die Trennlinie bildet und deren Polkappen das Zuckerbrot und die Peitsche sind. Beherrscht werden sie jeweils von den Y-Tropen und den X-Tropen.

Im Land der Massenproduktion sichert wissenschaftliche Betriebsführung die Effizienz und schert sich dabei wenig um menschliche Bedürfnisse.

Passiert wird das Land der Motivationsentwicklung, wo frühe Umfragen den Wert engagierter Mitarbeiter enthüllten. Auf den Inseln der menschlichen Beziehungen kümmert man sich um die Bedürfnisse der Arbeiter. Von hier ist es ein Katzensprung zum Bund der Empowermentstaaten. Die dortigen Generatoren versorgen das Land mit Energie.

Einige Reisen enden bereits im Kostenkürzungsland, in dem Downsizing und Reengineering über öde Landschaften regiert.

Wohin gehen wir?

(Ist Zukunft planbar?)

Die Formulierung von Strategien ist unverzichtbarer Teil des unternehmerischen Rüstzeugs. In der erbarmungslosen globalen Ökonomie sprechen Führungskräfte davon, die Konkurrenz auszuschalten. Doch je rasanter sich die Wirtschaftslandschaft verändert, desto kurzlebiger erweisen sich selbst die besten Strategien. Die Wracks der Unternehmen mit fehlerhaften oder überholten Strategien pflastern das Schlachtfeld der Weltwirtschaft.

In den späten 1990er-Jahren beispielsweise zerplatzten mit dem Aufkommen des Internet unzählige strategische Pläne wie Seifenblasen. Langfristige Strategiepläne wurden dem hektischen Bestreben geopfert, das Online-Geschäft aufzubauen. Unternehmen sprachen von E-Business-Strategien, doch die meisten mussten sie erst noch entwerfen, während sie schon mittendrin waren. Genau das ist das Problematische an der Strategie: Da sind CEOs damit beschäftigt, die größeren Zusammenhänge zu erfassen, und zugleich lösen sich die detaillierten Schlachtpläne immer wieder in Wohlgefallen auf. Worum also geht es bei einer Unternehmensstrategie – und warum sind Unternehmen nach wie vor bereit, viel Geld an Berater zu zahlen, damit sie ihnen welche entwerfen?

„Unternehmensstrategie widmet sich der Anpassung interner Kapazitäten eines Unternehmens an das externe Umfeld", erklärt der britische Ökonom John Kay. „Wenngleich unter den Leuten, die darüber schreiben, viel darüber gestritten wird, sind sich die meisten in diesem Punkt doch einig."

Die Methoden der Unternehmensstrategie, und damit ihre zentralen Fragen, leiten sich aus dieser Definition ab. Sie sehen zunächst einmal eine Analyse der Unternehmensmerkmale einerseits sowie der Branche und ihrer Märkte andererseits vor. Die Fragen zielen, gemäß Kay, in zwei Richtungen. „Woher kommt und wodurch zeichnet sich die erfolgreiche Übereinstimmung von Merkmalen und Umfeld aus: Warum haben Unternehmen Erfolg? Wie können Unternehmen und ihre Manager eine effektivere Übereinstimmung erreichen?"

Auf der Suche nach den besten Antworten auf diese Fragen bildeten sich vor allem zwei gegensätzliche Theorien – oder gegnerische Mächte, die das Schlachtfeld der Unternehmensstrategie dominieren. Auf der einen Seite stehen diejenigen, welche die Merkmale (oder Kapazitäten) der Unternehmen als stärksten Einfluss auf Verhalten und somit Strategie sehen. (Hierbei handelt es sich um das ressourcenbasierte Reich.) Auf der anderen Seite sind jene, für die die Branchen und Märkte, in denen die Firma operiert – die Zahl der Wettbewerber und der Grad an Rivalität zwischen ihnen – ausschlaggebend sind. (Hier haben wir das Struktur-Führung-Leistung-Reich.)

Jedes Lager hat seine eigenen Generäle. Das erste wird von Gary Hamel und C. K. Prahalad angeführt, deren Konzept der Kernkompetenzen in jüngsten Jahren großen Einfluss gewann.

Unter den bekanntesten Verfechtern der gegnerischen Seite ist Michael Porter von Harvard, dessen Rahmenwerk der fünf Kräfte zur Pflichtlektüre aller MBA-Studenten gehört. Und während diese beiden gegnerischen Fraktionen um die Weltherrschaft kämpfen, mischen sich von den Flanken her Neulinge in die Schlacht ein.

Den Feind besiegen

Die Disziplin der Unternehmensstrategie ist nicht so alt, wie manch einer annehmen mag – sie nahm in den 1960er-Jahren ihren Ursprung. Strategie als Konzept hingegen gab es schon lange vor der Entstehung der ersten Unternehmen. Militärführer nutzten Strategien, um ihre Feinde in der Schlacht zu besiegen. Sun Tzu schrieb vor über 2.500 Jahren sein Standardwerk über Militärstrategie, *Die Kunst des Krieges*. „Der Gipfel der Kunst besteht darin, die feindlichen Kräfte kampflos zu unterwerfen. Die beste Herangehensweise ist, die Strategie der anderen Seite anzugreifen; die zweitbeste ist der Angriff ihrer Verbündeten; die nächste wäre, ihre Soldaten anzugreifen; und die schlimmste ist der Angriff auf Städte.“ Sun Tzus Buch war nur das erste in einer langen Reihe von Büchern über politische und militärische Strategien, zu denen unter anderem auch Niccolò Machiavellis (1469-1527) *Der Fürst* und Carl von Clausewitz' *Vom Kriege* (1832) zählen.

Strategie wurde unweigerlich zum Hauptthema der Managementtheoretiker. Das Werk, das den Weg dahin ebnete, war *Die Praxis des Managements,* jene phänomenale Veröffentlichung des Management-Gurus Peter Drucker von 1954. Die hierin ausgeführte Idee, auf die sich seinerzeit alles stürzte, war das „Management by Objectives“ (MbO – „Management durch Zielsetzung“). „Der Job eines Managers sollte auf jene Aufgaben gründen, die erfüllt werden müssen, um die Ziele des Unternehmens zu verwirklichen [...] der Manager sollte eher durch Leistungsziele gelenkt und kontrolliert werden als durch seinen Boss“, schrieb Drucker. MbO galt von da an als die Idee aller Ideen, die sodann zu der ziemlich vereinfachten Formel führte, man müsse nur ein Unternehmensziel benennen und darauf zusteuern, worüber allerdings der Bezug zur differenzierten Interpretation Druckers verloren ging.

Gemäß Drucker nämlich ist MbO lediglich die erste von „sieben neuen Aufgaben“ der Manager der Zukunft. Dazu gehören nach Drucker: Management durch Zielsetzung; mehr Risiken über längere Zeiträume einzugehen; die Fähigkeit, strategische Entscheidungen zu treffen; integrierte Teams zu bilden, deren einzelne Mitglieder in der Lage sind, die eigenen Leistungen zu kontrollieren, einzuschätzen und in Relation zu den allgemeinen Zielen zu setzen.

Das Konzept des Management by Objectives war ein Kind seiner Zeit. Der Überfluss und die Sicherheit der 1950er-Jahre gingen sanft in die 1960er-Jahre über. Die Unternehmen fuhren weiter auf Erfolgskurs und die Welt schien vorhersehbar. Die Zukunft konnte geplant werden. Daher wurde es gemeinhin als durchaus klug empfunden, dass Führungskräfte ihre Ziele benannten, konnten sie sich doch so ganz darauf konzentrieren, diese Vorgaben auch zu erfüllen. Und hatten sie erreicht, was sie wollten, konnten sie die nächsten Ziele in Angriff nehmen. Man glaubte, die Zukunft brauchte bloß skizziert zu werden, damit sie auch eintrat. In einem Zeitalter steten Wachstums, technologischer Reifung und sich öffnender Märkte war Management by Objectives ein Ausdruck für Zuversicht und Selbstvertrauen. Die Bühne war also bereitet für die Geburt der Unternehmensstrategie als eigenständige Wirtschaftsdisziplin – und von hier gab es kein Zurück mehr.

Druckers 1964 erschienenes Buch *Sinnvoll wirtschaften* war, wie er sagte, das „erste Buch, das sich je mit dem beschäftigte, was wir heute Strategie nennen“. Mag sein. Aber Alfred Chandler könnte dasselbe von seinem 1962 veröffentlichten Buch *Strategy and Structure* behaupten, das sich erstmals mit dem modernen Verständnis von Unternehmensstrategie auseinander setzte.

Der Wirtschaftshistoriker Chandler definierte Strategie als „die Festlegung von langfristigen Zielen und Vorgaben eines Unternehmens sowie die Anwendung bestimmter Handlungsweisen und die Aktivierung der Ressourcen, welche für die Erfüllung der Ziele benötigt werden“. Für

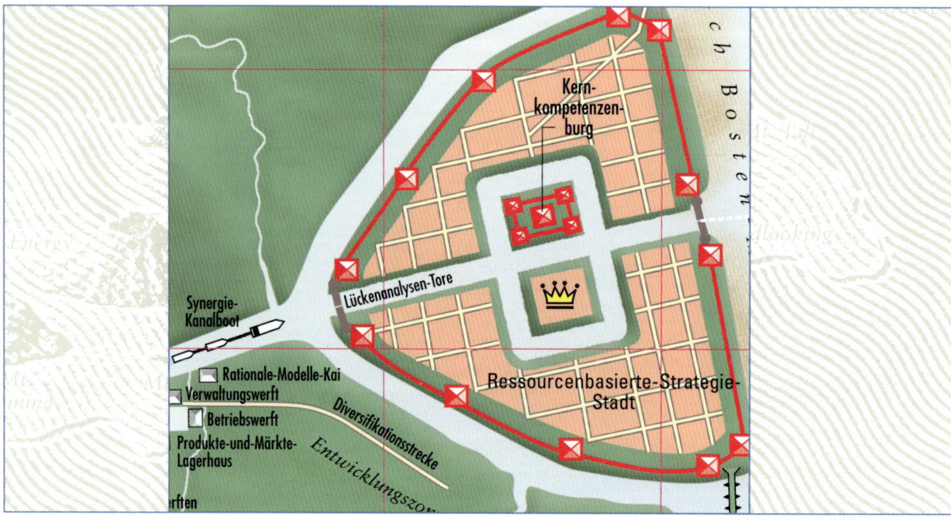

Die Ressourcen-basierte-Strategie-Stadt nimmt eine führende Position im Märkte-Kanal ein. Doch trotz ihrer Stärke sind die fünf Schwimmhäfen in der Lage, den Zugang zu verweigern.

ihn steht Strategie vor Struktur. Haben Unternehmen ihre bestmögliche Strategie entwickelt, passen sie anschließend die Unternehmensstrukturen optimal daran an.

1965 veröffentlichte der russischstämmige „Vater der Strategie“, Igor Ansoff, sein erstes, speziell diesem Thema gewidmetes Buch.

Passenderweise trug es den Titel *Corporate Strategy*. Hierin wurde die strategische Entscheidungsfindung erstmals als eine explizite Tätigkeit des leitenden Managements begriffen und damit war die Strategie als Geschäftsdisziplin geboren.

Ansoff war gelernter Ingenieur und Präsident beim Flugzeugbauer Lockheed gewesen, bevor er in die Wissenschaft wechselte. Seine Erfahrungen bei Lockheed spornten ihn zu seinem ersten Buch an, das zunächst einmal eine Reflexion dessen war, was er in dem Unternehmen gelernt hatte.

Ansoff glaubte an „eine praktische Methode der strategischen Entscheidungsfindung innerhalb eines Unternehmens“, die jedermann zugänglich gemacht werden könne.

Die Boston-Matrix

Die von der Boston Consulting Group (BCG) entwickelte Boston-Matrix war so einflussreich, dass eine ganze Generation von Managern mit Kühen, Hunden, Sternen und Fragezeichen groß wurde, mit denen sie ihre Unternehmen klassifizierten. Die Boston-Matrix wurde zur Ikone der Ära der strategischen Planung.

Zu jener Zeit etablierte sich die Managementberatung gerade erst als eigenständiger Berufszweig. Trotz der Langlebigkeit großer Beratungsfirmen wie McKinsey & Company betrachten einige BCG bis heute als die erste reine Strategieberatungsfirma. BCG entdeckte oder entwickelte eine ganze Reihe von Konzepten.

Das Modell allerdings, für das BCG am ehesten bekannt ist, dürfte die Boston-Matrix sein, die Wachstum und relativen Marktanteil für alle Geschäftstätigkeiten eines Unternehmens misst.

Die Boston-Matrix war eine allseits beliebte Neuerfindung der 1960er-Jahre und erntete reichlich Bewunderung. Aus Unternehmenssicht bringt sie alle Merkmale mit, die man sich von einem großartigen Modell erhofft: Sie ist einfach und hilfreich. Aber sie hat durchaus auch ihre Beschränkungen.

Die Boston-Matrix förderte eine einseitige Fixierung auf den Marktanteil, die bisweilen ans Obsessive grenzte. Als Unternehmensinstrument hatte sie eine bedeutende Langzeitwirkung. Sie war ein nützliches Instrument zur Lagebeurteilung. Und sie hatte enormen Einfluss auf die gesamte Branche der Managementberatung, weshalb sich alsbald zahlreiche Nachahmer fanden. Noch heute gelten Beraterberichte als unvollständig, die nicht irgendeine Form dieser Matrix enthalten.

Frühere Berater waren in die Firmen ihrer Klienten gegangen, um bestimmte Probleme zu lösen. Das änderte sich mit der Boston-Matrix grundlegend. Neben der Problemlösung befassten sich die Beraterfirmen nun auch mit der Weitergabe der neuesten Ideen, der Erstellung von Rahmenvorgaben, Modellen und Rastern, die gerade in Mode waren. Aus Problemlösern wurden Hausierer, die mit großen Ideen von Tür zu Tür zogen. Damit öffneten sich der Beraterbranche riesige neue Wirkungsbereiche, die sie seither kontinuierlich ausbaut.

Die Boston-Matrix fing eigentlich als Marktwachstums-Marktanteils-Matrix in den 1960er-Jahren an. Diese wird bis heute gern und oft zitiert, gilt sie doch als Inbegriff für ein allgemein gültiges Instrument der strategischen Entscheidungsfindung.

Genau genommen handelt es sich hierbei um eine simple Zwei-mal-zwei-Matrix (ein Format, das sich seitdem bei Managementberatern ungebrochener Beliebtheit erfreut), anhand deren sich Marktwachstum und relativer Marktanteil für alle Unternehmen in einem Firmenportfolio messen lassen. Jedes Unternehmen lässt sich auf der Matrix einzeichnen und klassifizieren.

Die Hypothese der Boston-Matrix lautet, dass Unternehmen mit einem höheren Marktanteil in schneller wachsenden Branchen profitabler sind als andere. Je weiter links ein Unternehmen auf der Boston-Matrix liegt, desto stärker sollte es sein. (Die Matrix lässt sich auf einzelne Produkte oder ganze Unternehmen anwenden.)

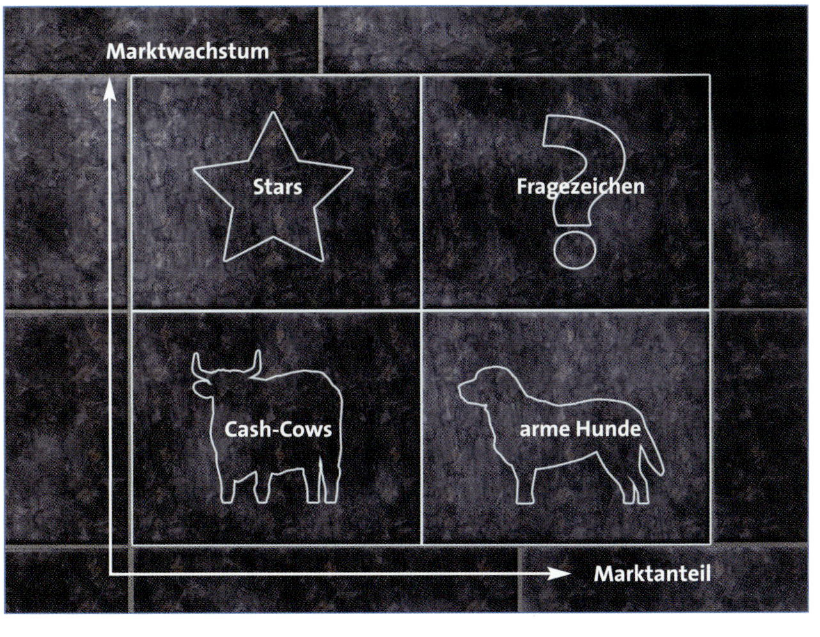

Nach Ansoff gab es vier unterschiedliche Standardtypen von Entscheidungen: Entscheidungen bezüglich der Strategie, der Politik, der Programme und der standardisierten Betriebsabläufe. Politik, Programme und Prozesse steuerten allgemeine und regelmäßig wiederkehrende Abläufe und Probleme. Hier war der Management-Input minimal. Mit den strategischen Entscheidungen hingegen verhielt es sich anders, denn Situationen verändern sich. Entsprechend sind hier die vermehrte Aufmerksamkeit und das Engagement des Managements gefordert.

Ansoff unterteilte die Entscheidungen des Weiteren in „strategische" (Produkte und Märkte betreffend), „administrative" (die Strukturen und die Ressourcenaktivierung betreffend) und „operative" (die Budgetierung, Supervision und Kontrolle betreffend). Er ging noch weiter als Chandler, insofern er die Verbindung von Strategie und Struktur um Systeme bereicherte.

Heraus kam ein rationales Modell, nach dem strategische und Planungsentscheidungen getroffen werden konnten. Auch dieses Modell war ein klassisches Phänomen seiner Zeit, da es sich auf die Unternehmensexpansion und Diversifikation konzentrierte statt auf die strategische Planung als Ganzes. Hieraus entstand das Ansoff-Modell der strategischen Planung, eine komplizierte und recht einschüchternde Entscheidungsfolge.

Im Mittelpunkt des Modells stand das beruhigend schlichte Konzept der Lückenanalyse: Sehen Sie sich an, wo Sie stehen; finden Sie heraus, wo Sie sein möchten, und benennen Sie die Aufgaben, die Sie erledigen müssen, um dorthin zu gelangen. Ansoff kann auch für sich beanspruchen, das Wort „Synergie" ins Managementvokabular eingeführt zu haben. Er beschrieb sie in einer für ihn untypischen Kürze mit der Formel „2 + 2 = 5".

Für Ansoff war strategisches Management „der Teil des Managements, der das künftige Gewinnpotenzial eines Unternehmens entwickelt, indem er die Geschäfte in Märkte lenkt, die das Potenzial haben, die Ziele des Unternehmens zu erfüllen, durch das Angebot von Produkten/Dienstleistungen, die in diesen Märkten gebraucht werden, und die Präsentation des Angebots auf eine Weise, die dort einen Wettbewerbsvorteil bietet". Er unterscheidet strategisches Management klar von dem, was er als operatives Management bezeichnet, welches wiederum „der Teil des Managements ist, der anhand des Gewinnpotenzials die Profitabilität des Unternehmens durch effiziente Produktion, Distribution und Marketing der Produkte/Dienstleistungen optimiert, die durch strategisches Management generiert werden".

Das goldene Zeitalter der strategischen Planung

Ansoffs klare Definitionen sicherten der Strategie einen festen Platz am Unternehmenstisch. Die 1960er- und 1970er-Jahre waren das goldene Zeitalter der Unternehmensstrategie. Bewaffnet mit einer ganzen Reihe von strategischen Hilfsmitteln wie der Boston-Matrix zogen ganze Kompanien kluger junger Graduierter los und verdienten gutes Geld in den Abteilungen für strategische Planung, wo sie fernab vom hektischen Tagesgeschehen saßen und in die Zukunft blickten.

In den 1970er-Jahren begann dann allerdings das Vertrauen zu schwinden, dass die Strategie alle Antworten liefern könnte. Die späten 1970er- und frühen 1980er-Jahre waren eine Periode des Wandels. Eine nach der anderen wurden die Strategen bislang unangreifbar scheinender US-Unternehmen durch die neue Konkurrenz aus Japan Lügen gestraft. Die amerikanischen Unternehmen schauten besorgt zu, wie ihre Anteile am heimischen Markt unter dem japanischen Angriff wegbrachen, und reagierten mit dem Abbau ihrer Abteilungen für strategische Planung. Wie es aussah, steckte die Strategie in Schwierigkeiten. Da aber trat Michael Porter aus Harvard mit seinem Fünf-Kräfte-Rahmenwerk auf den Plan. Porters Modell betrachtete den Wettbewerbsdruck und die Möglichkeiten in einem größeren Zusammenhang und wurde schon bald zur neuen Bibel der Strategen.

1980 war ein wichtiges Jahr in der Geschichte der Strategie. Es war das Jahr, in dem Michael Porters einflussreicher Wälzer *Wettbewerbsstrategie* erschien, und es war auch das Jahr, in dem das *Strategic Management Journal*, eine der führenden Publikationen über Strategie,

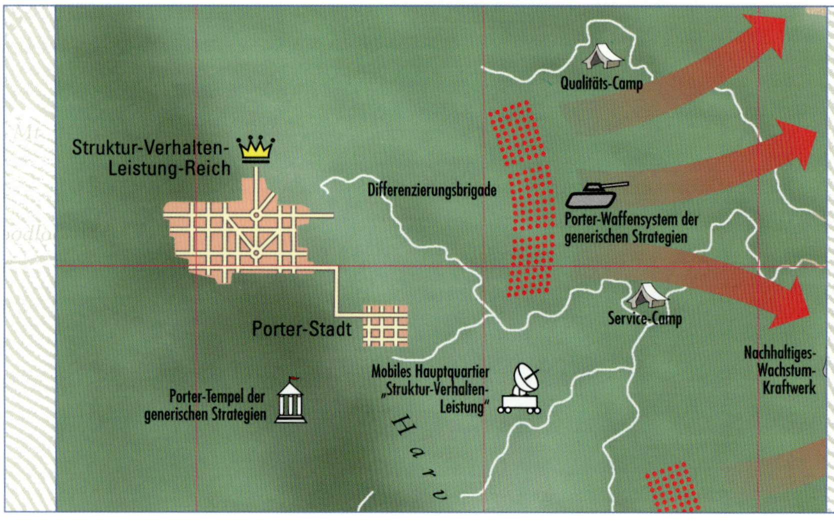

Das Hauptquartier für Struktur-Verhalten-Leistung-Strategie hat seinen Sitz in den Harvard-Höhen. Mobile Einheiten sichern den strategischen Vorteil der Kampagnen.

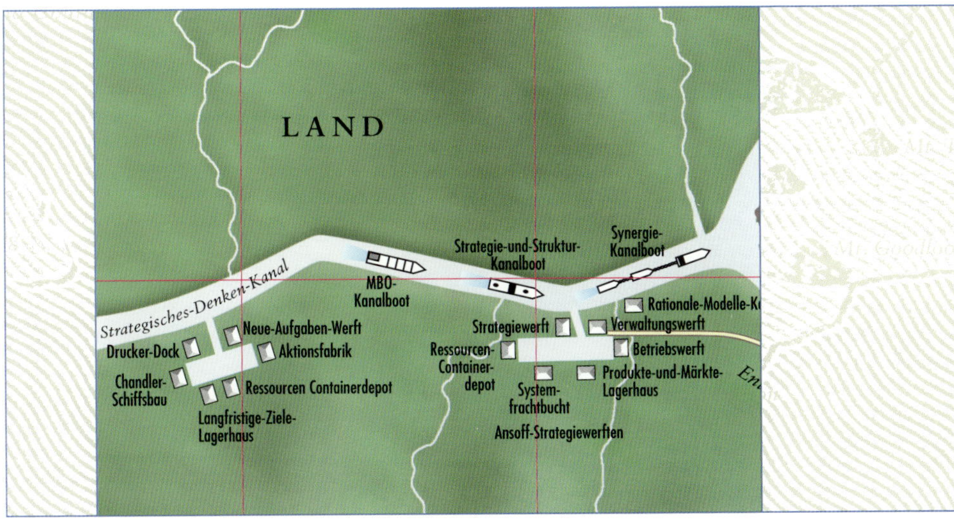

Dieser viel befahrene Kanal ist das Transportsystem des goldenen Zeitalters der Strategie und vieles von historischem Wert lässt sich sowohl auf dem Wasserweg als auch an seinen beiden Seiten bewundern.

erstmals in den Kiosken auslag.

Als *Wettbewerbsstrategie* 1980 auf den Markt kam, boten Porters generische Strategien eine rationale und direkte Methode für Unternehmen, die gerade dabei waren, sich aus einer strategischen Verwirrung zu befreien. Die Sicherheit jedoch, die sie zunächst suggerierten, währte nicht lange. Nicht einmal zehn Jahre später kämpften die Unternehmen an allen Fronten gleichzeitig. Sie mussten sich durch verbesserte Leistungen oder schnellere Entwicklung von anderen unterscheiden und zugleich Kostenführer, sprich: billiger als die Konkurrenz sein.

In den frühen 1990er-Jahren saß die Strategie erneut in der Klemme. In vielen Unternehmen waren Strategen durch Abbauexperten ersetzt worden. Henry Mintzberg schien mit seinem 1994 veröffentlichten Buch *Die Strategische Planung. Aufstieg, Niedergang und Neubestimmung* das Ende der professionellen Strategen einzuläuten. Strategie, wie er sagte, kann nicht geplant werden, sondern muss per „Synthese" aus den Veränderungen innerhalb wie außerhalb des Unternehmens erwachsen.

In seinem Buch definiert Mintzberg Planung als „ein formengestütztes System zur Kodifizierung, Ausarbeitung und Umsetzung der Strategien, welche die Unternehmen bereits haben". Strategie selbst hingegen ist entweder ein „sich ergebendes" Muster oder eine bewusst eingenommene „Perspektive". Planen jedenfalls lässt sie sich, gemäß Mintzberg, nicht, denn während sich die Planung mit der Analyse befasst, ist die Strategie auf die Synthese angewiesen. Heutige Planer sind zwar nicht überflüssig, aber nur als Strategiefinder, Analysten und Katalysatoren wertvoll. Sie unterstützen die Manager, indem sie fortwährend Fragen stellen, statt automatisch Antworten zu bieten. Ihre effektivste Rolle ist die des Auffindens von „Strategieansätzen in den überraschendsten Winkeln des Unternehmens, die dann näher betrachtet und gegebenenfalls weiterentwickelt werden können".

Mintzberg machte drei klassische Stolpersteine in der Praxis der strategischen Planung aus. Der erste ist die Annahme, Diskontinuitäten ließen sich voraussagen. Prognosetechniken sind durch die Tatsache beschränkt, dass sie von einer Zukunft ausgehen, die der Vergangenheit ähnelt. Dadurch vermitteln sie eine künstliche Sicherheit und leisten Strategien Vorschub, die sich spätestens dann als falsch erweisen, wenn die Ereignisse sie überholen.

Der zweite Stolperstein sind Planer, die den Bezug zur Unternehmensrealität verloren haben. Traditionell befassten sich Planer damit, harte Fakten über ihre Branche, ihre Märkte und ihre Konkurrenten zu sammeln. Weiche Fakten – Kontaktnetzwerke, Gespräche mit Kunden, Lieferanten und Mitarbeitern, der Einsatz von Intuition und die Auswertung von Gerüchten – wurden weitestgehend ignoriert. „Während harte Fakten den Intellekt fördern mögen, sind es die weichen Fakten, die Weisheit hervorbringen. Sie sind vielleicht schwer zu ‚analysieren', aber unentbehrlich für die Synthese – den Kern der Strategiebildung."

Der dritte und letzte Stolperstein, den Mintzberg fand, ist die Annahme, dass Strategiebildung nach festen Formeln erfolgen könne. „Planung definiert und erhält von Natur aus Kategorien", folgerte Mintzberg. „Kreativität schafft von Natur aus Kategorien oder arrangiert etablierte neu. Deshalb kann strategische Planung weder Kreativität hervorbringen noch mit ihr umgehen, wenn sie aus anderen Quellen entspringt."

Möge die Macht mit dir sein

Nachdem er die Fakten des Wettbewerbs skizziert hatte, hätte Porter um ein Haar die nächste offensichtliche Frage (Was können wir dabei machen?) unbeantwortet gelassen. In einer späteren Ergänzung zu seinem Buch geht er auf das Konzept der „generischen Strategien" ein. Porter spricht von drei generischen Strategien, „Erfolg versprechenden Handlungsrichtlinien für den Umgang mit [. . .] den Wettbewerbskräften". Strategie ist in Porters Augen eine Frage dessen, wie man mit dem Wettbewerb umgeht.

Die erste von Porters generischen Strategien ist die Differenzierung, der Wettbewerb auf Basis des Mehrwerts für den Kunden (Qualität, Service), der diesen überzeugt, mehr für eine bessere Leistung zu bezahlen, um die höheren Kosten zu decken.

Porters fünf Kräfte

Als sich in den späten 1980er-Jahren einige Firmen im Westen verzweifelt darauf verlegten, die japanischen Techniken zu adaptieren, machten sich andere an ein grundlegenderes Umdenken. Sie kehrten zunächst einmal zu den Grundbegriffen zurück. Althergebrachte Managementweisheiten wurden wieder ausgegraben, abgestaubt, hinterfragt und aufs Neue angewandt. Dies geschah hauptsächlich in vier Kernbereichen: dem Wettbewerb, dem Kundenservice, dem Personalmanagement und der Unternehmensführung.

Den intellektuellen Überbau für diese Bewegung lieferte Michael Porter von der Harvard Business School. Porter forderte eine vollständige Reevaluation des Wettbewerbs an sich und zeichnete sich vor allem dadurch aus, dass er brillant recherchierte und überzeugende Modelle für Wettbewerbsfähigkeit auf Unternehmens-, Branchen- und Landesebene entwarf. So legte er beispielsweise ein Modell aus der Industriewirtschaft zugrunde – das Struktur-Führung-Leistung-Paradigma – und übertrug es auf den Kontext der Unternehmensstrategie.

Hieraus wurde schließlich sein bekanntestes Modell: das Fünf-Kräfte-Raster, nach welchem „in jeder Branche, ganz gleich ob sie regional oder international arbeitet, ob sie ein Produkt herstellt oder einen Service anbietet, fünf Wettbewerbskräfte die Regeln des Wettbewerbs bestimmen". Und diese fünf Kräfte sind:

- *Das Auftreten neuer Mitbewerber*. Neue Konkurrenten fordern eine Reaktion der übrigen Wettbewerber heraus, diese werden zwangsläufig einige ihrer Ressourcen einsetzen und somit ihre Profite reduzieren.
- *Die Bedrohung durch Ersatzprodukte/-leistungen*. Sobald gangbare Alternativen zum eigenen Produkt oder der eigenen Leistung auf dem Markt auftauchen, werden den Preisen, die man verlangen kann, Grenzen gesetzt.
- *Die Verhandlungsmacht der Käufer*. Wenn die Käufer eine Verhandlungsmacht besitzen, werden sie sie auch nutzen. Damit wiederum reduzieren sich die Gewinnmargen und entsprechend wird die Profitabilität beeinträchtigt.
- *Die Verhandlungsmacht der Zulieferer*. Haben die Zulieferer Macht über ihre Abnehmer, werden sie ihre Preise erhöhen und damit die Gewinne der Abnehmer schmälern.
- *Die Rivalität zwischen vorhandenen Konkurrenten*. Wettbewerb macht Investitionen in Marketing sowie in Forschung und Entwicklung oder Preisreduktionen notwendig, wodurch sich die Gewinne reduzieren.

„Die Bündelung dieser fünf Kräfte entscheidet darüber, ob Firmen innerhalb einer Branche mehr verdienen können, als sie an Kapitalkosten aufwenden müssen. Die Stärke der fünf Kräfte variiert von Branche zu Branche, wie sie sich auch innerhalb einzelner Branchen verändern kann", bemerkte Porter.

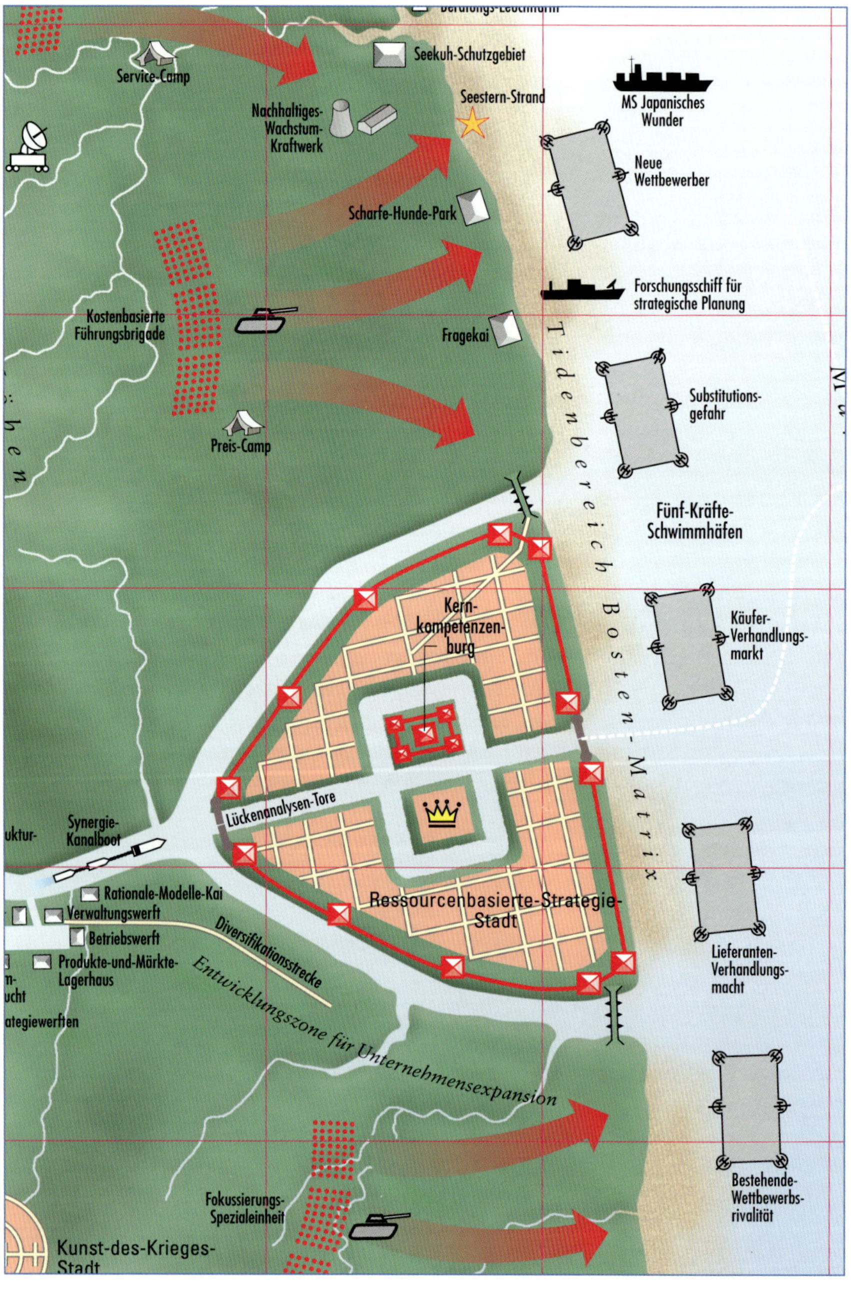

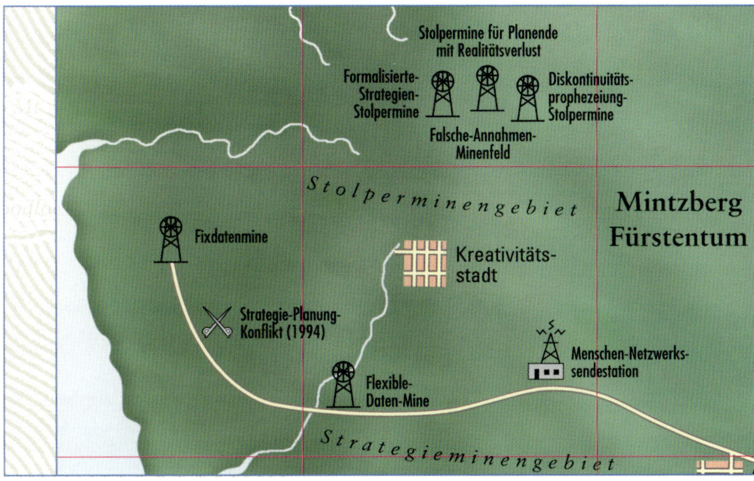

Diese Region bringt die Strategie zurück auf den Boden der Tatsachen: Minen bringen gemischte Resultate hervor, zu denen auch größere Einbrüche gehören. Beherrscht wird das Fürstentum von der Kreativitätsstadt, welche die Erträge aus den Datenminen weiterverarbeitet.

Die zweite Strategie ist kostengestützte Führung, bei der Produkte oder Dienstleistungen zu den niedrigstmöglichen Preisen angeboten werden.

Qualität und Service sind nicht unwichtig, aber die Kostenreduzierung steht für das Unternehmen im Mittelpunkt. Von zentraler Bedeutung allerdings war die dritte generische Strategie Porters. Unternehmen mit einer klaren Strategie sind demnach grundsätzlich im Vorteil gegenüber solchen mit einer unklaren Strategie oder solchen, die versuchen, sowohl Differenzierung als auch Kostenreduktion gleichzeitig zu erreichen. „Manchmal kann eine Firma erfolgreich mehr als einen Ansatz zum obersten Ziel erklären, wenngleich das selten realisierbar ist", stellte er fest. „Die effektive Umsetzung jeder dieser Strategien setzt normalerweise voraus, dass man sich einer davon komplett verschreibt, da die internen Regelungen zu sehr verwischen, wenn mehr als ein primäres Ziel verfolgt wird."

Gelang es einem Unternehmen nicht, sich für eine der drei generischen Strategien zu entscheiden, waren Probleme praktisch vorprogrammiert. „Die Firma, die es nicht schafft, ihre Strategie in mindestens eine der drei Richtungen zu orientieren – eine Firma also, die in der Mitte feststeckt –, befindet sich in einer kläglichen strategischen Position", schrieb Porter. „Solch einem Unternehmen mangelt es an Marktanteilen, an Kapitalinvestitionen und an der Entschlossenheit, das Niedrigkostenspiel zu spielen, mit dessen Hilfe es sich innerhalb der Branche entweder so weit differenzieren kann, dass es sich von der Nachfrage nach einer Niedrigkostenposition unabhängig macht, oder durch das es dafür sorgt, in einem eingeschränkteren Bereich aus dem Kreis der Anbieter herauszuragen oder günstiger zu sein. Das Unternehmen, das irgendwo in der Mitte feststeckt, wird zwangsläufig zum niederen Rentabilitätsbereich tendieren. Will es die Kunden mit dem hohen Auftragsvolumen nicht verlieren, die niedrige Preise fordern, muss es seine Profite opfern, um sie von der Niedrigpreiskonkurrenz wegzulocken. Und zugleich drohen Kundenverluste im hochpreisigen Segment – dem Sahnehäubchen – an Firmen, die sich auf diese Zielgruppe spezialisiert haben oder insgesamt erfolgreich auf Differenzierung setzen. Das Unternehmen in der Mitte wird darüber hinaus wahrscheinlich mit einer verschwommenen Unternehmenskultur kämpfen wie auch mit Widersprüchen zwischen betrieblichen Arrangements und Motivationssystemen."

Strategie wird neu erfunden

Zur selben Zeit, als Mintzberg die Rolle der Strategie infrage stellte, belebte andernorts ein neuer Denkansatz die Disziplin. 1994 erschien *Wettlauf um die Zukunft,* ein Buch, das den Terminus der Kernkompetenzen in die Wirtschaftslexika brachte. Gary Hamels und C. K. Prahalads Wälzer half bei der Neudefinierung des Denkens über Strategie.

Hamels und Prahalads Arbeit fußte auf der ressourcenbezogenen Strategietheorie. Im Gegensatz zu Porters Rahmenwerk der fünf Kräfte, das Strategie aus der Perspektive der brancheninternen Machtstrukturen betrachtet, beginnt die ressourcenbasierte Theorie beim einzelnen Unternehmen. Sie sieht die Firma als eine Ansammlung von Ressourcen und daraus, wie sie diese Ressourcen verwendet, ergeben sich die Kapazitäten. Der strategische Kernpunkt ist die Fähigkeit der Firma, Kapazitäten (oder Kompetenzen) zu entwickeln, die sich nicht ohne Weiteres von der Konkurrenz nachahmen lassen.

Die Kernkompetenz eines Unternehmens bildet das Zentrum seiner Wettbewerbsfähigkeit. Die Theorie ist, dass die Identifizierung der Kernkompetenzen dem Unternehmen erlaubt, aus seinen Stärken heraus zu wachsen, statt Aktivitäten nachzugehen, für die es nicht die nötigen Fertigkeiten vorweist. Außerdem macht das Erkennen der Kernkompetenzen die Schaffung außerordentlicher Kundenwerte möglich, mittels derer sich das Unternehmen von seinen Konkurrenten abhebt.

Und es geht weiter ...

Die Strategieschlacht ist noch lange nicht geschlagen. Wer auf der Suche nach strategischer Inspiration ist, steht vor zwei Alternativen. Entweder geht er von der Branche als strategischem Grundstein aus (Porters fünf Kräfte) oder von seinem Unternehmen (Hamels und Prahalads Kernkompetenzen). Während der letzten 20 Jahre floss eine Menge intellektueller Energie in die Neudefinierung dieser beiden Weltsichten. Gleichzeitig aber traten auch andere Ideen in den Vordergrund. W. Chan

Ohmae-Insel: Der Geist der Strategen

Kenichi Ohmae kam 1972 in die weltbekannte Unternehmensberatung McKinsey and Company und wurde Geschäftsführer der Niederlassung in Tokio. Obschon McKinsey ihn direkt zu „Ken“ amerikanisierte, blieb er doch ein entschieden global denkender Kopf.

Ohmaes Arbeit ist aus zweierlei Gründen wichtig. Zum einen enthüllte er dem neugierigen westlichen Publikum, was sich hinter japanischen Strategien verbarg, und zum anderen erforschte er die Verästelungen der Globalisierung weit gründlicher als irgendein anderer Denker.

Ohmaes erster Beitrag bestand darin, mit den grob vereinfachenden westlichen Mythen über das japanische Management aufzuräumen. Seine Botschaft lautete: Vergiss die Firmenhymnen und die lebenslange Anstellung, denn japanisches Management heißt weit mehr als das. Vor allem ging es ihm um die japanische Kunst des strategischen Denkens. Es ist, wie Ohmae sagt, „vor allem kreativ, intuitiv und rational“ – auch wenn keines dieser Merkmale in den westlichen Stereotypen über japanisches Management vorkam.

Ohmae wies darauf hin, dass japanische Unternehmen, im Gegensatz zu großen amerikanischen, tendenziell keine großen Mitarbeiterstäbe für strategische Planung unterhielten, sondern stattdessen einzelne naturbegabte Strategen beschäftigten, die sich durch eine „idiosynkratische Denkweise auszeichneten und Unternehmen, Kunden und Konkurrenten in einer dynamischen Interaktion verschmelzen ließen, anhand welcher sich übergreifende Zielvorgaben und Handlungspläne herauskristallisierten“.

Ohmae bemerkte darüber hinaus, dass im japanischen Strategiedenken wie bei den Unternehmenswerten der Kunde im Mittelpunkt stehe. „Bei der Entwicklung einer jeden Geschäftsstrategie müssen drei wichtige Spieler berücksichtigt werden: das Unternehmen selbst, der Kunde und die Mitwettbewerber. Jeder dieser drei ‚strategischen Spieler‘ bildet eine eigene Einheit aus Interessen und Zielen. Zugleich müssen die Strategen dafür sorgen, dass in ihrer Strategie die Stärken des Unternehmens den Bedürfnissen eines klar definierten Marktes angepasst sind.“

Das zentrale Moment in Ohmaes Argumentation war, dass Strategie, wie sie in der japanischen Wirtschaft begriffen wird, irrational und nicht linear ist. „Phänomene und Ereignisse in der realen Welt lassen sich nicht immer in eine lineares Modell einpassen. Daher sind die verlässlichsten Mittel, um eine gegebene Situation auf ihre einzelnen Bestandteile hin zu prüfen und neu zu formieren, nicht etwa Schritt-für-Schritt-Methoden wie beispielsweise eine Systemanalyse. Vielmehr leistet dies eher das beste nicht lineare Instrument, nämlich das menschliche Gehirn.“

Ein weiteres Gebiet, das stark von Ohmae beeinflusst wurde, ist die Globalisierung. „Die Essenz der Unternehmensstrategie ist der Anspruch, den Kunden größere Werte anzubieten als die Konkurrenz, und das auf nachhaltige Weise und zu möglichst geringen Kosten.“ Ohmae schreibt: „Heute jedoch können tausende von Konkurrenten weltweit ihre Kunden gut bedienen. Um eine effektive Strategie zu entwickeln, müssen wir Führungskräfte wissen, was im Rest der Welt geschieht, und unsere Unternehmen entsprechend anpassen, damit wir angemessen reagieren können. Keine Führungskraft sollte darauf hoffen, ihr Unternehmen in die Zukunft führen zu können, ohne die kommerziellen, politischen und sozialen Auswirkungen der globalen Ökonomie zu begreifen.“

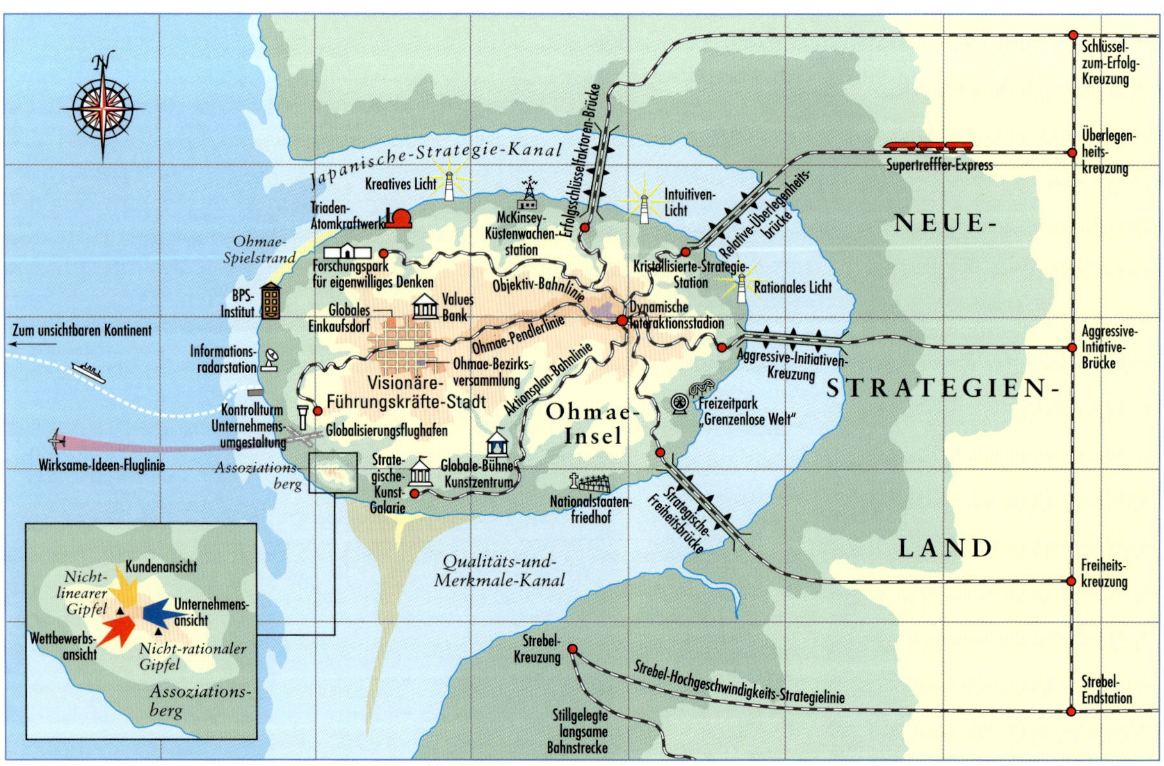

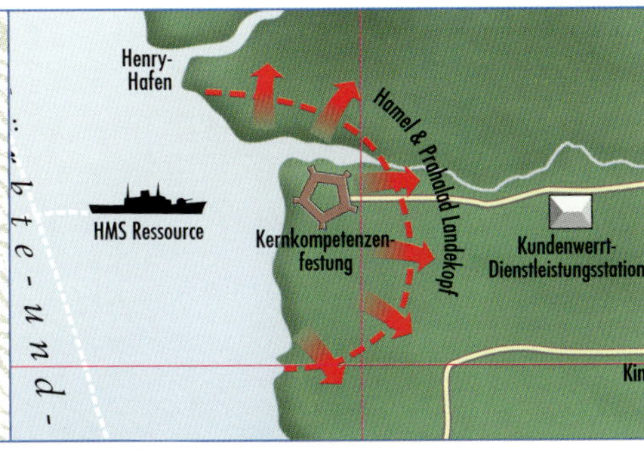

Ein strategischer Standort im Neue-Strategien-Land erlaubt den steten Verkehrsfluss entlang der Wettbewerbsvorteils-autobahn.

Kim und Renée Mauborgne von INSEAD, der führenden europäischen Wirtschaftshochschule südlich von Paris, stellten die Strategieorthodoxie per se infrage, als sie feststellten, dass die Wirtschaftswelt eine zentrale Lehre der Wohlstandsschaffung in der Geschichte übersehen hatte.

Wie Kims und Mauborgnes Forschungen nahe legen, ist die Hauptquelle für die Wohlstandsschaffung nicht etwa die Branche, in der ein Unternehmen tätig ist. Ebensowenig fanden sie permanent große Unternehmen, die kontinuierlich Wohlstand schöpften.

(Damit widersprechen sie Büchern wie *In Search of Excellence* und *Built to Last,* die doch typische Merkmale großer Unternehmen benennen wollen.) Stattdessen fanden sie heraus, dass die Höhen und Tiefen von Branchen und Unternehmen im Wesentlichen auf etwas zurückgeführt werden können, das sie als „strategische Schritte" bezeichnen. „Mit strategischen Schritten meinen wir das Verhalten der Spieler bei der Konzeption, Einführung und Umsetzung ihrer Geschäftsideen. Bei jedem strategischen Schritt gibt es Gewinner, Verlierer und Überlebende", sagt Mauborgne.

Ein kurzer Blick auf die Autoindustrie von 1900 bis 1940 ist durchaus lehrreich. Wie Kim und Mauborgne es formulierten: „Fords Model T, das 1908 auf den Markt kam, ließ die Branche wachsen und gedeihen, indem es die Pferdefuhrwerke der amerikanischen Haushalte durch Autos ersetzte. Fords Marktanteil stieg von neun auf 60 Prozent an."

Das Model T war mithin ein strategischer Schritt, der die gesamte Automobilindustrie in Gang setzte. 1924 jedoch wurde Ford von einem anderen Schritt überholt, diesmal von GM. „Im Gegensatz zu Fords funktionaler - Eine-Farbe-ein-Modell-Strategie schuf GM neuen Marktraum für emotional stilisierte Autos mit ‚einem Wagen für jeden Zweck und jeden Geldbeutel'", erklärt Kim. „Damit wurden nicht nur Wachstum und Gewinn der Automobilindustrie in neue Höhen katapultiert, sondern GMs Marktanteil sprang von 20 auf 50 Prozent, während Fords von 60 auf 20 Prozent fiel."

Über eine Periode von 150 Jahren fanden sie ähnliche Muster in anderen Bereichen. Kurz: Der strategische Schritt, der ausschlaggebend für das langfristige Wachstum und den Gewinn einer Branche und einzelner Unternehmen ist, besteht in der kontinuierlichen Schaffung neuer Markträume, die sich zu Massenmärkten ausbauen lassen. Kim und Mauborgne nennen das „Wertinnovation". Ohne sie gehen ganze Branchen unter, weil innovativere aufkommen, die sie ersetzen. Ohne sie fallen Unternehmen der Bedeutungslosigkeit anheim oder werden von anderen überholt, wie Ford in den 1920er-Jahren von GM.

„Wertinnovation findet branchenübergreifend, länderübergreifend und firmenübergreifend statt", sagt Kim. „Sie ist eine universelle Kraft. Ein Unternehmen lähmt somit seine strategischen Möglichkeiten und sein Gewinnwachstumspotenzial, wenn es seine Analyse auf die eigene Branche beschränkt. Trotzdem gelten Branchengrenzen in der meisten Strategieliteratur als zentrales Moment – denken wir an die SWOT-Analyse oder an Michael Porters fünf Kräfte."

Für Kim und Mauborgne findet Strategie nicht in einer Landschaft dominanter Unternehmen oder Branchen statt. Vielmehr zeichnen sie ein überzeugendes Bild von einer kommerziellen Welt in kontinuierlichem Fluss, in der ganze Industrien aufsteigen und untergehen oder in Vergessenheit geraten. „Blicken wir auf die großen Industrien von 1970 zurück, von denen die wenigsten, wenn überhaupt welche, heute noch von Bedeutung sind", sagt Kim. „Die großen Wachstumsbranchen der letzten 30 Jahre waren die Computerindustrie, die Software, die gasbetriebenen Elektrizitätswerke, die Mobiltelefone und das Coffee-House-Konzept (Starbucks). In den 1970er-Jahren jedoch war keine dieser Branchen in nennenswerter Größe vorhanden, und das ist gerade einmal 30 Jahre her. Das Muster setzt sich fort, wenn man weiter in die Vergangenheit zurückgeht. Die großen Industrien von 1940 waren andere als die von 1910 und so weiter. Wir haben die Kapazitäten für die Schaffung neuer Industrien gewaltig unterschätzt."

Das also ist ihre große Entdeckung. Die Anzahl der Branchen steigt beständig – und das Tempo nimmt ebenfalls zu. Für Führungskräfte und ihre Berater hat diese Erkenntnis erhebliche Folgen. Wir sehen, dass sich über einen 30-Jahres-Zyklus der Mittelpunkt des Handels – also das, wo das Geld gemacht wird – um 100 Prozent verschiebt", so Kim. „Einige Industrien sterben, andere bleiben bestehen. Aber ständig werden neue geschaffen. Es ist wie mit einer Sternengalaxie – unendlich."

Bei dieser Betrachtungsweise besteht die Herausforderung der Strategie in der Erkundung – in der Entdeckung neuer Märkte und neuer Industrien. Das Problem ist nur, dass die Basis des strategischen Denkens – und der Beratungsindustrie, die es hervorgebracht hat – auf die Entwicklung von Strategien anhand dessen baut, was wir heute sehen.

Fallstudie

Bloomberg: Neue Märkte schaffen

In den letzten Jahren hat der Wirtschaftsinformationsanbieter Bloomberg eine dramatische Veränderung durchlebt. Innerhalb von nur zehn Jahren wurde das Unternehmen zu einem der gewinnträchtigsten Anbieter von Wirtschaftsinformationen weltweit. 2004 stiegen die Umsätze um 11,8 Prozent auf gut 3,5 Milliarden Dollar.

Wie aber konnte Bloomberg sich auf dem Gebiet der Online-Wirtschaftsauskunft durchsetzen, immerhin einem der wettbewerbsträchtigsten Gebiete überhaupt? Das Geheimnis von Bloomberg war, dass man eine andere Strategie verfolgte als die Nachahmer, nämlich eine, die von den führenden Denkerinnen W. Chan Kim und Renée Mauborgne als Blue-Ocean-Strategy bezeichnet wird. Kim und Mauborgne meinen damit die Vermeidung der „Roten Meere" – der bekannten Markträume, in denen die Spielregeln bereits festgelegt wurden und häufig ein erbitterter Wettbewerb zwischen vielen Firmen tobt – und die Erkundung der „Blauen Meere" – der neuen, bislang unerforschten Märkte.

Als Bloomberg in den 1980er-Jahren erstmals am Markt erschien, dominierten zwei andere Firmen das Online-Finanzinformationsgeschäft. Bloomberg hätte nun versuchen können, auf einer Gleiches-für-Gleiches-Basis mit den Mitbewerbern zu konkurrieren – mit Reuters und Telerate. Aber es ist unwahrscheinlich, dass man damit die amtierenden Marktführer hätte ersetzen können.

Stattdessen sah Bloomberg sich den Endverbraucher der Finanzdaten genauer an, den er belieferte – die Händler bei den Investmentbanken. Sowohl Reuters als auch Telerate konzentrierten ihre Bemühungen auf die Käufer im System. Während jedoch die IT-Manager der Investmentbanken zwar die Kaufentscheidungen fällten, waren ihre Bedürfnisse doch gänzlich andere als die der Händler.

Die IT-Manager wollten standardisierte Systeme, die Händler und Analysten hingegen wollten welche, die ihre raschen Entscheidungsvorgänge und ihre Transaktionen effizienter machten. Bloomberg bediente sie, indem das Unternehmen ein maßgeschneidertes System anbot, das händlerfreundliche Merkmale wie passend beschriftete Keyboards, Zweifach-Flachbildschirme für mehr Informationsübersicht und Analysehilfsmittel für schnelle Kalkulationen und kurzfristige Prognosen aufwies.

Bloombergs Konzentration auf die Händler hatte einen unerwarteten Vorteil. Dank der Nähe zum Kunden konnte Bloomberg weitere Geschäftsmöglichkeiten entdecken, die bislang ungenutzt geblieben waren. Die Händler und Analysten arbeiteten hart und spielten auch hart. Sie verfügten über hohe Einkommen und wenig Freizeit, in der sie ihr Geld ausgeben konnten. An den Arbeitstagen lösten sich Phasen geradezu frenetischer Aktivität mit solchen ab, in denen die Geschäfte nur langsam vorangingen.

Bloomberg weitete den Service auf Informationsangebote aus, die über die für den Finanzhandel nötigen Informationen hinausgingen. So können die Analysten und Händler das Bloomberg-System nutzen, um Blumen zu verschicken, eine Wohnung zu suchen oder einen Anzug zu kaufen. Bald wollten alle Händler das Bloomberg-System.

Das Resultat war nicht mehr Wettbewerb im selben Markt, sondern Dominanz in einem vollkommen neuen Markt. Bloomberg kreierte seinen eigenen Marktraum und konkurrierte dann zu den eigenen Bedingungen in einem bereits etablierten Markt.

Mauborgne und Kim glauben, dass mehr Unternehmen die Strategie auf ähnliche Weise angehen sollten wie Bloomberg. Das ist eine umstrittene Theorie, die sich gewiss nicht leicht umsetzen lässt. Blaue, unerkundete und wettbewerbsfreie Meere sind schwer zu finden. Oft werden sie rein zufällig entdeckt, als eine Art unerwartetes Nebenprodukt einer konventionelleren Strategiemaßnahme.

Das Reizvolle an dem Ansatz ist allerdings offensichtlich. Und jedes Unternehmen, das auch nur den winzigsten Zipfel eines Blauen Meeres wahrzunehmen glaubt, wäre dumm, nicht sofort Kurs darauf zu nehmen.

Blaues-Meer-Händler

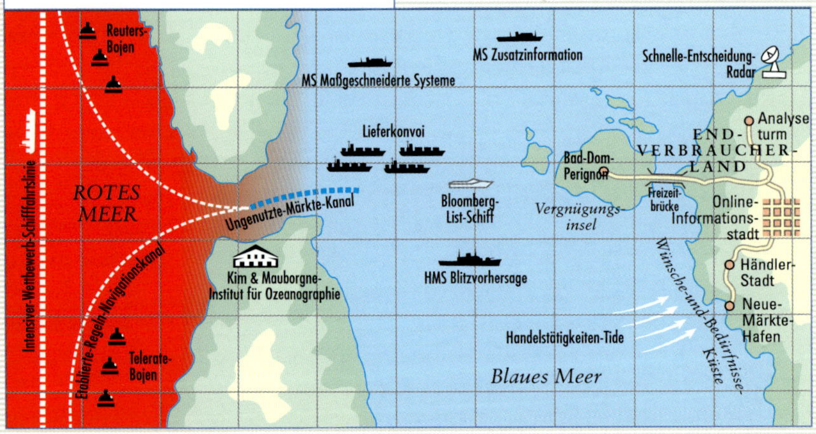

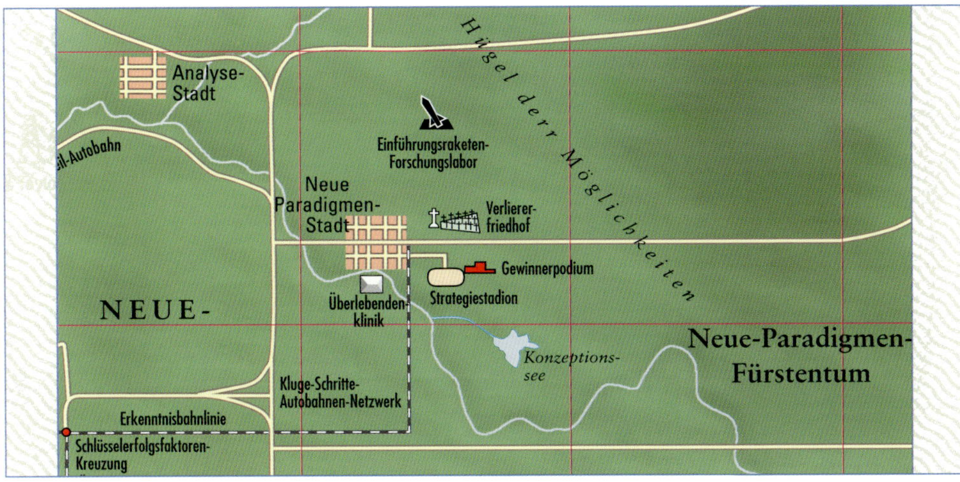

In diesem futuristischen Land gehört die schnelle Reaktion auf sich verändernde Bedinungen zu den neuen und wesentlichen Kompetenzen.

Geschäftsstrategie ist historisch verknüpft mit den militärischen Vorstellungen von Strategie. Die allgemeinen Prinzipien, wie sie aus den Abhandlungen beispielsweise von Carl von Clausewitz – einem preußischen General – und von Sun Tzu – einem antiken chinesischen Theoretiker – hervorgingen, werden bis dato als Anregungen für die Manager dieser Welt zitiert. Dennoch kann ein Verständnis von Strategie, das dem Manager nahe legt, sie als eine Reihe von Schlachten zu sehen, welche auf einem klar umrissenen Feld ausgetragen werden, irreführend sein, sagen Kim und Mauborgne.

„Die Kriegsanalogie, wie wir sie bislang für Strategien benutzten, ist falsch. Sie basiert auf der Annahme, dass es nur ein begrenztes existierendes Territorium gibt", so Mauborgne. „Also muss dieses Territorium aufgeteilt werden. Dabei gibt es einen Gewinner und einen Verlierer. Unsere Forschungen aber zeigten, dass es kein Nullsummenspiel ist. Man kann neues Land schaffen. Die Wirtschaftsgeschichte zeigt uns, dass die Anzahl der kreierbaren Markträume entgegen der allgemein gültigen Auffassung unendlich ist."

Ein neues Paradigma

Heute werden die etablierten Strategiedenker von Neuankömmlingen herausgefordert. Porters fünf Kräfte mögen immer noch zur Standardlektüre der MBA-Studenten und Berater gehören, doch eine Vielzahl von Büchern und Artikeln erfindet die Strategie neu für eine neue Ökonomie. Das neue Spiel funktioniert so, dass man Strategien entwickelt, welche die Regeln neu festsetzen.

Vermehrte Aufmerksamkeit wird nun dem Prozess der Strategieformulierung innerhalb von Unternehmen gewidmet. „Der traditionelle Strategieprozess in großen Unternehmen hält nicht mit dem Tempo mit, das in einem sich rasant verändernden Umfeld erforderlich ist", sagt Professor Paul Strebel von der internationalen Wirtschaftshochschule IMD in der Schweiz. „Normalerweise ist er zu langsam, da er auf jährlichen Planungszyklen basiert. Außerdem findet der Prozess rückwärts gewandt statt, indem er zu erklären versucht, was schief lief. Und er ist zu statisch, weil er die bestehenden Branchenbedingungen und Unternehmenskompetenzen reflektiert. Im Gegensatz dazu können kleine Hightech-Unternehmen in der New Economy sehr viel schneller Strategieentscheidungen fällen und umsetzen."

Strebels Ansicht zufolge müssen Unternehmen die „Hochgeschwindigkeitsstrategie" üben. Tempo ist alles. Statt Initiativen von oben nach unten durchzusetzen, sollten leitende Manager solche anregen und fördern, die von den Frontlinien, also von unten ausgehen. Die Rolle der Manager besteht darin, Echtzeitdaten zu sammeln und Entscheidungen darüber zu treffen, in welche Initiativen investiert werden sollte, wobei sie möglichst nicht nach Meinungen und Modellen urteilen, sondern nach harten Fakten.

Gary Hamels kürzliche Polemik beschäftigt sich indes mit den Lehren aus dem Silicon Valley. Strategie dreht sich, seiner Ansicht nach, heute weniger um die Aktivierung bestehender Ressourcen, dafür umso mehr darum, zum Magneten für neue Wertschöpfungsmöglichkeiten zu werden.

Die Strategie erfindet sich wieder einmal selbst neu.

Wegmarken

- ***Die Strategiedebatte bezieht sich traditionell auf ressourcenbasierte und Struktur-Führung-Leistung-basierte Modelle. Versuchen Sie, Ihre Unternehmensstrategie mit Blick auf diese beiden Ansätze zu skizzieren.***
- ***Sehen Sie sich die Arbeiten von Strategen wie Sun Tzu, Machiavelli und von Clausewitz (ggf. noch einmal) an. Sie mögen aus einer anderen Zeit stammen, aber die Prinzipien sind oft dieselben wie heute.***
- ***Nehmen Sie Porters Fünf-Kräfte-Rahmenwerk als Ausgangspunkt für Ihre eigene Strategiediskussion. Vergessen Sie nicht, die generischen Strategien zu skizzieren, die den fünf Kräften entgegenwirken.***
- ***W. Chan Kim und Renée Mauborgne plädieren dafür, die Roten Meere der intensiven Wettbewerbsmärkte zu umgehen. Versuchen Sie, Ihren Kurs zu einem Blauen Meer aufzuzeichnen.***

Siegerstrategien

In den Tagen, als das Leben noch so viel einfacher war, wurde die strategische Landschaft von zwei dominanten Kräften beherrscht, die gegeneinander um die Vorherrschaft kämpften.

Das neu entstehende Strategie-Land stellt beide herrschenden Reiche vor die Aufgabe, sich veränderten Regeln anzupassen, um den veränderten Bedingungen zu begegnen.

Das Neue-Strategien-Land ist eine Mischung aus Wüste und produktivem Territorium: Datenminen kurbeln die Möglichkeiten des Land- und Wertinnovations-Fürstentums an, das zunehmend zu einer Quelle neuer Märkte und Produkte wird.

Trotz des ausgedehnten Bereichs ermöglicht die exzellente Kommunikationsinfrastruktur des Neue-Strategien-Lands schnelle Verbindungen im gesamten Gebiet.

BEHAUPTUNGSMASSTAB
Verlieren
Überleben
Gewinnen
Stolpermine für Planende mit Realitätsverlust
Formalisierte-Strategien-Stolpermine
Diskontinuitäts-prophezeiung-Stolpermine
Falsche-Annahmen-Minenfeld
Stolperminengebiet
Mintzberg Fürstentum
Fixdatenmine
Kreativitäts-stadt
Strategie-Planung-Konflikt (1994)
Menschen-Netzwerks-sendestation
Flexible-Daten-Mine
Strategieminengebiet
Analyse-Stadt
Hügel der Möglichkeiten
Henry-Hafen
Hamel & Prahalad Landekopf
Wettbewerbsvorteil-Autobahn
Einführungsraketen-Forschungslabor
HMS Ressource
Kernkompetenzen-festung
Kundenwert-Dienstleistungsstation
Neue Paradigmen-Stadt
Verlierer-friedhof
Gewinnerpodium
Strategiestadion
Überlebenden-klinik
Kim und Mauborgne Observatorium
NEUE-
Konzeptions-see
Neue-Paradigmen-Fürstentum
Kluge-Schritte-Autobahnen-Netzwerk
Erkenntnisbahnlinie
Wirksame-Strategien-Transit-System
Schlüsselerfolgsfaktoren-Kreuzung
Überlegenheits-kreuzung
Falsche-Schritte-Sackgasse
Japanische-Strategie-Kanal
Ohmae Insel
Dynamische-Interaktion-Stadion
STRATEGIEN-
Neue -und-unbekannte-Märkte-Bereich
Aggressive-Initiative-Brücke
Visionäre-Führunkskräfte-Stadt
Globalisierungsflughafen
Partnerberge
Wirtschaftsschule-Forschungspark
Harvard
Insead
IMD
London
Rotterdam
Freiheitskreuzung
Strebel-Kreuzung
LAND
Wertinnovationsfürstentum
Bottom-Up-Linie
Strebel-Hochgeschwindigkeits-Strategielinie
Strebel-Endstation
Strebel-Stadt
Initiativen-Stadt
Stillgelegte langsame Bahnstrecke
Echtzeit-Bahngesellschaft (fährt jederzeit)
Datenkreuzung
Frontlinie
Konkurrenten-Kanal
Rückwärts-blickpunkt
Die harten Fakten
Überaltetes-Denken-Staat
Jahresplanungszyklen-Strecke
Abläufe-Sumpf
Kabbelungsgefahr
Fehler-analyse-Wald
Statik-Tal
U-Boot-Bedrohung

Wie kann ich mehr verkaufen?

Umsätze sind das Lebenselixier der Wirtschaft. Kein Unternehmen kann lange überleben, ohne seine Produkte oder Dienstleistungen zu verkaufen. Im Land der begrenzten Kundenauswahl, als alle Autos schwarz waren und es als einzigen Staubsauger einen Hoover gab, war der Vertreter der König. Und die Unternehmen benahmen sich entsprechend arrogant. Sie wussten am besten, was ihre Kunden brauchten. Heute jedoch ist der Kunde König.

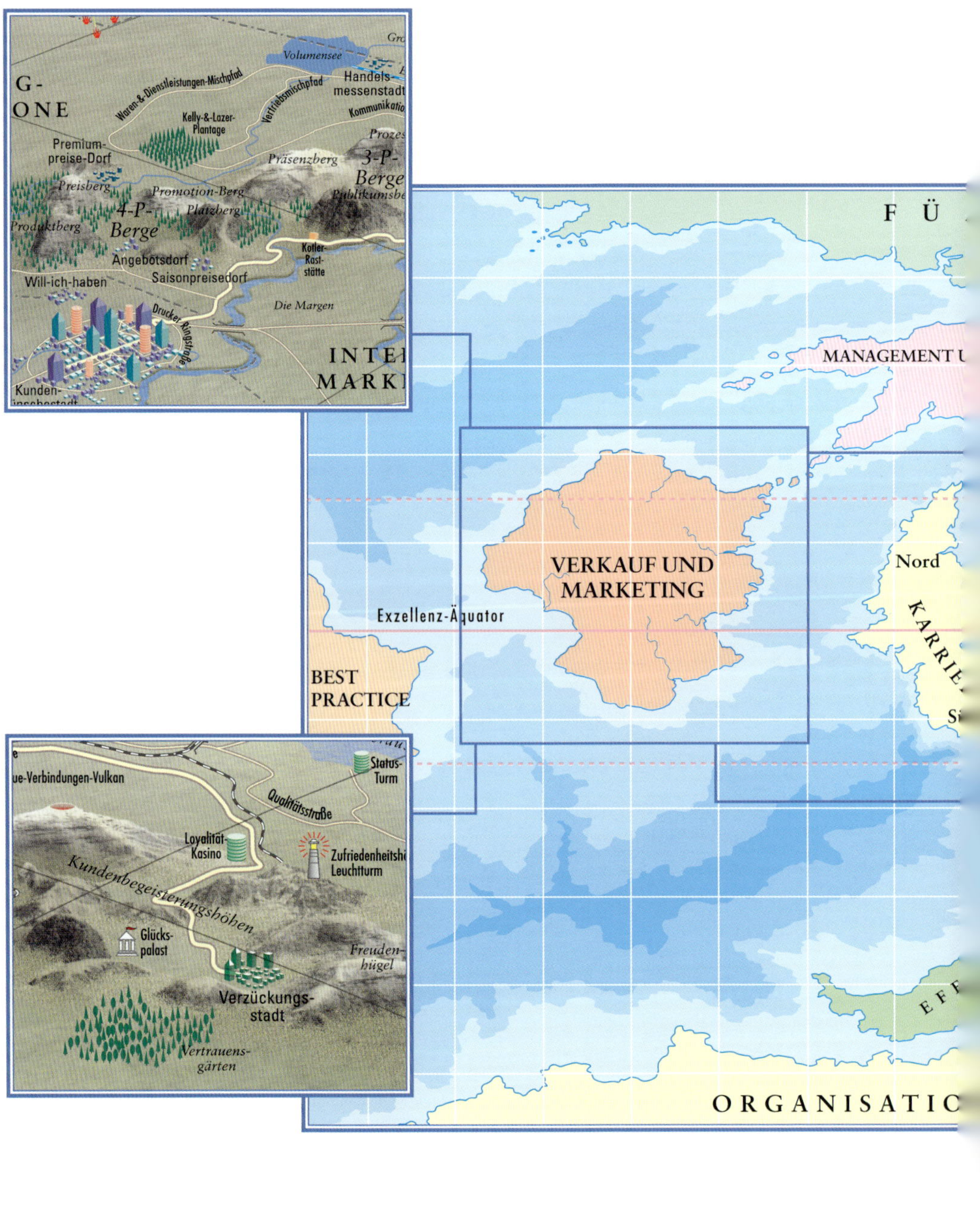

Unternehmen können es sich nicht mehr leisten, den Verbrauchern ihre Wünsche zu diktieren. Sie müssen ihnen Verständnis entgegenbringen, sie hätscheln und um ihre Gunst buhlen. Sie müssen jeder ihrer Launen nachgeben. So zumindest scheint es. Und woher wissen Unternehmen, was die Verbraucher wollen, welche Produkte oder Dienstleistungen sie brauchen oder wünschen? Vom Marketing, der Kunst – oder Wissenschaft, je nach Sichtweise – des Erkennens, Antizipierens und Befriedigens von Verbraucherbedürfnissen und -wünschen. Die Marketingleute sind die neuen Vertreter.

Marketing beginnt – und endet – mit dem Kunden. Verbraucherforschung – das Erstellen eines psychologischen, kulturellen und persönlichen Profils des Kunden – macht die Entwicklung von Produkten und Dienstleistungen möglich, die auf die Bedürfnisse und Wünsche der Zielmärkte abgestimmt sind. Das Ziel besteht dann darin, die Verbraucher zum Kauf dieser Produkte zu einem profitablen Preis zu bewegen. Das wiederum erreicht man durch den Marketing-Mix, auf den wir später noch genauer eingehen werden.

So gesehen scheint das Marketing von zentraler Bedeutung für jedes Unternehmen. Wenn es beim Geschäft nur um die Kunden geht und sich das Marketing nur mit den Kunden befasst, was sonst wäre der logische Schluss? Das Marketing regiert die Welt. Quod erat demonstrandum. Die Wirklichkeit sieht natürlich anders aus. Trotz der allgemein unbestrittenen großen Bedeutung des Marketings kommt es unter den zentralen Entscheidungskriterien kaum zum Tragen. Das Marketing leidet unter dem Handicap seines Rufes und seiner Geschichte. Es hat ein Problem-Image, wird häufig mit Kosten assoziiert, eher als Kunde denn als geschäftstreibende Kraft gesehen und ist innerhalb der Unternehmen schlecht positioniert, um Veränderungen zu beeinflussen oder Strategien mit zu gestalten.

Während das Marketing vielleicht hart kämpft, um sich Gehör in den Vorstandsetagen zu verschaffen, ringt es zugleich darum, in der heutigen 24/7-Medienwelt gehört zu werden (24/7: 24 Stunden täglich an sieben Tagen der Woche). Den gewaltigen Marketinglärm zu übertönen wird zusehends schwieriger, wenn nicht gar unmöglich. Die Zuhörer werden ständig belagert und rund um die Uhr von ungebetenen Marketingbotschaften bombardiert. Werbung auf Verpackungen, im Radio, im Fernsehen, in der Post, auf Plakatwänden, in E-Mails, in Zeitschriften

– kurz: Die Informationsflut trägt zur sinnlosen Marketingkommunikation bei statt zu einem gezielten Marketing. Mehr und mehr Medienvielfalt, Publikumsfragmentierung und zunehmender Verbraucherschutz bedrohen das wichtigste Standbein des Marketings – das Interruption-Marketing (unterbrechende Werbung). Und wenn diese Form des Marketings unwirksam wird, was dann?

Die gute alte Zeit

In den 1950er-Jahren war alles ganz anders. Die Unternehmen lebten in einer Ära der unbegrenzten Möglichkeiten. Die Welt wartete darauf, dass man ihr etwas verkaufte. Es war ergreifend einfach: Man sorgte für einen Kommunikationsprozess, der sicherstellte, dass ein Verkauf stattfand. Also machten sich die Unternehmen mit mehr Elan denn je daran, genau diesen Prozess zu systematisieren. Und damit war das moderne Marketing geboren.

Wie so viele Ideen wurde auch diese von Peter Drucker gezündet, dem unbestrittenen Doyen des Managementdenkens im 20. Jahrhundert. Druckers erster Versuch, eine Managementbibel zu verfassen, war sein 1954 erschienenes Buch *Die Praxis des Managements* („ein ziemlich kurzes Buch der Grundbegriffe", wie er meinte). Es war eine meisterhafte Abhandlung über die ersten Prinzipien des Managements. Drucker stellte die Verbraucher auf eine Weise in den Mittelpunkt, wie es bis dahin noch niemand auch nur erwogen hatte. In einem der meistzitierten und besonders erinnerungswürdigen Absätze weist Drucker den Weg zur Bedeutung des Geschäftslebens: „Es gibt nur eine gültige Definition des Unternehmenszwecks: einen Kunden zu schaffen. Märkte werden nicht von Gott, der Natur oder den ökonomischen Kräften geschaffen, sondern von Geschäftsleuten. Die Bedürfnisse, die sie befriedigen, waren dem Kunden vielleicht bewusst, ehe er die Mittel angeboten bekam, sie zu befriedigen. Sie mögen sogar, wie das Bedürfnis nach Nahrung in Hungerszeiten, das Leben der Verbraucher dominiert und jede seiner wachen Minuten gefüllt haben. Aber es sind eben theoretische Bedürfnisse, und erst wenn der Geschäftsmann daraus eine effektive Nachfrage macht, sind die Kunden und somit ein Markt da."

Die detaillierte Ausführung des tatsächlichen Wesens und Ausmaßes des Marketings übernahmen dann andere. 1960 nahm sich E. Jerome McCarthy das Konzept Neil H. Bordens vom Marketing-Mix vor (das ursprünglich von der grauen Eminenz des Marketings, Philip Kotler, als „die Kombination an Marketinginstrumenten, welche eine Firma benutzt, um ihre Marketingziele im Zielmarkt zu erreichen" definiert wurde). McCarthy machte als kritische Ingredienzen die Produkt-, die Preis-, die Distributions- und die Kommunikationspolitik aus. Sie gingen als die vier Ps des Marketings (product, price, place, promotion) in die Geschichte ein und wurden zu einem Mantra, dem der Zahn der Zeit bislang nichts anhaben konnte. Doch trotz ihrer Popularität und Langlebigkeit wäre es falsch, in der Idee der vier Ps etwas anderes als eine schlichte und ziemlich akkurate Gedächtnishilfe zu sehen. Das Wissen um die vier Ps steht in keinerlei Zusammenhang mit der Fähigkeit oder Bereitschaft, irgendetwas mit ihnen anzufangen – die vier Ps verwandeln ein Unternehmen nicht automatisch in einen Marketing-Superstar.

Die Kraft der Ps

Zur Zeit ihrer Konzeption verkörperten die vier Ps die Essenz des traditionellen Marketings. Ein Unternehmen, das sich erfolgreich auf alle vier Ps konzentrierte, konnte eine solide Marketingstrategie entwickeln. Ein Unternehmen, dem es nicht gelang – das die vier Ps ein Stück weit aus dem Blick verlor –, hatte kaum eine Chance, im Marketing zu glänzen.

Sehen wir uns die vier Kategorien näher an, so steht an erster Stelle das angebotene *Produkt* (oder die angebotene Dienstleistung). Das scheint einigermaßen klar – wenngleich Philip Kotler, der Autor des Lehrbuchs *Marketing-Management*, bemerkte: „Die Idee eines Produkts scheint intuitiv, gleichwohl ist es nicht unproblematisch, zu wissen, was genau es bezeichnet." Kotler legte sich schließlich auf eine Definition des Produkts fest als „ein Bündel von physischen, nützlichen oder symbolischen Einzelheiten, welche dem Käufer Zufriedenheit oder Nutzen bringen sollen". (Diese Definition wurde zwischenzeitlich verkürzt auf: „Ein Produkt ist etwas, das für geeignet angesehen wird, ein Bedürfnis zu befriedigen.") Das Produkt durchläuft eine ganze Reihe von Phasen, nämlich die Einführung, das

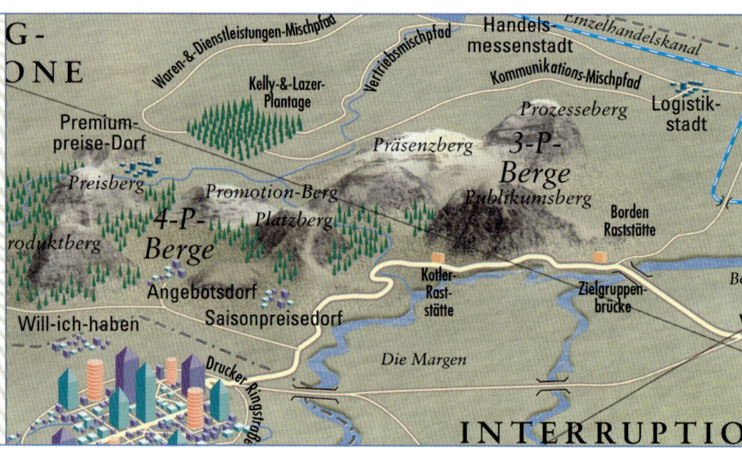

Diese zentrale Stelle an der Marketing- und-Verkauf-Autobahn weist den Weg zur Kundenzufriedenheit.

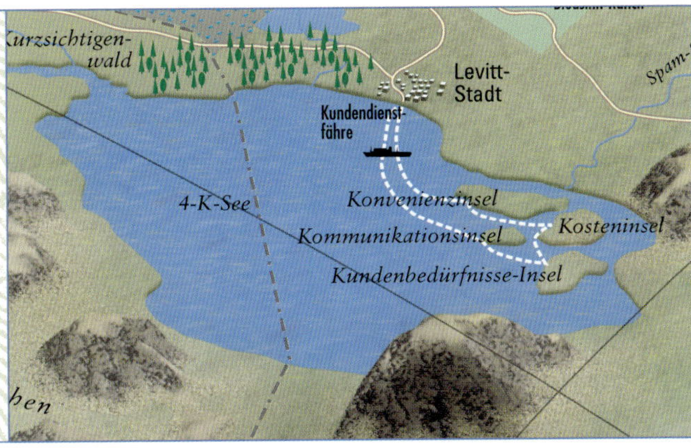

Am 4-K-See verlassen die Forscher den Kurzsichtigenwald und brechen von der Levitt-Stadt aus auf, um die Kundenbedürfnisse auf einer kurzen Fährfahrt zu begutachten.

Wachstum, die Reife und den Verfall – alles zusammen ergibt den so genannten Produktlebenszyklus.

Als Nächstes kommt der *Preis*, der durch die weitere Differenzierung der jüngsten Jahre zu einem beständig komplexeren Gebilde wurde. Da gibt es Sonderpreise, Marktdurchdringungspreise, Economy-Preise, Preisabschöpfung, Saison- und sogar Tagespreise.

Die verbleibenden zwei Elemente, die Distributions- und die Kommunikationspolitik, sind etwas weiter gefasst. *Distributionspolitik* meint, wie und wo das Unternehmen sein Produkt den potenziellen Kunden zugänglich macht. Dazu gehören Vermarktungskanäle, Vertrieb, Logistik und Zwischenhändler. Letztere schließen Großhändler, Einzelhändler, Agenten und das Internet ein.

Und schließlich die *Kommunikationspolitik:* Sie umfasst eine Vielzahl von Aktivitäten, von denen sämtliche über die letzten 20 Jahre eine Wachstumsexplosion erlebt haben. Hierzu zählen persönlicher Verkauf, Werbung, Direktmarketing, Verkaufspromotion, Sponsoring, Messen, Ausstellungen und Public Relations.

Das Schöne an den vier Ps ist, dass sie uns vier leicht zu merkende Kategorien liefern, nach denen wir Marketingaktivitäten sortieren können. Doch wenngleich das grundsätzlich recht praktisch sein mag, hilft es den komplexen modernen Unternehmen nicht wirklich weiter – insbesondere nicht jenen in der Dienstleistungsbranche. Die vier Ps legen den Schluss nahe, jede Kategorie könne für sich betrachtet werden. In Wirklichkeit aber weisen sie in jedem Marketing-Mix unzählige Schnittstellen und Überlappungen auf. Wer im blinden Glauben dem Muster der vier Ps folgt, riskiert, diese Überlappungen zu übersehen.

Seit der Einführung der vier Ps hat eine ganze Reihe von Denkern regelmäßig alternative Klassifikationen und eine endlose Fülle von potenziellen Kombinationen angeboten. Albert Frey vertritt in *Advertising* eine Trennung zwischen dem Angebot (bestehend aus dem Produkt, der Verpackung, der Marke, dem Preis und der Leistung) und den Methoden und Hilfsmitteln (Vertriebskanäle, persönlicher Verkauf, Werbung, Verkaufspromotion und Publicity). In ihrem Buch *Managerial Marketing* schlagen William Lazer und Eugene Kelly drei Kombinationen vor – den Waren-und-Service-Mix, den Vertriebs-Mix und den Kommunikations-Mix.

Andere, einschließlich Kotler, führten treffend aus, dass die vier Ps im Wesentlichen eher einen Verkäufer-Mix darstellen als einen Käufer-Mix. Die 1950er-Jahre waren eben eine Dekade der Verkäufer. Entsprechend folgte von Kotler und anderen der Vorschlag, sich verstärkt einem Käufer-Mix zuzuwenden – den vier Ks aus *Kundenbedürfnis und -wunsch, Kosten* für den Kunden, *Konvenienz* (Vorteil) und *Kommunikation.*

Des Weiteren wurde angeregt, den Kundenservice mit in die Liste aufzunehmen. (Philip Kotler weicht in diesem Punkt ab, indem er den Kundenservice als einen Aspekt der Produktstrategie betrachtet.) Eine wieder andere Variante zum Thema regt die Ergänzung der vier Ps um die Faktoren Publikum, physische Merkmale und Prozesse an.

Korrigierte Vision

Die nächste große Marketingidee trat 1960 mit der Juli/August-Ausgabe des *Harvard Business Review* auf den Plan. Darin war ein Artikel des Harvard-Lehrers Ted Levitt mit dem Titel *Marketing myopia* abgedruckt. Dieser Artikel wurde seither über 500.000-mal verkauft und reihte sich damit in die auserwählte Gruppe jener Veröffentlichungen ein, die Sichtweisen grundlegend veränderten.

Der deutschstämmige Levitt wurde praktisch über Nacht berühmt – er selbst sagte dazu, es wäre einfach ein glücklicher Zufall gewesen. 1975 bemerkte er rückblickend: „Marketing myopia sollte keine Analyse und schon gar kein Patentrezept sein. Der Artikel war als Abhandlung gedacht. Und die Idee war keineswegs neu – Peter F. Drucker, J. B. McKitterick, Wroe Alderson, John Howard und Neil Borden hatten alle originellere und ausgewogenere Arbeiten zum Marketingkonzept vorzuweisen. Meine Darstellung jedoch schien das Marketing enger an den inneren Orbit der Unternehmenspolitik zu binden."

Gemäß Levitt müssten sich die Unternehmen mehr darauf verlegen, die Kunden zufrieden zu stellen, als einfach Produkte herzustellen. Sie sollten sich vom Markt, nicht von der Produktion leiten lassen, wobei der Ansporn vom Topmanagement auszugehen hat: „Das Management muss sich nicht als Produkte erzeugend begreifen, sondern als Anbieter von Wertzufriedenheit für die Kunden."

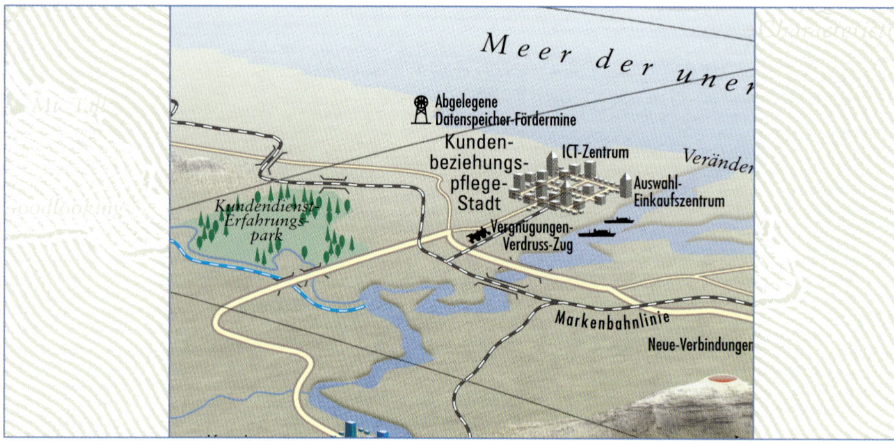

Von der Landzunge des Kundenlandes aus wird der Verkehrsfluss auf Wasserwegen, Schienen und Straßen kontrolliert, die zum Meer der unentdeckten Möglichkeiten führen.

Als Levitts Artikel erschien, stellte niemand die Tatsache infrage, dass Unternehmen grundsätzlich produktionsgetrieben waren. Henry Fords Erfolg in der Massenproduktion hatte den Glauben genährt, Produktion mit niedrigen Kosten wäre der Schlüssel zum Geschäftserfolg. Ford selbst blieb dabei, dass er wüsste, was die Kunden wollten, und das noch lange, nachdem diese sich umentschieden hatten. (Levitt begrüßte Fords Marketingkühnheit durchaus, während er dessen Massenproduktionstechniken als Mittel zu Marketingzwecken interpretierte, sie allerdings nicht als Selbstzweck akzeptieren wollte.)

Wie Levitt bemerkte, führte produktionsgesteuertes Denken unweigerlich zu einer eingeschränkten Wahrnehmung. „Die Eisenbahnen stecken heute nicht deshalb in Schwierigkeiten, weil die Bedürfnisse, die sie bedienten, von anderen erfüllt werden [...] sondern weil sie diese nicht selbst befriedigen", schrieb Levitt. „Sie lassen sich von anderen ihre Kunden wegnehmen, weil sie sich selbst als im Eisenbahngeschäft tätig wahrnehmen statt im Transportgeschäft. Der Grund, weshalb sie ihre Branche falsch wahrnehmen, ist, dass sie eisenbahn- und nicht transportorientiert sind; sie sind produkt- und nicht kundenorientiert." Der begrenzte Horizont behinderte unnötigerweise das Geschäft.

Levitt äußerte dieselbe Kritik auch über andere Branchen. So reagierte die Filmindustrie nicht angemessen auf das Wachstum des Fernsehens, weil sie sich als Film- und nicht als Unterhaltungsproduzent wahrnahm.

Wachstum, schrieb Levitt, könne nie als selbstverständlich genommen werden. „In Wahrheit gibt es so etwas wie eine Wachstumsbranche überhaupt nicht." Wachstum sei keine Frage dessen, in welcher speziellen Branche man tätig ist, sondern wie klar man erkennt, wo das künftige Wachstum liegt. Die Geschichte, so Levitt, seit gespickt mit Unternehmen, die aus einer Vielzahl von Gründen Opfer eines „unbemerkten Verfalls" wurden. Erstens gingen sie davon aus, das Wachstum in ihrem speziellen Markt würde so lange anhalten, wie die Bevölkerung weiterwuchs und an Wohlstand zulegte. Zweitens glaubten sie, ein Produkt könne nicht überholt werden. Und drittens neigten sie dazu, in die unfehlbare Fähigkeit der verbesserten Produktionstechniken zu vertrauen, die immer niedrigere Kosten und somit immer höhere Profite bringen würden.

Levitt zog darüber hinaus eine viel sagende Trennlinie zwischen Verkauf und Marketing. „Der Verkauf befasst sich mit den Tricks und Techniken, mittels deren man die Menschen dazu bringt, ihr Geld gegen unser Produkt einzutauschen. Er befasst sich nicht mit den Werten, um die es beim Tausch eigentlich geht. Und er sieht auch nicht – wie es das Marketing durchgängig tut –, dass der gesamte Geschäftsablauf eine konsistente Bemühung ist, die Kundenbedürfnisse zu erkennen, zu schaffen, zu wecken und zu befriedigen", schrieb er. Diese Erkenntnis wurde in den 1980er-Jahren wiederbelebt, als das Marketing zu neuer Geltung kam und die Unternehmen anfingen, Levitts Aussage, sie wären übertrieben produktionsorientiert, ernst zu nehmen.

Levitts Artikel und seine nachfolgenden Arbeiten brachten das Marketing in den Mittelpunkt des Geschehens. Fortan galt der Kunde als König. Levitts Ideen ebneten den Weg für verbraucherorientierte Initiativen wie die Programme für das Managment von Kundenbeziehungen. Der einzige Nachteil war, dass sie eine übertriebene Kundenausrichtung des Marketings verursacht (und so zu dem führten, was Levitt als „Marketing-Manie" bezeichnete), bei der die Unternehmen „wie besessen auf jede noch so flüchtige Laune der Kunden reagieren".

Der Kunde ist König

In den letzten 20 Jahren wurde der Kundenservice zu einem viel erforschten Thema. Wissenschaftler und Praktiker haben Theorien zum Schlangestehen in Banken entwickelt, haben Reaktionszeiten in Millisekunden gemessen und die Idee der „Kundenbegeisterung" erfunden. Man verwandte reichlich Mühe darauf, zu verstehen, wie sich das Nachfrageelement in der Versorgungskette steuern ließe.

Gemäß Kundenbeziehungs-Guru Patty Seybold, Autorin des Buches *The Customer Revolution: How to Thrive When Customers are in Control,* zählen Kundenbeziehungen heute mehr denn je. Der Wert von Unternehmen wird sich zunehmend an der Intensität ihrer Kundenbeziehungen messen lassen. Es geht um die lebenslage Bindung der Kunden an ein Unternehmen. Unternehmen, so Seybold, müssen ihre Leistungskriterien am Kundenwert ausrichten.

„Die Unternehmen, die in der Kundenökonomie gewinnen, werden bereits durch und für Kundenwerte geführt“, sagt Seybold.

„Um in der Kundenökonomie zu gewinnen, muss man eine herausragende Markenerfahrung schaffen und erhalten sowie aufmerksam kontrollieren und beobachten, was den Kunden wichtig ist.“

Zum „Angriff“ auf den Kunden gehört das Customer Relationship Management (CRM – Management der Kundenbeziehungen) als fester Bestandteil, das in den späten 1990er-Jahren zu einem Schlagwort wurde. Im Wesentlichen beschäftigt es sich mit dem Erhalt und der Pflege der bestehenden Kunden. Dazu nutzt das Kundenmanagement die neueste Computertechnologie und hier vor allem Kundendaten.

Sich um die bestehenden Kunden zu kümmern ist wichtig. Und dennoch macht das nur einen Teil der Nachfragegleichung aus.

Was ist mit dem Schaffen der Nachfrage nach Produkten und Dienstleistungen, mit der die Kundenbeziehung ja schließlich erst anfängt? Das Steuern der Nachfragekette beinhaltet mehr als das CRM, denn hier müssen Kunden, Lieferanten und Partner auf neue Weise eingebunden werden.

Während die Versorgungskette sich auf mechanische Effizienz stützt, ist die Nachfragekette weit weniger greifbar und somit schwerer planbar. Die Möglichkeiten sind schier unbegrenzt. Kunden könnten beispielsweise Produkte entwickeln, wie sie es bereits heute tun, indem sie vorgeben, wie Produkte modifiziert und umgestaltet werden.

In der Computerspiele-Branche gibt es dutzende von Websites, auf denen die Verbraucher mit den Softwaredesignern zusammen an modifizierten Versionen und Ergänzungen der Produkte arbeiten.

Nicht alle Unternehmen verfügen über die Ressourcen, um CRM-Systeme oder andere kostspielige Kundenmanagement-Techniken einsetzen zu können. Doch es gibt andere Dinge, die sie tun können, um die Kundenerfahrung zu verbessern.

In einem Artikel des *Harvard Business Review* mit dem Titel „Want to perfect your company's service? Use behavioral science“ analysierten Richard Chase und Sriram Dasu – zwei Professoren der Marshall School of Business an der University of Southern California – die Psychologie, die der Begegnung mit Service zugrunde liegt. Sie erkannten fünf Handlungsprinzipien für besseres Servicemanagement.

1. Stark abschließen. Das Ende ist weit wichtiger als der Anfang einer Begegnung, da es sich dem Kundengedächtnis einprägt. Die Autoren des Artikels verwandten das Beispiel einer Kreuzfahrt, die mit dem Captain's Dinner und dem Überreichen von Geschenken bei Ankunft im Heimathafen endet.

2. Räumen Sie die schlechten Erfahrungen frühzeitig aus. Bei einer Ereigniskette ziehen es die Leute vor, die unerwünschten Ereignisse zuerst zu erleben und die erwünschten zuletzt.

3. Vergnügen segmentieren, Schmerz verkürzen. Da Erlebnisse länger erscheinen, wenn sie in Segmente geteilt werden, ist es am besten, alle langweiligen oder unerfreulichen Schritte eines Prozesses in eins zu fassen. Sorgen Sie beispielsweise für unterhaltsame Ablenkungen für Leute in einer Warteschlange, die das Warten erträglicher machen.

4. Bindung durch Wahlmöglichkeiten. Menschen sind glücklicher, wenn sie glauben, sie hätten ein gewisses Maß an Kontrolle über einen Ablauf, insbesondere wenn es sich um einen unangenehmen Prozess handelt.

5. Geben Sie den Leuten Rituale und halten Sie sie ein. Die meisten Gestalter von Service unterschätzen, wie ritualverbunden die Menschen sind.

Letztlich nämlich kommt es nur auf eines an – wie der Kunde das Geschehene wahrnimmt. Fühlen die Kunden sich bei einer Interaktion wohl, werden sie wiederkommen und mehr davon wollen. Indem sie diese Prinzipien berücksichtigen, können Unternehmen – ganz gleich wie groß oder klein sie sind – die Erfahrungen ihrer Kunden verbessern.

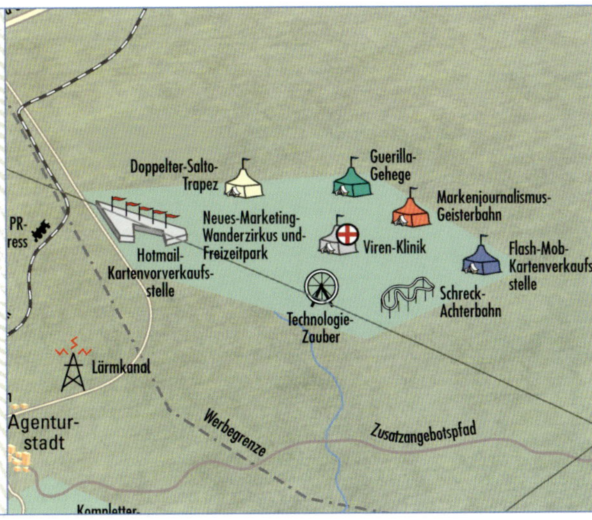

Der Neues-Marketing-Wanderzirkus reist quer durch das Kundenland und unterhält das Publikum, das dann seinen Freunden und Bekannten von dem Zirkusprogramm erzählt.

Ein neues Marketing für eine neue Welt

Die neue Technologie brachte einen ganzen Wust von neuen Marketingtechniken und -konzepten mit sich: Guerilla-Marketing, Double Loop Marketing, Schockmarketing, Markenjournalismus und Flash Mobbing sind nur ein paar der augenfälligsten. Wie viele davon dieselbe Durchsetzungskraft beweisen werden wie das Direktmarketing, bleibt fraglich. Zwei viel versprechende Ansätze sind das Permission Marketing und das Virusmarketing.

Den Terminus „Permission Marketing" (Erlaubnis-Marketing) schuf der amerikanische Marketingneuerer Seth Godin, früherer Präsident von Yoyodyne Entertainment und früherer Vizepräsident für Direktmarketing bei Yahoo!. Permission Marketing basiert auf der Annahme, dass Verbraucher freiwillig und gern wertvolle persönliche Informationen preisgeben und den Vermarktern die Erlaubnis erteilen, ihnen Produktinformationen zu schicken, solange der Anreiz ausreichend groß ist.

Für den Vermarkter heißt das, er muss den passenden Anreiz schaffen, mit dessen Hilfe er sich die Zustimmung der Kunden sichert. Dabei darf er auf keinen Fall die Erlaubnis der Kunden missbrauchen. Außerdem sollte er die Beziehung pflegen, damit er jederzeit in der Lage ist einzuschätzen, ob die Erlaubnis des Kunden widerrufen wurde oder der Anreiz an Wirkung nachlässt. Es ist eine Gratwanderung zwischen erlaubten E-Mails mit Produktinformationen und Spams.

Das Virusmarketing ist eine Erweiterung des Permission Marketing – machen Sie die Kunden zu Verfechtern Ihres Produkts, und sie werden das Marketing für Sie übernehmen. Der Begriff stammt ursprünglich von Venture-Capitalist Steve Jurvetson, der Hotmail finanzielle Rückendeckung gab. Der Zufall wollte es, dass Hotmail selbst zum meistzitierten Beispiel der Vertreter des Virusmarketings wurde. Bei Ausgaben von weniger als 500.000 Dollar konnte Hotmail innerhalb von nicht einmal 18 Monaten über zwölf Millionen User gewinnen. Wie? Indem ein Hotmail-Abonnent mit jeder versandten E-Mail den Empfänger einlädt, sich ebenfalls eintragen zu lassen. Damit das funktioniert, muss der Marketingvirus sich schnell ausbreiten. Die erfolgreichsten Viren zielen auf Spaß oder Nutzen.

Was steckt in einer Marke?

Was ist eine Marke? Es gibt keine allein gültige Antwort auf diese Frage und keine allein gültige Definition von Marke. In einer Umfrage der McKenna Group (der Firma des so genannten „Vaters des Hightech-Marketings", Regis McKenna) unter 100 CEOs wurden 100 verschiedene Antworten auf diese scheinbar einfache Frage gegeben. Und genau hier liegt das Dilemma.

Eine rechtskräftige Antwort mag sein: „Ein Zeichen, das Waren eines Unternehmens von denen eines anderen unterscheidet und somit deren Herkunft anzeigt." Aber eine Marke ist weit mehr als eine sachlich richtige Definition.

Die Geschichte der Marke ist bereits in dem englischen Terminus „Brand", also Brandzeichen, enthalten, sprich: das Einbrennen einzigartiger Symbole in das Fell von Nutztieren zwecks Kenntlichmachung der Eigentumsansprüche. Später wurde das Konzept auf das Produktmarketing erweitert. Das Brandzeichen wurde zum Markenzeichen mit demselben Zweck der Eigentums- oder Herkunftsdemonstration. In seinem Klassiker *Marketing-Management* schreibt Philip Kotler: „[Ein Markenname ist] ein Name, Begriff, Zeichen, Symbol, Design oder eine Kombination aus mehreren, die die Waren und Leistungen einer Gruppe von denen der Konkurrenz unterscheiden soll."

Eine neuere Definition liefert Richard Koch in seinem Buch *The Dictionary of Financial Management:* Eine Marke ist ein „visuelles Design und/oder ein Name, der einem Produkt oder einer Dienstleistung von einem Unternehmen gegeben wird, um es von den Konkurrenzprodukten zu unterscheiden und die Kunden von der hohen und gleich bleibenden Qualität zu überzeugen". Koch betont das Moment der Differenzierung – das Unterscheiden (oder scheinbare Unterscheiden) des Produkts oder der Dienstleistung von anderen – und die konsistente Qualität.

Andernorts haben drei amerikanische Berater – Sam Hill, Jack McGrath und Sandeep Dayal – „Marke" als etwas erklärt, das „eine von beiden Seiten anerkannte Beziehung zwischen Anbieter und Käufer schafft, die über die isolierte Transaktion oder das spezifische Individuum hinausgeht". Es ist ein bedeutsames Zeichen unserer Zeit, dass die Marke heute eher der „Beziehung" zugeordnet wird als dem Produkt.

Eine der praktischsten und zeitgemäßesten Definitionen der Marke stammt von dem Berater Booz Allen Hamilton: „Marken sind die Kurzschriftform der Kommunikation von wesentlichen Daten an den Markt, mit denen Entscheidungen beeinflusst werden sollen. In einer Vielzahl von kundenorientierten Branchen sind Marken ein wichtiges Mittel der Differenzierung und Vorteilssicherung, wenngleich sie sich am einflussreichsten da erweisen, wo die Kunden keine Daten haben, um eine faktenbasierte Entscheidung zu treffen und/oder wenn der Unterschied zwischen den Konkurrenzversionen desselben Produkts klein bis verschwindend ist. Hinzu kommt, dass Marken eine größere Bedeutung erlangen, wenn die Verbraucher ihrer Entscheidung einen hohen Stellenwert beimessen."

Es gibt eine ganze Reihe verwandter Aspekte, die mit Marken assoziiert werden.

Markengestaltung ist ein Prozess, in dessen Verlauf einem Produkt oder einer Dienstleistung zusätzlicher Wert über den Einzelhandelspreis hinaus verliehen wird. Dies geschieht durch eine Vielzahl von Markenstrategien, zu denen die Schaffung von psychologischen und physischen Beziehungen zwischen Verbraucher und Produkt gehört, Markenidentität und Markenwert.

Die psychologische Komponente der Markengestaltung wurde von den Markenexperten Al und Laura Ries treffend zusammengefasst: „Die wirkliche Barriere (in der Markengestaltung) ist der menschliche Verstand. Normalerweise dauert es Jahrzehnte, eine Marke aufzubauen, weil es Jahrzehnte braucht, um die graue Masse zwischen unseren Ohren zu durchdringen."

Wie Marken funtionieren

1. Alles läuft über den Kopf. Die psychische Wahrnehmung steht über allem. Man darf sich die Markengestaltung nicht als auf die gegenwärtigen Produkte oder Dienstleistungen bezogen vorstellen, sondern muss sich vielmehr darauf konzentrieren, die Marke in die Köpfe der Verbraucher zu bringen. Der eigentliche Kampf ist, sich einen Platz in ihrer Fantasie zu erobern und ihn zu verteidigen.

2. Feiern Sie den Unterschied. Die Massenmärkte sind dabei, sich in Fragmente zu teilen. Marken sind selbst auf regionaler Ebene auf Differenzierung angewiesen. Es reicht nicht mehr, alles für alle zu sein. Marken brauchen eine starke Persönlichkeit; sie brauchen Werte und Meinungen; sie müssen eine starke Anhängerschaft gewinnen, wollen sie erfolgreich sein. Marken sind auf eine solide Fangemeinde angewiesen. Die aber lässt sich nur entwickeln, indem sich eine Marke klar von anderen unterscheidet.

3. Sich verlieben. Marken müssen persönliche Beziehungen aufbauen, Überzeugungen teilen und beidseitige Interessen verfolgen. Die Markenbeziehung ist eine wechselseitige mit Interaktion. Und man muss vorsichtig sein, das Markenversprechen nicht zu brechen, indem man sich zu weit von den Kernmerkmalen entfernt. Eine unnötige und unangemessene Markenerweiterung kann eine großartige Beziehung ruinieren.

4. Markenwerte. Markenwerte spiegeln sich in den Bilanzen. Die Marke sollte als der wertvollste Spieler des Unternehmens gesehen werden, der die Aufmerksamkeit bekommt, die er verdient.

5. Die Marke zum Prüfstein machen. Eine Marke ist ein hervorragendes Instrument, um den Mitarbeitern einen klaren Bezug zu geben. Deshalb sollten Unternehmen eine Markenidentität aufbauen (die Persönlichkeit, Philosophie und Eigenschaften der Marke definieren). Sie sollten die Marke als Leitfaden für das Verhalten im Betrieb nutzen. Eine Marke kann Mitarbeiter motivieren.

6. Eine Nische finden. Marken müssen ihren Platz im Markt kennen, um erfolgreich zu sein. Ein klarer Fokus ist ebenso wichtig wie die Markenidentität. Unterschiedliche Märkte verlangen unterschiedliche Fachkenntnisse. Die Markengestaltung innerhalb eines Vertriebskanals erfordert die Allianzenbildung mit anderen Marken zum Zwecke der gemeinsamen Gestaltung. Expertise in der Markengestaltung ist vor allem dann wichtig, wenn es um eine Dienstleistung geht. Unternehmen müssen wissen, was sie tun wollen und wo sie sich innerhalb ihrer Branche positionieren möchten.

7. Kontinuierliche Entwicklung. Die wenigsten Marken bringen genügend Markenwert mit, dass sie auf kontinuierliche Verbesserung verzichten können, ohne dabei den Zusatzwert, für den sie stehen, zu erodieren und Boden an die innovative Konkurrenz zu verlieren. Innovation steht über allem. Markeninnovation beschränkt sich nicht auf das Unternehmen. Die Verbraucher sollten in den Prozess eingebunden sein. Nehmen wir eine Marke wie das Strategiespiel *Command and Conquer:* Red Alert. Über Internet-Websites haben die Spieler die Produktmodifikation und -erweiterung mit vorangetrieben.

8. Partnerschaft. Ein Marke sollte bis zum Maximum ausgebaut werden. Deshalb sollte man möglichst viele Markenallianzen eingehen, Hauptsache, sie stehen mit der Markenidentität im Einklang. Diese Allianzen sind dann am besten, wenn sie zwischen Marken etwa gleichen Standes geknüpft werden. Eine Verbindung mit einer schwächeren Marke zahlt sich kaum aus – es sei denn, sie bringt zusätzliche Glaubwürdigkeit.

9. Markenmonitor. Der Gesundheitszustand einer Marke muss durchgängig überwacht werden. Häufige Markenuntersuchungen, Erhebungen, Marktforschung mit Kerngruppen – all das sind Hilfsmittel, die man nutzen kann, um die Marke in Form zu halten.

Die zehn globalen Topmarken

Quelle: Interbrand/Business Week

Rang 2004	Rang 2003		2004 Markenwert in Mrd. $	2003 Markenwert in Mrd. $	Veränderung in Prozent	Sitz des Unternehmens
1	1	COCA-COLA	67,394	70,453	-4%	U.S.
2	2	MICROSOFT	61,372	65,174	-6%	U.S.
3	3	IBM	53,791	51,767	+4%	U.S.
4	4	GE	44,111	42,340	+4%	U.S.
5	5	INTEL.	33,499	31,112	-8%	U.S
6	7	DISNEY	27,113	28,036	-3%	U.S.
7	8	McDONALD'S	25,001	24,699	+1%	U.S.
8	6	NOKIA	24,041	29,440	-18%	Finnland
9	11	TOYOTA	22,673	20,784	+9%	Japan
10	9	MARLBORO	22,128	22,183	0%	U.S.

Fallstudie

Virgin: Die Universelle Marke

Versuchen Sie einmal, einem Besucher vom Mars zu erklären, was Virgin ist, und Sie werden ein Problem haben, das sich nicht bloß auf den Namen bezieht! Virgin ist eine ungleiche Sammlung von quer über die Landschaft verteilten Unternehmen, die alle unter einem Banner vereint sind – dem Virgin-Logo. Doch nach einer Rundreise durchs Virgin-Imperium wird Ihr Alien-Besucher zweifellos von der Macht des Markenkonzepts in der modernen Wirtschaftswelt überzeugt sein: Virgin sagt alles.

„Ich denke, dem, was Marken tun können, sind praktisch keine Grenzen gesetzt, solange man jene richtig einsetzt", sagt Sir Richard Branson, der Gründer von Virgin. In den vergangenen zwei Jahrzehnten hat Branson die Regeln der Markengestaltung umgeschrieben.

Virgin dürfte wohl die erste universelle Marke der Welt sein. Unter den westlichen Marken steht sie mit ihrer produktübergreifenden Fähigkeit allein. Nie zuvor wurde eine einzelne Marke so erfolgreich in einem so vielseitigen Bereich von Waren und Dienstleistungen genutzt. Unter ihrem Namen wurde alles vom Kondom bis zum Bankservice verkauft, von Brautkleidern bis zu den Sex Pistols.

Branson ist die treibende Kraft im Mittelpunkt eines Netzes aus hunderten von Unternehmen mit mehr als 25.000 Beschäftigten weltweit. Seine kommerziellen Interessen reichen von Reisen, Hotels, Konsumgütern, Computerspielen und Musik bis hin zu Airlines. Branson persönlich steht für seine Marke und steht bei Produkteinführungen und medienwirksamen Veranstaltungen immer ganz vorn. Die Virgin-Marke konnte sogar im Bereich der Finanzdienstleistungen reüssieren, indem sie Pensionsfonds, Kreditkarten, Darlehen und Lebensversicherungen aufregend und wünschenswert erscheinen ließ.

Finanzdienstleistungen sind Lichtjahre von dem Plattenlabel entfernt, das in den 1980er-Jahren half, den Punk in die Musiklandschaft zu integrieren, indem es ein umstrittenes Album der Sex Pistols veröffentlichte. Damals hatte sich Virgin bereits mit *Tubular Bells,* der Platte eines damals jungen unbekannten Komponisten namens Mike Oldfield, den Respekt der Hippie-Generation verdient. *Never Mind the Bollocks* war das perfekte Produkt, um die Virgin-Marke bei einer neuen Generation von stachelhaarigen Teenagern zu etablieren. Branson schuf eine neue Fusion aus Rebellion und Geschäft – und entdeckte einen einzigartigen neuen Lehrsatz für die Markengestaltung.

Virgin richtete sich ursprünglich an jüngere Leute, aber die Marke reifte mit Branson zusammen. „Vor einigen Jahren gingen wir dazu über, ihre Eltern anzusprechen", sagt Branson. „Jetzt steigen wir in Pensionen und Lebensversicherungen ein. Wir sind noch nicht ganz bei den Bestattungsinstituten angekommen. Trotzdem passen wir auf, dass wir die Kids nicht verlieren. Ich möchte bei den Leuten das Gefühl erzeugen, sie könnten sich die meisten ihrer Wünsche im Leben bei Virgin erfüllen. Das absolut Wichtigste ist, dass wir sie nie enttäuschen."

Branson wies wiederholt darauf hin, dass das wesentlichste Kapital Virgins der Ruf der Marke ist. Heftet man den Namen irgendeinem Produkt an, das diesem Ruf nicht gerecht wird, fiele damit das gesamte Unternehmen in Misskredit. „Unsere Kunden vertrauen uns", sagt Branson, dessen Philosophie lautet: Kümmere dich um deine Marke, und sie wird Bestand haben.

„Wir expandieren und bauen unsere Marke aus", so Branson, „aber wir achten stets darauf, nur solche Produkte und Dienstleistungen zu wählen, die zu unseren strengen Kriterien passen."

In den letzten Jahren dachte er viel und gründlich darüber nach, wofür die Virgin-Marke steht. Branson glaubt, es seien fünf Schlüsselfaktoren: Wert für Geld, Qualität, Verlässlichkeit, Innovation und ein undefinierbares, wenngleich ausgesprochen greifbares Spaßgefühl.

Wie in einem klassischen Lehrstück für rückwirkende Planung sind genau dies die Markenwerte, die Virgin anwendet, wenn dort heute neue Geschäftsabenteuer erwogen werden. Branson sagt, jedes neue Produkt und jeder neue Service müsse folgende Merkmale aufweisen: die beste Qualität, gute Leistung zum angemessenen Preis, innovativ sein, die bestehenden Alternativen herausfordern und in der Lage sein, Spaß zu vermitteln.

Virgin sagt, neun von zehn Projekten, die sie angehen, sind potenziell sehr profitabel. Passen sie allerdings nicht zu den Firmenwerten, werden sie verworfen. Doch, wie Branson sagt: „Wenn eine Idee mindestens vier der fünf Kriterien erfüllt, sehen wir sie uns gewöhnlich näher an."

Unterdessen verkaufte Branson auch sich selbst erfolgreich an Millionen von bewundernden Verbrauchern. Nach der Virgin-Markenformel ist es sogar ein wesentliches Element des Konzepts, die Verbraucher von der Vertrauenswürdigkeit des CEO zu überzeugen. Richard Branson ist zu einem Logo geworden. Was bei McDonald's der rothaarige Clown

Virgin-Territorium

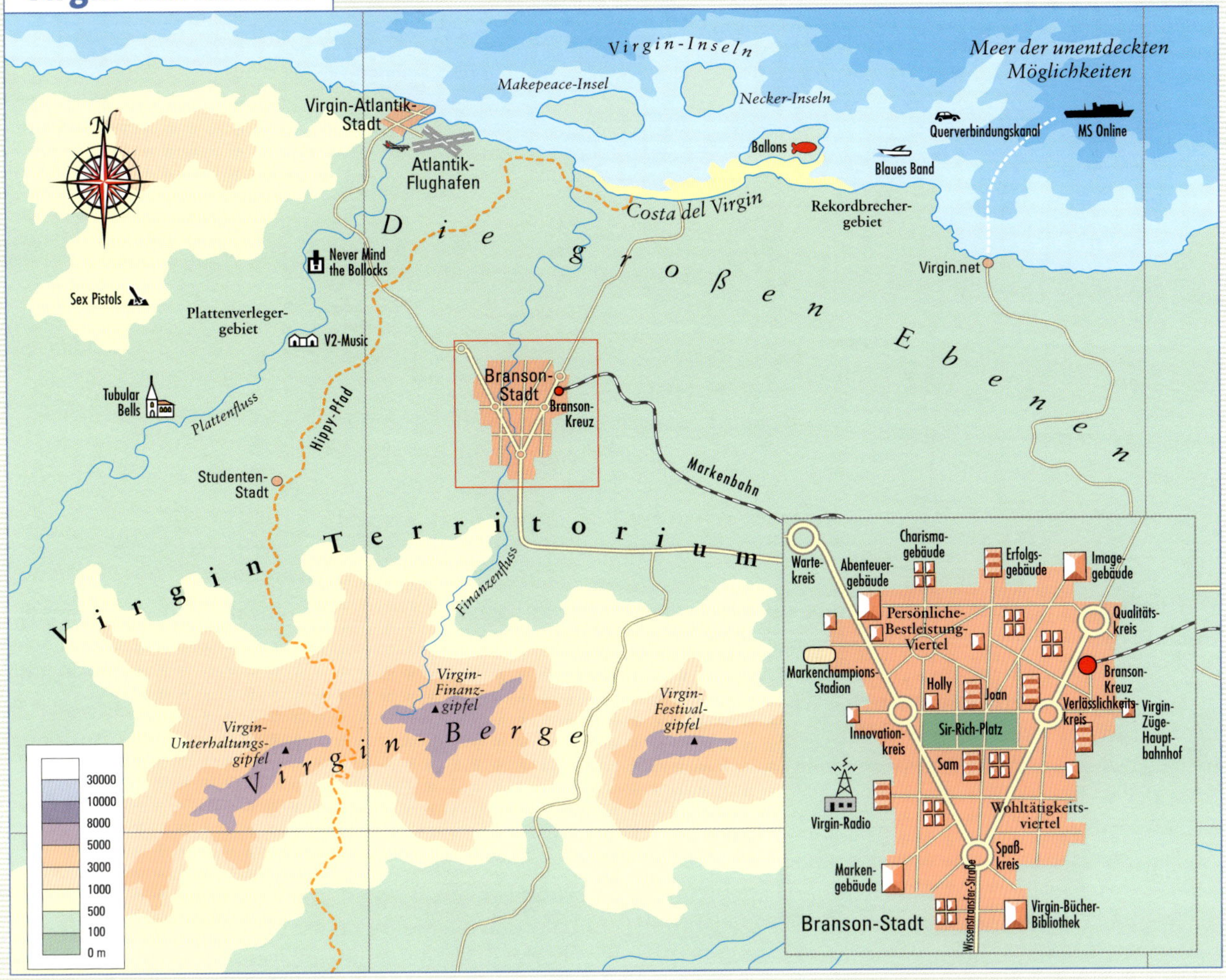

ist und bei Disney die Maus, ist bei Virgin der Vorstandsvorsitzende mit dem Zahnlücken-Lächeln.

Jedes Mal, wenn sein Bild in einer Zeitung oder einem Magazin erscheint, wirbt es für die Virgin-Marke.

Das ist volle Absicht und wahrscheinlich eine der effektivsten Werbestrategien überhaupt.

Das Risiko für den Markenruf ist natürlich entsprechend groß, sollte Bransons persönliches Image in irgendeiner Weise angekratzt werden.

Bisher allerdings ist dieses Image ausgesprochen erfolgreich und machte es ihm möglich, die Virgin-Marke mit einem Mini-Werbebudget zu dem zu machen, was sie heute ist.

Chronik

1950: Branson wird geboren.
1968: Erste Ausgabe des *Student Magazine,* Richard Bransons erster Geschäftsunternehmung.
1969: Der Name „Virgin" wird für eine Plattenfirma gewählt.
1971: Der erste Virgin-Plattenladen wird in London eröffnet.
1973: Das Virgin-Plattenlabel kommt mit *Tubular Bells* auf den Markt.
1977: Virgin nimmt die Sex Pistols unter Vertrag.
1983: Virgin Vision (Vorläufer von Virgin Communications), ein Film- und Videovertrieb, und Virgin Games (ein Spielesoftware-Verlag) werden gegründet.
1984: Virgin Atlantic Airways und Virgin Cargo werden gegründet.
1986: Die Virgin Group geht an die Londoner Börse. Branson schafft einen neuen Rekord für das Überqueren des Atlantiks in einem Kajütenboot.
1991: Virgin Publishing.
1996: Virgin Bride; Virgin Net und Virgin Rail Group.
1997: Virgin Direct bringt sein erstes Finanzserviceprodukt auf den Markt, Virgin One Account.
1998: Der dritte gescheiterte Versuch, die Erde in einem Ballon zu umrunden.
1999: Virgin Mobile wird gegründet.
1999: Sir Richard Branson wird zum Ritter geschlagen.
2000: Virgin führt Virgin Cars, Virgin Wines, Virgin Student, Virgin Money.com, Virgin Energy, V.shop und Virgin Travelshop.com ein.
2004: Virgin Galactic will zum ersten Weltraumtourismus-Unternehmen werden.
2005: Virgin Atlantic fliegt nach Peking.

Die Marken-Eisenbahn

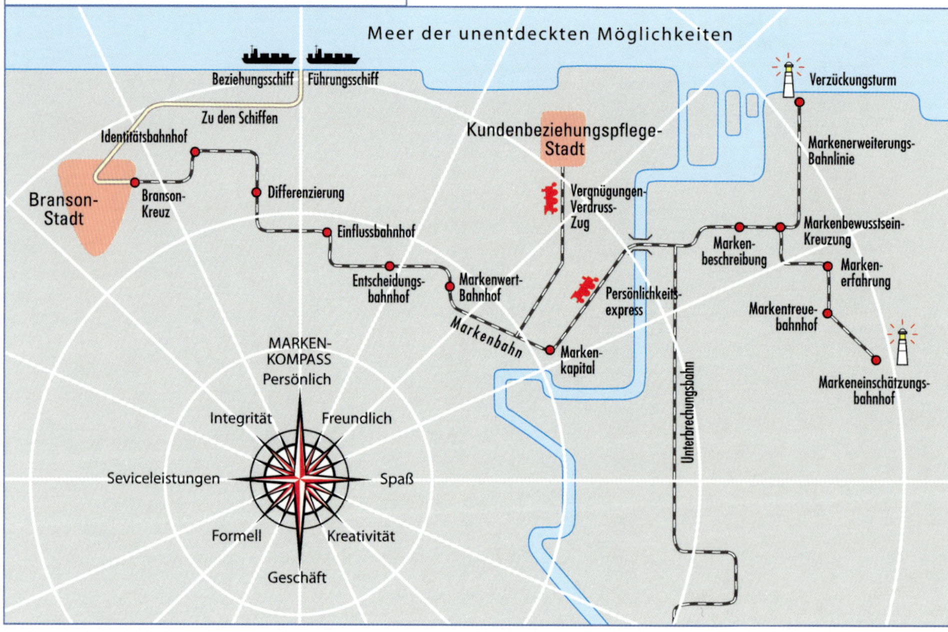

Die Marken-Eisenbahn am Rande des Kundenlandes ist das sicherste Reisemittel: Mit der Markenmaschine auf den Gleisen bleiben die Umsätze in der Spur!

Der wahrgenommene Wert, um den die Marke ein Produkt bereichert, ist das *Markenkapital*. Es besteht aus drei unterschiedlichen, aber miteinander verwobenen Strängen. Da ist einmal der finanzielle Wert einer Marke, der sich in der Unternehmensbilanz spiegelt. Hierbei handelt es sich um die *Markenbeurteilung*. (Eine jährliche Liste der weltweit wertvollsten Marken wird von der Marken-Strategie- und -Designfirma Interbrand erstellt.) Als Nächstes ist da die Verbraucherverbundenheit mit der Marke, also die *Markenloyalität*. Und als Drittes kommt die Beschreibung der Assoziationen und Überzeugungen hinzu, die ein Verbraucher mit einer Marke verbindet, die als *Markenbeschreibung* bezeichnet wird.

Eine erfolgreiche Werbekampagne schafft ein hohes Maß an *Markenwahrnehmung* – der Grad, in dem ein Verbraucher eine bestimmte Marke erkennt und erinnert. Dabei ist natürlich wichtig, warum sich der Verbraucher an die Marke erinnert. Für Markenwahrnehmung zu sorgen heißt, eine breite Verkaufsbasis zu schaffen, wobei man bisweilen außerhalb der normalen Medienkanäle operieren muss – indem man Event-Promotion, Product-Placement, Guerilla-Marketing und andere weniger traditionelle Methoden einsetzt, um die Verbraucher zu erreichen.

Neben der Steigerung der Markenwahrnehmung zielen Werbekampagnen darauf ab, das „richtige" Markenimage zu transportieren – die Wahrnehmung der Marke in den Köpfen der Verbraucher. Das erreicht man durch Kommunikation und Erfahrungsgestaltung, und es schließt „menschliche" Unterscheidungsmerkmale der Markenpersönlichkeit mit ein (z. B. warm, freundlich, witzig, stark etc.). Diese wiederum ist eng mit den Markenwerten verknüpft – der Essenz der Marke, die oft in Schlüsselwörtern wie Qualität, Kreativität, Luxus und Integrität ausgedrückt wird.

Das erhoffte Resultat ist die Markenloyalität des Verbrauchers. Damit ist die Bindung an eine bestimmte Marke gemeint, selbst wenn sie teurer ist als Konkurrenzmarken. Markenloyalität ist das Ziel aller Marketingleute und ein Produkt des psychologischen Vertrags zwischen der Marke und dem Verbraucher. Die Entwicklung so genannter Unternehmensmarken setzt eine ähnliche Beziehung in einem Business-to-Business-Umfeld voraus. Hierbei handelt es sich allerdings um einen langwierigeren und komplexeren Prozess, der am Ende noch mehr Macht verheißt als die Verbrauchermarke. In beiden Fällen aber gilt, dass sie den psychologischen Vertrag bricht und die Loyalität ihrer Kunden verliert, sobald sich die Marke in eine Richtung bewegt, die sich nicht mit ihrer Markenidentität vereinbaren lässt, sobald sie den Markenwert verrät oder sich zu weit weg wagt. Markenloyalität ist schwer zu gewinnen und leicht zu verlieren.

Marketing für die Zukunft

Die vier Ps waren eine nützliche Zusammenfassung der dominanten Inhaltsstoffe des Marketing-Mix in den 1950er-Jahren, als das Massenmarketing an der Tagesordnung war. Inzwischen jedoch hat sich das Geschäft verändert. Die Betonung liegt nicht mehr auf Volumen, sondern auf Kundenbegeisterung. Ein Unternehmen kann nicht mehr blind mit einem Produkt durchstarten und versuchen, einen Markt dafür zu finden, denn heute fängt alles beim Kunden an.

Das Marketing hat sich weiterentwickelt. Die Grenzen zwischen den vier Ps sind verwischt und teilweise nicht mehr vorhanden. Doch trotz der großen technischen Sprünge nach vorn bleiben Produkt-, Preis-, Distributions- und Kommunikationspolitik nach wie vor wichtig. Das Problem ist allerdings, dass es immer schwieriger wird, ihre genaue Bedeutung, ihre Rolle und ihr Potenzial zu definieren.

Heutige Vermarkter haben mehr zu bedenken als die vier Ps. Sie kämpfen eine Schlacht an zwei Fronten. In den Chefetagen mühen sie sich darum, den Ruf des Marketings als Unternehmensfunktion zu erhalten. Und nach außen müssen sie mit dem Verfall der Effektivität ihres Lieblingshandwerkszeugs fertig werden, der Werbeunterbrechung.

Der Status des Marketings und seiner Repräsentanten dümpelt auf den untersten Ebenen vor sich hin. Das erkennt man schon daran, wie leitende Manager zum Marketing stehen. In einer Umfrage unter Unternehmen aus *The Times 1000* gaben knapp 57 Prozent aller Finanzdirektoren an, die Marketinginvestitionen als notwendig für das Unternehmenswachstum zu erachten; 27 Prozent meinten, Marketinginvestitionen wären nur kurzfristige taktische Maßnahmen, und 32 Prozent sagten aus, das Budget für das Marketing würden sie in schlechten Zeiten als Erstes streichen.

Eine Strategie, das Ansehen des Marketings und seiner Mitarbeiter in den Augen der Vorstände zu heben, könnte darin bestehen, eine offensichtlichere Verbindung zwischen Marketingbemühungen und Bilanzergebnissen herzustellen. Damit würde man direkt der schärfsten Kritik am Marketing begegnen, nach der es unmöglich ist, zu sagen, wie sich das fürs Marketing ausgegebene Geld in den Umsatzzahlen und – wichtiger noch – in den Gewinnen niederschlägt. Welche Teile des Marketings sind profitabel und welche nicht? Eine direkte Verbindung zwischen Marketingausgaben und Profiten würde eine Menge bringen, um dem Marketing wieder zu Anerkennung zu verhelfen.

Ein wertbasierter Ansatz böte eine Möglichkeit. Maßsysteme für Marketingtätigkeiten sollten in der Lage sein, zu zeigen, welche von ihnen den meisten Wert innerhalb des Marketingprozesses schaffen. Dabei dürfen wir allerdings nicht vergessen, dass Maßsysteme kein Allheilmittel sind. Auch wenn einige Unternehmen, wie Cadbury-Schweppes, sie erfolgreich einsetzen konnten, hatten andere damit doch erhebliche Schwierigkeiten.

Finanzmaßstäbe sind weit davon entfernt, perfekt zu sein. Daher kann auch ihre Übertragung auf das Marketing problematisch sein, da sie erhebliche Veränderungen erfordert. Marketingleute müssen ihre Ziele und Prioritäten überdenken, sich auf die besten Wertquellen konzentrieren, sich mit neuen Maßsystemen arrangieren und neue Fertigkeiten ausbilden. Zumindest sollten sich Marketingleute auf eine Debatte einlassen, wie ihr Fach berechenbarer werden kann. Denn ohne Messbarkeit wird sich der Status des Marketings kaum verbessern.

Die Schwäche des Interruption Marketing ist eine weitere wichtige Herausforderung, mit der es Marketingleute aufnehmen müssen. Sie verlangt ein radikales Umdenken in der Beziehung zwischen Unternehmen und Verbrauchern. Das Interruption Marketing wird zunehmend als Aufdringlichkeit empfunden. Die Kunden lehnen es ab und ignorieren die Werbebotschaften. Schlimmer noch: Sie werden von unangebrachter und unerbetener Kommunikation regelrecht abgeschreckt.

Der neue Marketingimperativ ist das Erreichen von Konsens. Permission Marketing wird weithin verstanden und passiv akzeptiert, aber Trägheit und Gewohnheit haben dazu geführt, dass Interruption Marketing immer noch die Waffe erster Wahl bleibt. Pop-ups und Werbeblöcke, unerbetene E-Mails, Direktmails und Anrufe sind einfach, billig und entsprechend beliebt. Das Marketing muss ins neue Zeitalter des medienübergreifenden Konsenses eintreten. Dazu gehört, sich von einem Modell des Eindringens zu verabschieden und sich einem Modell der Kommunikation und des Beziehungsaufbaus zuzuwenden. Der Übergang wird nicht leicht sein. Den Kunden zu erreichen und eine Beziehung zu ihm aufzubauen fällt uns in einer Welt, in der die Privatsphäre des Kunden gesetzlich geschützt und verteidigt wird, nicht in den Schoß.

Aber schwierig oder nicht, das Marketing wird diese Herausforderung annehmen müssen, will es in Zukunft die Rolle zurückgewinnen, die es sich in den letzten Jahrzehnten erobert hat. Am Ende werden der Markt und der Verbraucher entscheiden. Das Marketing wird sich verändern, weil ihm nichts anderes übrig bleibt und weil Marketingleute einfallsreich sind. Vor allem aber wird es sich verändern, weil sich die Unternehmen einen Bruch zwischen Marke und Verbraucher nicht leisten können, der ihr Milliardeninvestment in die Marke zunichte macht.

Die meisten Unternehmen fürchten sich vor der Reduktion auf den Warencharakter. Wenn bessere Technologien gepaart mit Kundenverärgerung den Preis zum wichtigsten Faktor der Kaufentscheidung machen, werden viele Unternehmen leiden. Verkauf und Marketing nahmen in der Vergangenheit ähnlich schwere Hürden. Nichts deutet darauf hin, dass sie es diesmal nicht schaffen.

Wegmarken

- ***Manchmal wissen es die Unternehmen am besten. Der Kunde mag König sein, aber unterschätzen wir nicht den altmodischen Ansatz: Schaffe einen Markt und verkaufe das Produkt. Nobuku Idei, CEO von Sony, mochte den Walkman so sehr, dass er die Marktforschung überging und sich auf seinen Instinkt verließ. Er hatte Recht.***
- ***Den Marketinglärm zu übertönen wird immer schwieriger. Innovation ist der Schlüssel.***
- ***Die Macht der Ps – der vier oder der um drei Punkte ergänzten Variante – ist immer noch mit uns. Sorgen wir dafür, dass sie auf dem Stand der Realität des heutigen Geschäfts bleiben. Skizzieren Sie Ihre Ps, denn das ist eine gute Methode, um herauszufinden, wie es um die Gesundheit Ihres Marketing-Mix steht.***
- ***Wenn Sie Finanzmaßsysteme und Marketing kombinieren können, werden Sie in den Chefetagen eher auf offene Ohren stoßen.***
- ***Starke Marken leben weiter, schwachen wird im Preiskrieg die Verteidigung wegbrechen. Sind Sie sicher, wo Ihre Marke bei Ihren Kunden und bei Ihrer Konkurrenz steht? Versuchen Sie, die Wahrnehmung beider zu skizzieren.***

Kundenland

Auf der Marketing-und-Verkauf-Autobahn zu reisen kann teuer sein, doch sie ist zweifellos die wichtigste Straße in der Geschäftswelt, die beim Kunden anfängt und endet.

Alle Wege, die von der Kundenbegeisterung wegführen, enden wahrscheinlich bei der Geld- und Zeitverschwendung. Andere zu meidende Gebiete sind der Kommunikationssumpf und die endlose Weite der Kompletter-Blödsinn-Ranch, die sehr gern von den Bürgern der Agenturstadt besucht wird.

Das Virgin-Territorium wurde vor einiger Zeit von einem Strom blonder, lächelnder Menschen besiedelt, die es gleichermaßen liebten, Partys zu feiern wie Geld zu verdienen. Man kann davon ausgehen, irgendwann einmal selbst ein Stück in ihrem Zug gereist zu sein. Branson-Stadt ist einer der einladendsten Orte im Kundenland.

Marketingleute sind gut beraten, sich die Kundenbeziehungspflege-Stadt als Ausgangspunkt für ihre Reisen ins Meer der unentdeckten Möglichkeiten auszusuchen: Von hier ist es nur ein Katzensprung zu den Kundenbegeisterungshöhen.

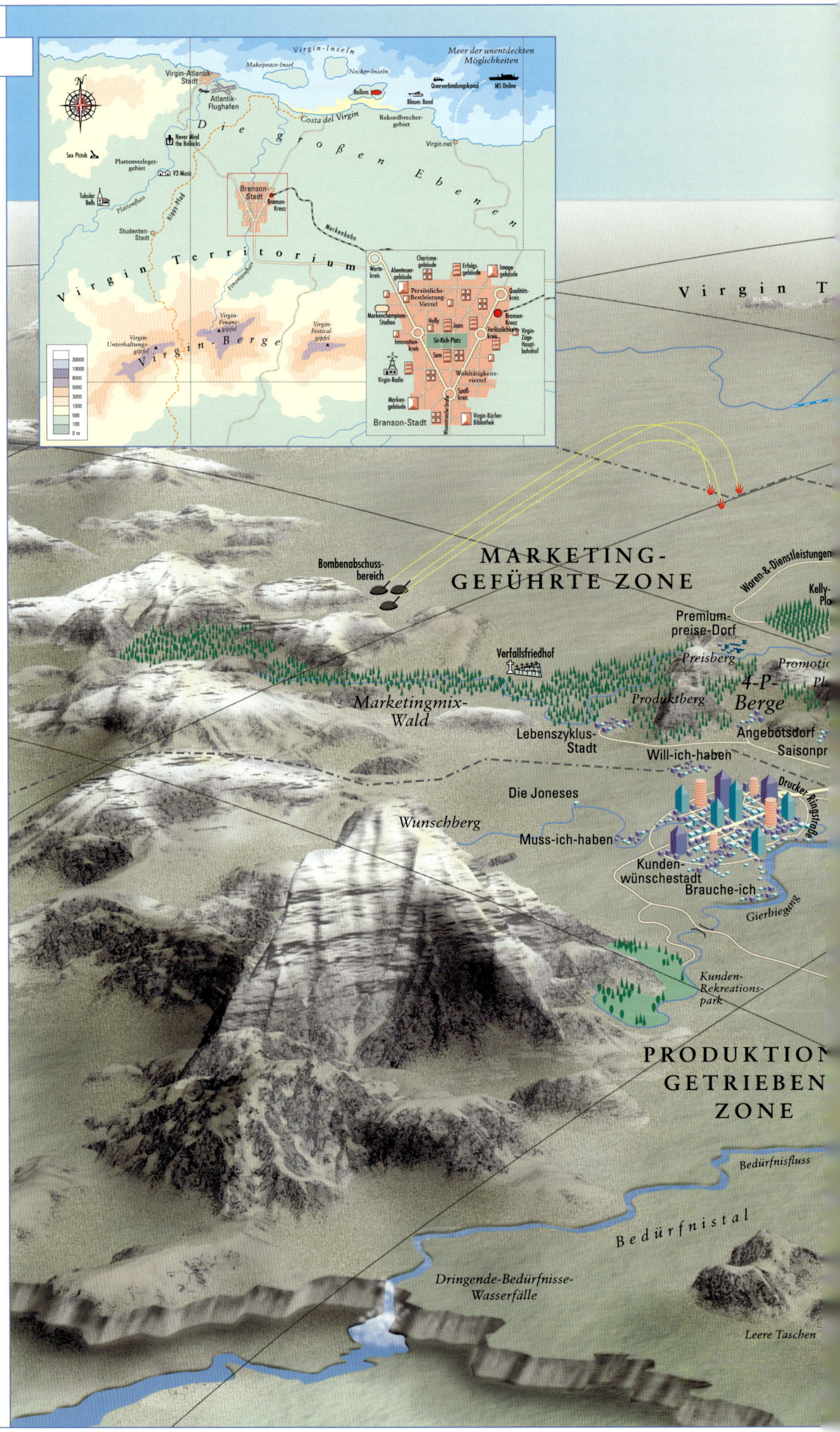

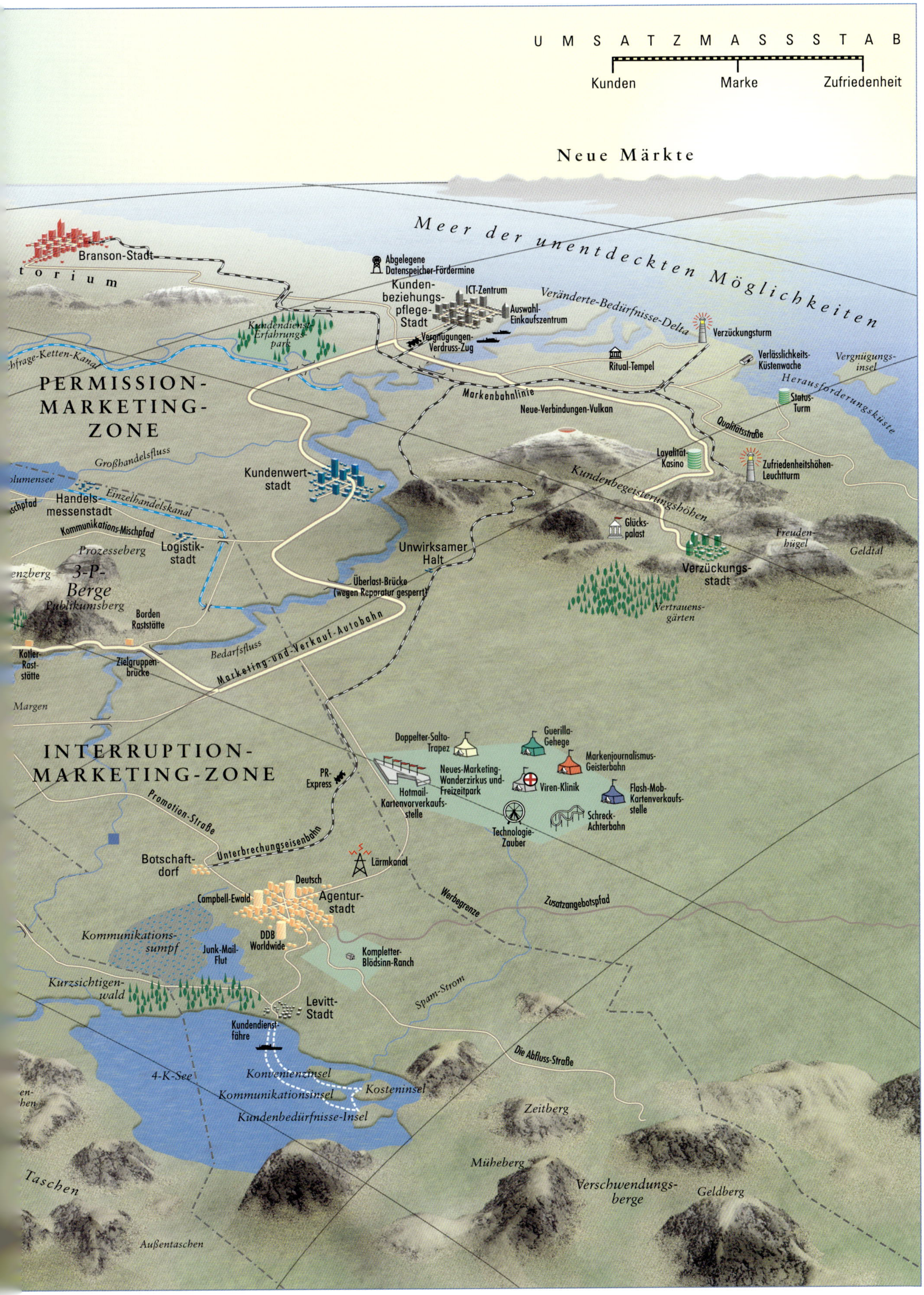
UMSATZMASSSTAB
Kunden
Marke
Zufriedenheit
Neue Märkte
Meer der unentdeckten Möglichkeiten
Branson-Stadt
Abgelegene Datenspeicher-Fördermine
Kunden-beziehungs-pflege-Stadt
ICT-Zentrum
Auswahl-Einkaufszentrum
Veränderte-Bedürfnisse-Delta
Verzückungsturm
Kundendienst-Erfahrungs-park
Vergnügungen-Verdruss-Zug
Ritual-Tempel
Verlässlichkeits-Küstenwache
Vergnügungs-insel
Herausforderungsküste
PERMISSION-MARKETING-ZONE
Markenbahnlinie
Neue-Verbindungen-Vulkan
Status-Turm
Qualitätsstraße
Großhandelsfluss
Loyalität Kasino
Zufriedenheitshöhen-Leuchtturm
Kundenwert-stadt
Kundenbegeisterungshöhen
Handels-messenstadt
Einzelhandelskanal
Kommunikations-Mischpfad
Logistik-stadt
Glücks-palast
Freuden-hügel
Geldtal
Prozesseberg
Unwirksamer Halt
Verzückungs-stadt
3-P-Berge
Publikumsberg
Überlast-Brücke (wegen Reparatur gesperrt)
Borden Raststätte
Vertrauens-gärten
Marketing-und-Verkauf-Autobahn
Bedarfsfluss
Kotler-Rast-stätte
Zielgruppen-brücke
Margen
INTERRUPTION-MARKETING-ZONE
Doppelter-Salto-Trapez
Guerilla-Gehege
Markenjournalismus-Geisterbahn
PR-Express
Neues-Marketing-Wanderzirkus und-Freizeitpark
Viren-Klinik
Flash-Mob-Kartenverkaufs-stelle
Hotmail-Kartenvorverkaufs-stelle
Promotion-Straße
Technologie-Zauber
Schreck-Achterbahn
Unterbrechungseisenbahn
Botschaft-dorf
Lärmkanal
Deutsch
Campbell-Ewald
Agentur-stadt
Werbegrenze
Zusatzangebotspfad
Kommunikations-sumpf
DDB Worldwide
Junk-Mail-Flut
Kompletter-Blödsinn-Ranch
Kurzsichtigen-wald
Levitt-Stadt
Spam-Strom
Kundendienst-fähre
Die Abfluss-Straße
4-K-See
Konvenienzinsel
Kosteninsel
Kommunikationsinsel
Kundenbedürfnisse-Insel
Zeitberg
Taschen
Müheberg
Verschwendungs-berge
Geldberg
Außentaschen

Wie sollen wir unsere Firma organisieren?

Der Wunsch nach Ordnung ist zeitlos und allgegenwärtig. Seit Jahrhunderten setzen sich die Denker mit Organisation auseinander. Was sie antreibt, ist das Bedürfnis nach Ordnung und Kontrolle sowie das Streben nach Zielen. Die strategische Herausforderung besteht darin, optimale Resultate zu erreichen und taktisch flexibel zu bleiben.

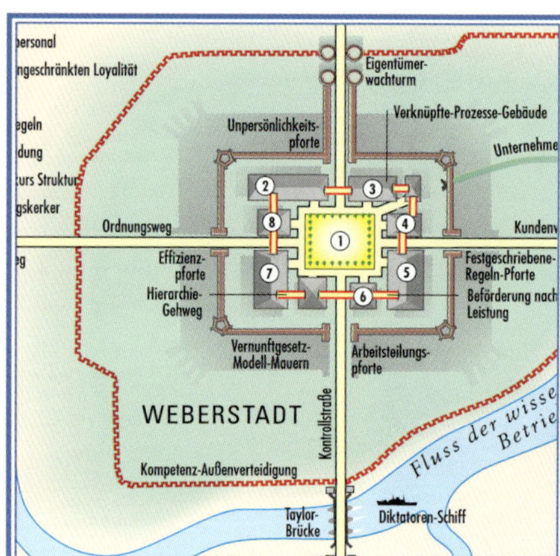

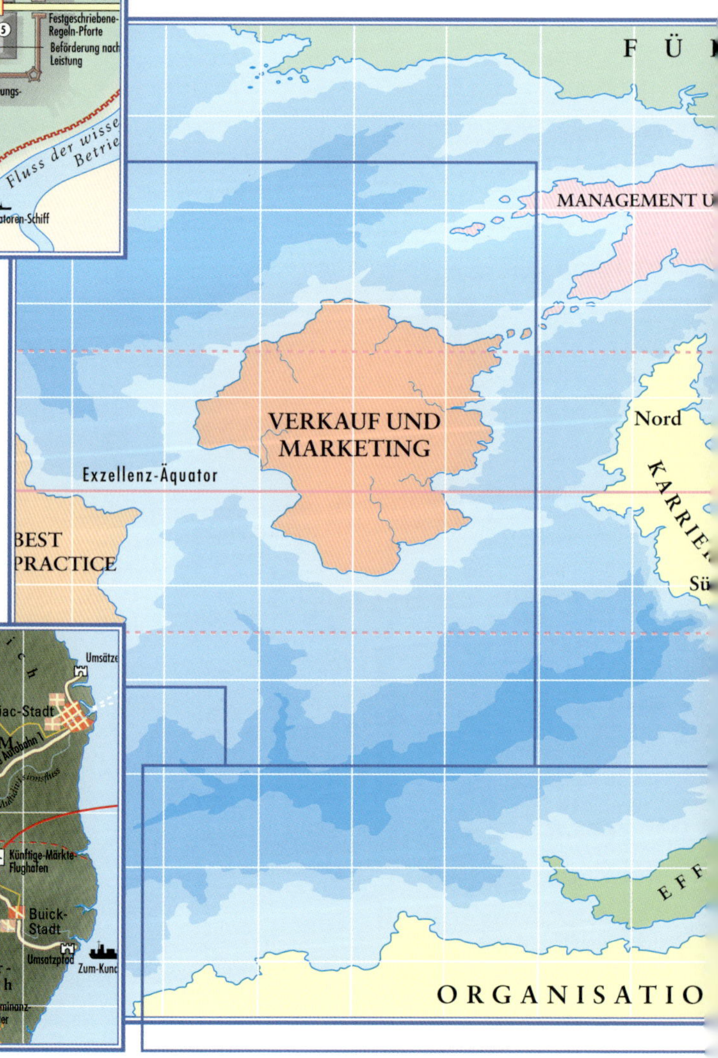

Das Thema Organisation taucht überall in der Geschichte auf. Während Städte zu Imperien wachsen, wird es zusehends schwieriger, sie aus dem Zentrum heraus zu regieren. Geschieht nichts, gerät das Reich schnell außer Kontrolle. Im antiken Rom reagierte man darauf, indem man eine stark zentralisierte Organisationsstruktur und ein Regierungssystem entwickelte, um der zunehmenden Unregierbarkeit des sich ausbreitenden Römischen Reiches zu begegnen. Neuen Kolonien wurde ein gewisses Maß an Autonomie zugestanden, solange sie ihren Tribut leisteten und sich den von Rom vorgegebenen Gesetzen unterwarfen.

Im kleineren Rahmen standen Führer großer Armeen vor demselben Problem. Wie wollten sie ein Heer kommandieren, das über ein ganzes Schlachtfeld verteilt war? Indem sie es in kleinere Einheiten unterteilten, deren Kommandanten jeweils den Befehlen aus der nächsthöheren Kommandoebene gehorchten.

Die Imperien von heute sind Unternehmensimperien, ihre Truppen die Mitarbeiter. Und das zentrale Thema der Unternehmensorganisation ist uns allen hinlänglich vertraut. Wieder geht es um die Verschiebung von Macht und Kontrolle aus dem Zentrum in die Peripherie – und wieder zurück. Es zeichnet einen Weg vor, der von den autokratischen Kommando- und Kontrollstrukturen des Automobilimperiums von Henry Ford zu den antihierarchischen Strukturen einiger moderner Konglomerate wie dem schweizerischen Asea Brown Boveri führt.

Die Geschichte der Unternehmensorganisation erzählt vom Fluss, vom Aufstieg und Untergang des Unternehmensimperiums. Sie beschreibt die Spannung zwischen der Unternehmenszentrale und den einzelnen Firmenelementen, zwischen dem Start-up und dem Konglomerat, zwischen Agilität und Schwerfälligkeit.

Ein Unternehmen strukturieren

Eine Lehre, die wir aus der Geschichte der Unternehmen ziehen können, ist wohl die, dass es die eine perfekte Unternehmensstruktur nicht gibt. Unterschiedliche Strukturen eignen sich für unterschiedliche Firmen, unterschiedliche Unternehmensgrößen und unterschiedliche Wachstumsstadien.

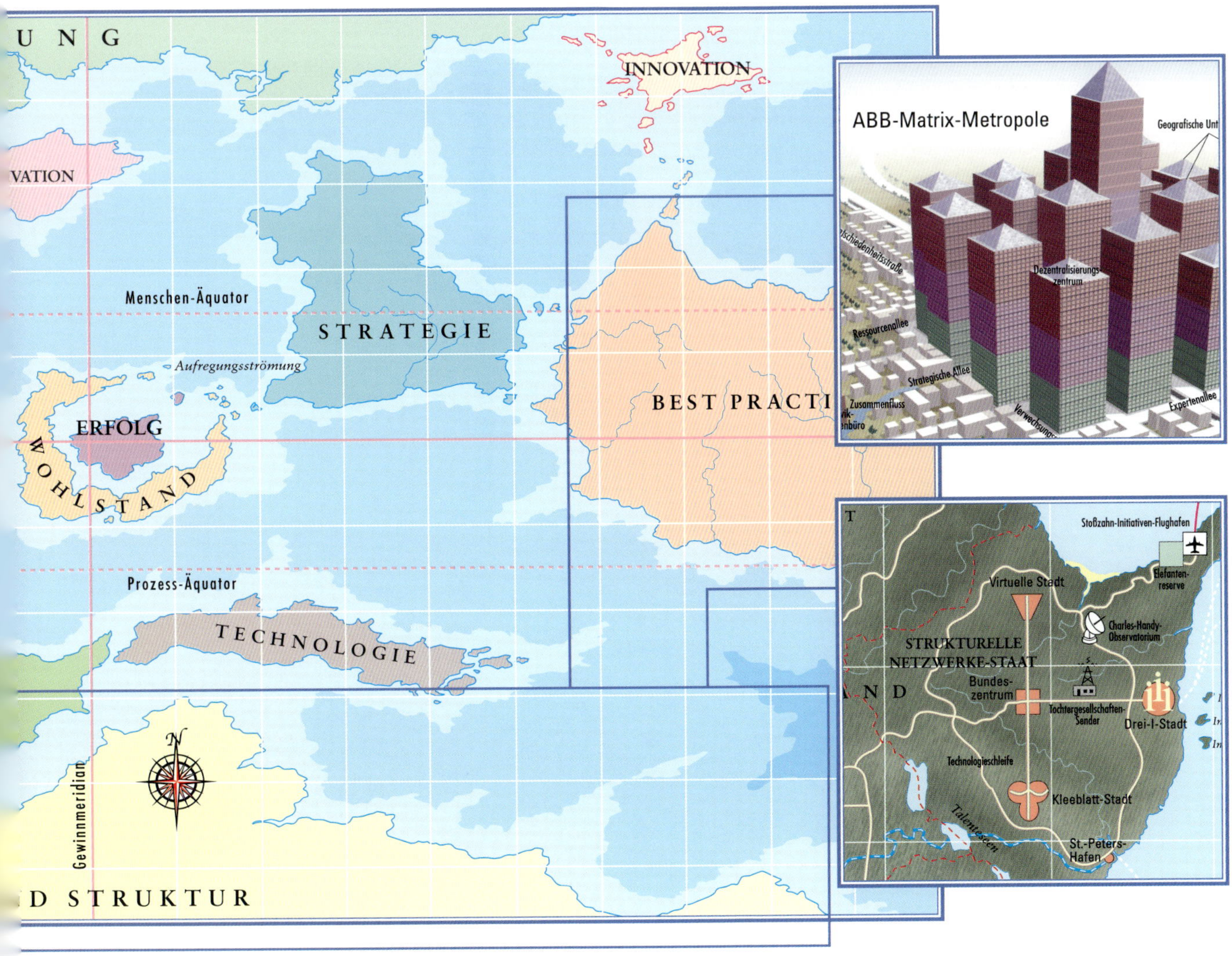

In guten Zeiten gestaltet sich die effektive Kontrolle aus dem Zentrum heraus schwieriger, weil die Unternehmen sich in einer Phase rapiden Wachstums befinden. Wachstumsstimulation durch Innovation ist häufig nur über umwälzende und unorthodoxe Strukturen zu erreichen.

Auch die Technologien wirken als treibende Kraft auf das Unternehmensverhalten, insbesondere die Kommunikationstechnologien. Lars Kolind regte bei der dänischen Firma Oticon die Schaffung eines „Spagettiunternehmens“ und des papierlosen Büros an. Das war aber nur dank der Fortschritte in der Informations- und Kommunikationstechnik möglich. Ebenso wird das virtuelle Unternehmen einzig durch das Internet, die Mobiltelefone und andere Kommunikationstechnologien denkbar.

Wo fing alles an?

Die Entstehung des modernen Unternehmens wird oft auf den Beginn der Massenproduktion in Henry Fords Autofabriken Anfang des 20. Jahrhunderts zurückgeführt. In Wahrheit handelte es sich bei Fords Errungenschaften um den Triumph der Produktion über das Management – ein Triumph, der eher durch Ehrgeiz denn durch Organisation erzielt wurde. Fords Unternehmensimperium wies keine sorgfältig durchdachte, ja nicht einmal eine grob formulierte Struktur auf.

Es musste erst ein deutscher Soziologe kommen, Max Weber (1864-1920), damit man erkannte, was Massenproduktion und Industrialisierung für die Unternehmensorganisation bedeuteten. Weber war überzeugt, dass die ultimative Organisationsform in der industrialisierten Welt ein bürokratisches System wäre. Sein Modell sah ein unpersönliches und komplett hierarchisches System vor, ganz und gar rational und mit sorgfältig strukturierten Beförderungs- und Kompetenzstufen. Übereinstimmend mit den Managementtheorien seiner Zeit betrachtete er das Unternehmen als eine Maschine. Jedes Zahnrad in diesem System – also jeder Bürokrat – erfüllte eine fest vorgegebene Rolle.

Das Ziel der Massenproduktion war die effiziente Arbeitsleistung – nicht mehr und nicht weniger. Effiziente Maschinen waren produktiv und somit profitabel. Laut Weber zeichnete sich das bürokratische System durch Hierarchie, Unpersönlichkeit, vorgeschriebene Verhaltensregeln, Beförderung aufgrund von Leistung, klare Arbeitsteilung und Effizienz aus. In vielerlei Hinsicht ähnelt Webers bürokratische Welt jener, die Orwell in 1984 beschreibt: eher ein Albtraumszenario als eine realistische Prognose.

Leider wurde der Albtraum in einigen Punkten wahr. Henry Ford stand nicht allein auf weiter Flur und Unternehmen wurden routinemäßig in jene bürokratischen Apparate umgebaut, die Weber sich vorgestellt hatte. Grundlage für dieses Modell war kritiklose Loyalität. Unterordnung und lähmende Hierarchien wurden zum Rollenmodell für Unternehmen.

Die Geburt der M-Form

Ford mag die Massenproduktion eingeführt haben, aber ein anderer Autobauer, Alfred P. Sloan, schuf das erste moderne Unternehmen. Alfred Pritchard Sloan jr. (1875-1966) wurde 1923 Präsident von General Motors und gilt als Architekt des Industrieunternehmens.

Sein Vorgänger bei General Motors war eine recht schillernde Figur, der frühere Klempner William Crapo Durant (1861-1947). Durant war auf unterhaltsame Weise rücksichtslos und gelegentlich brillant, vor allem aber war er ein Einzelgänger. Sein ganz eigener unternehmerischer Ansatz lässt sich am ehesten mit einer Anekdote beschreiben. Als GM seinerzeit Oldsmobile übernahm, hatte das Unternehmen noch kein neues Automodell geplant. Dann fuhr Durant bei der Oldsmobile-Fabrik in Lansing in einem Buick 10 vor.

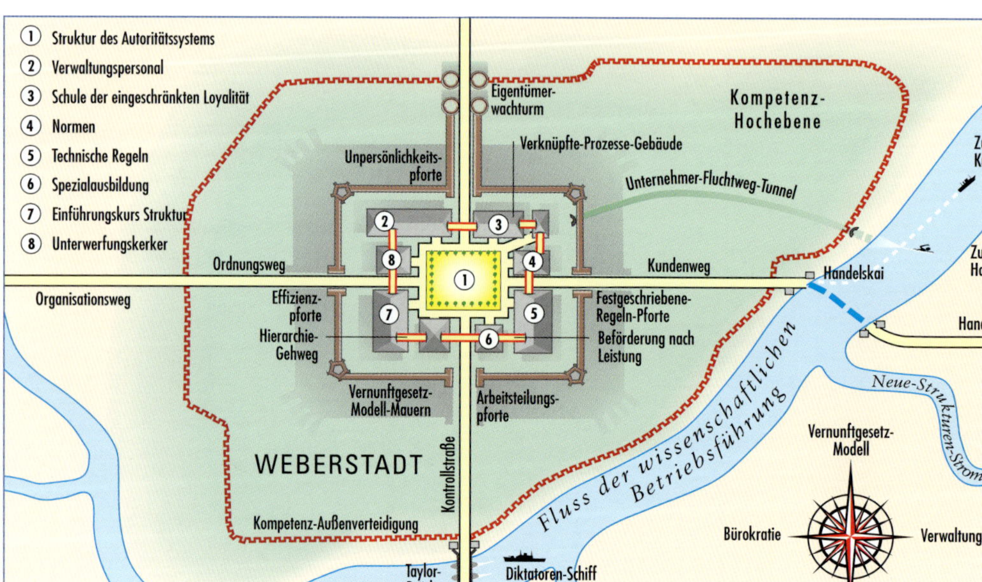

Die Geschichte des Unternehmensimperiums beginnt mit einer durch Festungen geschützten Siedlung – dem Stadtstaat Weberton. Eine rigorose Hierarchie beherrschte die strukturierten Prozesse unter dem Vernunftsgesetz-Modell.

Im Königreich der M-Form herrscht heute eine Monarchie. Eine zentrale Regierung mit Sitz in Sloanburg entscheidet über die Politik und übt fiskalische Kontrolle über die feudalen Grafen aus, die in ihren halb autonomen Städten sitzen.

Er ordnete an, dass man den Buick in zwei Hälften zersägte. Dann setzte Durant die Teile wieder neu zusammen, wobei er sie weiter auseinander platzierte und verkündete: „Wir machen den Wagen etwas breiter als den Buick. Wir machen ihn etwas länger als den Buick, das gibt mehr Beinfreiheit. Dann baut ihr den Standardkühler und -kühlergrill an. Das Auto wird aussehen wie ein Olds und es wird fahren. Lackiert es, polstert es – und schon habt ihr das Oldsmobile für das nächste Jahr.“

Durants bodenständiger Managementstil passte zu den Anfangstagen der Autoindustrie, war jedoch völlig fehl am Platz, wenn es um unternehmerische Belange ging. Er ritt auf der Gründerwelle, brachte aber nicht das Managergeschick mit, um ein Unternehmensimperium für die Zukunft aufzubauen. Die Wirtschaftskrise nach dem Ersten Weltkrieg setzte Durants schillernder Karriere ein Ende. Die GM-Aktien fielen ins Bodenlose – von 400 auf zwölf Dollar – und Durant ging.

„Als Mr. Durant General Motors ins Leben rief, fungierte er wie ein Diktator“, sagte Sloan. „Aber eine solche Institution kann nicht unter einer Diktatur zu einem erfolgreichen Unternehmen heranwachsen. Diktatur ist die effektivste Form der Verwaltung, sofern der Diktator alle Antworten auf sämtliche Fragen weiß. Doch das tat er nie und wird er auch niemals tun.“

Das moderne Unternehmen

Am meisten störte Sloan bei Durants Vermächtnis das Organisationsproblem. Durant hatte mitgewirkt, einen Unternehmenskoloss aufzubauen, der beinahe undirigierbar war. Innerhalb von fünf Jahrzehnten formte Sloan General Motors um und erfand das Management der Firma neu. Damit schuf er eine neue Unternehmensform – ein Modell, das dezentralisierte Abläufe mit koordinierter zentraler Kontrolle der Unternehmenspolitik kombinierte.

In den frühen 1920er-Jahren teilte Sloan das Unternehmen in acht Unternehmenseinheiten – fünf Automobilherstellern und drei Zulieferer. Im Fachjargon (der 50 Jahre später erfunden wurde) handelte es sich hierbei um strategische Betriebseinheiten. Damit war das moderne Unternehmen geboren.

Ford hatte es geschafft, Standardisierung und Massenproduktion zu erreichen, indem er das Produktangebot möglichst schmal hielt. Sloan wollte ein breiter gefächertes Angebot mit dem Sammelsurium von Unternehmen produzieren, die er von Durant übernommen hatte. Und er fing damit an, aus einer willkürlich zuammengewürfelten Sammlung von Unternehmen eine kohärente Organisation zu machen.

Zuvor hatten die GM-Wagen im selben Markt miteinander konkurriert. Um das künftig zu vermeiden, gab Sloan jedem Automobilhersteller eigene Preis- und Stilkategorien vor. Außerdem führte er jährliche Modellwechsel ein, wodurch er einen Markt für Gebrauchtwagen schuf. Und aller Hersteller besaßen eine eigenständige Marke.

Mit der Zeit gewann die GM-Organisation an Konturen. Jede der Unternehmenseinheiten war für ihre gesamten kommerziellen Abläufe selbst verantwortlich. Jede hatte eigene Konstruktions-, Produktions- und Verkaufsabteilungen, die einer zentralen Leitung unterstanden, welche wiederum für die Einhaltung der Finanz- und Politikvorgaben verantwortlich war. Die Unternehmenseinheiten waren halb autonom und ihnen oblag es, ihre Marktanteile zu behaupten und dauerhafte Rentabilität in ihrem Bereich zu sichern. Besonders innovativ war, dass die Zulieferer ihre Produkte nicht nur an die GM-Unternehmen verkauften, sondern auch an externe Unternehmen.

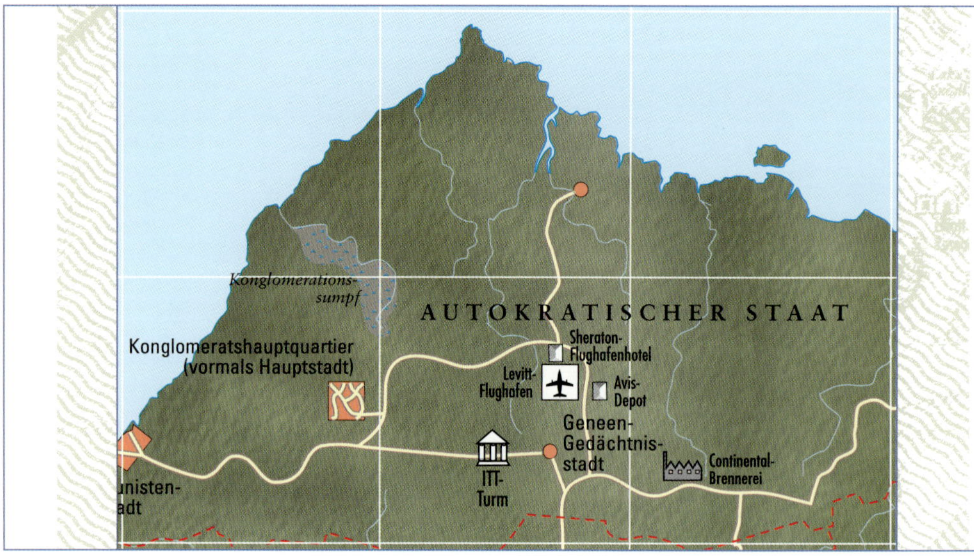

Abwanderungen aus dem Königreich der M-Form führten zur Entstehung der Konglomeratsstadt und machten sie zur Hauptstadt des Autokratischen Staates, dem Gründerstaat des Neue-Unternehmen-Landes. Der Opportunismus milder Diktatoren erwies sich als schlechte Basis für ein langlebiges Imperium.

Derweil wurde die Unternehmenszentrale in einer lenkbaren Größe gehalten. Ihre Aufgabe bestand im Zahlenerfassen, dem sorgfältigen Erstellen und dem Aktualisieren von Leistungsbilanzen für jede der einzelnen Betriebseinheiten.

Sloans Organisationsmodell verlieh den Einheiten weit mehr Eigenverantwortung, als sie je zuvor gehabt hatten. Sein Ansatz stand und fiel mit klaren Vorgaben, wer wofür verantwortlich war. Sobald die Verantwortlichkeiten zugeteilt waren, hielt Sloan es für unangebracht wie auch unnötig, dass die Topmanager in der Zentrale zu viele Details aus den Abläufen in den einzelnen Einheiten kannten. Gute Manager wurden dadurch belohnt, dass man sie in Ruhe ließ. Schlechte Leistungen führten zu Veränderungen im Management auf Bereichsebene. Die Zentrale brauchte nicht zu wissen, was genau sich in den Unternehmensbereichen abspielte. Man tauschte einfach fehlerhafte Zahnräder durch neue aus.

Sloans Form der Einzelbereiche bedeutete für die Führungskräfte, dass sie mehr Zeit hatten, sich mit strategischen Problemen zu befassen, während die betriebsbezogenen Entscheidungen von den Leuten vor Ort und nicht in der weit entfernten Zentrale gefällt wurden. Hierzu war ein kontinuierlicher Balanceakt erforderlich, aber es funktionierte.

Nach Sloan

Die Form der Unternehmenseinheiten löste einen Trend zur Dezentralisierung in den großen Unternehmen aus. 1950 wurden annähernd 20 Prozent der Fortune-500-Unternehmen dezentralisiert, und bis 1970 war ihre Zahl auf 80 Prozent gestiegen. Unter ihnen fanden sich IBM und AT&T. 1956 verkündete IBM-Chef Thomas Watson Jr. seinen Plan, das Unternehmen in sechs autonome Bereiche zu dezentralisieren, von denen sich jede auf eine Produktlinie konzentrierte. In den 1980er-Jahren folgte AT&T mit dem Versuch, den Übergang von einer produktionsbasierten Bürokratie zu einem Marketingunternehmen zu meistern.

Ein wichtiger Förderer dieses Trends war der Wirtschaftshistoriker Alfred Chandler. Wie Chandler in seinem Klassiker *Strategy and Structure* darlegt, besteht der größte Vorteil des Unternehmens, das in einzelne Niederlassungen gegliedert ist, darin, dass „es die Führungskräfte, die für die Geschicke des gesamten Unternehmens verantwortlich sind, von den Routineaufgaben entbindet und ihnen so die Zeit und die Informationen gibt und auch die psychologische Verpflichtung auferlegt, sich mit Langzeitplanung und Lagebeurteilung zu beschäftigen."

Mit der Zeit wurden allerdings auch die Unzulänglichkeiten des Sloan'schen Modells sichtbar. Die dezentralisierten Strukturen, die er aufbaute, gruppierten sich um eine Berichts- und Verwaltungsinfrastruktur, die unkontrolliert wucherte. Mehr und mehr Ausschüsse wurden gebildet und strenge Zielvorgaben wie strikte Erfolgserwartungen hemmten jede Initiative. Gegen Ende der 1960er-Jahre war das empfindliche Gleichgewicht zwischen Zentralisierung und Dezentralisierung dahin, das Sloan über Jahre brillant aufrechterhalten hatte. Die Finanzen waren zum dominanten Faktor geworden, und was GM einst groß gemacht hatte, lähmte nun das Unternehmen.

Sloans Unternehmensmodell war zu seiner Zeit das richtige gewesen und hatte die dringend benötigte Klarheit in die Organisation gebracht. Während der 1920er-, 1930er- und 1940er-Jahre hatte es hervorragend funktioniert. Dass es GM nicht gelang, sich von hier aus weiter nach vorn zu bewegen, war eher der Fehler der Führungskräfte, die Sloan folgten, als einer des Modells an sich.

In den 70 Jahren nach Sloans Restrukturierung wurde an neuen Unternehmensmodell-Entwürfen kaum mehr hervorgebracht als weitere Variationen von Sloans Thema. Die Unternehmen wurden größer, viel größer. Die Form der Gliederung in eigenständige Bereiche wurde von einem neuen Koloss überholt – dem Konglomerat. Das Konglomerat ist eine Ansammlung getrennter Unternehmen, die in einem Zentrum zusammenlaufen. Konglomerate erreichten ihren Höhepunkt in den späten 1960er- und frühen 1970er-Jahren. Der König der Konglomerate war Harold Geneen von ITT. Geneen versammelte eine ganze Menge Unternehmen unter dem ITT-Dach. Zeitweise gehörten Avis, die Sheraton-Hotels, Continental Baking und Levitt & Sons dazu.

1970 bestand ITT aus 400 einzelnen Unternehmen, die ihre Geschäfte in 70 Ländern betrieben. Niemand versuchte einen Sinn in dieser zusammenhanglosen Sammlung zu erkennen. Geneen tat es, indem er unermüdlich die Zahlen analysierte. Wenn die Statistiken aufgingen, war er glücklich. Unter Geneen schlug das Kontrollpendel Richtung Zentrum aus. Alle Macht konzentrierte sich auf ihn. Und, wie so oft, folgte auf den Abgang des autokratischen Führers eine zügige und vorhersehbare Auflösung der Gruppe.

In den 1980er-Jahren lebte das Konglomerat wieder auf – hässliche und wuchernde Konglomerate vielleicht, aber einige von ihnen hielten sich trotzdem.

Aus Unternehmenssicht sind Konglomerate nichts anderes als eine größere und chaotischere Version des Sloan'schen Modells. Ihre Größe, die Vielseitigkeit ihrer Interessen und ihre internationalen Dimensionen dienen lediglich dazu, dass ihr Management noch schwieriger gerät. Harold Geneens Lösung bestand in der Machtkonzentration auf das Zentrum – auf ihn. Dazu gehörte ein gewisses Maß an Diktatur und Hingabe, wie sie nur die wenigsten Manager über längere Zeit durchhalten.

In neuerer Zeit schlug das Pendel wieder Richtung Dezentralisierung aus. Und es wurden neue, komplexere Ebenen hinzugefügt. Das Matrix-Modell beispielsweise ist ein Versuch, den Schwierigkeiten des Managements großer Unternehmen über unterschiedliche nationale Märkte hinweg zu begegnen. Entwickelt wurde das Konzept nach dem Krieg vom Elektronikunternehmen Philips. Es stellt einen Kompromiss zwischen Zentralisierung und Dezentralisierung dar, bei dem das Matrix-Management versucht, Verantwortlichkeiten und Berichtsketten in großen Unternehmen mit Aktivitäten in mehr als einem nationalen Markt zu klären.

Raus aus dem Büro

In seinem 1970 erschienenen Buch *Der Zukunftsschock* sagte der Futurist Alvin Toffler eine Welt voraus, in der die Gesellschaft „sich von einer arbeitsorientierten in eine wandelt, die sich mehr der Freizeit zuwendet". Viele stimmten ihm zu. Die technischen Fortschritte sollten die Produktivität erhöhen und damit auch die verfügbare Freizeit. Für die entwickelten Ökonomien bedeutete das, sie sähen einer postindustriellen freizeitorientierten Gesellschaft entgegen.

Da sich das Zeitalter der Freizeit nicht recht einstellen wollte und die Zeiten, in denen die Menschen arbeiten, eher noch länger wurden, verlegten sich die Vorhersagen für die Zukunft mehr auf die Unternehmen von morgen. Fortschritte in der Technologie mögen vielleicht nicht den Bedarf an Arbeit mindern, aber sie sollen das Wesen der Unternehmen verändern – die Art, wie die Menschen zusammenarbeiten, wie auch den Arbeitsplatz, an dem sie sich aufhalten.

Die Vorhersagen waren eindrucksvoll. Arbeitnehmer, durch die Technik von den Einschränkungen des Büros befreit, werden zu Wanderern. Technologien wie Laptop, WLAN, Internet, E-Mail, Internet-Telefonie und Handys versetzen die Mitarbeiter in die Lage, von überall aus zu arbeiten. Während die Unternehmen abgespeckt werden, reisen Armeen von Managern als mobile menschliche Büros um den Globus, die über moderne Technik mit ihren Kollegen und Kunden in Kontakt stehen.

Der virtuelle Arbeitsplatz

In einem anderen Szenario macht das Büro selbst eine dramatische Wandlung durch. An der Harvard Graduate School of Design werden Design-Richtlinien für eine neue konvergierende Unternehmensarchitektur entwickelt. Das Ziel: ein nahtloser Übergang zwischen physischer und virtueller Welt. Die Herausforderungen: das Abstimmen von Form und Funktion; das Visualisieren physischer Präsenz; die personalisierten Räume und das Schaffen geeigneter Schnittstellen zwischen virtueller und physischer Welt.

Zwischen der traditionellen Bürozelle und der Zukunftsvision vom Arbeitsplatz, an dem die virtuelle Welt des Internet mit der physischen Welt der Flure, Wände, Treppenhäuser und Decken zusammentrifft, liegt eine Fülle von anderen „revolutionären" Konzepten.

„Hot-desking" oder „Hotelling" etwa heißt das Teilen eines Schreibtisches, Arbeitsplatzes oder anderer Ressourcen, die normalerweise für eine Einzelperson vorgesehen sind. Flexi-Offices sind voll ausgestattete Büros, in denen die Arbeitsplätze oder Sitzungsräume stundenweise gemietet werden können. Das papierlose Büro ist eines, in dem die Technologien das Papier überflüssig machen.

Moderne Bürokomplexe bieten heute automatisch Gruppen- und Übungsbereiche, sprich: Räume für informelle Treffen, die zu Kreativität und persönlicher Kommunikation anregen sollen. Manager haben ihre Büros gegen das Wohnzimmer eingetauscht oder sich zumindest zu Hause einen Platz eingerichtet, von dem aus sie arbeiten, normalerweise via Internet.

Wie so oft gilt allerdings auch hier, dass die Zukunft nicht immer bringt, was wir erwarten oder was andere voraussagen.

Der Nobelpreisträger und Ökonom Robert Solow bemerkte bereits treffend: „Das Computerzeitalter ist dieser Tage überall zu erkennen, nur nicht in den Produktivitätsstatistiken." Im papierlosen Büro finden sich Unmengen Papier. Von Xerox gesponserte Forschungen der britischen Wissenschaftler Abigail Sellen und Richard Harper ergaben, dass die Unternehmen mehr Papier verbrauchen denn je.

Warum? Ein interessanter Grund war die Bedeutung von Papier im unternehmensinternen Ablauf. Papier ist der menschlichen Zusammenarbeit förderlich und seine Greifbarkeit gibt den Menschen ein Gefühl von Kontrolle in komplizierten Situationen.

Fallstudie ABB: Die Matrix-Revolution

Matrix-Management steht für einen Mittelweg. Das Matrix-Unternehmen als eine Mischung aus Dezentralisierung und Zentralisierung ist so organisiert, dass jede Einheit mindestens zwei Chefs hat. Statt an einer linearen Befehlskette orientiert zu sein, ist die Matrix multidimensional – je nachdem, wie viele Dimensionen als nützlich oder praktisch erachtet werden. Zu einem solchen Unternehmen können Regionalmanager, funktionale Manager, Landes- oder Kontinentalmanager und Geschäftssektoren-Manager gehören. So mag es beispielsweise sein, dass der Manager der venezolanischen Einheit eines produzierenden Unternehmens zu unterschiedlichen Zeiten unterschiedlichen anderen Managern Bericht erstatten muss – dem Manager der Unternehmenseinheit, dem Auslandsmanager für Venezuela, dem Südamerika-Manager, dem Marketingchef oder dem obersten Produktleiter.

Die Matrix-Organisation baut zunächst einmal auf ein Netzwerk von Zuständigkeiten und fördert den größeren Überblick. Manager betrachten die Dinge nicht im engen Rahmen ihrer jeweiligen Einheiten, Aufgabenbereiche oder Zuständigkeiten. Stattdessen nehmen sie eine Vielzahl von Perspektiven ein – regional, unternehmensweit, international, global und funktional.

Zu beachten wäre, dass die Unternehmen, die das Matrix-Management erfolgreich umgesetzt haben, zu den großen europäischen multinationalen Konzernen zählen. Philips entwickelte das Konzept nach dem Krieg, stellte allerdings fest, dass die nationalen Managementstrukturen zu dominant wurden – was sie änderten, sobald sie es bemerkt hatten. Auch Royal Dutch Shell nutzte das Matrix-Management.

Der wohl bemerkenswerteste Repräsentant der Gegenwart dürfte Asea Brown Boveri (ABB) sein, der schweizerisch-schwedische Industriegigant. Unter Percy Barnevik führte das Unternehmen ein hoch kompliziertes Matrix-System mit einer Gruppe von 250 handverlesenen „globalen" Führungskräften ein (einschließlich 136 Ländermanagern und 50 Geschäftsbereichsmanagern), die 210.000 Mitarbeiter in 1.300 Unternehmen unter sich hatten. Die Unternehmen wiederum waren in 5.000 Profitcenter unterteilt, die in fast 150 Ländern arbeiteten, sowie in vier Produktsegmente und ein Finanzservicesegment.

ABB war das Ergebnis einer Fusion zwischen dem schwedischen Unternehmen Asea, seinerzeit unter der Leitung des Respekt einflößenden Percy Barnevik, und dem schweizerischen Unternehmen Brown Boveri. Die Fusion wurde am 10. August 1987 bekannt gegeben. Barnevik wurde zum CEO des neuen ABB-Unternehmens und revolutionierte dessen Organisation wie dessen Leistung. Er führte eine komplexe Matrix-Struktur ein – sein Nachfolger Goran Lindahl bezeichnete sie als „Dezentralisierung zu zentralen Bedingungen".

Das ABB-System spiegelte die ganze Komplexität eines Matrix-Managements wider. Das Unternehmen wurde von einem Exekutiv-Komitee geführt und war in Geschäftsbereiche, Profitcenter und Länderunternehmen unterteilt. Die Unternehmenssegmente – die jeweils von leitenden Managern geführt wurden – waren ihrerseits unterteilt in Geschäftsbereiche, die wie weltweite Unternehmen behandelt wurden. Auf der anderen Achse der Matrix war ABB in Regionen aufgegliedert (Nord- und Südamerika, Asien, Europa) oder in Ländergruppen. Das Ziel war, die Vorteile eines globalen Unternehmens ebenso voll auszuschöpfen wie die von kleineren Einzelfirmen.

Dass dieses Labyrinth tatsächlich funktionierte, verdankte man Barneviks leidenschaftlicher Begeisterung für Kommunikation. Das Matrix-Management war ein Mittel, Informationen und Ressourcen ihrem optimalen Einsatzort zuzuführen, was nur gelingen konnte, wenn die Manager ununterbrochen kommunizierten – also die Art von Kommunikation pflegten, die für ein erfolgreiches Matrix-Management unabdingbar ist.

Das Matrix-Management arbeitete eindeutig für ABB, war allerdings auch wesentlich abhängig von der dynamischen Brillanz Barneviks. Er verstand es, die Zweideutigkeit und die Unklarheiten, die das System verursachte, Gewinn bringend zu nutzen. Unter ihm funktionierte es. Signifikant ist, dass sein Nachfolger Goran Lindahl die Matrix-Struktur teilweise abbaute und das Unternehmen unter ihm weniger glückliche Phasen durchlebte.

Und genau hier liegt das Problem. Der mythische Matrix-Boss ist ein siebenköpfiges Wesen. Das Matrix-Management ist kompliziert, zweideutig und verwirrend. Tom Peters und Robert Waterman verurteilten es in ihrem Buch *Auf der Suche nach Spitzenleistungen* als „logistisches Durcheinander" und meinten, „es verwischt automatisch Prioritäten", während die Strukturen doch eigentlich eher so simpel wie möglich gehalten werden sollten.

Die Matrix-Metropole

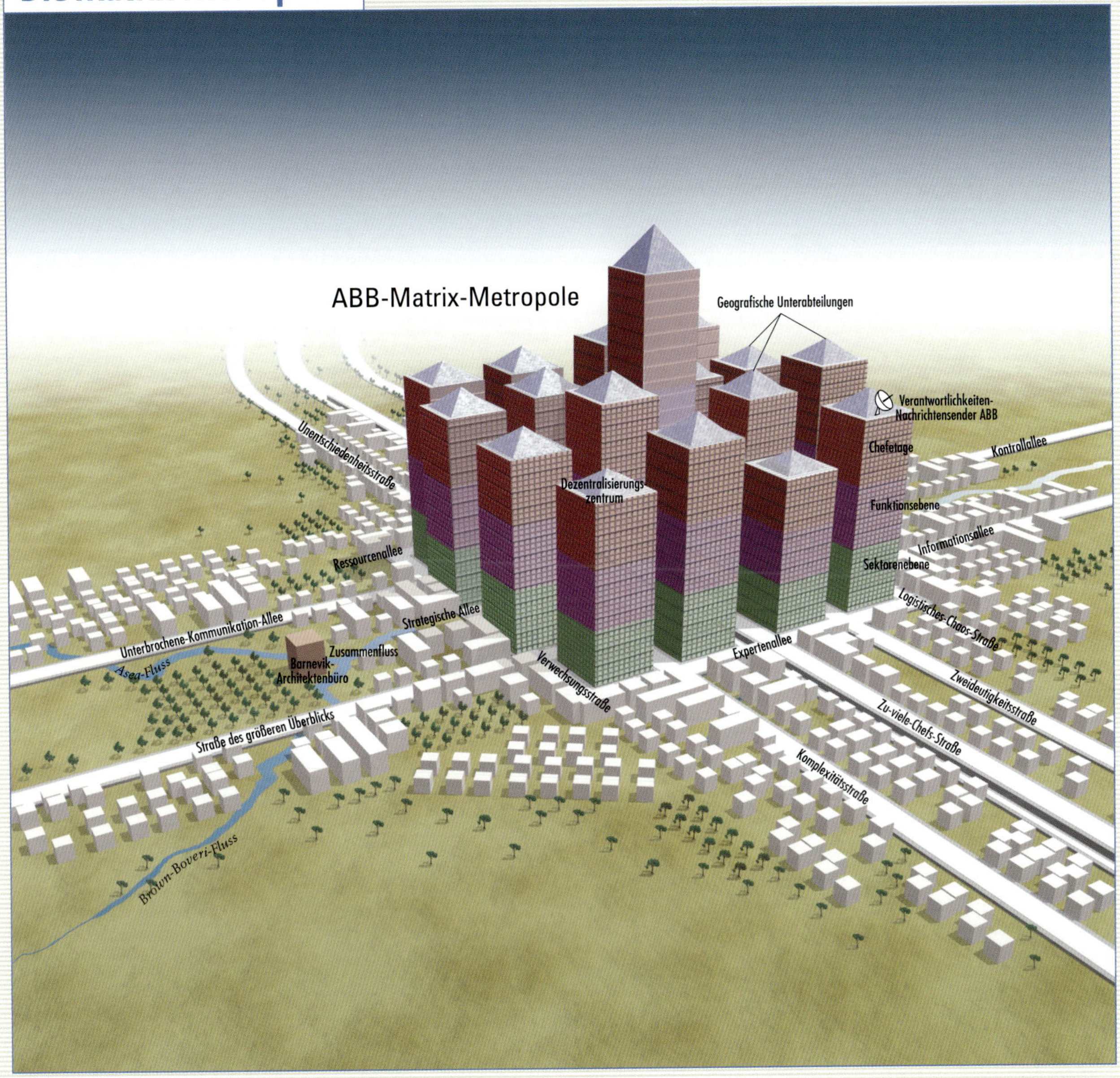

Die zehn weltweit größten Nichtfinanzunternehmen ...

2002	2001	2000*	Unternehmen	Land	Branche	Aktiva Ausland (in Mio. $)
1	2	40	General Electric	USA	Elektronik, elektr. Zubehör	229.001
2	1	-	Vodafone Group	GB	Telekommunikation	207.622
3	7	27	Ford Motor	USA	Automobile	165.024
4	3	-	British Petroleum	GB	Ölförderung/Raffinerien/Vertrieb	126.109
5	8	23	General Motors	USA	Automobile	107.926
6	9	-	Royal Dutch/Shell	GB/NL	Ölförderung/Raffinerien/Vertrieb	94.402
7	12	39	Toyota Motor	Japan	Automobile	79.433
8	10	-	Total Fina Elf	Frankreich	Ölförderung/Raffinerien/Vertrieb	79.032
9	-	-	France Telecom	Frankreich	Telekommunikation	73.454
10	39	-	ExxonMobil	USA	Öl	60.802

* Rang unter den 100 weltweit größten Unternehmen

Quelle: UNCTAD, World Investment Report 2004, „Transnational Corporations", Vol. 13, No. 3, Dezember 2004

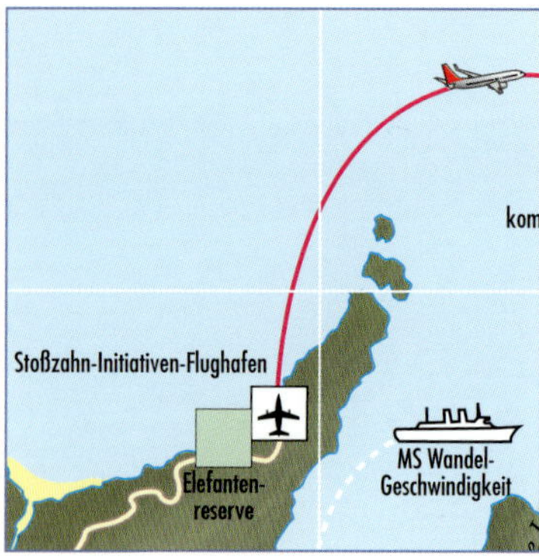

Das Neue-Unternehmen-Land ist eine komplexe Republik mit unterschiedlichen Staatsregierungs-strukturen: Hier können die Flöhe ebenso wichtig sein wie die Elefanten.

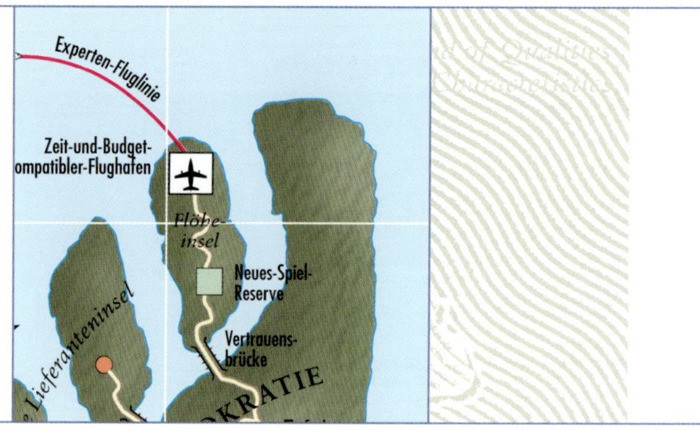

Dies mag ein wichtiger Anhaltspunkt sein, um das trotzige Überleben des Büros zu erklären. Vielleicht bestehen die Büros einzig aus sozialen und anthropologischen Gründen weiter, weil die Menschen nun einmal den persönlichen Kontakt suchen, der ihnen in den virtuellen Büros nicht möglich ist. In dem Fall hätte ihr Fortbestand nichts mit Kontrolle und Überwachung zu tun.

In diesem Zusammenhang sollte die Wirtschaft die Forschungen von Sean O'Riain zur Kenntnis nehmen, einem Soziologieprofessor der University of California. Er fand heraus, dass die neuen Arbeitsmethoden nicht unbedingt die produktivsten sind. Von Software-Programmierern, die doch als Inbegriff der technikbewussten flexiblen Mitarbeiter gelten, sagt er: „Sie sind der einsamen Unsicherheit von Einzelunternehmern in einem Markt und einer Kultur ausgesetzt, die Stress verursachen."

„Für viele", warnt Riain, „kann das die Arbeitsform des 21. Jahrhunderts sein."

Flöhe, Elefanten und die zersplitterte Organisation

In den 1990er-Jahren kam eine neue Art der Unternehmensorganisation auf – der Incubator. Er war ein Produkt der Dot.com-Revolution. Neue Kommunikationstechnologien, insbesondere das Internet, waren die Katalysatoren für einen globalen Organisationsumbruch. Wie der Name bereits sagt, ist ein Incubator ein Unternehmen, das Start-up-Unternehmen hilft, indem es ihnen liquide Mittel und anderes zur Verfügung stellt, zum Beispiel Büroräume, technisches Know-how, rechtlichen und finanziellen Rat sowie Web-Design. Als Gegenleistung erhält der Incubator einen Teil vom Eigenkapital. Je besser nun die Incubatoren wurden, desto weniger beschränkten sie sich darauf, bloß von den Börsengängen zu profitieren, und strebten stattdessen eher ein symbiotisches Netzwerk von Unternehmen, vergleichbar dem japanischen Keiretsu, an. Diese Netzwerke sind heute unter dem Namen Econets oder Economic Networks bekannt.

Die Incubatoren haben einen schweren Rückschlag erlitten, als die Dot.com-Revolution verhallte, doch allein ihr Entstehen signalisiert erhebliche Veränderungen in der Unternehmenswelt. Die Macht hat sich verschoben. Kleinere Firmen halten die Balance und größere sind darauf bedacht, ihre Reservoirs an Dynamik und Gründergeist möglichst gut zu nutzen. Der Management-Theoretiker Charles Handy wählt zur Illustration der Machtverschiebung das Bild von dem Floh und dem Elefanten.

„Die Elefanten waren die dominanten Tiere der alten Ökonomie – große, mächtige, bürokratische Organisationen mit reichlich verfügbaren Mitteln, deren Mitarbeiter Loyalität als Gegenleistung für Arbeitsplatzsicherheit anboten. Diese Unternehmen waren abhängig von Vorhersehbarkeit, Routine und Märkten, in denen erfolgreiche Produkte mit jahrelanger Dominanz rechnen durften", sagt Handy. „Heute sieht das Wirtschaftsumfeld längst nicht mehr so aus. Dominanz wurde durch das ersetzt, was Tom Peters ‚die Nanosekunde Vorsprung' nennt, ehe jemand anders mit einem ähnlichen oder besseren Produkt kommt. Entsprechend wollen die Unternehmen keine Aktiva mehr besitzen – und damit auch keine Mitarbeiter mehr –, die ihr Kapital binden und ihren Handlungsspielraum einschränken. Sie ziehen lose Arrangements mit Einzelnen der Festeinstellung von Personal vor."

„Flöhe hingegen", so Handy, „sind klein, wendig, kreativ, unvorhersehbar und vor allem anpassungsfähig. Beispiele wären Subunternehmer, Freiberufler, selbstständige Berater und kleine spezialisierte Zulieferer, von denen die Elefanten zusehends abhängiger werden. Worauf es ankommt, ist, dass sie pünktlich die richtigen Waren oder Dienstleistungen zu den vereinbarten Konditionen liefern. Sie sind eher effektiv als effizient. Es geht nicht mehr darum, alles richtig zu machen, sondern darum, das, worauf es ankommt, richtig zu machen."

Handy verweist auf die Filmindustrie als ein Beispiel dafür, was uns erwartet. Anstelle der großen Studios gibt es nur noch wenige Elefanten – einen Regisseur, einen Produzenten und ein paar Geldgeber, die eine Idee haben und ein Team von Flöhen zusammenstellen (Schauspieler und Techniker), den Film drehen und das Geld von den Vertrieben einsammeln, um das Team anschließend wieder aufzulösen. Woody Allens Filme und Steven Spielbergs Dreamworks-Firma stehen für diesen neuen Unternehmenstyp. „Sie tätigen keine permanenten und Geld verschlingenden Investitionen in Personal und Anlagen, sie blühen in guten Zeiten auf und verbuddeln sich in schlechten im Sand wie jene australischen Fische, die nur bei Regen zum Leben zu erwachen scheinen", erklärt Handy.

Eine wesentliche Fähigkeit tritt überall dort zutage, wo die Flöhe sich einfinden und das richtige Team für einen Job zusammentrommeln. Sie arbeiten oft aus der Ferne, von zu Hause oder einem eigenen Büro aus, weshalb Vertrauen ein entscheidender Faktor in der Beziehung ist. Die neue Ökonomie hat die Art und Weise verändert, wie Unternehmen ihre Mitarbeiter führen müssen.

Handy sagt: „Die Beziehungen haben sich verändert. Früher bauten die Unternehmen auf Loyalität und Arbeitsplatzsicherheit und die Mitarbeiter waren bereit, die Besitzrechte an ihren Ideen bedingungslos an das Unternehmen abzutreten, doch das ist heute nicht mehr der Fall. Sie wissen, dass das Kapital des Unternehmens zum Großteil in den Köpfen der Leute steckt, die sie einstellen. Entsprechend verhandeln die Flöhe anders mit den Elefanten. Deutliche Anzeichen dafür finden wir in der Welt des Films. Was wir im Abspann sehen, sind all die Flöhe, deren Beiträge gewürdigt werden. Mit der Erwähnung hier sichern sie sich Aussichten auf den nächsten Job. Und sie erwarten einen weit größeren Anteil an den Früchten des Erfolgs, als in der willkürlichen Belohnungspolitik der alten Ökonomie für sie vorgesehen war. Das spiegelt sich schon in den gewaltigen Summen wider, die den Stars dafür bezahlt werden, dass sie das Publikum in die Kinos locken."

Charles Handy hält das klassische Unternehmenskonzept für überholt und geht davon aus, dass Unternehmen künftig föderalistisch strukturiert sein werden. „Der Föderalismus", so sagt er, „ist ein Instrument, um unabhängige Kräfte für eine gemeinsame Sache zu bündeln. Dafür gibt es bereits einige Beispiele – ABB, Unilever und Nike, um nur ein paar zu nennen. Sie führen ein ganzes Spektrum voneinander unabhängiger Firmen – Unilever hat nicht einmal eine Marke seines Namens.

In föderalistisch organisierten Unternehmen gibt es zwar ein Zentrum, aber keine Zentrale. Das Zentrum schreibt nicht vor und kontrolliert auch nicht, sondern koordiniert. Es arbeitet auf einer Zweigstellenbasis, sprich: Die Zuständigkeiten und Entscheidungen werden so weit nach unten verlegt wie irgend möglich. Föderalistische Firmen bringen ihre Köpfe von überall her zusammen, damit sie sich über Strategien und Ziele verständigen. Sie erlassen keine Edikte von oben herab."

Interessen abstimmen

Zwar können die zersplitterten Unternehmen den Mitarbeitern echte Machtbefugnisse verleihen, doch stellen sie für die Unternehmen selbst eine Herausforderung dar. In einer hierarchischen Unternehmensstruktur des Kommandierens und Kontrollierens ist es für die Mitarbeiter einfach, in einer Weise zu handeln, die den Zwecken des Unternehmens dienlich ist. Fallen diese Strukturen weg, wodurch fühlen sich die Leute dann in ihrem Handeln gebunden?

Mit dem Verschwinden der alten Beziehungsgrundlagen Hierarchie und Arbeitsplatzsicherheit sehen sich Unternehmen in der Position, neue schaffen zu müssen, oder sie werden zunehmend Schwierigkeiten haben, das Engagement ihrer Mitarbeiter zu sichern. In einem fragmentierten Unternehmen braucht es, wie auch in formellen strukturierten Organisationen, Anreize für die Angestellten, die sie gleichsam zusammenschweißen.

Solche Bindungsanreize können sehr wohl Unternehmenswerte sein. Werte scheinen den Umgang mit den Veränderungen, die sich in der Beziehung zwischen Einzelnem und Unternehmen vollziehen, ebenso zu erleichtern wie die Schaffung neuer Rahmenstrukturen für eine Zukunft, die auf gegenseitigem Eigennutz basieren wird – was Charles Handy als „anständigen Egoismus" bezeichnet.

Eine grundlegende Komponente der Unternehmenskultur, wie sie derzeit gerade entsteht, ist die sich durchsetzende Erkenntnis, dass Werte eine wichtige Rolle spielen. Sie können helfen, Brücken zwischen Mitarbeitern und Unternehmen zu bauen. In ihrem Buch *The Leadership Challenge* bestätigen Barry Posner und Jim Kouzes, dass gemeinsame Werte Folgendes fördern:

- Starke Gefühle persönlicher Effektivität
- Ein hohes Maß an Unternehmensloyalität
- Einen Konsens über zentrale Unternehmensziele
- Ethisches Verhalten
- Strengere Normen im Bezug auf Arbeit und Engagement

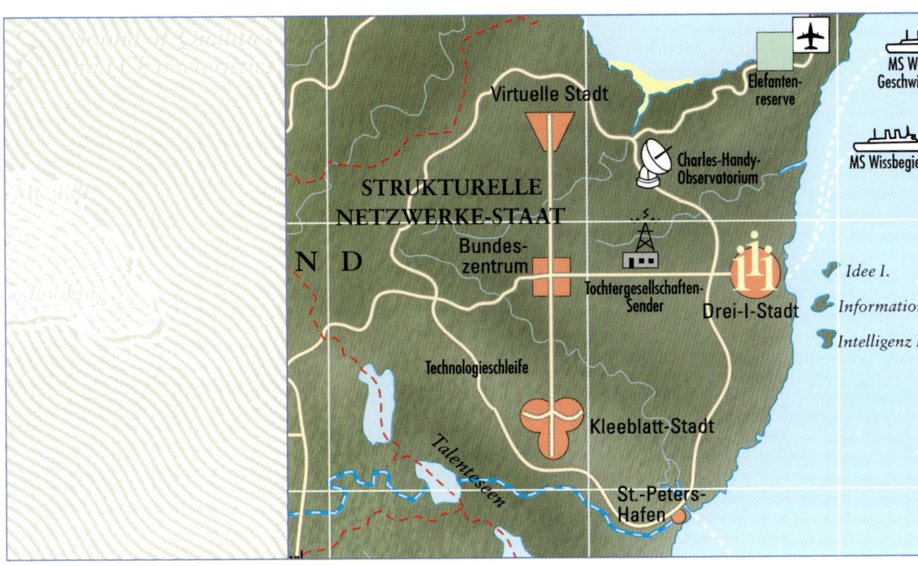

Am Rande des Neue-Unternehmen-Landes entwickelt der Staat der strukturellen Netzwerke seine eigene interne Föderation, um die neue Wissensökonomie zu nutzen.

- Stress- und Spannungsabbau
- Den Stolz auf das Unternehmen
- Eine bessere Verständigung über die Arbeitserwartungen
- Die Teamarbeit und den Mannschaftsgeist

Wenn es nicht die Werte sind, welche die Mitarbeiter in einer dezentralisierten Organisation auf eine Linie mit den Interessen des Unternehmens bringen, dann muss es etwas anderes sein. Ein unternehmensweites Programm beispielsweise könnte an ihre Stelle treten. Der legendäre amerikanische CEO und heutige Buchautor Larry Bossidy formuliert es wie folgt: „Ich bin zufällig ein Verfechter von Six Sigma, aber es ist nicht diese eine spezifische Maßnahme, die zählt. Vielmehr ist die Tatsache ausschlaggebend, dass man alle Leute im Unternehmen dazu bringt, zusammen an der Erfüllung der Zielvorgaben zu arbeiten [...] Sobald man eine gemeinsame Kultur geschaffen hat, alle Leute aus allen Bereichen dazu gebracht hat zusammenzuarbeiten, kann man Maßnahmen einleiten, mit denen sich Veränderungen leichter umsetzen lassen."

Das Unternehmen des 21. Jahrhunderts: Merkmale

Mit den rasanten Fortschritten in der Technologie waren die 1990er-Jahre von organisatorischen Fragen dominiert. Das Buch, das die Agenda festsetzte – obwohl es vielfach schlecht gemacht wurde –, war Tom Peters' *Jenseits der Hierarchien* von 1992.

Peters verabschiedete sich von den traditionellen und funktionalen Vorstellungen über Unternehmensstrukturen. Die neuen Strukturen, die er als Beispiele anbot, zeichneten sich vor allem durch das offensichtliche Fehlen jedweder Struktur aus. Und genau das war Peters' Absicht. Unternehmen wie CNN, ABB und Body Shop florierten dank äußerst flexibler Strukturen, die je nach Bedarf kurzfristig geändert werden konnten. Hier waren die paradoxen Strukturen der Zukunft: im freien Fluss, unmöglich festzumachen, nicht messbar, einfach und zugleich komplex.

Der Schlüssel zu den neuen Unternehmensstrukturen, wie Peters sie voraussah, lag in den Netzwerken mit Kunden, mit Zulieferern und mit überhaupt jedem, der zum Unternehmenserfolg beitragen könnte. „Die alten Vorstellungen von Größe müssen verworfen werden. Die ‚neue Größe', und dabei kann es sich um eine sehr große Größe handeln, wird eine ‚Netzwerkgröße' sein. Das heißt, gehen wir von Größe gemessen nach Marktmacht aus, würde sie sich aus der Familie der vorübergehend oder halbpermanent verfügbaren Kräfte ergeben und nicht aus dem, was man besitzt oder direkt kontrolliert", schrieb Peters.

Netzwerke müssen sich schnell bewegen können. Das neue Modellunternehmen nämlich bewegt sich rasant und kontinuierlich, ständig auf der Suche nach neuen Betätigungsfeldern, um sich in seinem Markt von der Konkurrenz abzuheben. Entsprechend werden andere Managementfähigkeiten gefragt sein als in der Vergangenheit. Und diese neuen Fähigkeiten sind uns bereits bekannt. Peters sagte dem Kommandieren und Kontrollieren Lebewohl und wies den Weg in ein neues Zeitalter, das von „Neugier, Initiative und dem aktiven Bemühen der Vorstellungskraft" geprägt sein würde. Für die meisten Unternehmen bedeutet das, wie Peters sagt, einen Schritt ins Unbekannte zu wagen, aber zugleich auch zu den Grundprinzipien zurückzukehren: „Etwa 100 Jahre lang [...] gingen wir davon aus, dass es nur einen Ort gebe, an dem das Fachwissen zu Hause ist: in den Köpfen der ‚Experten' der Abteilungen, der Niederlassungen, der Sektoren oder des Unternehmens, während die (bloße) Arbeit woanders erledigt wird. Im neuen Unternehmenskonzept wird das Fachwissen an den Ausgangsort zurückkehren, an den Ort des eigentlichen Geschehens – so wie es in den handwerklich orientierten Tagen vor der industriellen Revolution war. Wir ignorieren dabei keineswegs die ‚Expertise'. Wir verschieben lediglich ihren Aufenthaltsort, vergrößern ihre Reichweite, verschaffen ihr mehr Respekt – und würdigen somit die Tatsache, dass in einer schnelllebigen, von Moden bestimmten Welt jeder ein Experte sein muss."

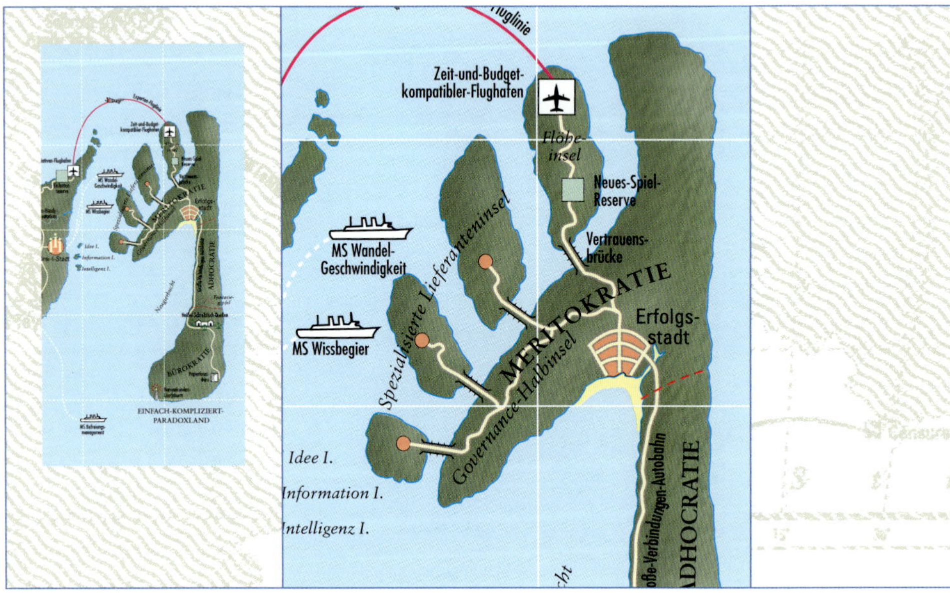

Das Einfach-Kompliziert-Paradoxland liegt am Horizont des avantgardistischen Neue-Unternehmen-Landes. Die Zukunft des Erfolgs und der neuen Governance scheint in diesem Bereich zu liegen.

Peters rief nach einem Wandel innerhalb der Unternehmen und prompt folgte eine Flut von neuen Unternehmensmodellen – virtuelle Unternehmen, Netzwerkorganisationen und dergleichen mehr.

Zu den anerkanntesten aller Modelldesigner gehörte Charles Handy, der prophezeite, dass einige Unternehmensformen sich letztlich als dominante erweisen würden, und zwar solche, die sich am bereitwilligsten mit der Serviceindustrie zusammentaten.

Nach Handy würden an erster Stelle die so genannten „Kleeblatt-Unternehmen" stehen – „eine Unternehmensform, in deren Zentrum eine Gruppe wichtiger Führungskräfte und Mitarbeiter fungiert, die von externen Vertragsdienstleistern und Teilzeitkräften unterstützt wird". Eine solche Unternehmensform würde zur Folge haben, dass die künftigen Organisationen in gewisser Weise Beratungsfirmen, Werbeagenturen und professionellen Partnerschaften ähnelten, wie wir sie heute kennen.

Das föderalistische Unternehmen

Die zweite aufkommende Struktur, die Handy ausmachte, war die föderalistische – wobei es sich hier nicht um eine andere Bezeichnung für „dezentralisiert" handelt, wie er betont. Deshalb lieferte Handy gleich einen Entwurf für ein föderalistisches Unternehmen, in dem die zentralen Stellen koordinieren, beeinflussen, beraten und anregen, aber sie diktieren keine Bedingungen oder kurzfristigen Entscheidungen. Vielmehr wird an dieser Stelle die langfristige Strategie entworfen. Das Zentrum „befindet sich in der Mitte der Dinge und ist keine höfliche Umschreibung für die Spitze oder gar die Direktion."

Der dritte Unternehmenstyp, den Handy voraussah, war das, was er „Triple I" nannte – Information, Intelligenz und Ideen. Bei dieser Unternehmensform sind die Anforderungen an das Personalmanagement besonders hoch. Handy erklärte: „Das weise Unternehmen weiß bereits, dass seine klugen Leute nicht einfach als Mitarbeiter oder Manager definiert werden dürfen, sondern als Individuen, als Spezialisten, als Profis oder Führungskräfte (die alten Begriffe „Manager" und „Mitarbeiter" werden nicht mehr gebräuchlich sein), und dass sie entsprechend beständig dazulernen müssen, wollen sie mit dem Tempo der Veränderungen mithalten."

Die Debatte über die Unternehmensstrukturen geht weiter. Handys Prophezeiungen sind beileibe nicht das letzte Wort. Mit jedem neuen Wirtschaftstrend werden neue Unternehmensstrukturen angemahnt. In seinem Buch *Digital Capital* feiert Don Tapscott die Ankunft „einer neuen Unternehmensform", die aus „fließenden Unternehmensgruppierungen [besteht] – mal hochstrukturiert, mal amorph –, die im Internet zusammenkommen, um Werte für Kunden und Wohlstand für Shareholder zu schaffen". Er bezeichnet sie als „business web" oder „b-web".

In ihrem Buch *Corporate-Level Strategy* bieten die Autoren Andrew Campbell, Michael Goold und Marcus Alexander „strukturierte Netzwerke" als Lösungen dafür an, wie sich Unternehmen am besten organisieren. Sie behaupten, das Ergebnis sei ein Unternehmensnirwana: eine Organisation, die sich selbst managt, aber auch genug Struktur, schlüssige Prozesse und, ja, Hierarchie aufweist, um zu florieren.

Die Wahrheit wird so aussehen, dass viele Unternehmen keine klar markierten Grenzen mehr haben werden. Diejenigen, die sich noch in der Entwicklung befinden, sind normalerweise ohnehin mehr mit Wachstum als mit Struktur beschäftigt. So ergeben sich Strukturen oft eher durch Versäumnis als durch Planung, sobald ein Unternehmen zur Ruhe kommt. Anfangs jedoch sind die Grenzen verschwommen und die Zuständigkeiten unklar.

Jonas Ridderstråle, der Co-Autor von *Funky Business*, meint, der sklavische Gehorsam, mit dem jede neue Mode in den Unternehmensstrukturen mitgemacht wird, wäre auf jeden Fall ein Fehler. Wie bei den meisten Dingen, so gilt auch hier, dass die beste Struktur für ein bestimmtes Unternehmen wohl nicht gefunden werden kann, indem man mit religiöser Unterwürfigkeit einem einzelnen Modell folgt. Stattdessen müssen sich Unternehmen die besten Praktiken und die besten Theorien herauspicken und individuell zusammenstellen. Eine Struktur irgendeiner Art zu haben ist jedoch wichtig. Wenngleich die Vorstellungen von der perfekten Unternehmensstruktur weit auseinander gehen, scheint doch ein allgemeiner Konsens darüber zu herrschen, dass es ohne eine strukturierte Organisation nicht geht. Das Modell der „virtuellen Organisation" findet gerade deshalb so schwer Akzeptanz, weil es keine Strukturen anbietet.

Sloan scheint Recht gehabt zu haben – bis zu einem gewissen Grad: Unternehmen brauchen eine klare Struktur.

Wegmarken

- ***Für große Unternehmen besteht die Herausforderung darin, ein Gleichgewicht zwischen Zentralisierung und Dezentralisierung herzustellen. Ungeachtet der zurzeit so beliebten Management-Theorien wird Bürokratie wohl weiterhin unentbehrlich sein.***
- ***Kommunikation ist der Schlüssel: Neue Technologien bieten den Unternehmen die Möglichkeit der Erweiterung wie der Fragmentierung. Kleinere Unternehmen können die Technologien nutzen, um „Netzwerkgröße" zu erlangen.***
- ***Fragmentierte Unternehmen brauchen ein soziales Bindemittel, um ihre Mitarbeiter für Unternehmensziele zu gewinnen - seien es Werte, Six Sigma oder TQM.***
- ***„Experimentelle" Unternehmensstrukturen lösen sich vielleicht ganz von der Struktur als solcher. Aber seien Sie vorsichtig: Wenn Sie Ihr Unternehmen nicht skizzieren können, haben Sie keines. Denken Sie allerdings auch daran, dass eine künftige Unternehmensskizze durchaus ein Managementzentrum mit föderalen Partnerschaften darstellen kann.***

Aufstieg und Fall des Imperiums

Der Aufstieg des Unternehmensimperiums ist eine Geschichte epischen Ausmaßes, in der Veränderungen die einzige verlässliche Größe darstellen. Formen und Strukturen befinden sich im steten Fluss, dem Auf und Ab der ökonomischen Systeme und den Machtbefugnissen des herrschenden Einzelnen folgend. Dieser wiederum ist den Regeln unterstellt, die von Einzelnen im demokratischen System festgelegt wurden.

Die Kontroll-und-Kommando-Autokratien überleben in der neuen Wissensökonomie nicht mehr, weil hier die Einzelnen wahlberechtigt sind und die Regierung dem Willen der Leute untergeordnet ist.

Wenngleich die historischen Paradigmen, die die Unternehmensherrschaft eingrenzen, heute und künftig weniger überlebensfähig sein werden, wird die Leistung des Unternehmensimperiums auch weiterhin von Strukturen abhängig bleiben, abhängig allein vom Konsens und den wachsenden Machtbefugnissen der Bürgerwahlrechte. Trotz dieses Axioms erscheint die Zukunft des Unternehmensimperiums sowohl fließend als auch unerforscht.

OKRATISCHER STAAT
Sheraton-Flughafenhotel
Levitt-
ughafen
Avis-Depot
Geneen-Gedächtnis-stadt
Continental-Brennerei
NEHMEN-LAND
STRUKTURELLE NETZWERKE-STAAT
Virtuelle Stadt
Stoßzahn-Initiativen-Flughafen
Elefanten-reserve
Charles-Handy-Observatorium
Bundes-zentrum
Tochtergesellschaften-Sender
Drei-I-Stadt
Idee I.
Information I.
Intelligenz I.
ABB Matrix Metropolis
Matrix Highway System
Technologieschleife
Kleeblatt-Stadt
Talentesee
St.-Peters-Hafen
Unternehmenswanderungskanal
AT
ORIENTIERUNGSSTAAT
Mittelwegsfluss
Wertetal
Konsens-Fluss
Ethikstadt
B-WEB-STAAT
Digital-Hauptstadt
Tapscott-Aussichtspunkt
Experten-Fluglinie
Zeit-und-Budget-kompatibler-Flughafen
Flohinsel
Neues-Spiel-Reserve
Vertrauens-brücke
MS Wandel-Geschwindigkeit
MS Wissbegier
Spezialisierte Lieferanteninsel
MERITOKRATIE
Governance-Halbinsel
Erfolgs-stadt
Große-Verbindungen-Autobahn
ADHOCRATIE
Neugierbucht
Fantasie-gipfel
Heißer-Schreibtisch-Quellen
BÜROKRATIE
Papierloses-Büro
Nanosekunden-Leuchtturm
EINFACH-KOMPLIZIERT-PARADOXLAND
MS Befreiungs-management
N

Wie mache ich meinen Betrieb effizienter?

Betriebliche Effizienz ist ein Dauerthema im Unternehmensalltag. Traditionell schwören Unternehmen auf eine Kombination aus Technologien und optimierten Abläufen, um maximale Effizienz zu erlangen. Und sie tun dies oft auf Kosten von Arbeitsplätzen. Die Spannungen zwischen den Menschen und den Prozessen entstehen durch einen ständig wiederkehrenden Konflikt, bei dem zumeist die Menschen verlieren, obwohl dem nicht so sein müsste.

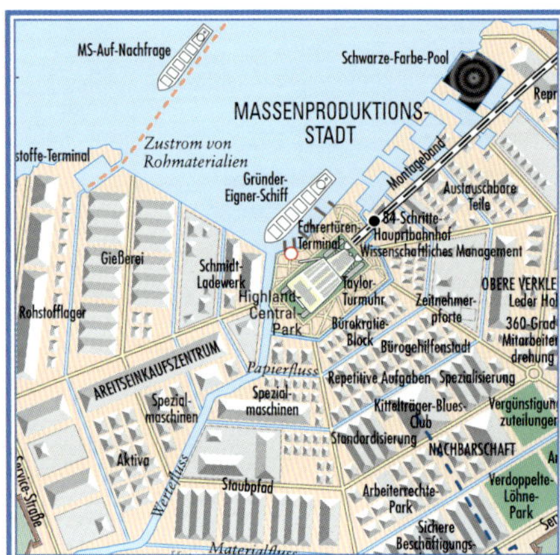

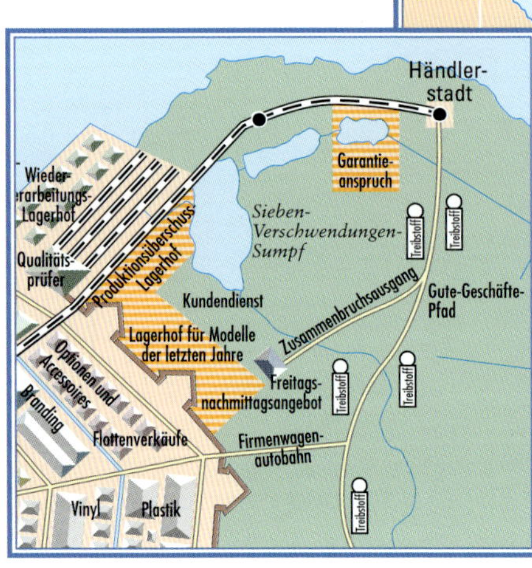

Effizienz ist wichtig, weil sie Verschwendung vermeidet, sowohl von Zeit als auch von Materialressourcen. Alle Unternehmen profitieren von erhöhter Effizienz. Besonders wichtig ist sie in jenen, die in der Massenproduktion von Waren für einen Massenmarkt tätig sind. Hier sind die Gewinnmargen tendenziell niedrig und die Auswirkungen von kostensparenden Maßnahmen enorm.

Ein hervorstechendes Beispiel dafür, wie Technologien und verbesserte Prozesse die Effizienz und Produktivität steigern können, ist die große Automobilindustrie. Mit der Erfindung der Produktionsbänder, Henry Fords (1863-1947) Erfolg in der Massenproduktion von Automobilen, gelangten Autos ganz nach vorn, was die Produktivitätsinnovation betraf. Und dort stehen sie bis heute.

In den frühen 1980er-Jahren etwa führten die japanischen Autounternehmen Toyota und Honda mit ihren Total-Quality-Management-Techniken (TQM) eine Herstellungsrevolution an. Verschlankte Produktion, Teamarbeit, Qualitätszirkel, Just-in-time-Produktion – all diese Merkmale stehen für Prozessinnovationen, die zunächst mit großem Erfolg in der Automobilindustrie und später auch in anderen Branchen übernommen wurden.

Effizienz hat bisweilen ihren Preis und der schlägt sich nicht selten in „menschlichen Kosten" nieder – im Verlust von Arbeitsplätzen. Als beispielsweise in den 1980er-Jahren das Prozess-Reengineering in Mode kam, wurden tausende von Arbeitern entlassen. In einigen Unternehmen wurde aus dem Reengineering ein Downsizing. Nicht wenige von ihnen setzten sich schärfster Kritik aus, weil sie auf dem Altar der Effizienz Menschenopfer darbrachten. In jüngeren Jahren gerieten die Strategien des Outsourcing und Off-Shoring, mit denen die Unternehmen noch mehr Effizienz anstrebten, heftig unter Beschuss. Diese Strategien nämlich bedeuten häufig, dass in einem Land Arbeitsplätze verloren gehen, weil Produktionsprozesse in andere Länder verlegt werden, in denen die Arbeitskräfte billiger sind.

Trotz der menschlichen Kosten scheint das rücksichtslose Streben nach mehr Effizienz ungebremst anzuhalten. Solange die Marktwirtschaft regiert und der Wettbewerbsvorteil über allem steht, wird sich hieran auch nichts ändern.

Am Anfang war die Stoppuhr

Keine Diskussion über Unternehmenseffizienz wäre vollständig, in der nicht auf das Leben und Wirken von Frederick Winslow Taylor (1856-1915) eingegangen wird, dem Schöpfer der wissenschaftlichen Betriebsführung. Der Sohn einer wohlhabenden Familie aus Philadelphia war Ingenieur und ein herausragender Erfinder. Seine Sicht der Arbeitswelt floss in seine Theorie ein, wie das Arbeitsleben produktiver und effizienter gestaltet werden könnte. Dabei war sie schmerzlich simpel. Taylor war der erste und puristischste Verfechter von Kommando und Kontrolle. Wie seiner Meinung nach verbesserte Performance zu erreichen wäre, beschrieb er in seinem 1911 erschienen Buch *Die Grundsätze wissenschaftlicher Betriebsführung.*

Taylors wissenschaftliche Betriebsführung geht auf seine Beobachtungen der Kollegen in der Midvale Steel Company in der Nähe von Philadelphia zurück. Dort bemerkte er, dass seine Mitarbeiter in etwas eingebunden waren, das damals „soldiering" genannt wurde. Statt so angestrengt und schnell zu arbeiten, wie sie konnten, waren sie absichtlich langsam. Für sie gab es keinen Anreiz, schneller oder produktiver zu sein. Und es lag in ihrem Interesse, wie Taylor sagte, dass „ihre Vorgesetzten nicht wussten, wie schnell die Arbeit getan werden kann".

Taylors „Wissenschaft" bestand in der genauen Prüfung der Aufgaben jedes einzelnen Arbeiters. Mit einer Stoppuhr bewaffnet sah er ganz genau hin, was wann passierte und wie lange es dauerte. Diese minutengenauen Darstellungen der Arbeiten sollten den Beobachter in die Lage versetzen, die bestmögliche Ausführung des jeweiligen Jobs herauszufinden. Letztere konnte dann als Methode festgelegt und künftig von allen Arbeitern verlangt werden. So konnte nach Taylor beispielsweise ein Roheisenpacker namens Schmidt statt der üblichen 12,5 Tonnen täglich 47 Tonnen bearbeiten.

Für die Arbeiter hieß das, dass sie genau wussten, was von ihnen erwartet wurde, und die Manager ihrerseits wussten genau, wie viel produziert werden sollte. Es hieß des Weiteren, dass die exakten Stückzahlen mit verlässlicheren Boni bzw. Abzügen belohnt wurden. Mit der Umsetzung von Taylors Ideen im Watertown Arsenal reduzierten sich die Arbeitskosten für die Gussformen eines Knaufs für einen Packsattel von 1,17 Dollar auf 54 Cents. Die Arbeitskosten für den Bau einer Sechs-Inch-Lafette gingen von 10.229 Dollar auf 6.950 Dollar zurück. Die Logik dahinter war einfach: Messungen verbesserten die Produktion, weil jeder wusste, was er zu tun hatte. Man erreichte eine erhöhte Produktion zu niedrigeren Kosten, was zu größeren Gewinnen führte. Die Differenz zwischen höherer Produktion und Löhnen schlug sich in mehr Profit nieder.

Die wissenschaftliche Betriebsführung wird global

Taylors Theorie fand eine breite Anhängerschaft. Mussolini und Lenin waren ebenso Bewunderer wie tausende einfacher Geschäftsleute. Bei einem Vortrag, den Taylor 1914 in New York hielt, kamen erstaunliche 69.000 Zuhörer. Seine wissenschaftliche Betriebsführung ging um die Welt. Ein japanischer Ingenieur übersetzte *Die Grundsätze wissenschaftlicher Betriebsführung* (das dort unter dem Titel *Das Geheimnis der Abschaffung überflüssiger Arbeit und der Erhöhung der Produktion* erschien). Das Buch wurde in Japan zum Bestseller – ein Vorgeschmack auf die japanische Bereitschaft, sich mit den neuesten Trends im westlichen Denken auseinander zu setzen.

Der Mann, der wohl am häufigsten mit der Anwendung der wissenschaftlichen Betriebsführung assoziiert wurde, war Henry Ford. Er nutzte es als Grundlage für sein Massenproduktionsmodell. Taylor war eine der einflussreichsten Persönlichkeiten des 20. Jahrhunderts und bis heute wirken seine Ideen in zahlreichen Unternehmen überall auf der Welt nach. Peter Drucker verwies auf Taylors Vermächtnis als den „bleibenden Beitrag, den Amerika seit der Unabhängigkeitserklärung zum westlichen Denken beisteuerte". In einem 1997 erschienenen Artikel von *Fortune* ist zu lesen: „Taylors Einfluss ist allgegenwärtig: Seine Ideen entscheiden, wie viele Burger ein McDonald's-Mitarbeiter zu wenden hat und wie viele Anrufer der Mitarbeiter einer Telefongesellschaft zu bedienen hat." Genau.

Weiter geht's: Das Fließband

Das Motto der Taylor'schen Philosophie – und ihrer praktischen Umsetzung durch Henry Ford – lautete: Mehr ist gut. Der Bedarf nach höherer und effizienterer Produktion wurde zum obersten Prinzip erklärt.

In der Praxis kurbelte das wissenschaftliche Management die Produktion tatsächlich an. 1910 behauptete Harrington Emerson, die amerikanische Eisenbahn könnte eine Million Dollar täglich sparen, würden sie dort das wissenschaftliche Management anwenden. Oft fielen die Kosten auch um Prozentbruchteile – 1/10 bis 1/20 –, was dazu führte, dass die Waren von mehr Menschen gekauft werden konnten.

Wollte man 1911 die Zukunft der Arbeitswelt sehen, musste man sich in einen abgelegenen Vorort Chicagos begeben – nach Highland Park, Michigan. Hier konnte man eines der Wunder der Industriewelt und das erste große Managementwunder des 20. Jahrhunderts bestaunen: die Ford-Fabrik. Die Highland-Park-Anlage öffnete ihre Tore im Januar 1910 und produzierte bis 1927 15 Millionen Autos Model T, von denen 1917 allein 700.000 gebaut wurden. Die Fabrik war der industrielle Triumph jener Zeit schlechthin.

Was die Produktionsbedingungen anging, führte Ford seine Branche an. Highland-Park war wegweisend in der Fabrikation. Über 100 Jahre Entwicklung in der industriellen Produktion fanden hier ihren Höhepunkt – angefangen bei den Rüstungsfabriken des US-Arsenals in Springfield, Massachusetts, im frühen 19. Jahrhundert über die Textilwebereien von Lowell, Massachusetts, die Singer-Fabrik von Elizabethport bis hin zu den Amoskeag-Webereien am Merrimack River in Manchester, New Hampshire.

Abgesehen davon, dass er dem Automobil zum Durchbruch verhalf, kann Ford auch Ruhm dafür

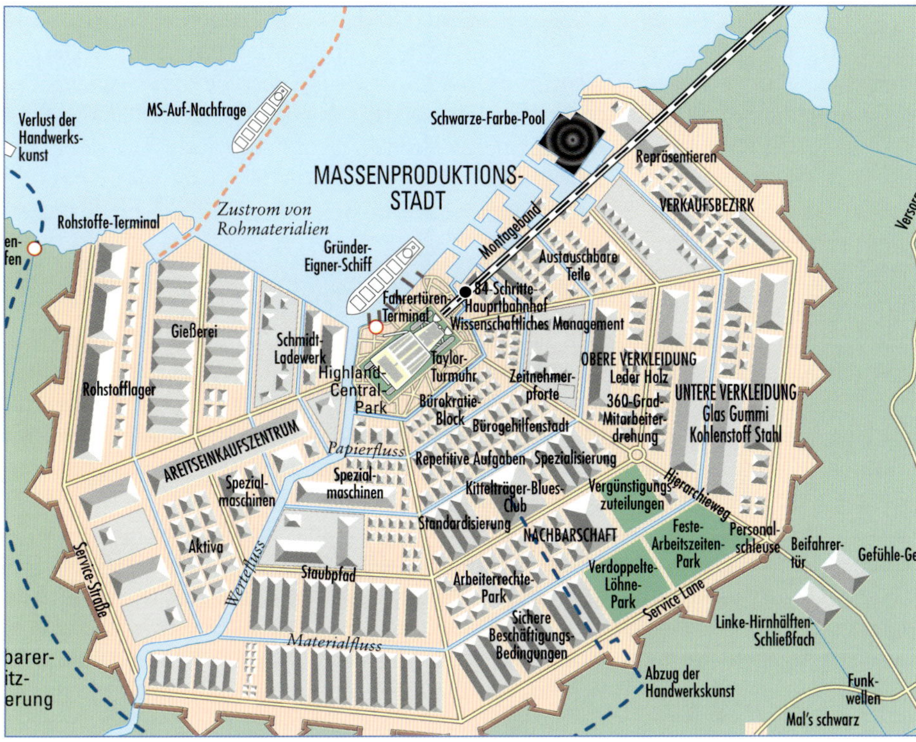

Diese lebendige Stadt mit ihrem beweglichen Montageband blüht auf, weil der Markt nach dem bezahlbaren Model T verlangt und alles gekauft wird, was zu haben ist.

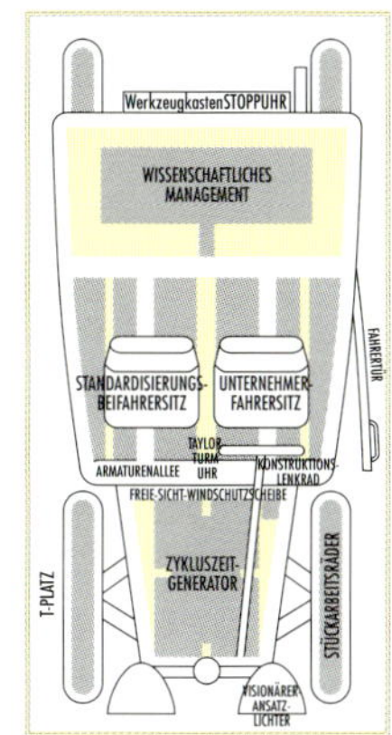

beanspruchen, ein System geschaffen zu haben, das es immer größeren Fabriken erlaubte, eine ihrem äußeren Volumen entsprechende Produktion ähnlich massiven Ausmaßes zu erreichen: das Fließband.

Zwar wurde es bereits in einer Reihe von Branchen eingesetzt, doch nie in dem Maße, in dem Ford es nutzte. So gab es schon in den 1870er-Jahren Fließbänder in der Nahrungsmittel verarbeitenden Industrie im mittleren Westen der USA. Ford selbst hätte die Idee in seiner Umgebung aufschnappen können, denn angeblich soll er auf der Suche nach Anregungen die Chicagoer Fleischverpackungsfabriken besichtigt haben. Bei den Fleischpackern gab es hängende Transportkörbe, die die Produktion beschleunigen sollten. Sears, Roebucks Chicagoer Versandhaus, das 1906 eröffnet wurde, nutzte ebenfalls eine Art Fließband.

Und blickt man noch weiter zurück, lassen sich entfernte Wurzeln des Fließbands im Konzept der Produktion von austauschbaren Teilen ausmachen. Die Pioniere dieses Konzepts waren Eli Whitney (1765-1825), der Erfinder der Baumwoll-Entkörnungsmaschine, der das Fließband für die Herstellung von Musketen einsetzte, Honoré Blanc, ein französischer Waffenschmied aus dem 18. Jahrhundert und der Ingenieur Marc Isambard Brunel (1769-1849).

Natürlich war das Fließband mit der wissenschaftlichen Betriebsführung eng verknüpft. Taylors Gedanken hallten in den Reden Henry Fords wider, wenn er darüber sprach, worum es ihm vor allem ging, nämlich um „die Reduktion der Notwendigkeit zum Nachdenken auf Seiten des Arbeiters und die Reduktion seiner Bewegungen auf ein Minimum. Er macht, soweit es irgend geht, nur eine Sache und die mit nur einer Bewegung." Beim Model T etwa war die Produktion in 84 Schritte unterteilt. „Die Montage des Motors, die früher von einem Arbeiter vorgenommen wurde, findet jetzt in 84 Arbeitsgängen statt – diese Männer machen die Arbeit, für die früher dreimal so viele Leute nötig waren", schrieb Ford.

Das Fließband war der ultimative Ablauf – eine Methode, um die Tätigkeiten streng voneinander zu trennen, damit die Leute jede einzelne Aufgabe so effizient wie möglich erledigten. Einfach und unmissverständlich ausgedrückt: Das Fließband machte Schluss mit all den Ineffizienzen der traditionellen Herstellungsmethoden.

Das Ergebnis waren substanzielle Verbesserungen in der Produktivität. Laut einer Schätzung erhöhte sich die Arbeitsproduktivität bei Ford um das Zehnfache. Die Fließbandmethode funktionierte. Sie reduzierte die Zeit, die zum Zusammenbau eines Motors benötigt wurde, von neun Stunden und 45 Minuten auf fünf Stunden und 56 Minuten. Ehedem hatte es 728 Minuten gedauert, ein Chassis zu bauen – die alte Methode erforderte mehrmaliges Hin- und Herlaufen, um Teile zu einem kleinen Montageband zu tragen. Das Fließband verkürzte die Zeit auf 93 Minuten.

Quality Time

Die nächste Revolution der industriellen Effizienz hielt mit dem Qualitätstrend im Nachkriegsjapan Einzug, der wenig später auf die USA überschwappte. Wieder einmal spielte die Automobilindustrie eine bedeutende Rolle.

Als der Statistiker W. Edwards Deming, von dem in den USA damals so gut wie niemand gehört hatte, am 26. Juni 1980 in einem NBC-Programm mit dem Titel „Wenn Japan es kann, warum wir nicht?" auftrat, war die Resonanz enorm. Nach der Sendung liefen bei NBC die Telefone heiß.

Deming lehrte amerikanische Geschäftsleute die Grundbegriffe der Qualität. „Inspektion bringt keine

Qualität, denn Qualität wird bereits geschaffen, bevor Sie sie inspizieren", ließ er verlauten. „Statistische Methoden helfen Ihnen, es gleich richtig zu machen, damit Sie gar nicht erst zu testen brauchen. Sie kommen nicht weiter, indem Sie Produkte herstellen und anschließend die schlechten von den guten trennen, weil das Verschwendung ist. Damit verschwenden Sie die Zeit der Leute, die für ihre Zeit bezahlt werden, Maschinenlaufzeit, sofern Sie Maschinen einsetzen, und Material."

Das Timing war perfekt für Deming, der in den Nachkriegsjahren eine tragende Rolle in der Renaissance der japanischen Wirtschaft gespielt hatte. Amerika durchlebte gerade eine Bewusstseinskrise. Wenige Tage nach Demings Sendung sorgten zwei Wissenschaftler der Harvard Business School, Robert Hayes und Bill Abernathy, mit ihrem Artikel „Managing our way to economic decline" für Aufruhr (sinngemäß: „Wir managen uns in den wirtschaftlichen Verfall"), der in der Juli/August-Ausgabe 1980 des *Harvard Business Review* erschien. Der Nachkriegstraum der westlichen Wirtschaft ging seinen letzten Stunden entgegen, wie die Autoren verkündeten. Und die Leute fragten sich: Was kommt jetzt?

Eine Antwort war, Demings Rat anzunehmen und sich anzuschauen, was im Osten geschah. Der Aufstieg der japanischen Konkurrenten war in den Medien ja längst Thema. Bereits 1964 hatte *Fortune* über Japans Sony Corporation – „ein selbst nach japanischem Maßstab kleines Unternehmen" – geschrieben, Sonys „gut gemachte Produkte sind normalerweise einen Tick teurer als die in den USA gefertigten Konkurrenzprodukte und deutlich teurer als bei gängigen Japanimporten üblich". Aber der Westen hatte die Warnungen konsequent ignoriert.

Auf einmal war ein enormer Wissensdurst da. Eine ganze Reihe von Büchern wollte dem japanischen Erfolgsgeheimnis auf den Grund gehen. Richard Pascale und Anthony Athos veröffentlichten ihren Bestseller *Geheimnis und Kunst des japanischen Managements.* Sie trugen wesentlich dazu bei, dass man die japanischen Managementtechniken ernst nahm, indem sie der Frage nachgingen, wie ein Land von der Größe Montanas den amerikanischen Industriekoloss in die Knie zwingen konnte.

Fahrpläne & Handbücher für TQM

Die Antwort auf die Frage nach den Gebrechen der amerikanischen Unternehmen lautete „Qualität" und westliche Manager klammerten sich an diese Diagnose mit dem Enthusiasmus wahrhaft Verzweifelter. Demings Botschaft wies eine erstaunlicher Ähnlichkeit zu jener auf, die im Japan der 1950er-Jahre zu hören gewesen war.

In wenigen Worten klang sie etwa so: Erstens ist das Management schuld an der Misere. „Das Versagen des Managements in der Zukunftsplanung und der Vorhersage von Problemen führte zu einer Verschwendung von Arbeitskraft, Material und Maschinenzeiten, wodurch sich sowohl die Herstellungskosten als auch die Preise für die Käufer erhöhten.Der Verbraucher ist nicht immer bereit, diese Verschwendung zu subventionieren, also ist die unvermeidliche Folge der Verlust des Marktes", schrieb Deming. Ermahnungen zu noch mehr Arbeit bringen nicht notwendig Qualität.

Zweitens ist der Kunde König. Oder, wie Deming es ausdrückte: „[...] der Verbraucher ist das wichtigste Glied in der Produktionskette." Qualität wird durch den Kunden definiert.

Drittens muss man die Abweichungen jedes Arbeitsablaufs begreifen und reduzieren. Es geht um den Prozess, nicht um das Produkt (bis der Prüfer ein Produkt in den Händen hält, ist es schon zu spät).

Die Stadt hat sich verändert: Ausgefeiltere Produkte verlangen nach neuen Formen, der Wertestrom ist verschmutzt und die Wirtschaft befindet sich in einem steten Auf und Ab.

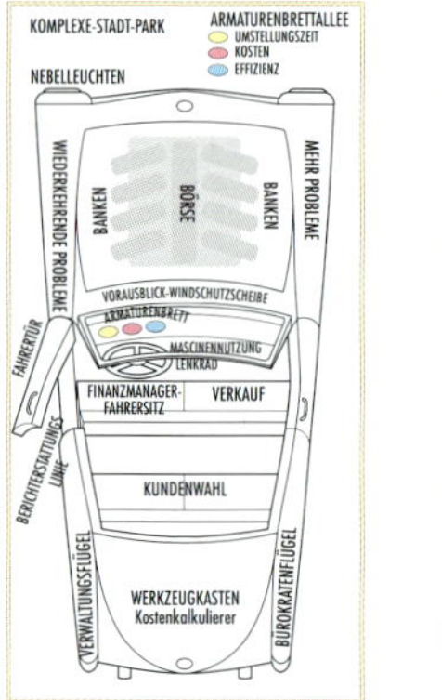

Juran-Qualitätsfahrplan

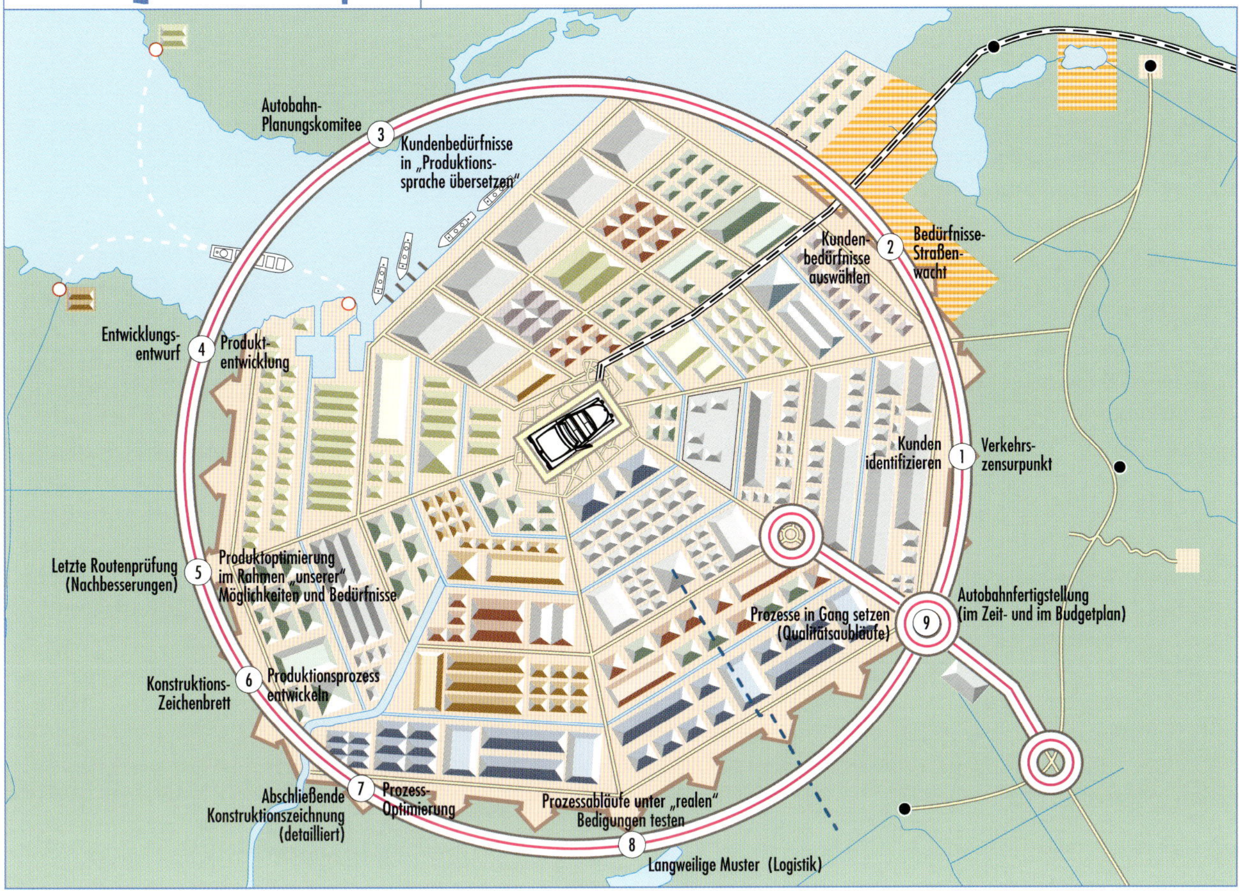

Viertens darf man nicht aufhören, Qualität von allem und jedem zu verlangen. Und schließlich soll man seine Leute ausbilden. Demings Ruf zu den Waffen ist in seinen berühmten 14 Punkten zusammengefasst – den 14 Geboten der Qualitätsbewegung.

Allerdings hielt Deming kein Monopol für Qualität. Ein anderer bemerkenswerter Qualitätsguru war Joseph Juran (geb. 1904). Er arbeitete in den 1920er-Jahren für Western Electric und danach für AT&T. Erstmals besuchte er Japan auf Einladung der Japanischen Föderation für ökonomische Zusammenarbeit und der Japanischen Vereinigung der Wissenschaftler und Techniker. Zwei Monate lang sah Juran sich die japanischen Arbeitsmethoden an und bildete Manager und Ingenieure in dem aus, was er „managing for quality" nannte.

Jurans gewichtiges *Quality Control Handbook* wurde 1951 veröffentlicht. Darin beschwört er eine heilige Dreifaltigkeit von Planung, Kontrolle und Verbesserung. Um dem Wunsch nach Einfachheit und Checklisten entgegenzukommen, erstellte Juran einen „Qualitätsfahrplan", der über die folgenden neun Stufen ins Qualitätsnirwana führen sollte.

Jurans Qualitätsfahrplan bestand aus folgenden Schritten:

1. Herausfinden, wer die Kunden sind
2. Herausfinden, welche Bedürfnisse die Kunden haben
3. Diese Bedürfnisse in die eigene Sprache übersetzen
4. Ein Produkt entwickeln, das diese Bedürfnisse befriedigen kann
5. Die Produktmerkmale so optimieren, dass sie sowohl die eigenen Bedürfnisse als auch die der Kunden befriedigen
6. Einen Arbeitsprozess zur Herstellung des Produkts entwerfen
7. Den Prozess optimieren
8. Überprüfen, ob der Prozess unter den gegebenen Arbeitsbedingungen durchführbar ist
9. Den Prozess in die betrieblichen Abläufe integrieren

Juran konzentrierte sich nicht bloß auf die Endverbraucher, sondern machte noch weitere externe wie interne Kunden aus, was sich auf sein Qualitätskonzept insofern auswirkte, als dadurch auch die Gebrauchseignung des Interimsprodukts für die internen Folgekunden wichtig wurde.

Jurans Arbeit betonte die Notwendigkeit von Fachwissen und Instrumenten für die erfolgreiche Anwendung der Qualitätsstrategie und sie legte besondere Gewichtung auf ein in sämtliche Arbeitsabläufe einfließendes Kundenbewusstsein.

Der Gospelsong von der Qualität verbreitete sich wie ein Lauffeuer auf dem Globus. Das Qualitätskonzept – wenn auch nicht unbedingt seine praktische Umsetzung – riss sie alle mit. Deming-Associations taten sich in Frankreich, in Großbritannien und in anderen Ländern auf.

Total-Quality-Management-Institute wurden eröffnet – allerdings ohne Demings Segen, dem dieser Begriff nicht gefiel.

Fallstudie

Verschlankt heißt Toyota

2003 überholte Toyota Ford und wurde zum weltweit zweitgrößten Automobilbauer nach General Motors. Heute verkaufen sie annähernd sieben Millionen Fahrzeuge jährlich.

Wesentlich für den riesigen Erfolg ist die simple Tatsache, dass Toyota seinen westlichen Konkurrenten konsequent einen Schritt voraus war. Den Grund dafür kann man sehen, wenn man in die Toyota-Zentrale geht. Dort entdeckt man drei Porträts. Eines zeigt den Firmengründer, das nächste den gegenwärtigen Firmenchef und das dritte den amerikanischen Qualitätsguru W. Edwards Deming. Während die westlichen Unternehmen in den 1970er-Jahren Benzin verschlingende Wagen von vielen teuren und unglücklichen Arbeitern bauen ließen, war Toyota bereits mitten in der Umsetzung von Demings Ideen. In den frühen 1980er-Jahren wachten dann endlich auch die westlichen Unternehmen auf und fingen an, den Deming'schen Qualitätsgospel mitzusingen. Doch da war es schon zu spät. Toyota nämlich war bereits einen Schritt weiter. Die japanischen Autobauer hatten sich auf etwas verlegt, das unter dem Namen „lean production“ – verschlankte Produktion – oder schlicht „Toyota Production System“ bekannt werden sollte. Als Architekt dieser Verwandlung wird gewöhnlich Taichi Ohno genannt, der ein kurzes Buch über den Weg Toyotas schrieb und später Berater wurde. Aus Toyotas Sicht war an der verschlankten Produktion eigentlich nichts Revolutionäres. Vielmehr war sie ein integraler Teil der Verpflichtung zur Qualität, die man bei Toyota allgemein einging, und ihre Wurzeln reichen zurück bis in die 1950er-Jahre. Aber erst 1984, als Toyota sein Joint Venture mit General Motors in Kalifornien eröffnete, ging dem Westen ein Licht auf und Toyotas Erfolgsgeheimnis begann sich herumzusprechen.

Das Konzept baute auf drei einfachen Prinzipien auf. Als Erstes war da die Just-in-time-Produktion. Es macht keinen Sinn, Autos oder irgendetwas anderes in der vagen Annahme zu produzieren, jemand würde sie kaufen. Verschwendung („muda“) ist schlecht. Die Produktion muss direkt an den Bedarf des Marktes gebunden sein. Das zweite Prinzip war, dass jeder die Verantwortung für die Qualität trägt und jedweder Qualitätsmangel in dem Moment behoben werden muss, in dem er entdeckt wird. Und das dritte, weniger griffige Prinzip war der „Wertstrom“. Statt das Unternehmen als eine Reihe von unzusammenhängenden Produkten und Prozessen zu sehen, soll es als kontinuierliches und uniformes Ganzes wahrgenommen werden, als ein Strom, der die Lieferanten wie die Kunden mit einschließt.
Bei Toyota hatte man Demings Ideen genommen und sie weiterentwickelt. Die westlichen Unternehmen hingegen importierten sie einfach en masse. Bei Toyota war derweil Demings Qualitätsphilosophie zur verschlankten Produktion geworden. Wenn man es richtig macht, ergibt die verschlankte Produktion das Beste aus jedem Bereich – die Wirtschaftlichkeit der groß angelegten Massenproduktion, die Markt- und Kundensensibilität und die Arbeitsbereicherung für die Angestellten. Eine Bestätigung dafür liefern Toyotas Zahlen.
In Japan hält der Autohersteller einen Marktanteil von 45 Prozent. Seine Gewinne vor Steuern zum Ende des Geschäftsjahrs im März 2003 betrugen 1,23 Billionen Yen (11,4 Milliarden Dollar) bei einem Umsatz von 15,5 Billionen Yen (128,0 Milliarden Dollar) – Rekordzahlen für Toyota. 2003 verdiente Toyota etwa 1.570 Dollar an jedem verkauften Wagen, GM etwa 440 Dollar. Für den Rest der Welt hat es sich als schwierig erwiesen, Toyotas Reifenspuren zu folgen. In vielen Fällen waren die westlichen Unternehmen so sehr ihren ganz anderen Arbeitsweisen verhaftet, dass die erforderlichen Veränderungen sich als nicht durchführbar herausstellten. Kein Fettleibiger wird über Nacht zur Elfe.
Der Westen wird weiterhin versuchen, Verschlankung in Zahlen zu messen. Verschlankte Produktion gilt hier als Mittel, mehr Produktion aus weniger Leuten herauszuquetschen. Und genau darin liegt das fundamentale Missverständnis. Reduzierte Arbeitnehmerzahlen sind das Ziel, nicht jedoch der Weg. Westliche Unternehmen tendieren dazu, Zahlen zu reduzieren und sich dann zu verschlankten Betrieben zu erklären.

Innenansicht der verschlankten Produktion

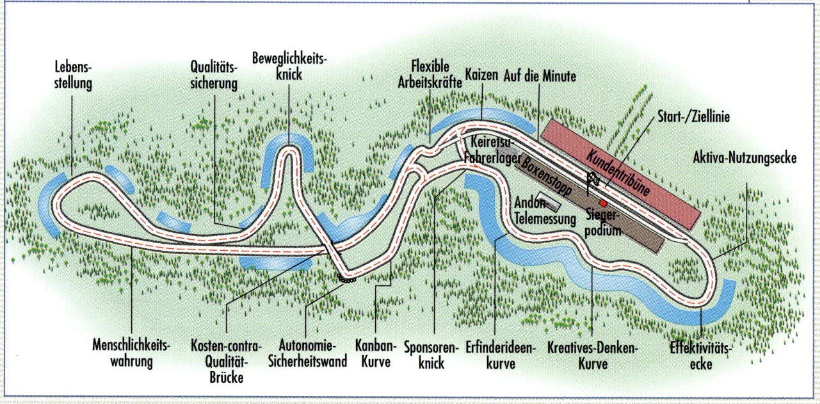

Toyota-Produktionssystem

Obwohl viele Unternehmen sich bemühten, Qualitätsprogramme einzuführen, sangen nur einige den Qualitätsgospel mit echter Verve und echtem Engagement. Ford Motor Corporation beispielsweise wandte sich anfangs Rat suchend an den japanischen Qualitätsguru Ishikawa Kaoru, man fand seine Ausführungen dann allerdings zu kompliziert. Also nahm man sich Deming, den man zwar für voreingenommen und harsch, dafür aber für beruhigend amerikanisch befand.

Andere begeisterten sich für die Idee, versagten jedoch, als es darum ging, die erwarteten Dividenden zu ernten. Kodak war ein typisches Beispiel hierfür. Man veranstaltete in den frühen 1980er-Jahren eine unternehmensweite Qualitätskampagne und das Unternehmen schien tatsächlich alles nach Vorschrift zu machen: Die Mitarbeiter wurden in Statistik fortgebildet, jährliche weltweite Qualitätskonferenzen wurden abgehalten, die Topmanager wurden aktiv ins Geschehen eingebunden etc. Nichts brachte das Unternehmen wirklich weiter. 1991 kündigte Kodak eine 1,6 Milliarden Dollar teure Restrukturierung an und dachte laut darüber nach, ob eine stärkere Medizin die ersehnte Heilung bringen könnte. Sie konnte es nicht. Trotz der heftigen Kostensparmaßnahmen hatte das Unternehmen während der ganzen 1990er-Jahre damit zu kämpfen, im Wettbewerb mitzuhalten. 2004 war es immer noch mit der Restrukturierung befasst – diesmal, um den Herausforderungen des Marktes für Digitalkameras zu begegnen, der sich in Richtung hoch entwickelter Digitalprodukte verschoben hatte.

Six Sigma

Six Sigma ist der Name einer Philosophie oder einer Geschäftsmethode, die darauf abzielt, Mängel bei Produkten, Prozessen oder Transaktionen so weit wie möglich zu eliminieren. Sigma ist das Symbol für eine Standardabweichung. Six Sigma bedeutet die Verbesserung der Betriebsabläufe, so dass zu 99,997 % fehlerfreie Produkte bzw. Prozesse entstehen.

Die Ideen dazu gehen auf den deutschen Mathematiker Carl Friedrich Gauß zurück (1777-1855), der das Konzept der Gauß'schen Glockenkurve und der Gauß'schen Verteilung entwickelte. In den 1920er-Jahren nutzte der Statistiker Walter Shewart die Idee für die Messung von Standards, um zu demonstrieren, dass drei Sigma vom Mittel den Punkt markieren, an dem ein Prozess korrigiert werden muss.

Wer den Begriff „Six Sigma“ prägte und das Konzept, wie wir es heute kennen, entwickelte, ist nach wie vor umstritten. Die vorherrschende Meinung geht dahin, dass es ein Ingenieur namens Bill Smith war, der beim Elektronikunternehmen Motorola arbeitete. Motorola war denn auch das Unternehmen, das in den 1980er-

Jahren unter Bob Galvin die Methodologie für Six Sigma schuf – und sich den Namen patentieren ließ.

Die Ingenieure des Unternehmens waren unzufrieden mit den Qualitätsstandards zur Fehlermessung per tausend. Stattdessen führten sie einen Standard ein, der auf der Fehlerquotenmessung pro eine Million Möglichkeiten basierte. Die Umsetzung von Six Sigma bedeutete für Unternehmen, dass sie rigorose Messungen und Tests durchführen mussten, um Ergebnisse zu erzielen.

Diese Ergebnisse waren allerdings auch so beeindruckend, dass Six Sigma bald von anderen Unternehmen wie Allied Signal und vor allem General Electrics übernommen wurde. Auf Geheiß des CEO Jack Welch wurde Six Sigma Ende 1995 bei GE eingeführt. „Six Sigma breitete sich wie ein Lauffeuer über das gesamte Unternehmen aus und damit veränderte sich alles, was wir machten", berichtete das Unternehmen zwei Jahre später.

Welch sorgte dafür, dass das Management geschlossen hinter der Umsetzung von Six Sigma stand. Der dreiprozentige Anstieg der Gewinnmargen zwischen 1995 und 1999 wurde auf Six Sigma zurückgeführt.

Six-Sigma-Navigationskarte

Macht der Letzte das Licht aus?

„Es gibt zwei gegensätzliche Sichtweisen des Outsourcing-Marktes", bemerkt Andrew Kakabadse, Professor für internationale Managemententwicklung und stellvertretender Direktor der School of Management an der Cranfield University. „Die eine sieht die Kernkompetenzen im Vordergrund, die andere legt das Hauptgewicht auf die Kostendisziplin. Beide aber stimmen darin überein, dass Unternehmen outsourcen müssen, um wettbewerbsfähig zu bleiben."

Alles deutet darauf hin, dass Outsourcing für Unternehmen, die Effizienzsteigerung anstreben, obligatorisch wird. Die potenziellen Nutzen wie schnellerer und qualitativ hochwertigerer Service, Zugang zu neuen Fertigkeiten und Technologien, niedrigere langfristige Investitionen und niedrigere Kosten insgesamt sind beachtlich. Historisch betrachtet begann das Outsourcing in der herstellenden Industrie, als amerikanische Unternehmen ihre Produktionen in den Fernen Osten verlegten. In den letzten zehn Jahren boomte das Outsourcing vor allem in der IT-Branche – Datenzentren, Anwendungsdienstleistungen, Datenspeicherung. Wahrscheinlich wird es sich hier fortsetzen.

Das rapide Wachstum des Outsourcing beschränkt sich jedoch nicht auf die IT-Branche. Das Outsourcing von betrieblichen Prozessen (BPO – business process outsourcing) ist einer der am schnellsten wachsenden Bereiche im Outsourcing-Markt. Man geht derzeit davon aus, dass der BPO-Markt bis 2006 auf ein Volumen von 1,2 Billionen Dollar angewachsen sein wird. Hierunter fallen betriebliche Prozesse wie der Anlagenbetrieb, die Konstruktion, Rechtsservices und sogar Kundenbetreuung. In jüngster Zeit wurden auch Bereiche wie Personalmanagement oder Personalrekrutierung als outsourcingfähig eingestuft.

Diese neue Welle des Outsourcing geht vor allem auf die geringen Kosten der Überseestandorte zurück. Nehmen wir beispielsweise Indien, einen der beliebtesten Zielorte des Übersee-Outsourcing. Die Exporte aus dem indischen Software-Dienstleistungsmarkt belaufen sich heute auf über sechs Milliarden Dollar – Mitte der 1990er-Jahre lagen sie noch unter 500 Millionen. NASSCOM, Indiens größter Verband von IT-Unternehmen, geht davon aus, dass die IT-gestützten Dienstleistungen bis 2008 auf 1,1 Millionen Menschen angestiegen sein werden, die einen Umsatz von 17 Milliarden Dollar erwirtschaften.

Die UN-Konferenz für Handel und Entwicklung (UNCTAD) vermutet, dass auch viele andere Länder vom Übersee-Outsourcing profitieren werden, unter ihnen Bangladesh, Brasilien, China, die Philippinen, Rumänien, Russland, Singapur, Thailand, Venezuela und Vietnam.

Allerdings hat das Outsourcing nach Übersee (Offshoring) durchaus seine Schattenseiten. Schon jetzt sorgt es für Spannungen in den entwickelten Ländern. In den USA und in Europa führte die Furcht vor Massenarbeitslosigkeit unter Büroangestellten zu Protesten vonseiten der Gewerkschaften und Regierungen. In New Jersey erhielt ein Gesetzesentwurf, nach dem nur rechtmäßige Staatsbürger der USA für bestimmte öffentliche Verwaltungsarbeiten beschäftigt werden dürfen, die Unterstützung beider Parteien des Senats, um dann doch zu scheitern. Andere Bundesgerichte versuchten, ähnliche Bestimmungen durchzusetzen.

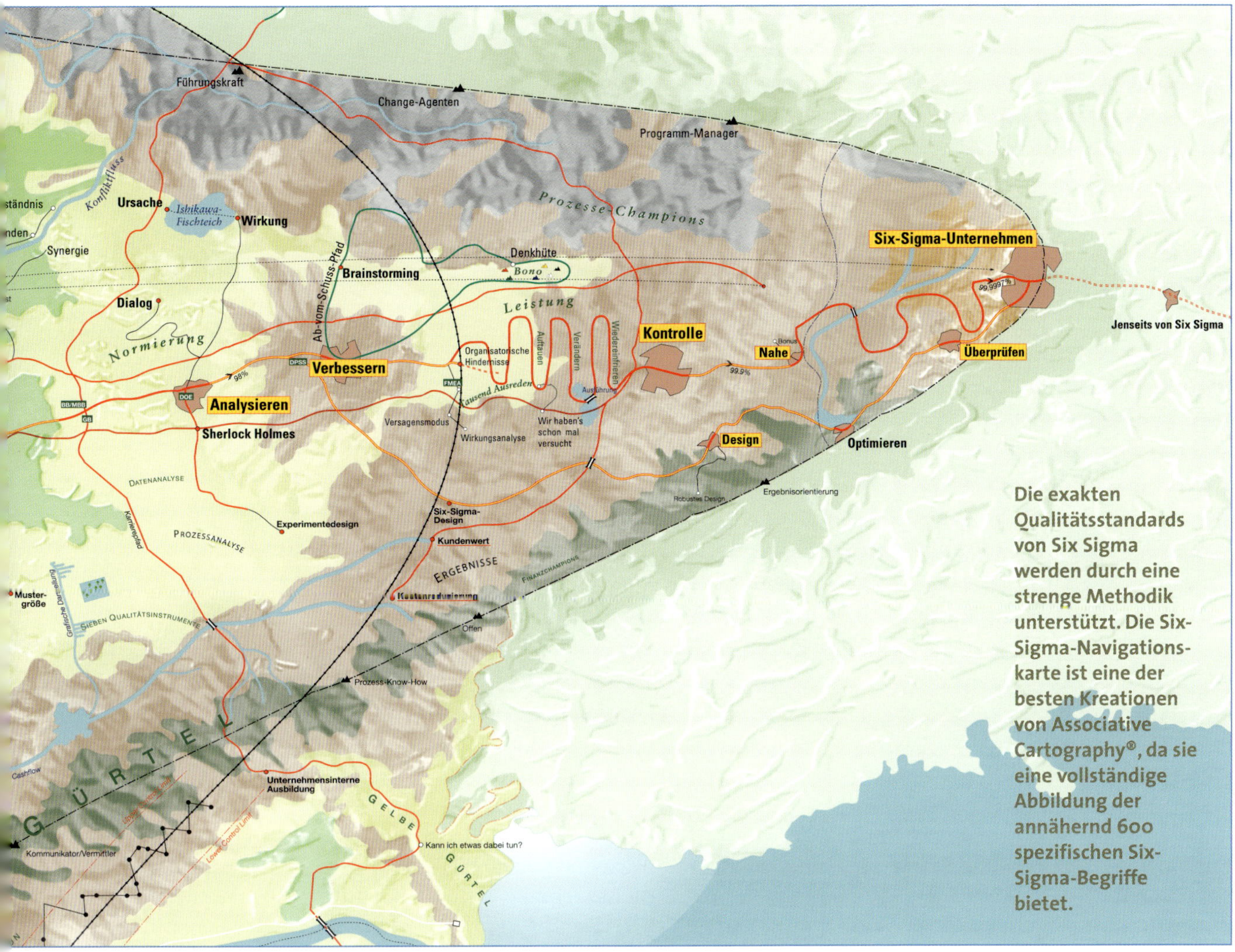

Die exakten Qualitätsstandards von Six Sigma werden durch eine strenge Methodik unterstützt. Die Six-Sigma-Navigationskarte ist eine der besten Kreationen von Associative Cartography®, da sie eine vollständige Abbildung der annähernd 600 spezifischen Six-Sigma-Begriffe bietet.

Die Handelsorganisationen in den entwickelten Ländern halten dagegen, gerade diese Länder würden letztlich vom Offshoring profitieren. NASSCOM behauptet, für die USA sei eine Kombination von Offshoring und Immigration unausweichlich, um dem absehbaren Arbeitskräftedefizit von 5,6 Millionen zu begegnen, das 2010 erreicht sein wird. Gleichzeitig wären wahrscheinlich „nur" eine Million amerikanische Arbeitskräfte vom Offshoring „betroffen".

Das Outsourcing ist nicht frei von kommerziellen Risiken. Um den vollen Nutzen daraus zu ziehen, muss man den Outsourcing-Prozess und seine zentralen Faktoren genau verstehen. Wesentlich für den Erfolg sind die Evaluation dessen, was im eigenen Geschäft wichtig ist und was nicht, das Definieren und Festlegen der Betriebsprozesse, die sich für das Outsourcing eignen, die Wahl eines Partners, der Entwurf einer entsprechenden Service-Vereinbarung sowie die Festlegung und Sicherung der gegenseitigen Erwartungen.

Zu den Risiken gehört auch das Thema Kontrolle. So kann sich die Reaktionszeit auf externe Ereignisse verlängern und es mag schwerer sein, bestimmte Qualitätsstandards zu wahren. Des Weiteren kann Outsourcing die Beziehungen eines Unternehmens zu seinen Stakeholdern beeinträchtigen, insbesondere innerhalb der Gemeinde, in der es ansässig ist. Politische Risiken und Corporate Governance müssen klar eingeschätzt werden. Outsourcing-Transaktionen sind komplexe Geschäftsarrangements, auf die man sich nicht leichtsinnig einlassen darf. Unternehmen müssen das Outsourcing mit derselben Sorgfalt angehen wie eine Fusion oder eine Übernahme.

Offshoring hat zweifellos Kostenvorteile, doch zu welchem Preis? Die Kritiker argumentieren, dass der Verlust an Einkommenssteuer-Einnahmen, der mit vermehrten Entlassungen einhergeht, nicht durch die Einnahmensteigerung bei Unternehmensteuern aufgewogen wird. Andere fordern Schutzmaßnahmen und sehen das nachhaltige Wachstum der entwickelten Ökonomien in Gefahr.

Letztlich kann das Schwimmen gegen den Strom sinnlos sein. Wie C. K. Prahalad, Professor für Unternehmensstrategie und internationale Wirtschaft an der University of Michigan und eine führende Autorität für Unternehmensstrategie, bemerkte: „Amerikaner sind klug genug, um zu erkennen, dass sie diejenigen sind, die die Globalisierung vorantreiben, und ihr Plan funktioniert. Wir müssen uns vorwärts bewegen. Wir können diese Kräfte nicht aufhalten."

Während das Outsourcing beginnt, an den strategischen Stellen der Unternehmen zu rühren, tönt vor allem eine Frage aus aller Munde: „Wie weit ist zu weit?" Einigen mag die Antwort wenig gefallen.

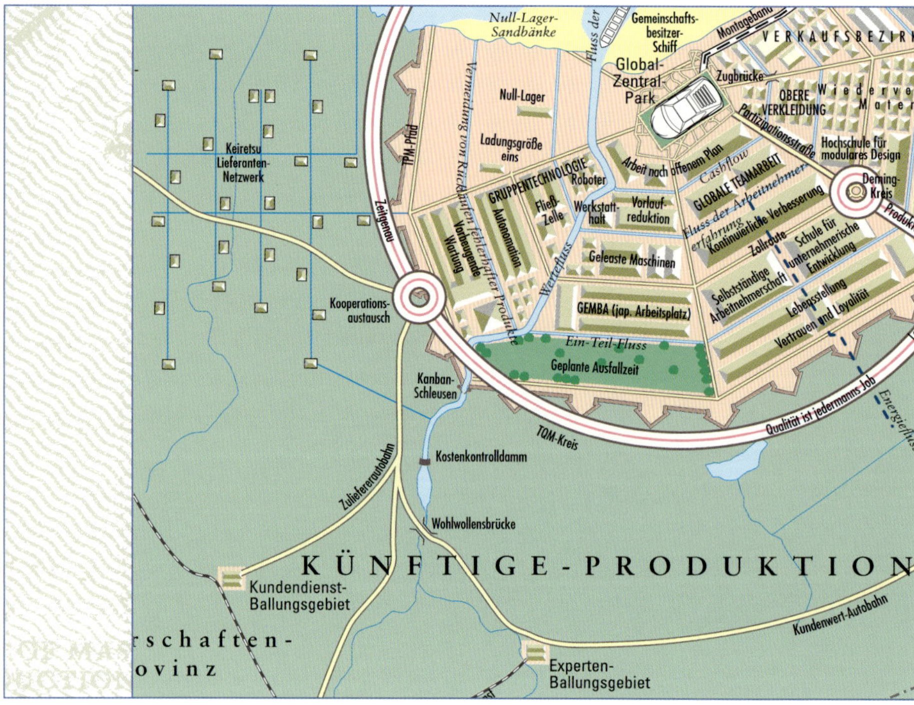

Technologischer Fortschritt und die Notwendigkeit der Kostenminimierung haben neue Partnerschaften hervorgebracht: Der Wertefluss, der einst nur innerhalb der Stadtmauern floss, reicht nun weit hinaus zu den Offshore-Partnerschaften und den Kunden.

Das anpassungsfähige Unternehmen der Zukunft wird auch über das Outsourcing von anderen zentralen Geschäftsbereichen nachdenken müssen. Es gibt keine heiligen Kühe. Innovation sowie Forschung und Entwicklung, Finanzen und Marketing – sie alle stehen sozusagen zum Verkauf. „Im Unternehmen der Zukunftsgesellschaft wird zunehmend das Topmanagement das eigentliche Unternehmen sein. Alles andere wird ausgelagert werden", bemerkte *The Economist* in einem Artikel über die Zukunftsaussichten der Unternehmen.

Wissenschaftliche Betriebsführung, Wissensökonomie

Frederick Taylors Philosophie bezog sich nicht bloß auf bestimmte Aufgaben. In seiner Einleitung zu *Die Grundsätze wissenschaftlicher Betriebsführung* (1911) erklärt er seine Absicht, „zu zeigen, dass die fundamentalen Prinzipien der wissenschaftlichen Betriebsführung auf jede Form menschlicher Tätigkeit anwendbar sind, von den einfachsten individuellen Handlungen bis zur Arbeit unserer großen Unternehmen". Wissenschaftliche Betriebsführung überspannte, zumindest nach Taylor, alle Bereiche. Im Unternehmen blieb nichts ausgespart, war das Konzept erst einmal akzeptiert und umgesetzt. Mittels genauer Messung jeder einzelnen Tätigkeit ließen sich sämtliche Arbeitsprozesse systematisieren. Die Arbeit konnte geplant werden, weil die Unternehmen wussten, wie lange die Erledigung jeder Aufgabe dauerte und wie viele Leute dafür erforderlich waren. Das Inventar konnte sinnvoll verwaltet werden und infolgedessen konnten die Finanzen besser kontrolliert und Einkaufssysteme eingeführt werden. Eines führte zwangsläufig zum anderen. Die Logik könnte – und sollte, wenn Taylor ein Wort mitzureden hätte – die Welt regieren.

Wissenschaftliche Betriebsführung stellte Effizienz an erste Stelle. Taylor argumentierte, dass „wann immer arbeitssparende Maßnahmen jedweder Art in irgendeinem Geschäft eingeführt wurden […], führten sie letztlich dazu, dass in diesem Geschäft mehr Leute Arbeit fanden, nicht weniger". Die Theorie war: Wissenschaftliche Betriebsführung würde die Produktivität steigern, die Kosten senken, niedrigere Preise ermöglichen und infolgedessen mehr Umsatz und mehr Profit bringen. Das war alles ganz schön, bis die Konkurrenz nachzog.

Kommt uns das vertraut vor? Ja, denn die Logik der Prozesse war der Eckpfeiler einer neueren Managermode: Reengineering. Die Grundidee dahinter war, dass Unternehmen ihre Kernprozesse erkennen und sie so verschlankt und effizient wie möglich machen sollten. Periphere Prozesse (und mit ihnen periphere Leute) mussten abgeschafft werden. Die Cheftheoretiker dieser Bewegung, James Champy und Michael Hammer, Autoren des Bestsellers *Business Reengineering*, definierten das Reengineering als „das fundamentale Umdenken und radikale Neuentwerfen von Unternehmensprozessen, um dramatische Verbesserungen der wesentlichen Leistungsmerkmale wie Kosten, Qualität, Service und Geschwindigkeit zu erreichen".

Champy und Hammer verkündeten, das Reengineering würde alle Bereiche übergreifen und ein Rezept für eine Unternehmensrevolution liefern. „Reengineering ruft zum Handeln auf, aber seine Philosophie ist extrem prosaisch […] Sie konzentriert sich auf die mechanischen Abläufe in Unternehmen, nicht auf Visionen oder Strategien", bemerkte ein Kritiker. Reenginering ist, wie der Name schon andeutet, die Sicht von Unternehmen als Maschinen, nicht als Menschen oder menschliche Systeme.

Das klarste Echo der wissenschaftlichen Betriebsführung im Reengineering war seine Konzentration auf Prozesse – weshalb ein Etikett, das der Bewegung angeheftet wurde, auch das Reengineering von Betriebsabläufen war. Dieses prozessbezogene Managementmodell lässt sich bis zu Adam Smiths bahnbrechendem Werk im 18. Jahrhundert zurückverfolgen. Die Maximierung der Prozesseffizienz, ob beim kleinen Hersteller oder bei McDonald's, stand ganz oben auf der Agenda der Manager. Effiziente, verschlankte Prozesse mit kosteneffizientem Überbau stehen seither in dem Ruf, den kürzesten Weg zum Profithimmel zu markieren.

Zeitgenössische Denker weisen allerdings darauf hin, dass die guten Absichten nicht unbedingt zur Wirklichkeit passen. „Der Überbau in den großen Unternehmen wird nicht kleiner", bemerkten die Managementberater Charles Lucier und Janet Torsilieri in ihrem Artikel „Das Ende des Überbaus" in *Strategy & Business*. Schuld an dieser Entwicklung ist vor allem der Aufstieg der Wissensarbeiter. Schon Peter Drucker beklagte scherzhaft: „Wissensarbeiter sind höllisch unproduktiv."

Wie Lucier und Torsilieri vorschlagen, sollte die Betonung der Arbeitsteilung im herstellenden Prozess – ein Grundsatz der Taylor'schen Theorie – heute einer Teilung der geistigen Arbeitsprozesse weichen. Der Weg dahin führt über eine Reihe von Stufen. Zunächst einmal muss Routinearbeit – niederschmetternde 80 Prozent dessen, was wir tun – standardisiert werden. Das bedeutet, den Leuten mehr Verantwortung zu übertragen und Mittelsmänner abzuschaffen. Als Nächstes regen Lucier und Torsilieri an, dass Unternehmen „die komplexesten (und oft wichtigsten) Entscheidungen mittels Outsourcing an die echten Fachleute vergeben". „Outsourcing der komplexesten Entscheidungen hebt sowohl die Qualität der Entscheidungen als auch die des Service deutlich", sagen sie. Das Endresultat werden niedrigere Kosten sein. „Die Unternehmen werden sowohl den Expertenüberbau eliminieren als auch die Produktivität ihrer Wissensarbeiter besser managen", meinen Lucier und Torsilieri.

Ein weiteres Argument wider die Tradition der wissenschaftlichen Betriebsführung ist, dass es die Effizienz vor die Moral stellt. (Wieder drängen sich Vergleiche mit dem Reengineering auf, insofern es eher mit Downsizing assoziiert wurde als mit der Verbesserung des Arbeitslebens und der Unternehmensleistung.) Dabei dürfen wir nicht vergessen, dass das moralische und ethische Element in den Unternehmen des 19. Jahrhunderts stark ausgeprägt war. Viele der großen Unternehmen, die auf diese Zeit zurückgehen, standen für ethische Werte. Denken wir an die großen britischen Industriellen – Leute wie Robert Owen zu Beginn des 19. Jahrhunderts; die Schokoladenfabrikanten Bourneville und Cadbury; Lord Lever von Lever Brothers (die Vorgänger von Unilever). Ihre Imperien waren riesig, ihre Vermögen gewaltig, aber darüber hinaus verschrieben sie sich den Prinzipien der Wohltätigkeit und Gemeinnützigkeit.

Die wissenschaftliche Betriebsführung ordnete moralische Bedenken dem rationalistischen Streben nach Effizienz unter. Mitarbeiter wurden zu Zahlen oder Material. Die wissenschaftliche Betriebsführung baute auf einen Mangel an Vertrauen, einen Mangel an Respekt gegenüber dem Wert, dem Verstand und der Intelligenz der Einzelnen. „Heute ist die erste Anforderung an einen Mann, der sich zum Bearbeiten von Roheisen eignet, die, dass er so dumm und so phlegmatisch wie möglich ist, dass er eher den Verstand eines Ochsen mitbringt als den irgendeines anderen Wesens", lauten die berühmten Worte, die Taylor unglücklicherweise schrieb. Diese Einstellung verträgt sich schlecht mit den modernen Ideen der Wissensökonomie.

Solche Argumente legen nahe, dass sich das Vermächtnis der wissenschaftlichen Betriebsführung, welches einen dominanten Einfluss auf das Effizienzstreben des 20. Jahrhunderts ausübte, letztlich überlebt hat. Das wohl überzeugendste Argument dafür liefert Peter Drucker, wenn er feststellt, dass die große Errungenschaft des Managements im letzten Jahrhundert darin bestand, die Produktivität der manuellen Arbeiter um das 50fache zu steigern. Während dieser Erfolg nicht unterbewertet werden darf, passt er doch nicht zur großen Herausforderung unseres Jahrhunderts. Die nämlich wird sein, so Drucker, die Produktivität der Wissensarbeiter zu steigern. Das ist eine schwierige Aufgabe. Drucker schätzt, dass die Produktivität einiger Wissensarbeiter in den letzten 80 Jahren sogar abgenommen hat.

Wegmarken

- ***Effizienz bildet den Kern der Wettbewerbsfähigkeit, aber Sie sollten die Bedeutung der Effizienz im Kontext erkennen: Ist es beispielsweise möglich, die Effizienz zu steigern und gleichzeitig weniger effektiv zu sein?***
- ***Unternehmen sollten nach mehr Effizienz streben, selbst auf Kosten von Arbeitsplätzen. Vielleicht gibt es keine zweite Chance. Aber achten Sie auf ein ausgewogenes Verhältnis von Mitarbeitern und Prozessen, wenn es um die Kernaktivitäten Ihres Unternehmens geht, und prüfen Sie, wo Ihr Unternehmen in der Wissensökonomie steht.***
- ***Die Qualitätsbewegung – TQM, Six Sigma, Juran – ist für moderne Unternehmen nach wie vor relevant. Skizzieren Sie Ihren Weg zur Qualitätsverbesserung. Überlegen Sie, welche Rolle dem Wandel in der Unternehmenseffizienz zukommt: Wie drücken Sie sie auf Ihrer Karte aus?***
- ***Ein effizientes Unternehmen muss kein herzloses sein. Unternehmen sollten in dem Fall, in dem Effizienzsteigerung Arbeitsplätze kostet, dafür sorgen, dass die verbleibenden Arbeitnehmer soziale Unterstützung und ein angenehmes Arbeitsumfeld bekommen.***
- ***In der Wissensökonomie geht es bei künftigen Effizienzsteigerungen ebenso sehr um die Sicherung der Mitarbeiterzufriedenheit wie um die Kostenreduzierung oder das „Reengineering".***

Massenproduktionsstadt

Innerhalb der Mauern der Massenproduktionsstadt ist alles vorhanden, was man braucht, um ein Automodell zu bauen, das schwarz lackiert ist. Die Regeln des wissenschaftlichen Managements schreiben standardisierte Prozesse und austauschbare Teile vor, die eine schnelle Montage ermöglichen, um hohe Produktionszahlen zu erreichen. Handwerkliches Können ist für die bewegliche Montage überflüssig, aber die Arbeitsbedingungen siegen über die Langeweile von repetitiven Aufgaben.

(Über-)Produktionsstadt

Die zielgerichtete Produktion eines einzelnen Modells wurde durch mehrere Modelle und Marken ersetzt, was erheblichen Einfluss auf die Form der Stadt hatte. Die Massenökonomie diktiert die Produktionsgrößen. Lagerhäuser werden gebaut, um Überschussbestände unterzubringen, und die Bürokratie explodiert. Nacharbeiten aufgrund schlechter Qualität und Überschussproduktion führen zur Verstopfung der Verkaufskanäle. Die Menschen sind alles andere als froh.

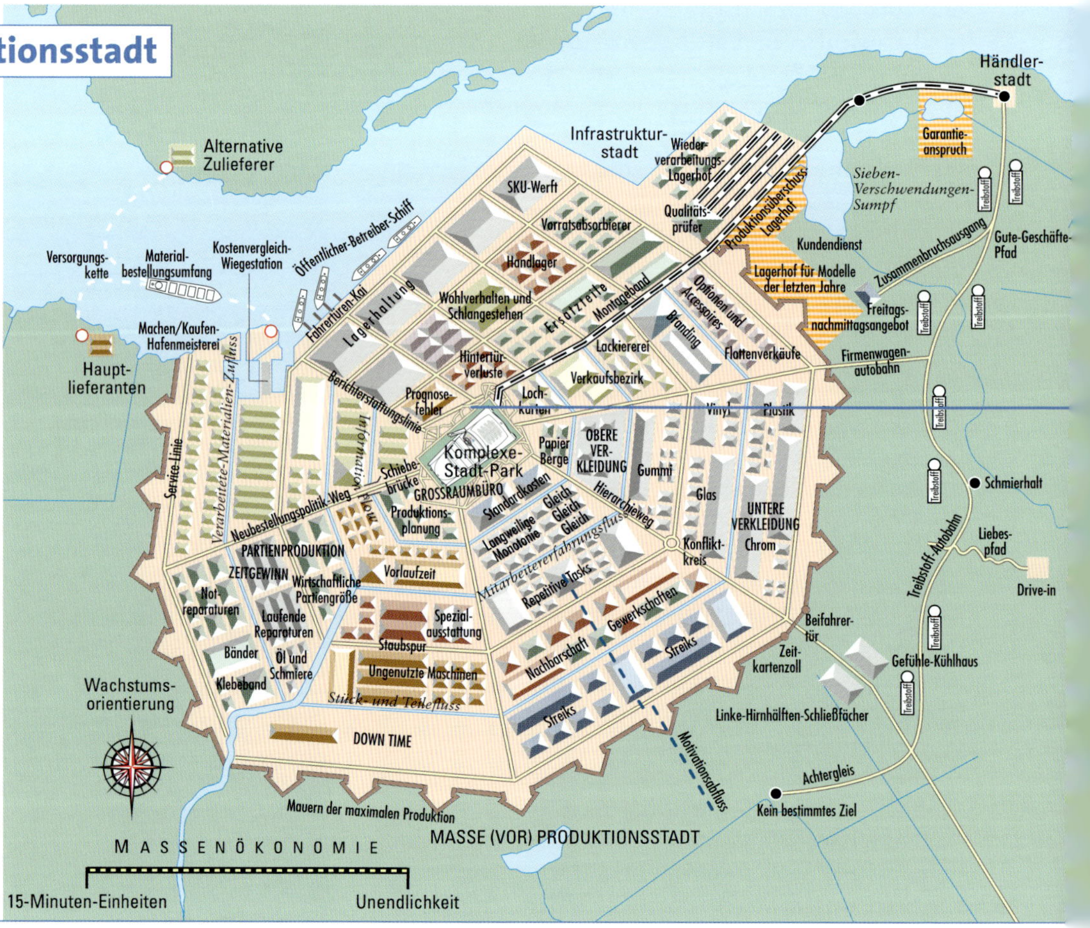

Stadt der künftigen Produktion

Die Prinzipien von TPS sind alle in der Künftige-Produktion-Stadt vorzufinden. Die einzige Grenze, die bis heute die Stadt umgibt, ist der TQM-Kreis: Partnerschaften und Kooperationen können nahtlos über den Lieferketten-/ Wertestrom geknüpft werden.

Was kann die Technologie für mich tun?

Eines Tages wird die Welt von Computern beherrscht und wir werden von der Drangsal befreit sein und unendliche Freizeit genießen. Nanobots werden unsere Welt in einen grauen Denkbrei verwandeln. So sehen die typischen Extreme aus, die wir mit den neuen Technologien verbinden. Die Technik macht uns Angst und zugleich beten wir sie an. Wir preisen den potenziellen Nutzen, den sie uns bringt, und fürchten ihre Wirkung auf unser Sozialgefüge.

Die Beziehung zwischen Technologien und Unternehmen gestaltet sich kein bisschen anders. In der Wirtschaft fungieren Technologien als Wegbereiter. Innovative Technologien können die Produktivität und die Wettbewerbsfähigkeit ankurbeln, indem sie Unternehmen neue, effizientere und effektivere Möglichkeiten bieten, Dinge zu tun oder neue Produkte und neue Dienstleistungen zu schaffen. Technologie verändert.

Nichtsdestoweniger handelt es sich bei der Technologie um ein zweischneidiges Schwert. Erhöhte Produktivität führt häufig zum Verlust von Arbeitsplätzen, zumindest kurzfristig. Die Industrie wird dehumanisiert. Die Schnittstelle zum Kunden wird unpersönlich, ausgefüllt mit Maschinen statt mit Menschen.

In der Geschichte der Wirtschaft waren Unternehmen stets auf der Suche nach innovativen Technologien, um ihr Geschäft zu verbessern. Neue Technologie lässt sich aus den unterschiedlichsten Quellen gewinnen: dem Anheuern talentierter Kräfte für die Forschung und Entwicklung, dem Erwerb von Lizenzen, der Nachahmung oder sogar der Industriespionage.

Ein Beispiel dafür, wie der Handel innovative Technologie dem eigenen Nutzen anpasst, ist die Übernahme technischer Entwicklungen, die ursprünglich militärischen Zwecken dienten. Straßen, die gebaut wurden, damit römische Truppen darübermarschieren konnten, wandelten sich in Handelswege. Schiffe, die für militärische Eroberungen gebaut wurden, konstruierte man zu Warentransportmitteln für den internationalen Handel um. Fortschritte in der Metallurgie, die auf den Bau effektiverer Waffen zielten – Bronze, Messing oder Eisen –, führten zu besseren Maschinen für die Landwirtschaft und den Handel. Das Internet, die Düsenflugzeuge, die Handys und die GPS-Navigation sind nur wenige Produkte und Dienste, die wir der militärisch motivierten Forschung und Entwicklung verdanken.

Die Adaption einer neuen Technologie kann einem Unternehmen viele Vorteile bieten. Und die Auswirkungen solcher Adaptionen gehen oft weit über das betreffende Unternehmen hinaus. Technologien neigen zu einem Überschwappeffekt, indem sie sich in Katalysatoren für Veränderungen verwandeln, die ganze Gesellschaften beeinflussen.

Die um 1450 in Deutschland von Johannes Gutenberg erfundene Druckerpresse ist ein Paradebeispiel für die Wirkung von Technologien. Einer der ersten Menschen,

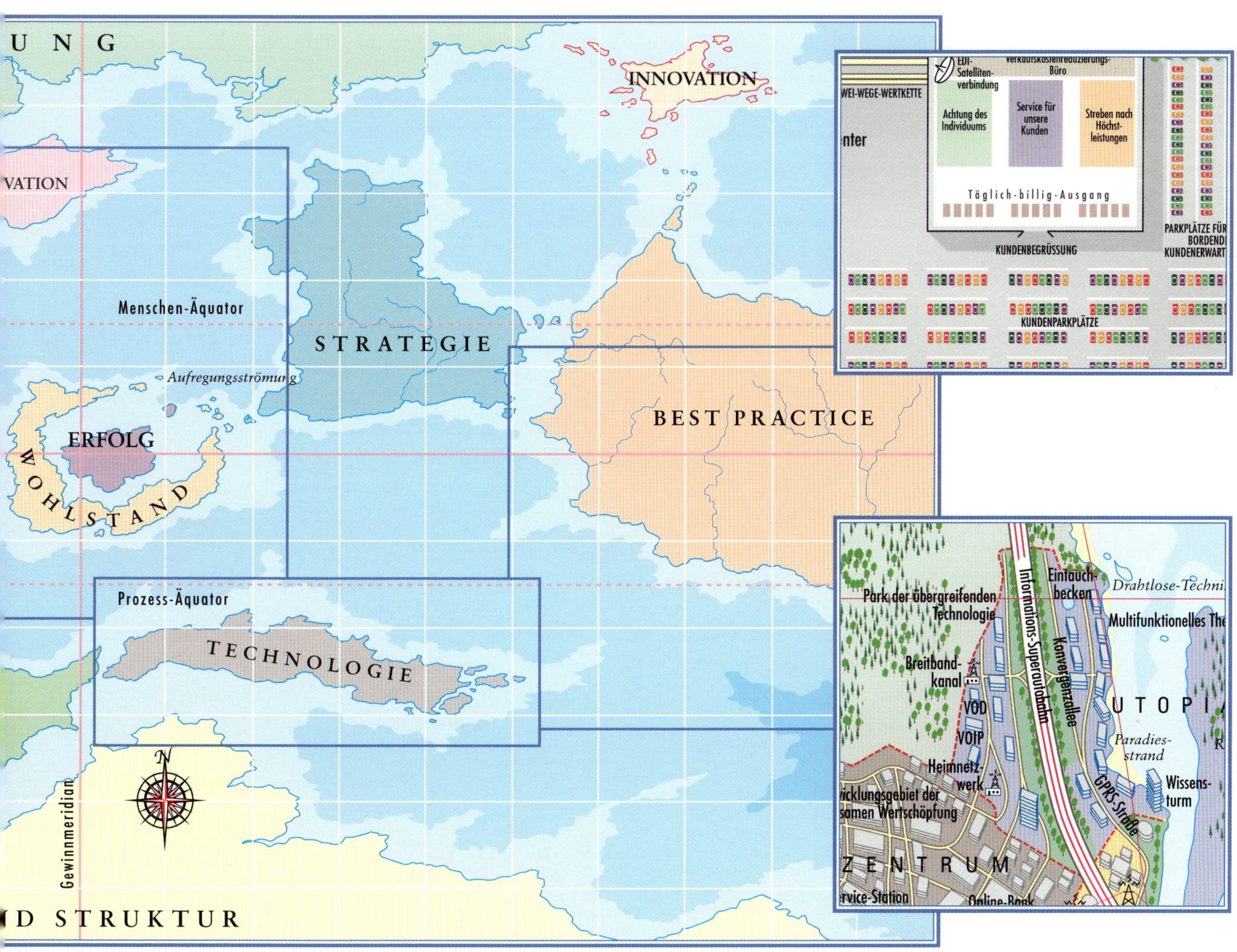

die die Druckerpresse kommerziell nutzten, war der englische Unternehmer Thomas Caxton.

Nachdem er sich ein Jahr lang in Köln mit der Technik vertraut gemacht hatte, richtete Caxton den ersten Druckereibetrieb ein, zunächst in Brügge und später in London. Er druckte das erste Buch in englischer Sprache, *The Recuyell of the Historyes of Troye*, und druckte zu Lebzeiten über 100 Bücher.

Eine Weile genossen Caxton und später sein Lehrling, der passenderweise Wynkyn de Worde hieß, in England ein Monopol über das gedruckte Wort. Bald jedoch machten ihnen andere Drucker Konkurrenz. Die Technologie sorgte zunächst einmal dafür, dass Caxtons Druckerei florierte und sein Wohlstand sich mehrte, wenn auch in kleinerem Rahmen. Die gesellschaftliche Wirkung war indes deutlich größer. Mit der Druckerpresse wurde die Produktivität der Buchbranche gesteigert und der Weg zur Massenproduktion von Büchern frei. Dies führte zu besseren Lernmöglichkeiten und mithin zu erhöhter Produktivität der nationalen Ökonomien in Europa und später auf der ganzen Welt, weil sich Wissen vollkommen neu verbreiten ließ. Zugleich jedoch war die Technologie ein herber Schlag für hunderte von Menschen, die damit beschäftigt gewesen waren, Manuskripte von Hand zu kopieren. Sie wurden arbeitslos.

Eigentumsrechte an Technologien sichern Unternehmen nach wie vor einen deutlichen, bisweilen monopolistischen Vorteil. Microsoft beispielsweise hat ein ausgeklügeltes Lizenzierungsverfahren an seine Betriebssysteme gekoppelt, die das Unternehmen zu einem der weltweit erfolgreichsten werden ließen. Doch auch wenn Technologien die Gesellschaft radikal verändern können, sind die damit verbundenen Wettbewerbsvorteile meist von kurzer Dauer. Unternehmen ahmen sich gegenseitig nach, leihen oder adaptieren die neuen Technologien der anderen. Der Patentschutz kann wenig ausrichten, wenn andere Firmen ähnliche, aber immer noch hinreichend andere Technologien entwickeln. Der Monopolvorteil ist also ein flüchtiger. Unternehmen finden sich zunehmend in einem anhaltenden Kampf wieder, mit ihren Konkurrenten mithalten oder sie im Hinblick auf die Innovation überholen zu müssen.

ITC und die Produktivitätsrevolution

In den letzten Jahrzehnten ist die technologische Entwicklung sehr schnell sehr weit vorangeschritten. Es ist nicht länger her als gut 30 Jahre (1974), dass der erste Barcode auf einer Kaugummipackung an einer Supermarktkasse eingescannt wurde. Heute bieten die meisten Airlines einen Internet-Zugang. Die Vision Dick Tracys, mit seiner Armbanduhr jederzeit Kontakt zum Hauptquartier zu haben, ist längst kein Traum mehr.

Jede bedeutsame technologische Neuerung wird von Revolutionsgeschrei begleitet. Ob es sich nun um die Dampfmaschinenrevolution, die Eisenbahnrevolution, die Elektrizitätsrevolution oder die Internet-Revolution handelt – jedes Mal erschallt prompt die Prophezeiung, diese Technologie wird die sein, welche die Unternehmenswelt für immer verändert, und das auf tief greifende und dramatische Weise. Was bei all diesem Alarmgeheul oft vergessen wird, ist, dass es sich bei Technologien um Hilfsmittel handelt. Der wirkliche Nutzen ist das, was wir mithilfe der Technologie effektiver und effizienter tun können, nicht aber die Technologie per se. Und erst im Verein mit dem menschlichen Verstand vermag sie Unternehmen und Branchen zu verändern.

Wenn eine entscheidende Handelsrevolution stattfand, dann wohl im Westeuropa von vor etwa 500 Jahren. Sie baute auf die zentrale Erkenntnis jener Zeit auf, wie Adam Smith sie in seinem Werk *Reichtum der Nationen* (1776) darlegte. Smith erklärte als Erster, dass der wahre Wohlstand einer Nation sich nicht nach dem Gold bemisst, das sie besitzt, sondern danach, was sie produzieren kann.

Smith stellte die These auf, der Wert eines Gutes oder einer Dienstleistung würde durch seine Herstellungskosten bestimmt. War etwas teuer herzustellen, müsste der Wert entsprechend hoch sein. „Was mit Geld oder Gütern gekauft wird, wird letztlich durch Arbeit gekauft, ebenso wie das, was wir durch die Anstrengung unseres Körpers erreichen [...] [Es] enthält den Wert eines bestimmten Aufwands an Arbeit, den wir eintauschen gegen das, was zu einer bestimmten Zeit den Wert desselben Aufwands repräsentiert", schrieb Smith in *Reichtum der Nationen.* Er krönte die Produktivität, die seither den Thron besetzt hält.

Es wurde schnell offensichtlich, dass die Technologie der Weg zu erhöhter Produktivität war. Die bahnbrechende Arbeit von Smith ebnete diesen Weg für die nachfolgenden technikdominierten Revolutionen – von denen das Internet die jüngste ist. Jede dieser Bewegungen versprach einen drastischen Anstieg der Produktivität. Doch wenngleich die meisten von ihnen ihr Versprechen hielten, kann man die Beziehung zwischen Technologie, Produktivität und Unternehmen keineswegs immer als geradlinig bezeichnen.

In den letzten Jahren beispielsweise konzentrierte sich die Beobachtung auf die Folgen der Informationstechnologie und -kommunikation (Information Technology and Communication – ITC) für die Produktivität. Der Wirtschaftsboom der 1990er-Jahre wird vor allem auf ITC zurückgeführt. Dennoch ist die Wechselwirkung zwischen ITC und der Produktivität der Arbeitskräfte nach wie vor ein heftig umstrittenes Thema unter Ökonomen.

Technologie-Zeittafel

Der Mensch entwickelt Steinwerkzeuge.	Der Mensch domestiziert Tiere.	Bewässerung ermöglicht die Entwicklung von Stadtstaaten.	Beginn der Bronzezeit
ca. 2000000 v. Chr. *Steinzeit*	ca. 12000 v. Chr.	ca. 5000 v. Chr.	ca. 4500 v. Chr. *Asien*

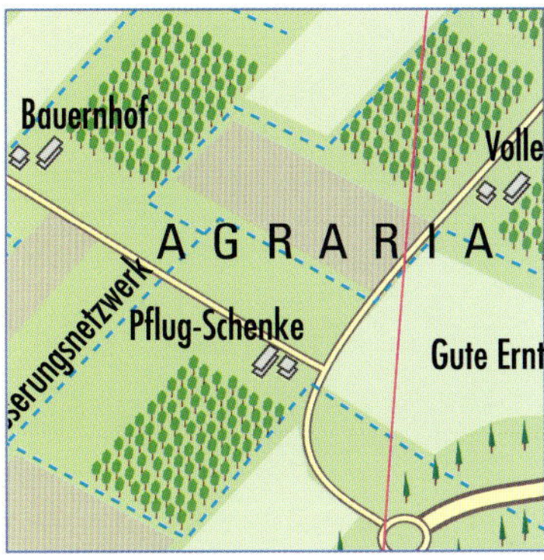

Das Wissenszentrum wächst zunächst in der Region Agraria, welche die Nahrung für Körper und Geist liefert.

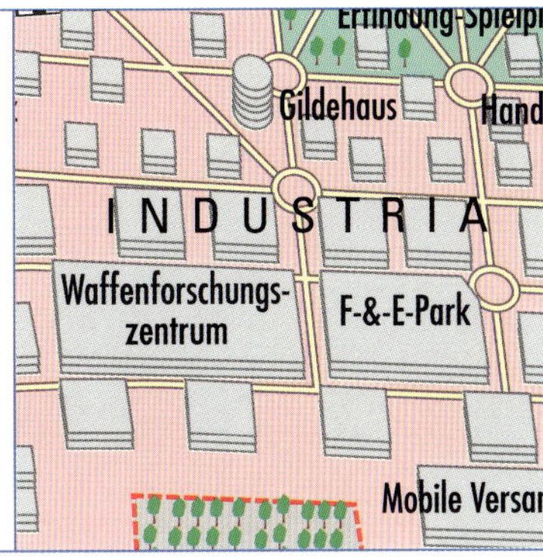

Industria ist die erste Entwicklungsstufe von Technopolis, deren Forschung und Entwicklung vornehmlich militärischen Zwecken dient.

Einige behaupten, die ITC-Revolution hätte zu deutlichen Verbesserungen in der Arbeitnehmerproduktivität geführt, besonders in den USA, wo sie begann.

Demnach hätten Kapitalinvestitionen in ITC größere Effizienzgewinne hervorgebracht, die wiederum den Wirtschaftsboom trugen. Andere Ökonomen sagen, die Zahlen und Fakten erzählten eine vollkommen andere Geschichte. Der Nobelpreisträger Robert Solow wird immer wieder gern mit seinem Ausspruch von 1987 zitiert: „Wir sehen überall Computer, nur nicht in den Produktivitätsstatistiken." Dieser offensichtliche Widerspruch zwischen der wahrgenommenen Wirkung der Technologie auf die Produktivität und ihrem tatsächlichen Effekt wurde als das „Solow'sche Produktivitätsparadoxon" bekannt.

Die Debatte darüber, ob die ITC-Fortschritte nun eine Produktivitätserhöhung bewirkten oder nicht, wird so lange weitergehen, bis die Geschichte eine klare Antwort zulässt. Bis dahin ist es allerdings keine Frage, dass Technologie in jedweder Form eine Organisation und Arbeit von Unternehmen zulässt, wie sie ohne diese nicht denkbar wären.

Ein Jahrhundert der Technologie: Massenproduktion

Die Beziehung zwischen der Technologie und den modernen Unternehmen geht auf das Jahr 1903 zurück, als Henry Ford ein kleines Start-up-Unternehmen gründete. Wie bereits im achten Kapitel beschrieben führte Fords Entschlossenheit, sein Unternehmen zu einem Erfolg zu machen, zur ersten Massenproduktion mittels Fließband, zur Schaffung eines Massenmarktes für Automobile, zur Geburt eines Unternehmensgiganten, zur veränderten Wahrnehmung des Reisens, zur Etablierung einer Vielzahl von anderen Branchen sowie zu einem Entwurf für industrielle Produktion und das moderne Unternehmen.

Henry Ford (1863-1947) baute 1896 sein erstes Auto und gründete 1903 seine eigene Firma. Sein erster kommerzieller Wagen war das Model A. 1908 dann kam sein Model T auf den Markt.

Ford entwickelte die Massenproduktion nicht, weil er blind an die fortschrittlichsten Produktionsmethoden glaubte. Er vertraute auf die Massenproduktion, weil sie sein Unternehmen in die Lage versetzte, Autos zu bauen, welche die Menschen sich leisten konnten. Und das ist es, was er mit erstaunlichem Erfolg schaffte. Es gab eine Zeit, da sich die liquiden Reserven seines Unternehmens auf eine Milliarde Dollar beliefen.

Fords Geniestreich war die Erkenntnis, dass es einen Massenmarkt für Autos gab – er musste bloß die Produkte liefern, die dieser Markt wollte. Sein Model T war schwarz, schlicht und bezahlbar. Autos zu vernünftigen Preisen verlangten nach Massenproduktion. Die Kosten konnten nur durch erhöhte Effizienz und Standardisierung gesenkt werden, damit noch mehr Wagen produziert werden konnten. Ford folgte dieser Strategie mit der ihm eigenen Beharrlichkeit. Der General-Motors-Chef Alfred Sloan bemerkte: „Mr. Fords Fließband-Automobilproduktion, die hohen Mindestlöhne und die günstigen Autos waren revolutionär und zählen zu den größten Errungenschaften unserer Industriekultur."

Fords technologischer Vorteil schwand natürlich irgendwann. Das war unvermeidlich. Die Massenproduktion wurde zur Regel. Und während Ford eisern bei seiner Politik der Massenfertigung und begrenzten Auswahl blieb, fügten die Konkurrenten Extras hinzu und nutzten die Technologie, um ihre Produkte von anderen zu differenzieren. Die Abhängigkeit des Unternehmens von seinem Model T nahm beinahe selbstzerstörerische Züge an.

Bits und Bytes

Einer der großen Wendepunkte in der Beziehung zwischen Unternehmen und der Technologie war 1924 erreicht, als Thomas Watson sen. den Namen der *Computing Tabulating Recording Company* in „International Business Machines" änderte.

Erfindung der Schrift

ca. 3500 v. Chr. *Sumeria*

Herstellung der ersten mechanischen Uhr

ca.1335 *Italien*

Gutenberg benutzt bewegliche Typen zum Drucken der Bibel.

ca. 1456 *Deutschland*

Bau der Watt-Dampfmaschine

1776 *England*

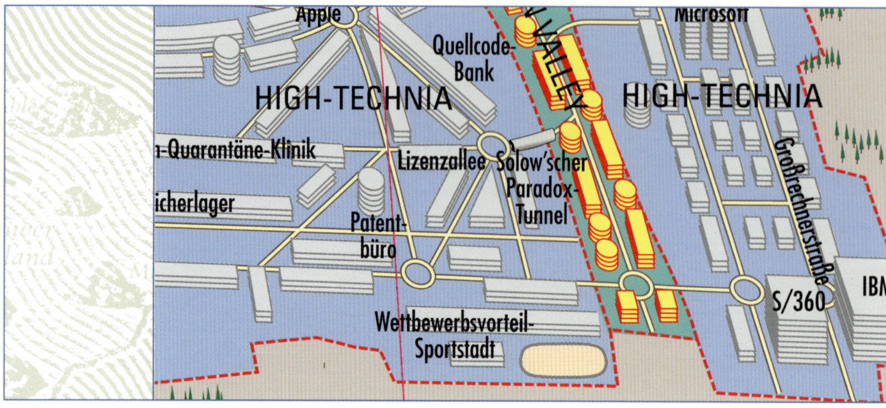

Dies ist ein für Technopolis typischer Bereich – ein großer Wissenschaftspark, der von Unternehmen und Marken dominiert wird.

Thomas Watson sen. (1874-1956) war der Gründer des Unternehmenskolosses „Big Blue", aus dem später IBM wurde. Watson kam 1914 zur Computing Tabulating Recording Company. Unter ihm verdoppelten sich die Umsätze von anfänglich 4,2 Millionen Dollar auf 8,3 Millionen Dollar im Jahr 1917. Zunächst machten sie alles: von Schlachterwaagen bis Wurstschneidemaschinen, doch nach und nach konzentrierten sie sich immer mehr auf die Tabulatormaschinen, die mechanisch Informationen auf Lochkarten übertrugen.

IBMs Entwicklung wurde durch den Wages-Hours-Act von 1937 vorangetrieben, nach dem alle amerikanischen Unternehmen verpflichtet waren, die geleisteten Arbeitsstunden und die gezahlten Löhne zu registrieren. Da die vorhandenen Maschinen dieser Aufgabe nicht gewachsen waren, machte sich Watson sogleich daran, nach einer neuen Lösung zu suchen.

1944 wurde von IBM der „Automatic Sequence Controlled Calculator" (ASCC) auf den Markt gebracht, besser bekannt unter dem Namen „Harvard Mark I", 1947 gefolgt von dem Selective Sequence Electronic Calculator. Mittlerweile lagen IBMs Umsätze bei 119 Millionen Dollar und das Unternehmen war auf dem Sprung zur weltweit größten Computerfirma und weltweit hochwertigsten Marke.

1962 entschied der Nachfolger von Thomas Watsonsen, Thomas Watson jun., alle Bemühungen IBMs auf die Entwicklung einer neuen Computergeneration zu konzentrieren. Damit setzte er ganz auf die Zukunft des Unternehmens, und wie sich zeigen sollte, war es ein kluger Einsatz, denn IBM winkte eine große Zukunft. Mit der S/360-Serie revolutionierte IBM die Branche.

Watson jun. wurde 1956 zum leitenden Geschäftsführer und ging 1970 in den Ruhestand. Bis dahin hatte er IBM zum Anführer der technologischen und unternehmerischen Revolution der 1960er- und 1970er-Jahre gemacht. Vor allem aber hatte er große Summen in die Entwicklung des System/360 investiert, das die Basis für den Erfolg in den 1970er- und 1980er-Jahren bildete. Mit fünf Milliarden Dollar lagen die Investitionen in die 360er-Entwicklung noch über dem Entwicklungsetat für die Atombombe. Einen Rohentwurf für das moderne Unternehmen hatte Watson bereits etwa 1960 kreiiert und dennoch schien IBM nach seinen enormen Erfolgen in den 1980er-Jahren ins Schlingern zu geraten. Warum? Weil Big Blue zu groß geworden war, um beizeiten zu bemerken, dass eine neue technologische Revolution im Anrollen war.

„Ich mache mir Sorgen, dass IBM zu einem großen, unflexiblen Unternehmen werden könnte, das außerstande ist, sich rechtzeitig zu verändern, wenn das Computergeschäft in die nächste Phase eintritt", erzählte Watson dem Management-Guru Chris Argyris von Harvard schon in den 1950er-Jahren. Und Watsons Sorge sollte sich als berechtigt erweisen.

Das Netz wird gesponnen

In den späten 1970er- und frühen 1980er-Jahren arbeitete eine Gruppe von Männern an einem technologischen Durchbruch, der einmal mehr die Unternehmenswelt auf den Kopf stellen sollte. Einer von ihnen war Vinton Cerf.

Vinton Cerf, der als Vater des Internet in die Geschichte einging, entwarf gemeinsam mit Robert E. Kahn das TCP/IP-Internet-Protokoll sowie das Rückgrat der Internet-Architektur. Cerf arbeitete an der UCLA an der Entwicklung der Protokollspezifikationen für ARPANET – einem Vorgänger des Internet. Von hier aus kam Cerf als Assistenzprofessor für Elektroingenieurswesen und Computerdesign an die Stanford University, wo er weitere Studien im Zusammenhang mit der Pakettechnologie von ARPANET durchführte (die effiziente Weitergabe von Informationen über das Internet).

Im Oktober 1976 war Cerf bei der US Defense Advanced Research Projects Agency (ARPA), wo die TCP/IP-Protokolle so weit verfeinert wurden, bis ARPANET sie benutzen konnte. ARPANET war die Basis, auf der das Internet, wie wir es heute kennen, entstand.

Alexander Graham Bell lässt sich das Telefon patentieren.
1876 Schottland

Edison erfindet die elektrische Glühbirne, mit Schweiß (99 %) und Genie (1 %).
1879 USA

Benz startet den ersten modernen Wagen mit Verbrennungsmotor.
1885 Deutschland

Hollerith erfindet eine Tabelliermaschine und gründet die Tabulating Machine Company, die später zu IBM wird.
1889 USA

Eine andere Schlüsselfigur in der Revolution der Internet-Technologie war der britisch stämmige Tim Berners-Lee. Berners-Lee trat 1984 eine Forschungsstelle beim CERN-Laboratorium in Genf in der Schweiz an. 1989 verfasste er ein Papier mit der Überschrift *Hypertext and CERN,* das er an seine Kollegen verteilte, damit sie ihm ihre Rückmeldungen dazu gaben. In diesem Papier war die Rede von drei neuen Technologien: HTML (HyperText Markup Language), die Sprache, die zum Verfassen von Netzdokumenten benutzt wurde; HTTP (HyperText Transfer Protocol), das Protokoll, mit dem die Seiten übertragen wurden; und von einem Webbrowser namens „WorldWideWeb“, der es erlaubte, dass die Webseite angesehen und editiert werden konnte.

Bis Mai 1991 verfügten die CERN-Laboratorien über ein Multi-Plattform-Netzwerk mit einem Informationsverteilungssystem, das alle drei Schlüsselmerkmale aufwies. Im August desselben Jahres wurden die Daten über den Hauptspeichercomputer am CERN der Außenwelt zugänglich gemacht – dem ersten Webserver.

Das Internet zusammen mit dem WorldWideWeb eröffnete eine vollkommen neue Form der Geschäftstätigkeit – das elektronische oder E-Business für eine schnelle und lukrative Ökonomie. Die beiden Technologien ebneten den Weg für die Dot.com-Revolution der 1990er-Jahre. IT und besonders das Internet veränderten die Art und Weise, wie Unternehmen arbeiteten, grundlegend. Dank des E-Business-Umfeldes bekamen die Kunden eine größere Auswahl und einen besseren Komfort geboten, was zwangsläufig zu gehobenen Erwartungen führte. IT galt und gilt noch als das optimale Geschäftsinstrument, diese Erwartungen zu erfüllen.

So also verändert die Technologie die Wirtschaft. Heute ist es nicht mehr die Geschäftsstrategie, welche die Nutzung der technologischen Entwicklungen vorgibt, sondern vielmehr gibt die technologische Entwicklung die Geschäftsstrategien vor. Manager müssen sich mit Leib und Seele auf das E-Business einlassen, statt hier und da die Möglichkeiten zu ergreifen, die es ihnen bietet. Die Technologie schuf einen Markt, in dem sich Wettbewerbsvorteile nur in dem Maße gewinnen und halten lassen, in dem Unternehmen fähig sind, ihre technologischen Kapazitäten bis zum Letzten auszuschöpfen.

Es kommt nicht darauf an, wen man kennt, sondern darauf, was man weiß

Die Technologie des 21. Jahrhunderts verändert die gesamte Wirtschaft. Moderne Technologie hat ein Management des Know-hows geschaffen – Wissensmanagement – und es zur Kernkompetenz gemacht. Wissensmanagement befasst sich mit dem Einsatz von Technologien, um die vorhandene Wissensbasis optimal auszuschöpfen (nicht zu verwechseln mit dem schlichten Sammeln von Daten). Es basiert auf der Idee, dass Unternehmen sich ihrer existierenden Wissensgrundlagen besser bedienen müssen – und dazu gehört alles, angefangen von der Lizenzierung und Patentierung bis hin zu internen Abläufen und Informationen über Kunden.

„Hätte HP damals gewusst, was wir heute wissen, wären wir dreimal so rentabel gewesen“, sagte der ehemalige Hewlett-Packard-CEO Lew Platt spitz. Und genau vor dieser Herausforderung stehen die Firmen von heute, nämlich wie sie den größtmöglichen Wert aus dem Wissen schöpfen, das bereits, wenn auch in fragmentierter Form, vorhanden ist. Unternehmen horten Wissensschätze, mit denen sie ihre Betriebsabläufe wesentlich verbessern könnten, wüssten sie sie bloß richtig zu fassen und zugänglich zu machen. In einer Ökonomie der schnellen Veränderungen stellt Wissen den einzigen nachhaltigen Wettbewerbsvorteil dar.

„War die größte Aufgabe des Managements im letzten Jahrhundert die, manuelle Arbeit produktiv zu erledigen, so besteht sie in diesem Jahrhundert darin, Wissen produktiv arbeiten zu lassen“, bemerkte Peter Drucker. Das Management von einem so wenig greifbaren Gut wie Wissen ist allerdings problematisch.

Einige Unternehmen starteten Wissensmanagement-Initiativen, die jedoch nicht den erwünschten Erfolg brachten. Zum Teil scheint das Problem die Einstellung zu sein – insbesondere jener übereifriger IT-Abteilungen.

Vor allem aber herrscht nach wie vor eine gewisse Verwirrung darüber, was Wissen ist und was lediglich eine Ansammlung von Daten. Wissen ist nicht einfach nur eine Anhäufung von Informationen, sondern vielmehr die Fähigkeit Einzelner oder eines Unternehmens, auf der Grundlage von Informationen sinnvolle Handlungsweisen zu entwerfen. Information selbst ist so lange kein Wissen, wie sie nicht vom menschlichen Verstand verarbeitet wurde. Technologie mag ein hilfreiches Instrument sein, doch wirklich sinnvoll wird sie erst, wenn sich der menschliche Verstand mit der Technologie verbindet.

Moderne Technologien machen den Transfer von Informationen leichter, doch obliegt den Unternehmen die Aufgabe, das richtige Umfeld und die richtigen Anreize zu schaffen, in dem Einzelne Informationen austauschen können und wollen. Damit stehen Unternehmen also vor der Frage, wie sie ihre Mitarbeiter zu diesem Austausch ihres Know-hows veranlassen, wenn doch dieses Know-how die Grundlage ihrer Macht darstellt – und mithin die einzige Garantie für weitere Beschäftigung.

John Logie Baird überträgt das erste Fernsehbild.
1924 ***England***

Der erste elektronische Computer wird an der University of Pennsylvania entwickelt: der ENIAC-Computer mit über 18.000 Vakuumröhren.
1946 ***USA***

Brattain, Bardeen und Shockley entwickeln den Transistor in den Bell-Labs.
1948 ***USA***

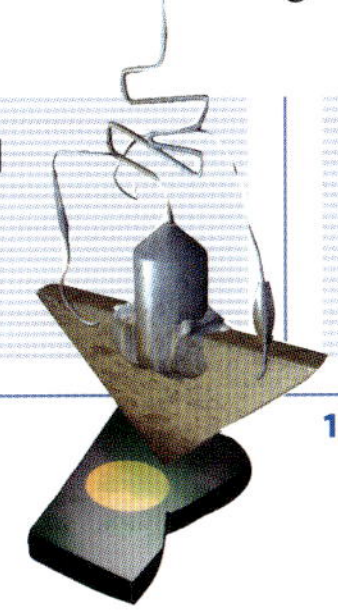

Gordon Gould erfindet den Laser.
1957 ***USA***

Fallstudie Wal-Mart

Eine starke Persönlichkeit, ein einzigartiges Verständnis für die Mechanismen des Einzelhandels und dafür, wie Technologien ein Unternehmen verändern können, ermöglichten es Sam Walton, aus einem sehr kleinen Unternehmen ein sehr großes zu machen – Wal-Mart.

Wal-Mart wurde 1945 in Newport, Arkansas, ins Leben gerufen. Mit 27 Jahren kaufte Sam Walton eine Franchise-Lizenz für einen Five-Dime-Store (50-Cent-Geschäft). Sein erstes Jahr war gut, die Umsätze beliefen sich auf insgesamt 80.000 Dollar. Im dritten Jahr lagen sie bereits bei 225.000 Dollar. 1950 lief dann der Vertrag aus und Walton ging nach Bentonville, Arkansas, wo er den ersten „Walton's"-Laden eröffnete. Kurz darauf folgte eine zweite Niederlassung und 1962 der erste große Discounter auf dem Lande. Heute ist Wal-Mart das größte Unternehmen in den USA und der weltweit größte Einzelhändler mit einem Jahresumsatz von 256 Milliarden Dollar. Das Unternehmen bedient wöchentlich über 100 Millionen Menschen in seinen über 3.200 Niederlassungen in den USA und den über 1.100 Niederlassungen in Mexiko, Puerto Rico, Kanada, Argentinien, Brasilien, China, Korea, Deutschland und Großbritannien.

Waltons Erfolg hatte gleich mehrere Gründe. Zuerst einmal schuf er eine Marke mit einem bewusst bodenständigen Flair. Er war eben der gute alte Freund, der einen Laden um die Ecke betrieb. Grundsätzlich stimmte die Botschaft, auch wenn es bei Sam Walton um mehr als Apfelkuchen und nette Pläuschchen ging. Die Positionierung der Wal-Mart-Marke als heimatverbundene und loyal-amerikanische funktionierte selbst dann noch, als Wal-Marts Erfolg dazu führte, dass kleine Läden aus dem Geschäft gedrängt wurden.

Das zweite Erfolgselement war Waltons Fähigkeit, eine starke Unternehmenskultur zu schaffen. Walton gab seinen Leuten Verantwortung – das „Laden im Laden"-Konzept verlieh den Abteilungsleitern größere Autorität. Walton sprach mit seinen Mitarbeitern – der Multimillionär erklärte ihnen, wie viel er vom Geschäft verstand, und er kümmerte sich um die Menschen, die in seinen Läden arbeiteten.

Das dritte und wohl wichtigste Element war Waltons Investition in Technologien. Wal-Mart pflegte den Informationsaustausch voller Enthusiasmus. Es gab sogar Satelliten-Kommunikationssysteme, die eine schnellere interne Kommunikation und einen konstanten Erfahrungsaustausch möglich machten.

Für ein Unternehmen, das sich gern den Touch des Hausgemachten verleiht, gab sich Wal-Mart erstaunlich begeistert von neuer Technologie. Das Unternehmen zählte zu den Pionieren auf dem Gebiet des elektronischen Datenaustausches (Electronic Data Interchange – EDI). In den späten 1980er-Jahren nutzten Wal-Mart-Lieferanten wie Wrangler und GE verkaufsgesteuerte Logistiksysteme, um die Lieferungen an die Wal-Mart-Niederlassungen und -Lager zu regeln.

Informationstechnologien wie Scanner-Registrierkassen versetzten Wal-Mart in die Lage, detaillierte Informationen über Kundengewohnheiten und -vorlieben zu gewinnen. Diese Informationen wurden sodann den Lieferanten zusammen mit den Anweisungen übermittelt, was in welchen Mengen wohin geliefert werden sollte. Infolgedessen

Solange Unternehmen diese Frage nicht beantwortet haben, wird Wissensmanagement eine leere Floskel bleiben.

Weblogs

Während der letzten zehn Jahre hat die Technologie die Medienlandschaft verändert. Gab es ehedem ein paar Fernseh- und Radiokanäle, sind es heute hunderte. Spezialisierte Printveröffentlichungen wenden sich an immer kleinere Lesergruppen. Die Leute sehen sich Filme auf ihren Handys an. Und eine neue Form der Kommunikation wurde massentauglich – das Internet. Die modernen Medien werden sekündlich fragmentierter.

Bis vor Kurzem waren die traditionellen Medien – Fernsehen, Radio, Zeitungen, Zeitschriften und Berichte – die erste Wahl, wenn es um die Verbreitung von Informationen ging. Heute jedoch bringt das Internet die Position der traditionellen Medien ins Wanken. 2002 wurde von Pew Internet und American Life Survey eine Umfrage unter einer Gruppe von technisch interessierten Amerikanern veranstaltet, in der sie angeben sollten, auf welche Medienform sie am wenigsten verzichten wollten. Zeitungen und Zeitschriften standen ganz unten auf der Liste, weit hinter dem Internet.

Jack Kilby und Bob Noyce erfinden unabhängig voneinander den integrierten Kreislauf.
1958/59 *USA*

Larry Roberts vernetzt Computer, woraus schließlich ARPANET entsteht.
1965 *USA*

Intel führt den Mikroprozessor ein.
1971 *USA*

Hewlett Packard führt den HP 9830-Desktop-Computer ein.
1972 *USA*

Ihr Wal-Mart vor Ort

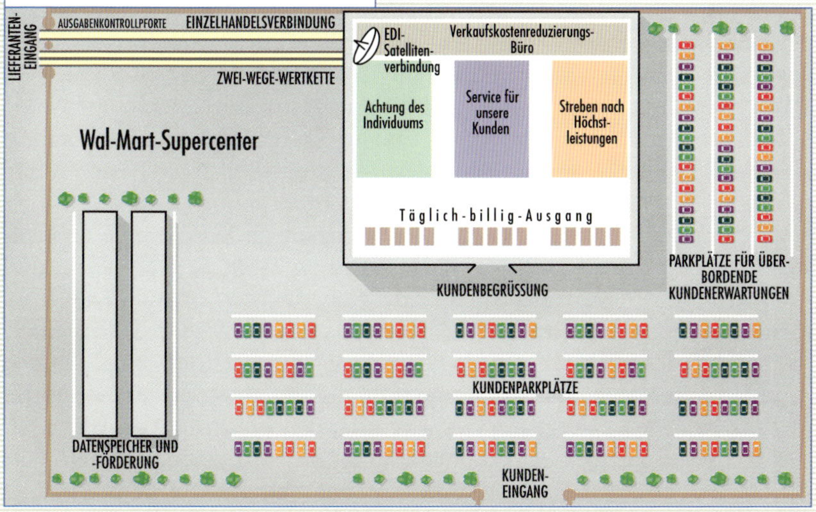

konnte die Lagerhaltung auf ein Minimum reduziert werden. Für Wal-Mart hieß das, sie brauchten nur zehn Prozent ihres verfügbaren Platzes für die Lagerhaltung, während die Konkurrenten durchschnittlich 25 Prozent fürs Lager abzweigen mussten. „Alle Kosten werden jederzeit sorgfältig analysiert, damit bessere Vertriebsentscheidungen getroffen werden können, und das täglich", bemerkte Randy Mott, der ehemalige Vizepräsident und leitende Manager für Informationen.

Wal-Mart war eines der ersten Unternehmen, das Datenauswertungs-Software einsetzte, um bestimmte Muster in den Geschäftsabläufen der einzelnen Niederlassungen auszumachen. Das Ziel war ein sinnvolles Management jedes einzelnen Geschäfts. Somit wurde jede der Niederlassungen zu einer eigenen effektiven Kette. Wal-Mart besitzt mittlerweile eines der weltweit größten Datenlager mit einem Volumen von über 70 Terabytes.

Die Informationsgewinnung beginnt im Augenblick des Verkaufs. Wal-Mart sammelt die Transaktionsinformationen aus jedem einzelnen Laden und verarbeitet sie über das Netzwerk, von wo aus sie zum Datenlager im Hauptquartier in Bentonville gelangen. Hier werden sie gegebenenfalls noch einmal überprüft, bevor man sie nach Verkaufstrends sortiert – und zwar für jeden Artikel und jede Niederlassung einzeln. Anhand dieser Auswertungen trifft das Unternehmen seine Entscheidungen mit Blick auf Nachbestellungen, die sich nach Kundenkauftrends und Saisontrends richten. Das Ziel dabei ist, die richtigen Produkte zur richtigen Zeit in den richtigen Läden zu haben. Die Strategie orientiert sich auf allen Ebenen an diesen detaillierten Daten. Alle Kosten und alle Artikel in den Regalen werden gründlich analysiert, damit jeden Tag sinnvolle kaufmännische Entscheidungen gefällt werden können.

Wal-Mart wächst weiter. Wal-Mart schaffte es 2002 an die Spitze der Fortune-500-Unternehmen, es ist Amerikas größtes Unternehmen.

Nehmen wir beispielsweise den Blog. Blog ist die Kurzform für Weblog: eine Webseite, die in Form eines Online-Tagebuchs regelmäßig aktualisierte Nachrichten und Meinungen veröffentlicht.

Zwar gibt es Blogs schon seit Mitte der 1990er-Jahre, doch erst in den letzten Jahren ist ihre Zahl im Internet nachgerade explodiert.

Die Schätzungen bewegen sich zwischen mehreren hunderttausend bis zu Millionen.

Obschon es sich bei Blogs vor allem um Amateur-Unternehmungen handelt, stellen sie doch eine wachsende Bedrohung für die traditionellen Medien dar.

Ihre Attraktivität als Informationsquellen gründet gleich auf mehrere Merkmale. Zunächst einmal reagieren sie zeitnah, greifen Informationen und Nachrichten aus dem Internet auf und verbreiten sie, ehe die herkömmlichen Medien eine Chance haben, sie weiterzugeben. Und Blogs sind persönlich. Sie werden häufig von Leuten geschrieben, die über Fachwissen verfügen.

So gibt es naturgemäß auch zahlreiche Online-Arbeits-Blogs, bei denen sich die Web-Surfer mit technischen und managementbezogenen Tipps und Informationen versorgen können.

Hinzu kommen heute Fachsammlungen und Stichwortsuchmaschinen, über die Blogs leichter auffindbar und zugänglich werden.

1977 *USA*	1981 *USA*	1985 *USA*	1990 *Schweiz*
Apple produziert den Apple-II-Personal-Computer.	IBM verkauft den ersten PC, den IBM-PC.	Gates III bringt das erste Windows auf den Markt.	Tim Berners-Lee schreibt ein Software-Programm namens Enquire, benannt nach dem viktorianischen Buch *Enquire Within Upon Everything*. Daraus entsteht das World Wide Web.

Durch Links zu anderen Blogs und Websites haben sich die Blogger ihre eigenen Nachrichtennetzwerke geschaffen.

Gegenwärtig mögen die Blogs noch keine ernst zu nehmende Bedrohung für die traditionellen Medienkanäle darstellen, doch sollten diese sich die Worte von Matt Drudge zu Herzen nehmen, dem legendären Internet-Untergrundreporter, der die Monica-Lewinsky-Geschichte ins Rollen brachte. In einer Rede vor dem National Press Club sagte er 1998: „Wir sind in einem Zeitalter angekommen, in dem der Klang unzähliger kleiner Stimmen widerhallt. Jeder Bürger kann ein Reporter sein und dieselbe Macht ausüben wie die Medien. Das Internet gibt einem 13-jährigen Computerfreak wie mir dieselbe Stimmgewalt wie einem CEO oder einem Sprecher des Weißen Hauses. Wir werden alle gleich. Und Sie wären überrascht, zu sehen, was der Durchschnittsbürger alles weiß."

Die Zukunft der Kommunikation

Über technologische Revolution und technologieorientierte Unternehmensstrategien zu reden ist ja schön und gut, aber wonach entscheiden Unternehmen, welche der modernsten Technologien die richtige ist?

Das Tempo der technologischen Innovation macht es beinahe unmöglich, zwischen solchen Technologien zu unterscheiden, die die Wettbewerbsfähigkeit fördern, und jenen, die sich am Ende als technologische Sackgassen erweisen. Konzepte wie die Funkfrequenzidentifikations-Technologie zur Logistikkontrolle und Versorgungsüberwachung hörten sich einmal viel versprechend an, werden aber wohl kaum je einen breiteren Markt erobern. Von vielen zukunftsweisend anmutetenden Technologien – Ultra Breitband (UWB), kabelloses Breitband (WiMax), 4G – scheint Wireless LAN, 802.11 momentan am ehesten geeignet, eine breite Akzeptanz zu finden.

Das Problem bei er Wahl der IT-Technologien ist vor allem, dass die hier getätigten Investitionen letztlich Gewinne abwerfen müssen, und das macht die Entscheidung für viele CIOs so schwer. In der Vergangenheit konnten sich die IT-Kosten vieler Firmen nicht amortisieren. Eine IT-Innovation einzusetzen bedeutet nicht automatisch eine

Der vernetzte Arbeiter

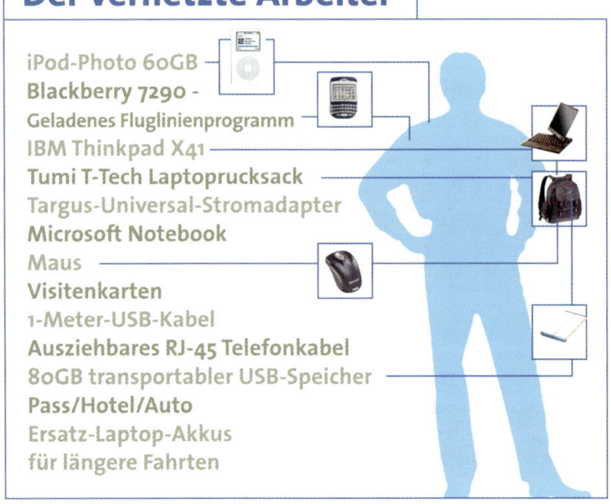

Mit freundlicher Genehmigung von Rob Howard, *Telligent Systems* – http://weblogs.asp.net/rhoward/

Steigerung der Produktivität oder eine Verbesserung der Wettbewerbsposition. Doch den CIOs kann geholfen werden. Untersuchungen gemäß können Unternehmen drei Maßnahmen ergreifen, um ihre Erträge aus IT-Investitionen zu maximieren: die Investitionen gezielt in den Produktivitätsebenen tätigen, die für das Unternehmen oder seine Branche relevant sind; sorgfältig bei der Zeitplanung sein und nicht zuletzt die Investitionen in IT-Innovation immer mit Management-Innovationen koppeln.

Es gibt einige Technologien, die in Zukunft besonders wichtig für Unternehmen sein dürften. Eine der bedeutendsten ist die Sicherheitstechnologie. Laut dem Bericht der META Group, *2004 Worldwide IT Benchmark Report*, geben Unternehmen durchschnittlich 8,2 Prozent ihres Gesamtbudgets für die Sicherheit aus – eine deutliche Steigerung verglichen mit den 7,6 Prozent im Jahr 2002 und den 3,2 Prozent im Jahr 2001. Zu den Sicherheitsmaßnahmen zählen der Schutz vor dem Zugang Unberechtigter, die erhöhte Netzwerksicherheit, das Aufspüren und Unschädlichmachen von Viren, trojanischen Pferden, Würmern und anderen bösartigen Programmen. Die Ausgaben für effektive Sicherheitsstrategien und Risikoprüfungen haben also oberste Priorität.

Datenspeicher sind ein weiterer Bereich, der auch künftig große Investitionen anziehen wird. Die durchschnittlichen Schätzungen liegen bei zwölf bis 15 Prozent des Jahresbudgets für den IT-Bereich, die allein für Speicherhardware und Software ausgegeben werden. Und diese Zahl wird weiter steigen. Nach dem Sarbanes-Oxley-Act von 2002 müssen Finanztransaktionen samt der dazugehörigen E-Mail-Korrespondenz und den Kurzmitteilungen über einen festen Zeitraum archiviert werden. Damit wird man noch mehr Geld für Speicherlösungen ausgeben müssen. Zudem verändert sich die Speicherarchitektur und viele Firmen steigen auf neue Speichertechnologien um, wie etwa die Storage Area Networks (SAN – Speicherbereichsnetzwerk) und netzwerkverbundene Speicher (NAS).

Wir leben in einem Zeitalter des rapiden technologischen Fortschritts. Innovationen in der Informations- und Kommunikationstechnologie verändern kontinuierlich die Art, wie Menschen sich untereinander austauschen, verwandeln die bestehenden Märkte und schaffen neue. Nun ist all das Gerede von der Technologie, welche die Branchen verändert, ja ganz gut und richtig, aber wie stellt sich das im Alltag der Führungskräfte dar?

Viele Innovationen in der Technologie zielen auf den Erhalt und die Verbesserung bereits existierender Produkte und Dienstleistungen. Gelegentlich kommen neue Technologien auf, die Unternehmenslandschaften aufwühlen, das Verhalten der Kunden grundlegend beeinflussen und neue Marktchancen aufscheinen lassen. Solche Störtechnologien zu erkennen ist nicht immer einfach, doch Unternehmen, die sie ignorieren, laufen Gefahr, ihre Marktposition zu verlieren. Gegenwärtig tun sich einige interessante Technologien auf, die das Potenzial haben, Märkte neu zu gestalten.

Viele Unternehmen investierten beispielsweise enorme Summen in die 3G-Technologie. 3G bietet den Verbrauchern alle Vorzüge der Konvergenz, indem diese Technologie

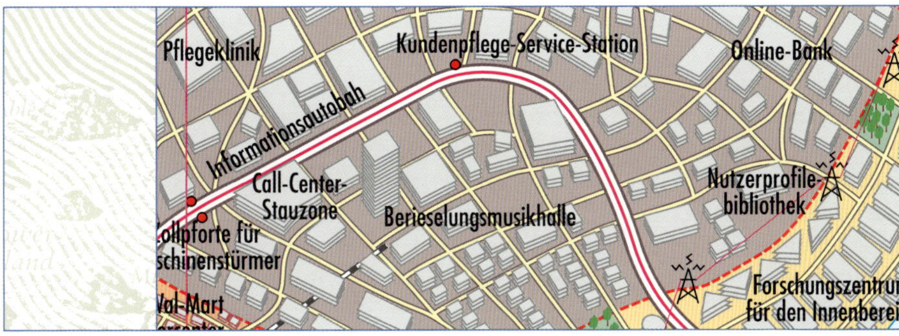

Technopolis hat auch ein Armenviertel, nämlich das Service-Center, in dem sich nur wenige nette Wohngegenden befinden, die aufgrund ihrer niedrigen Mieten die Utopier in Scharen anlocken.

Computer, Kommunikation und Verbrauchergeräte in eins bündelt. Video und andere Unterhaltungs- oder Informationsdienste sind damit via Handy erreichbar. Rein theoretisch bietet ein 3G-Gerät dieselbe Funktionalität wie viele andere zusammen, einschließlich MP3-Player, Digitalkameras, digitale Camcorder und PDAs. Wenngleich die 3G-Dienste eingangs nur sehr schleppend in Gang kamen, legen sie doch sichtlich zu und erreichen allmählich eine kritische Masse.

Alles zusammenbringen

Konvergenz kann auch in den Haushalten ankommen. Die Breitbandübertragung hat inzwischen eine Ebene erreicht, die es wirtschaftlich möglich macht, Netzwerkdienste für zu Hause anzubieten. Sie bündeln Dienste wie Kurzmitteilungen, Video-on-Demand und Stimmübertragungstelefonie. Die Verbraucher können ihre PCs, Heimgeräte, PDAs und andere Geräte zu einem Heimnetzwerk zusammenfassen.

Wir haben es hier mit einer alles durchdringenden Computerisierung zu tun, von der so viele glauben, sie wäre die Zukunft der Kommunikation, in der es überall und immer Zugang zu Informationen gibt. Und diese Zukunft liegt vielleicht näher, als die meisten Menschen denken. So erreichte die kabellose Vernetzung die 50.000 Bürger der amerikanischen Stadt Cerritos schon sehr früh. Mit einer Technologie, die unter der Bezeichnung „Mesh Networking" bekannt wurde, bekamen die Bewohner dieses Vorortes von Los Angeles einen Internetzugang, der von überall innerhalb einer 8,6-Quadratmeilen-Zone erreichbar war. Mesh Networking lässt die meisten kabellosen Geräte wie Router funktionieren, sodass von jedem beliebigen Standort aus Informationen mit dem Gerät abgerufen werden können, das man gerade zur Hand hat. In der Theorie ist es damit möglich, an einem warmen Tag im Park zu sitzen und zu arbeiten, während man über einen WLAN-Laptop mit dem Internet verbunden ist.

Eindrucksvolle Technologien zu erfinden ist eine Sache, mit ihnen neue Märkte zu schaffen eine ganz andere. Natürlich können neue Technologien zu neuen Marktchancen führen, doch lassen sich diese oft nicht vorhersagen. Peer-to-Peer-Netzwerke sind ein anschauliches Beispiel dafür. Was auch immer mit diesem Netzwerk ursprünglich bezweckt wurde, es war ganz gewiss nicht beabsichtigt, die Websurfer damit in die Lage zu versetzen, unter Verwendung von Napster Musikdateien übers Internet auszutauschen. Doch die Verbraucher verwandten es, um in eine Marktlücke vorzustoßen, und nutzten die Möglichkeit, in der digitalen Domäne Musiksammlungen zusammenzustellen und weiterzuverbreiten, die ihrem persönlichen Geschmack entsprachen. Die Plattenfirmen reagierten mit Klagen und Napster musste schließen. Im November 2003 waren sie dann allerdings wieder da. Dieses Mal positionierten sie sich als kommerzieller Download-Service, der Stücke aus einer der weltweit größten digitalen Musikbibliotheken anbot.

Die derzeitigen Theorien zum Konsumentenverhalten gehen davon aus, dass die Verbraucher sich zunehmend in die Entwicklung und Gestaltung von Produkten und Dienstleistungen einmischen werden. Eine 2002 veranstaltete Umfrage zu 94 Computerspielen etwa ergab, dass 83 Prozent aller Computerspiele-Hersteller Online-Communitys zu ihren Produkten geschaffen haben und 35 Prozent sowohl eine Community als auch Tool-Kits anbieten, die es den Nutzern erlauben, Produktverbesserungen zu entwickeln. Diese Interaktion zwischen Unternehmen und Konsumenten nennt sich „gemeinsame Wertschöpfung".

Die Verbraucher werden direkt in den Entwicklungsprozess mit einbezogen. Unternehmen müssen also auf der Hut sein. In Zukunft könnte der Kunde derjenige sein, der entscheidet, welchen Wert er sich von neuen Technologien erwartet.

Technologie und Konsument

Doch während die Technologie zweifellos den Unternehmen zugute kommen kann, vermag sie sie zugleich auch zu behindern. Neue, bessere und mehr Technologie ist nicht immer die Patentlösung. Technologie kann eine Ablenkung von den wirklich drängenden Fragen sein. Nehmen wir die jüngste Revolution im Kundendienst, die von den Entwicklungen in der innovativen Kommunikationstechnologie (ICT) vorangetrieben wurde.

Mit ihrem 1982 erschienen Bestseller *Auf der Suche nach Spitzenleistungen machten* Tom Peters und Robert Waterman die westliche Geschäftswelt wieder mit ihren Kunden bekannt. Nach Jahren, in denen die Kunden bestenfalls als Störfaktoren wahrgenommen wurden, kam es plötzlich zu einer Wertschätzung der Kundenpflege und des Kundendienstes, die mit überraschender Verve angegangen wurden.

Es wurde eine Menge über Kundenloyalität gesprochen und Call-Center wurden eingeführt. Und was kam dabei heraus? Die Unternehmen wissen mehr denn je über uns Verbraucher, aber ist der Kundenservice im 21. Jahrhundert tatsächlich besser, als er es 1982 war?

Glaubt man den Statistiken, ist er es nicht. Ein Jahrzehnt später ist der amerikanische Kundenzufriedenheitsindex genauso bitter niedrig wie bei Ersterscheinen im Jahr 1994 – wenngleich höher als in seinem finstersten Jahr, 1997. Unsere Alltagserfahrungen entwerfen nach wie vor ein trübes Bild. Denken wir daran, wie oft Kunden am Telefon warten und sich von elektronischer Vivaldi-Musik berieseln lassen, statt dass sich jemand um ihre Fragen oder Probleme kümmert.

Die Skepsis blüht allerorten – selbst unter den Champions der neuen Technologie. John Patrick war einer der Pioniere des Internet und führte IBMs erfolgreichen Einstieg ins Netz an, doch auch er schlägt einen warnenden Ton an: „Technologie verbesserte fraglos die Kapazitäten des E-Business, Weltklasseservice anzubieten, aber dennoch glaube ich, dass die Kluft zwischen dem, was die Leute erwarten, und dem, was sie bekommen, eher noch wächst. Die Menschen sind es leid, Sätze zu hören wie: ‚Bitte beachten Sie, dass sich unsere Menüs kürzlich geändert haben.' Wie kann es angehen, dass sich alle Menüs dieser Welt kürzlich änderten? Worum es eigentlich geht, ist doch Integration. Die Unternehmen müssen ihre automatisierten Inseln so integrieren, dass sie den rapide ansteigenden Erwartungen der Kunden gerecht werden."

Anscheinend hat die Technologie Unternehmen geholfen, ihre Services rücksichtslos zu entpersonalisieren, statt sie zu verbessern. Womit wir wieder bei der Erkenntnis angekommen wären, dass Technologie ein Hilfsmittel ist. Bei falscher Nutzung kann sie jedem Unternehmen erheblichen Schaden zufügen. Das Management der Kundenbeziehungen konnte keine Geschäftsresultate bringen, weil es nicht intelligent ist. Es erlaubt den Unternehmen, Daten effektiver zu gewinnen, zu manipulieren und weiterzuverbreiten, doch solange diese Kapazitäten nicht effektiv genutzt werden, bringen sie keinerlei Wettbewerbsvorteil.

Der Fehler liegt nicht in der Technologie, sondern in der Art und Weise, wie Firmen sie verstehen und verwenden. In Bezug auf den Kundendienst heißt das, zu viele Firmen neigen immer noch dazu, Technologie als Mittel zur Kosteneinsparung zu betrachten, nicht aber als eines, mit dem sich exzellenter Kundenservice anbieten lässt.

Die Rolle der Technologie im Service beschränkt sich allzu oft darauf, schnellstmöglich Investitionsgewinne einzuspielen. Von Kundenzufriedenheit ist gar keine Rede.

Guter Service beinhaltet, wie so viele andere Bereiche auch, in denen Technologie zum Einsatz kommt, sowohl harte als auch weiche Komponenten. Auf Seiten der harten Komponenten finden sich Elemente wie Geschwindigkeit, 24-Stunden-Dienst, Verlässlichkeit und Konsistenz. All das lässt sich mit Technologie trefflich einrichten. Schwierig wird die Sache, wenn die weiche Seite des Service ins Spiel kommt, die ungleich intimer und nachhaltiger ist, weil sie persönlichen Kontakt erfordert. Wie Tony Cram, Autor des Buches *Customers That Count*, sagte: „... die weiche Seite ist der Bereich der Personalisierung, Flexibilität und Überraschung. Menschen sind im Allgemeinen viel besser als Computer, wenn es um diese Aspekte geht. Im Idealfall sollte Technologie genutzt werden, um schnellen standardisierten und unpersönlichen Service für jene Kunden zu liefern, die wenig bezahlen wollen und weniger wertvoll für das Unternehmen sind. Damit werden die Mitarbeiter frei für den persönlichen Service an Kunden, die individuelle Bedienung und Flexibilität verdienen und brauchen."

Die menschlichen Kosten

In Großbritannien gab es im frühen 19. Jahrhundert einen allgemeinen Aufruhr. Er richtete sich nicht gegen einen Monarchen oder eine Regierung, sondern gegen die Technologie. Die Maschinenstürmer rebellierten gegen die Technik, welche die industrielle Revolution einleitete. Sie stürmten die Webereien, zerstörten die Webstühle und setzten die Gebäude in Brand, denn sie sahen in ihnen eine Bedrohung ihrer Lebensgrundlage. Es waren 12.000 Soldaten nötig, um diese Rebellion niederzuschlagen.

Technologie mag produktivitätssteigernd sein, doch sie hat ihren Preis, zumindest kurzfristig. Nirgends wird das anschaulicher als in der Landwirtschaft. Zu Beginn des 20. Jahrhunderts arbeiteten 35 Prozent aller Amerikaner in der Landwirtschaft. Bis 2004 schrumpfte ihre Zahl auf drei Prozent. Die dramatische Veränderung war eine direkte Folge der erstaunlichen Produktivitätssteigerung durch Agrartechnologie.

In den USA hatte das herstellende Gewerbe 1979 seinen Höhepunkt mit 19,5 Millionen Beschäftigten erreicht. Ihre Zahl ging bis 2004 auf 14,5 Millionen zurück. Im selben Zeitraum stieg die Produktivität hier, größtenteils aufgrund der technischen Entwicklungen, um 80 Prozent. Der Jobverlust in den USA ist ähnlich wie in der gesamten entwickelten Welt. Zwischen 1995 und 2000 verlor China 15 Prozent der Fabrikarbeitsplätze, die USA 22 Prozent und Japan 16 Prozent.

Einige Leute behaupten, ein kurzfristiger Jobverlust aufgrund technologischer Neuerungen wäre zwar nicht zu leugnen, doch würde die damit erhöhte Produktivität langfristig alternative Arbeitsmöglichkeiten in anderen Bereichen schaffen. Zur Untermauerung ihrer These verweisen sie auf die zahlreichen Jobs, die zwischen 1979 und 2004 in den USA geschaffen wurden. Allerdings finden sich die meisten dieser Jobs im Servicebereich. Die nächste Frage wäre also: Was passiert, wenn eine neue technologische Revolution die Serviceindustrie auf dieselbe Weise verändert, wie sie die Landwirtschaft bereits verwandelte und die herstellende Industrie es bis heute tut? Werden Historiker eines Tages an eine Cyber-Stürmer-Bewegung erinnern?

Mit den Nachbarn mithalten

Ein Ende der Technologiebesessenheit ist nicht abzusehen. Der Wunsch, ganz vorn zu sein, was die Unternehmenstechnologien angeht, der in vielen Fällen geradezu verzweifelte Ausmaße annimmt, beschwor eine ganze Branche von „Unternehmenshellsehern" herauf. Die

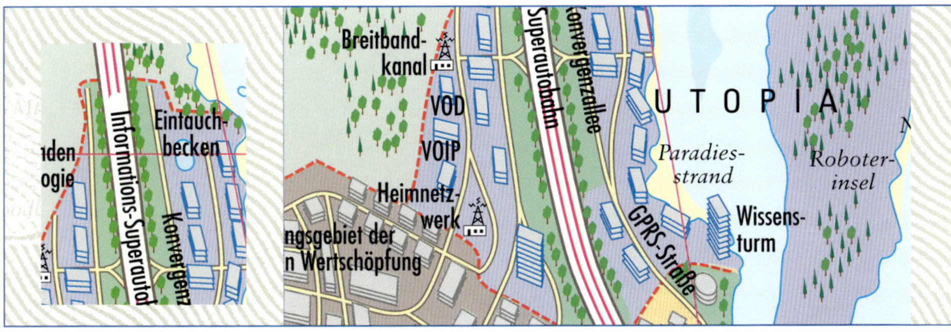

Utopia ist die Heimat der Reichen. Dank ihres Vermögens leben sie ohne Sorgen, doch scheinen nur wenige darin echte Erfüllung zu finden.

jüngsten Gedanken dieser Zukunftsdeuter sollten all jenen eine Lehre sein, welche die Antworten auf alle Probleme in der Technologie wähnen. Denn viele dieser Futuristen vertreten ironischerweise die Auffassung, in einer zunehmend von Technologien dominierten Welt wären die Unternehmen gut beraten, wieder zurückzuschauen und eine „authentische Kundenerfahrung" zu schaffen.

So war es früher nicht! Vor nicht allzu langer Zeit noch blickten wir mit optimistischer Faszination in die Zukunft und meinten, dort eine roboterbevölkerte Welt mit höchstmöglicher Hygiene und bestmöglicher Technologie wahrzunehmen. Futuristen wie Alvin Toffler, John Naisbitt und Herman Kahn skizzierten den Weg, auf dem wir voranschreiten würden, und Unternehmen wie Verbraucher sogen ihre Visionen in sich auf.

Doch die Dinge haben sich geändert und mit ihnen auch die Denkweise der Futuristen. John Naisbitt sagt inzwischen, unsere Faszination von der Zukunft sei, zumindest in der Geschäftswelt, durch eine Faszination von der Vergangenheit abgelöst worden. Im selben Zuge wurden Futuristen zu Berichterstattern. Eines von vielen Anzeichen dieses Wandels ist, dass Disney Worlds „Tomorrow Land" jetzt zu einem historischen Artefakt umgestaltet wurde.

Tradition ist in Mode gekommen. Statt die Zukunft neu zu erfinden, setzen Unternehmen auf die Neu-Erfindung der Geschichte. Wie bei den meisten Dingen gibt es auch hier einige, die es mit mehr Begeisterung und Konsequenz tun als andere, indem sie alles mit „Echte Reproduktion"-Etiketten versehen und glauben, so den Zeitgeist erfasst zu haben.

Unser Streben nach einem besseren Verständnis der Vergangenheit ist Teil eines umfassenderen Phänomens. Wie John Naisbitt sagt: „Der Unterschied zwischen dem Echten und dem Gefälschten ist immer schwerer auszumachen. Die Authentizität eines Unternehmensprodukts oder einer Dienstleistung ist heute wichtiger denn je. Unternehmen müssen es schaffen, den Verbrauchern Vertrautheit zu suggerieren." Die Botschaft an Unternehmen lautet, Authentizität würde mehr und mehr zu einem Wettbewerbsvorteil werden. Unternehmen müssen einen Bezug zu den Bedürfnissen, Wünschen und Gefühlen ihrer Verbraucher gewinnen. Das Verständnis dafür lässt sich nicht einfach vortäuschen.

Die Suche nach den Wurzeln veranlasste einige Unternehmen, wieder Leute anstelle von automatisierten Systemen an ihre Telefone zu setzen. Die kalte mechanische Hand der Technologie bringt uns nun einmal nur ein Stück weit voran. Um das Wirtschaftspotenzial der Technologie maximal zu nutzen, bedarf es dann doch der warmen Hand der Menschlichkeit.

Das Problem ist, dass Unternehmen nach wie vor in erster Linie mit technologischen Fragen beschäftigt sind. Die Agenda wird von Technik bestimmt, nicht von Humanität, denn die Firmen müssen mit der Technologie mithalten, wollen sie vermeiden, hinter ihren Konkurrenten herzuhinken. Das Ergebnis: Flickschusterei und eine wirre Beziehung zur Technologie, die gleichermaßen von Furcht wie von Anbetung geprägt ist. Während sich die Schlinge der Technologie zusammenzieht, können wir alle die Vergangenheit mit noch größerer Leidenschaft bestaunen, aber wir werden trotzdem nicht aufhören, uns den Technologien als Mittel zuzuwenden, um genau dieser Vergangenheit zu entkommen.

Wegmarken

- ***Neue Technologien sind Hilfsmittel, die letztlich die Kundenzufriedenheit steigern sollten. Verschlechtert sich die Kundenerfahrung durch sie, werden sie falsch verwendet.***
- ***Indem Sie möglichst genau skizzieren, was Sie sich von neuen Technologien erwarten, stellen Sie sicher, dass Innovation Ihrem Unternehmen und Ihren Kunden dient. Da technisches Personal gemeinhin nicht kundenorientiert ist, sollten Sie zuerst die Kundenbedürfnisse skizzieren.***
- ***Es gibt keinen triftigen Grund, weshalb Technologieeinsatz das Budget übersteigen sollte. Tut er es dennoch, sind entweder die funktionellen Spezifikationen falsch oder ihre Interpretation. Umsetzungsteams müssen den Zweck und die Funktion der Technologie ebenso begreifen wie die Bedürfnisse der Kunden und die Situation der Leute, die mit technologischen Systemen arbeiten. Eine Skizzierung des Projekts kann die Zielvorgaben für solche Teams klären.***
- ***Unternehmen wie Einzelne müssen sich mit neuen Technologien anfreunden, aber wir sollten vermeiden, dass schlecht konfigurierte Technologie Maschinenstürmer-Gefühle in unseren Unternehmen oder in unseren Kunden wachrufen.***

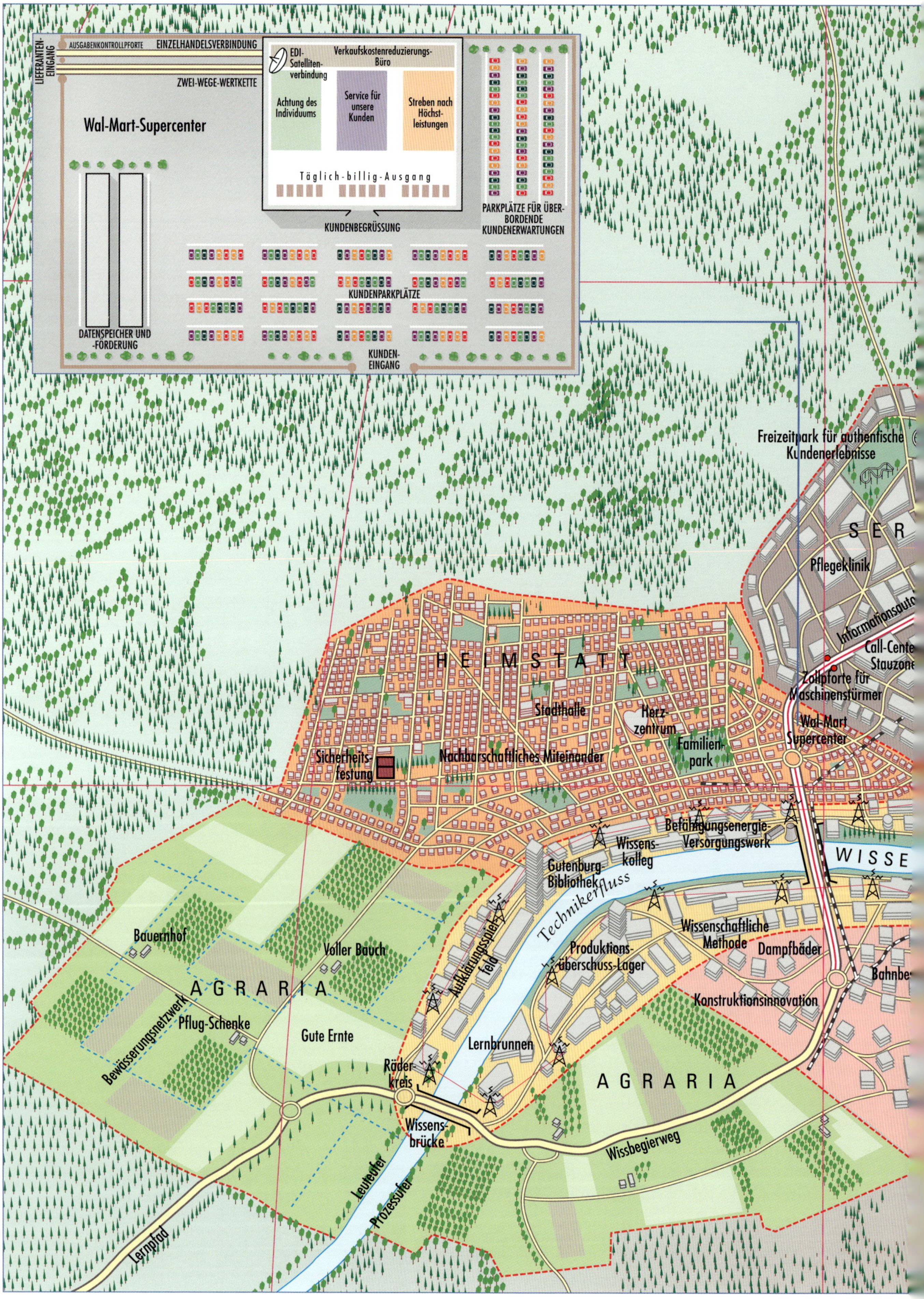
LIEFERANTEN-EINGANG
AUSGABENKONTROLLPFORTE
EINZELHANDELSVERBINDUNG
EDI-Satelliten-verbindung
Verkaufskostenreduzierungs-Büro
ZWEI-WEGE-WERTKETTE
Wal-Mart-Supercenter
Achtung des Individuums
Service für unsere Kunden
Streben nach Höchst-leistungen
Täglich-billig-Ausgang
PARKPLÄTZE FÜR ÜBER-BORDENDE KUNDENERWARTUNGEN
KUNDENBEGRÜSSUNG
KUNDENPARKPLÄTZE
DATENSPEICHER UND -FÖRDERUNG
KUNDEN-EINGANG
Freizeitpark für authentische Kundenerlebnisse
SER
Pflegeklinik
Informationsauto
Call-Cente
Stauzone
Zollpforte für Maschinenstürmer
Wal-Mart Supercenter
HEIMSTATT
Stadthalle
Herz-zentrum
Familien-park
Sicherheits-festung
Nachbarschaftliches Miteinander
Befähigungsenergie-Versorgungswerk
Wissens-kolleg
Gutenburg-Bibliothek
Technikerfluss
WISSE
Aufklärungsspiel-feld
Wissenschaftliche Methode
Dampfbäder
Produktions-überschuss-Lager
Bahnbe
Konstruktionsinnovation
Bauernhof
Voller Bauch
AGRARIA
Bewässerungsnetzwerk
Pflug-Schenke
Gute Ernte
Lernbrunnen
Räder-kreis
AGRARIA
Wissens-brücke
Wissbegierweg
Leuteufer
Prozessufer
Lernpfad

Technopolis

Das Wachstum von Technopolis erzählt die Geschichte vom menschlichen Bedürfnis nach Entdecken von Technologie.

Die Struktur folgt größtenteils der Maslow-Hierarchie, indem sie mit den Grundlagen des physischen Überlebens in Agraria beginnt und im Traum von der Selbsverwirklichung in Utopia gipfelt.

Die Philosohen von Technopolis glauben daran, dass Technologie ein Utopia für alle bringen kann, doch die Vermögen-schaffenden und -besitzenden sehen deren Sinn vornehmlich im Wettbewerbsvorteil und in der Kosten-einsparung.

Die Stadtplaner von Technopolis werden ein Gleichgewicht zwischen diesen beiden Standpunkten herstellen müssen, damit die Stadt als intakte und wach-sende Gemeinde fortbestehen kann.

Wie kann ich von den besten Unternehmen lernen?

Jedes Jahr pilgern tausende von Managern ins Silicon Valley, um vor Ort anzusehen, wie Amerikas Hightech-Spitzenunternehmen ticken. Andere suchen derweil die Zentralen von Unternehmensstars wie Southwest Airlines, Nokia und Microsoft auf und wollen dort die neuesten Produktjuwelen besichtigen oder herausfinden, welche kreative Kultur diese weltgrößten Avantgarde-Unternehmen prägt.

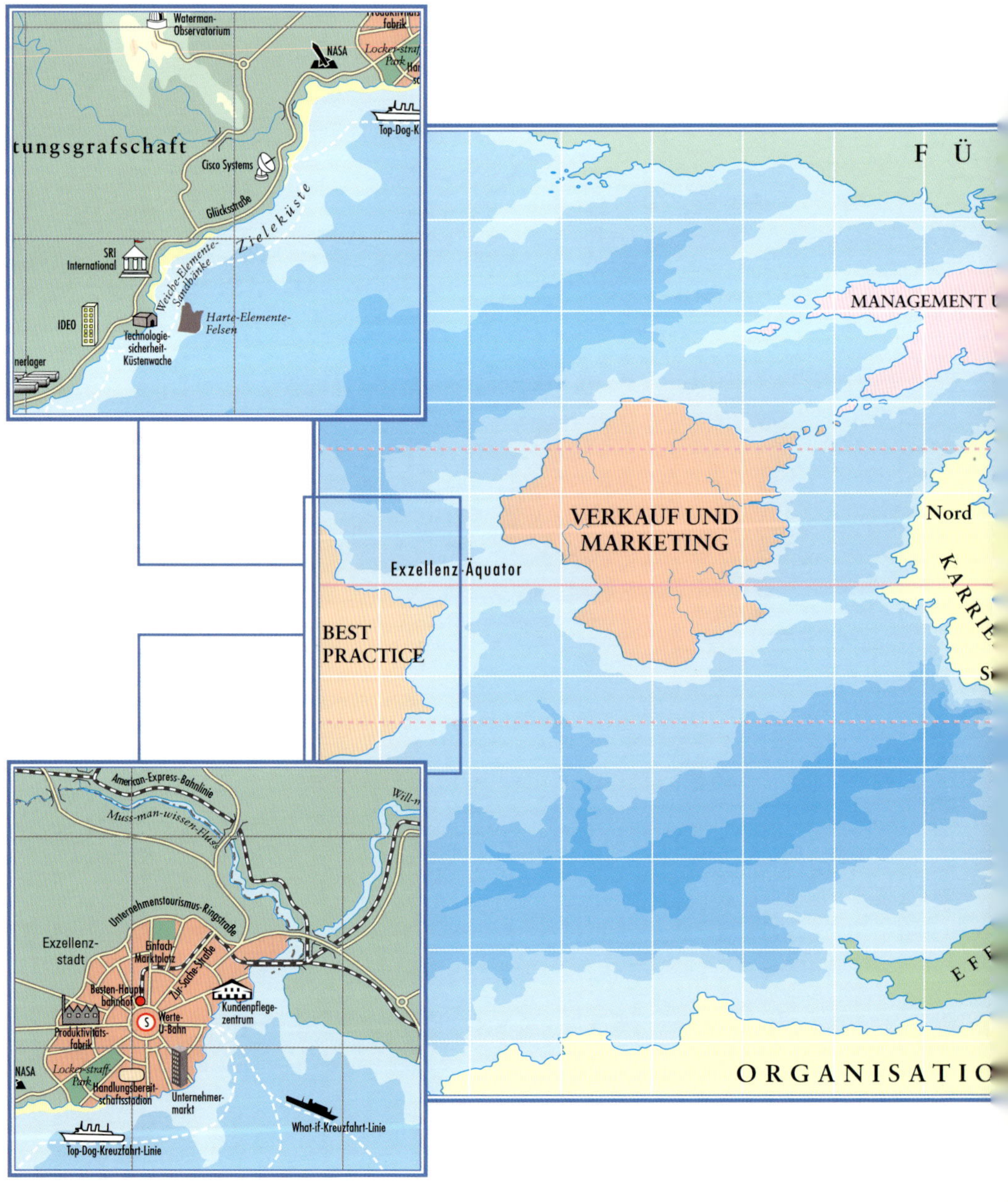

Die Unternehmenstouristen der Gegenwart suchen nach Inspiration. Sie wählen Firmen aus, deren Arbeitspraktiken und Managementtechniken Furore machten, und hoffen, bei ihnen jenen Zauber aufspüren zu können, mit dem sie ihre eigenen Unternehmen verwandeln. Ob sich diese Firmen nun im selben Forschungsgebiet, im selben Land oder auf einem anderen Kontinent befinden – die Touristen scheuen keine Wege. Sie wollen alles aus erster Hand. Heutzutage ist Unternehmenstourismus ein globales Phänomen.

Einem echten Unternehmenstouristen reicht es nicht, nur über andere Firmen in Büchern oder Zeitschriften zu lesen und bei Konferenzpräsentationen von ihnen zu hören. Andererseits hat natürlich nicht jeder von ihnen die Zeit und Mittel, den gesamten Ökonomieglobus auf der Suche nach den Best Practices zu bereisen. Und glücklicherweise ist das ja auch nicht nötig. Viele Geheimnisse der weltgrößten Unternehmen lassen sich ergründen, ohne dass man dazu aus dem Chefsessel aufstehen muss.

Führungskräfte können eine Reise durch die Geschichte unternehmen. Die meisten der größten Unternehmen und Manager werden hinlänglich in der Fachpresse, in Magazinen und in Büchern behandelt. Um ihren Werdegang nachzuvollziehen, braucht man sich lediglich seine Lieblingslektüre aus *The Harvard Business Review, Sloan Management Review, Californian Management Review, The McKinsey Quarterly* und einer Vielzahl anderer gehobener Fachliteraturangebote zusammenzustellen.

Hinzu kommen die Fallstudien, die in regelmäßigen Abständen von den großen Wirtschaftsakademien herausgebracht werden. Ein Drittel aller Harvard-Fallstudien wird jährlich aktualisiert, zumeist anhand der Daten, die direkt vom California Research Center am Sand Hill Road in Menlo Park stammen.

Wer trotzdem eine Informationsreise plant, sollte sich auf keinen Fall auf die strahlendsten Unternehmensstandorte beschränken. Denn von den Worst Practices lässt sich ebenfalls eine Menge lernen.

Die Wie-man-es-nicht-machen-sollte-Schule des Managements kann mindestens genauso lehrreich sein, was die Ergründung der Geheimnisse erfolgreicher Unternehmen angeht. Unternehmenstouristen sollten also ein paar Sackgassenexkursionen in ihre Reiseroute einbauen.

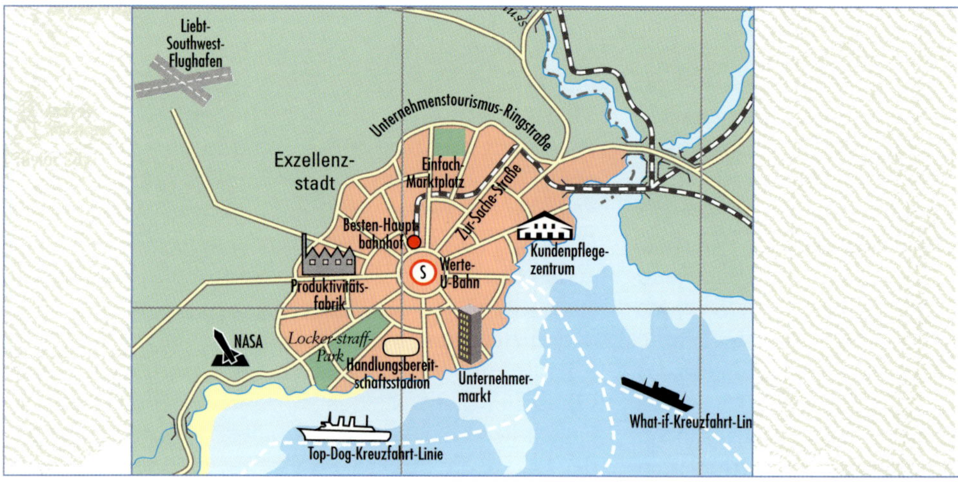

Unternehmenstouristen sollten unbedingt die acht Hauptattraktionen dieser Stadt besichtigen, die von Peters & Waterman gefeiert wurden.

Große Rundreise nach Unternehmerart

Unternehmenstourismus mag sich nach einer Fantasieflucht anhören, ist es aber nicht. Vielmehr hat diese Tourismusform eine lange Tradition. Bereits 1295 kehrte der Italiener Marco Polo von seinen Reisen entlang der Seidenstraße und durch China mit mehreren Neuigkeiten und Innovationen nach Europa zurück, unter anderem Papiergeld und Asbest.

Jüngere Nachweise bestätigen, dass voyeuristische Führungskräfte keineswegs ein neues Phänomen sind. Nach dem Zweiten Weltkrieg kamen japanische Industrielle in die USA, die mehr über die amerikanischen Produktionsprozesse erfahren wollten. Zu der Zeit hatten sich die Japaner schon mit den Ideen des amerikanischen Qualitäts-Gurus W. Edwards Deming angefreundet. Die meisten Amerikaner hatten da noch nichts von Deming gehört – und sollten noch Jahrzehnte brauchen, ehe sie so weit waren.

Einer dieser frühen Unternehmenstouristen war Eiji Toyoda. Toyoda hatte bereits bei der Verwandlung einer Webstuhlfabrik in ein florierendes Automobilunternehmen mitgeholfen – die Toyota Motor Corporation. Er war 1936 ins Unternehmen eingetreten und hatte die Verantwortung für die Rekrutierung der besten Forschungsingenieure sowie für die Produktionsorganisation übernommen. Der eigentliche Durchbruch jedoch kam, als Toyoda die USA besuchte.

Unter den Firmen, die Toyoda auf seiner Reiseliste stehen hatte, befand sich Fords riesige River-Rouge-Fabrik in Dearborn, Michigan. Zu dem Zeitpunkt war Toyota seit 13 Jahren im Autogeschäft und hatte gerade über 2.500 Autos produziert. Bei der Rouge-Fabrik rollten sagenhafte 8.000 Fahrzeuge täglich vom Band. Beeindruckt von der Größenordnung der Produktion in der amerikanischen Automobilindustrie erkannte Toyoda, dass er Toyota mit einer Kombination der besten Produktionsmethoden aus den USA und Japan zu einem Welterfolg machen konnte. Seine Inspiration holte er sich allerdings nicht bloß an den offensichtlichen Stellen. So fiel ihm beispielsweise in einem amerikanischen Supermarkt ein innovatives Kartennutzungssystem auf, mit dessen Hilfe der Warenfluss zwischen Lager und Verkaufsstelle kontrolliert wurde. Was er hier sah, hatte maßgeblichen Einfluss auf das Just-in-time-Logistiksystem, Kanban, das ebenfalls auf einem Kartensystem aufbaute und zu einem der Eckpfeiler von Toyotas Erfolg werden sollte.

Zurück in Japan etablierte Toyoda mithilfe seines Produktions-Gurus Taichi Ohno einen revolutionären Herstellungsansatz – das Toyota Production System (TPS), auch bekannt als „verschlankte Produktion“.

Amerikaner unterwegs

JIT und andere Qualitätsstrategien waren so erfolgreich, dass die Welle des Unternehmenstourismus in den frühen 1980er-Jahren in die entgegengesetzte Richtung schwappte. Plötzlich machten sich die amerikanischen Führungskräfte auf den Weg, um von japanischen Unternehmen in die Geheimnisse des Total Quality Managements eingewiesen zu werden.

Ihre Neugier war nicht nur von den großen Brocken angeregt worden, die sie auf ihren heimischen Märkten an die Japaner verloren hatten, sondern auch von einer wahren Flut von Veröffentlichungen, die das japanische Wirtschaftswunder bejubelten. Die nämlich öffneten den Amerikanern die Augen, was die Wirtschaft in anderen Teilen der Welt betraf.

Einige Amerikaner hatten Japan bereits besucht, hungrig nach neuen Ideen. Einer von ihnen war Larry Ellison, Mitgründer und treibende Kraft hinter dem Datenbankgiganten Oracle. Ellison war von der Uni geflogen und hatte seine Ausbildung bei einer Firma an der Westküste begonnen, die zu 45 Prozent Fujitsu gehörte. Als er in den frühen 1970er-Jahren auf Geschäftsreise nach Japan geschickt wurde, brachte er von dort einige wichtige Erfahrungen mit.

Wie Ellison später berichtete, weist die japanische Gesellschaft interessante Widersprüche auf. So sind die Japaner zugleich aggressiv und unglaublich höflich, arrogant und bescheiden. Ein anderes Merkmal, das ihm auffiel, war, dass die Gruppe in Japan weit mehr galt als der Einzelne. Diese Beobachtungen beeindruckten Ellison so sehr, dass er einige der japanischen Eigenschaften bei der späteren Gründung von Oracle direkt im Unternehmen zu installieren versuchte.

Zu den Lektionen, die er aus seinen Erfahrungen mit der japanischen Herangehensweise ans Geschäft gelernt hatte, zählte unter anderem die Einstellung zur Konkurrenz. In Japan hatte er sich mit einer dortigen Führungskraft unterhalten und irgendwann war das Thema Konkurrenz aufgekommen. Die in den USA vorherrschende Einstellung war, dass Wettbewerb so lange toleriert werden konnte, wie der Markt groß genug war. In Japan hingegen erklärte der Geschäftsmann: „Wir sehen es so, dass unsere Konkurrenten unseren Kindern den Reis aus dem Mund stehlen. Wir sind der Ansicht, dass alles unter 100 Prozent Marktanteil ungenügend ist. In Japan glauben wir daran, dass es nicht reicht, wenn ich Erfolg habe, sondern alle anderen müssen scheitern. Wir müssen unsere Konkurrenz zerstören." Diese Philosophie machte Ellison sich zu Eigen.

In den 1980er-Jahren führte das aufkeimende Interesse an anderen Unternehmens- und Wirtschaftskulturen zu einer neuen Managementpraxis. „Benchmarking" wurde zum Schlagwort und ließ im Verbund mit dem Total Quality Management den Unternehmenstourismus aufleben. Die Firmen suchten nach den Best-Practice-Unternehmen und nutzten sie als Benchmarks (Maßstäbe) für die Hebung der eigenen Standards. Unternehmensbesichtigungen wurden zu einem beliebten Zeitvertreib der Führungskräfte. In den USA besuchte man UPS als Paradebeispiel für Logistik und American Express als Modell für finanzielle Transaktionen. Allerdings gingen die Reisen auch häufig in exotischere Gefilde. Führungsgrüppchen wandelten durch die japanischen Unternehmen, um sich Tipps zur Umsetzung japanischer Managementtechniken zu holen, die so griffige Titel trugen wie „Quality Circles" (Qualitätszirkel) und „Statistical Process Control" (Statistische Prozesskontrolle).

Die Japaner gaben sich derweil überraschend gastfreundlich. Großzügig opferten sie ihre Zeit und gaben sich offen, was Zugang zu Anlagen und Informationen betraf. Sie erlaubten den Amerikanern freimütig, Ideen und Anregungen in ihren Unternehmen zu plündern, wann immer sie wollten. Leider hatte aber all die Hilfsbereitschaft nicht zur Folge, dass sich die Reisekosten dank erhöhter Produktivität daheim amortisierten.

Vielmehr wurde schon bald offensichtlich, dass die oberflächliche Erkundung der japanischen Produktionsmethoden und ihre Anwendung kein Patentrezept für die Leiden der amerikanischen Unternehmen lieferten. Diese Methoden zu kopieren war eine Sache, die Infrastrukturen zu haben, damit sie funktionieren, eine gänzlich andere. Das sollten heutige Unternehmenstouristen beherzigen.

Der Unternehmenstourist von heute

Bis heute ist der Unternehmenstourismus ein Wachstumssektor des Reisemarktes. Überall schießen spezialisierte Organisatoren aus dem Boden, die versprechen, die Bedürfnisse einer neuen Generation von Unternehmenstouristen zu bedienen.

Die Top-Dog-Tour, die Adrian Simpson von der in London ansässigen Beratungsfirma What If organisierte, ist ein gutes Beispiel dafür, wie solche Angebote aussehen. Bei einer ihrer ersten Exkursionen machten sich wissensdurstige Führungskräfte von Unternehmen wie GlaxoSmithKline, British Telecom und Unilever auf eine magische Märchenreise durch die besten U.S.-Firmen.

Auf dem sechstägigen Veranstaltungsplan standen Besuche bei Southwest Airlines in Dallas und der NASA in Houston, eine Stippvisite bei der Netzwerkfirma Cisco Systems in San Jose, beim führenden Forschungszentrum SRI International und der weltberühmten Designfirma IDEO, bei The Container Store – sowie bei der Delaney Street Foundation.

Reisen Sie mit der Top-Dog-Kreuzfahrtlinie die Küste hinunter und besuchen Sie die namhaften Orte, die für die beste Unternehmenspraxis stehen.

Fallstudie

Herb Kelleher und Southwest Airlines

Das sprichwörtliche Märchen von dem Millionengeschäft, das mit ein paar Kritzeleien auf der Rückseite eines Briefumschlags beginnt, ist vielleicht gar nicht einmal so sprichwörtlich und märchenhaft. Nehmen wir beispielsweise die Geschichte einer der erfolgreichsten Fluglinien der Welt – Southwest Airlines. 1966 plauderte ein in Texas wohnhafter Anwalt namens Herb Kelleher mit einem Klienten in einer Bar. Der Klient, Rollin King, hatte die Idee von einer billigen Fluglinie, die Dallas, Houston und San Antonio miteinander verband. Sie entwarfen einen Businessplan für die neue Airline auf der Rückseite einer Papierserviette. Kelleher investierte 10.000 Dollar (in ein Aktienpaket, das 2001 200 Millionen Dollar wert war), das Unternehmen wurde im März 1967 eröffnet. Heute kann man die Papierserviette in der Firmenzentrale bewundern.

Fünf Jahre vergingen, ehe das erste Southwest-Airline-Flugzeug mit Passagieren an Bord auf eine Startbahn rollte. Kelleher als CEO verwarf das alte Regelbuch des Managements und schrieb stattdessen seine eigene, weniger konventionelle Version. Singende Flugbegleiter, kleine Scherze, Kostüme: Ein Southwest-Ticket ist allein schon wegen der Unterhaltung an Bord seinen Preis wert, ganz zu schweigen von den schnellen Verbindungen, der Verlässlichkeit, der Kundenfreundlichkeit und den geringen Kosten. Aus dem Nichts schuf Kelleher ein Unternehmen mit sechs Milliarden Dollar Jahresumsatz und einem Rekord von über 30 Jahren Profitabilität. Während des gesamten Zeitraums stiegen die Gewinne, rauschten die Passagierzahlen in die Höhe und nahm die Personalfluktuation kontinuierlich ab.

Kelleher hatte mit den gängigen Airline-Praktiken nichts am Hut – es sei denn, sie entsprachen seinen beiden Grundprinzipien: die Kunden glücklich machen und die Kosten niedrig halten. Die Kostensenkung erreichte er mittels einer ganzen Reihe von Maßnahmen. Die Kunden wählten ihre Sitzplätze nach der Wer-zuerst-kommt-mahlt-zuerst-Regel. Wer auf ein Bordmenü hoffte, wurde enttäuscht, denn auf den Flügen wurde kein Essen serviert, sondern es wurden lediglich Erdnüsse verteilt, was enorm Zeit sparte.

Den schnörkellosen Service machte eine exzellente Passagierbetreuung wett, die ihrerseits durch eine noch bessere Mitarbeiterbetreuung motiviert wurde. Der Schlüssel zum Musterangestellten von Southwest sowie zur hervorragenden Kundenbetreuung liegt in der Unternehmenskultur, die Kelleher schuf. Wenn es nach ihm ging, bedeutete für Southwest zu arbeiten vor allem, eine Menge Spaß zu haben. In der Southwest-Zentrale ist lässige Kleidung die Norm, es wird viel gescherzt, die Geburtstage der Mitarbeiter werden gefeiert und jeder Anlass für eine Party wird aufgegriffen. Auf den Flügen verhält es sich genauso. Über die Jahre wurden die Passagiere von den Flugbegleitern am St.-Patrick's-Day in Koboldkostümen begrüßt, bekamen die Sicherheitshinweise in Form einer Stand-up-Comedy präsentiert und sprangen vor Schreck aus den Sitzen, wenn die Flugbegleiter aus den Gepäckablagen über ihre Köpfen hüpften.

Nun sollte niemand glauben, Kelleher selbst stünde über solchen bizarren Showeinlagen. Wie viele CEOs großer amerikanischer Unternehmen trugen schon einen Disput auf höchster Ebene aus, indem sie ihren Kontrahenten zum Armdrücken herausforderten? (Der Kontrahent war Kurt Herwald, Vorstandsvorsitzender von Stevens Aviation, der Kellehers Vorschlag des Armdrückens anstelle einer Klage akzeptierte – und verlor.) Welcher CEO reagiert auf die eindeutig unberechtigte Beschwerde eines Passagiers mit einem Schreiben, in dem er ihm empfiehlt, künftig mit einer anderen Linie zu fliegen? Oder welcher CEO erscheint im Elvis-Kostüm in einer Stellenanzeige und wünscht sich, die Bewerber mögen ihren Lebenslauf mit „z. Hd. Elvis" adressieren?

Wollen sie das Bestmögliche von diesen Reisen mit nach Hause bringen, müssen Unternehmenstouristen mehr tun als bloß ein paar Schnappschüsse aufnehmen. Zugang und Umsetzung sind die Schlüssel zum Erfolg solcher Vorort-Erkundungen. Gute Reiseanbieter werden immer dafür sorgen, dass die besichtigende Führungskraft das, was sie sieht, auf ihr eigenes Unternehmen übertragen kann. Dafür sind entsprechende Reisevorbereitungen ebenso unabdingbar wie stimulierende Diskussionen während der Reise.

Guter Zugang ist wesentlich. Um möglichst viel aus der Unternehmenstouristik zu ziehen, sollten die Reisenden hinter die Kulissen der Firmen blicken dürfen, die sie besuchen. Um beim Reisevergleich zu bleiben: Sie sollten mit den Einheimischen ins Gespräch kommen, statt in den edelsten Hotels abzusteigen und kaum einen Fuß vor die Tür zu setzen. Auf diese Weise nämlich lernt man sein Reiseziel niemals kennen. Auf Unternehmenstourismus übertragen heißt das: Den wahren Wert einer Reise kann man nur herausfinden, indem man die erfolgreichsten Unternehmen besucht und den Leuten dort die brennenden Fragen stellt.

Womit wir auch schon bei einem heiklen Aspekt des Lernens von exzellenten Unternehmen wären. Was springt für die einladenden Firmen dabei heraus? Warum sollten sie Tür und Tor öffnen und ihre Erfolgsgeheimnisse

Liebt-Southwest-Flughafen

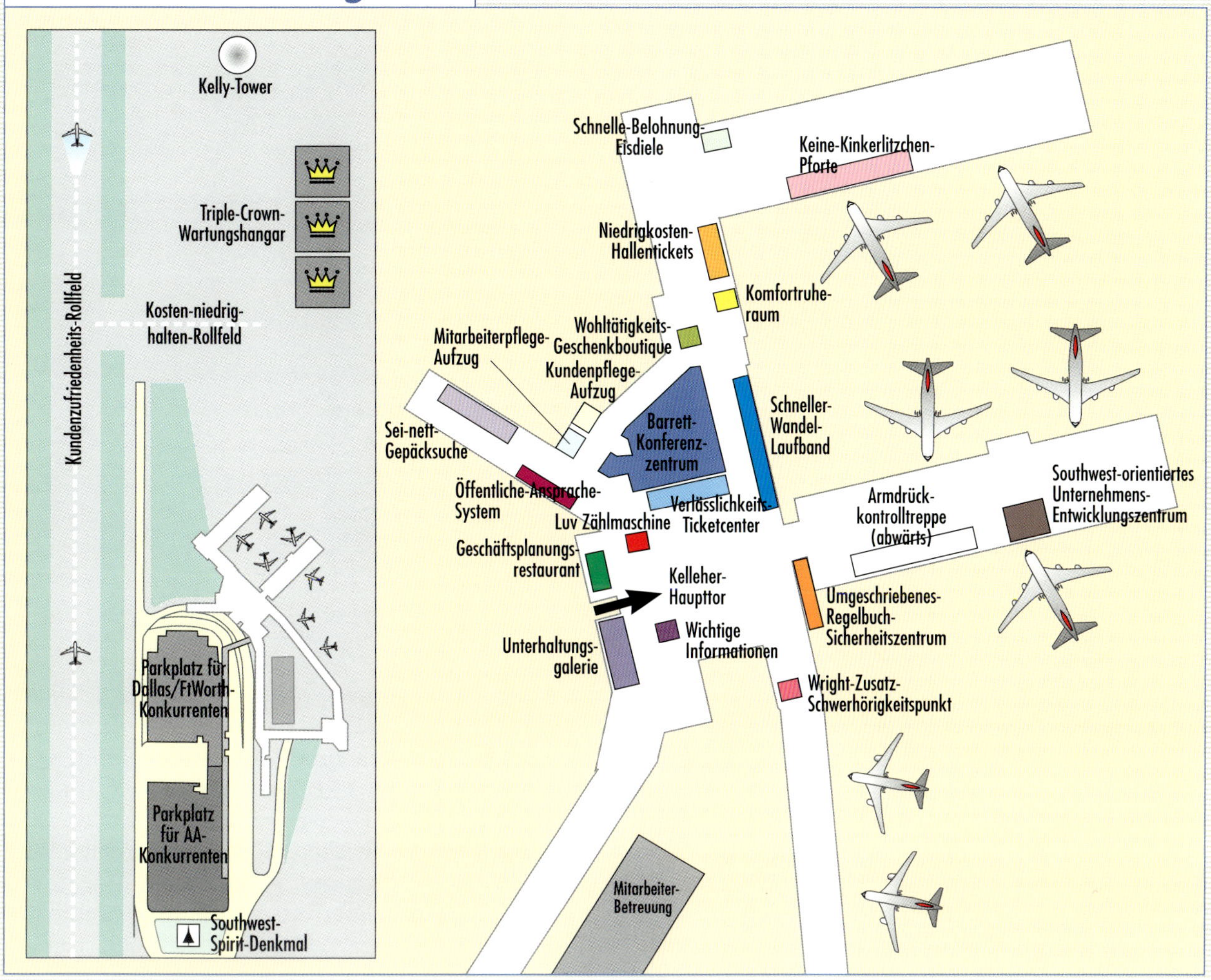

Kellehers Wahnsinn hat Methode. Die Personalfluktuation bei Southwest Airlines ist mit unter sieben Prozent eine der niedrigsten in der Branche. Das Unternehmen verlor niemals Zeit wegen irgendwelcher Gewerkschafts-streitigkeiten.

Als Kelleher 1982 den CEO-Posten antrat, lagen die Umsätze bei 270 Millionen Dollar, es gab 2000 Angestellte und 27 Flugzeuge. Bis 2001 hatten sich die Umsätze auf über 5 Milliarden Dollar erhöht, bei 30.000 Mitarbeitern und 344 Maschinen.

2001 trat Kelleher als CEO zurück. Ihm folgte ein Führungsgespann an die Spitze des Unternehmens: Colleen Barrett, die 30-jährige Southwest-Mitarbeiterin, vormalige Unternehmenssprecherin und leitende Vizepräsidentin für Kundenservice, wurde Präsidentin und COO, während der Vizevorstandsvorsitzende James Parker den CEO-Posten bekam. Kelleher selbst blieb im Vorstand.

anderen preisgeben? Viele der Silicon-Valley-Hightech-Firmen beispielsweise halten nicht viel von Busladungen, die vor ihren Türen ausgekippt werden. Die meisten arbeiten sogar unter vollständigem Ausschluss der Öffentlichkeit und denken nicht im Traum daran, Besucher in ihre heiligen Hallen vorzulassen. Gute Kontakte können aber trotzdem Zugang in Gefilde ermöglichen, die der Öffentlichkeit verschlossen bleiben. Außerdem ist die PR-Wirkung für das Unternehmen, das sich Besuchern öffnet, nicht zu unterschätzen.

Frühe amerikanische Besucher in japanischen Unternehmen waren überrascht angesichts der Bereitwilligkeit, mit der ihre Gastgeber ihnen die Besichtigung ihrer Betriebe gewährten. Viele Westler zu jener Zeit begriffen nicht, dass alles, was sie sahen, bereits Schnee von gestern war. Die Japaner hatten gar nichts dagegen, wenn Amerikaner ihre Arbeitsweisen kopierten, weil sie schon einen Schritt weiter waren. Und ebenso verhält es sich bis heute mit vielen Touristenattraktionen. Die Chancen, dabei auf eine Technologie zu stoßen, mit deren Hilfe ein kleines Unternehmen in einen globalen Riesen verwandelt werden kann, sind gleich null. Die Firmen sind klüger geworden. Jeder kennt inzwischen die Geschichte vom jungen Steve Jobs, der über die Graphic User Interface stolperte, als er das XEROX-Forschungs-zentrum in Palo Alto besichtigte.

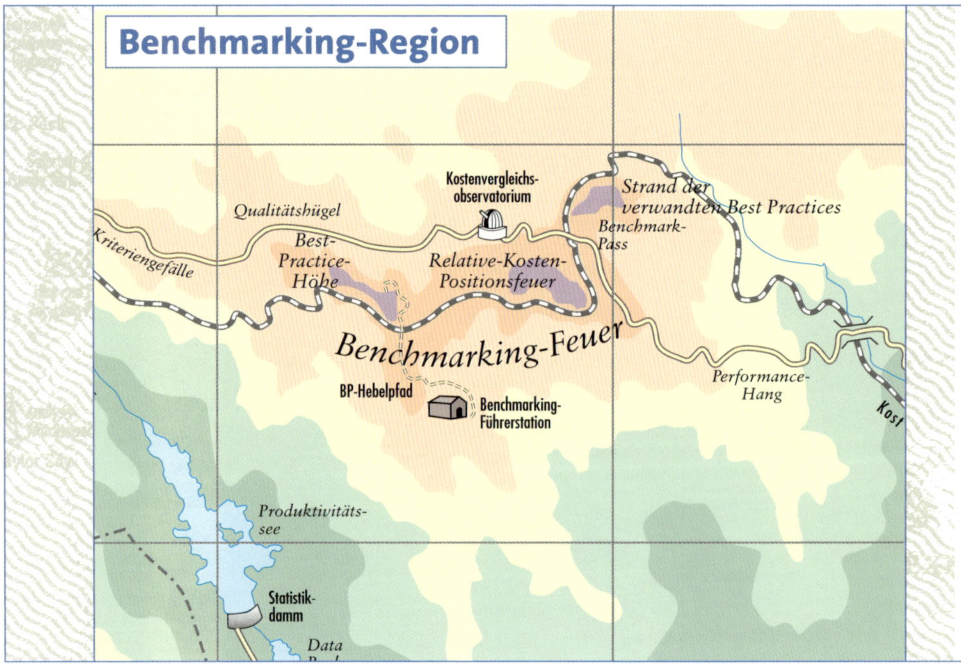

Diese malerischen Hügel gewähren einen schönen Blick über den gesamten Beste-Practice-Staat, weshalb hier regelmäßig Ausflügler herkommen, die auf der Suche nach Spitzenleistungen sind.

Es mag schwierig sein, als Unternehmenstourist auf technisches Know-how zu stoßen (wenngleich das nicht heißen soll, dass man nicht den einen oder anderen Techniktipp bekommt). Was man jedoch bei einer Unternehmensbesichtigung allemal gewinnt, ist ein Einblick in die dortige Kultur. Die „weichen" Elemente, die man in anderen Unternehmen wahrnimmt, können die entscheidenden Faktoren sein, die den Unterschied zwischen Erfolg und Scheitern ausmachen. Immerhin sind die Rekrutierung und der Erhalt von talentierten Mitarbeitern für die meisten Unternehmen im 21. Jahrhundert zentrale Themen. Heutige Touristen werden von ihren Exkursionen eher mit neuen Ideen zur Schaffung einer innovativen Kultur oder zur Bedeutung der emotionalen Intelligenz zurückkehren als mit einer neuen Technik der Qualitätskontrolle.

Benchmarking

Benchmarking war das Schlagwort der 1980er- und 1990er-Jahre, obwohl es sich eigentlich auf Techniken bezieht, die von der Qualitätsbewegung entwickelt wurden. Die Idee dahinter ist, Leistungsmaßstäbe im Vergleich zu anderen Unternehmen oder auch nur anderen Abteilungen anzusetzen. Dazu gehören detaillierte Studien zu Produktivität, Qualität und zum Wert der einzelnen Abteilungen und Tätigkeiten in Bezug auf die Leistungen anderswo.

Benchmarking ist keine Raketenforschung. Wer bestimmte Aspekte oder Services im Unternehmen verbessern will, sucht sich einfach jemanden, der darin gut ist, und benutzt ihn als Maßstab, um die eigenen Standards zu heben. Im Grunde genommen ist es nichts anderes, als sich aus eigener Kraft hochzuarbeiten.

Drei verschiedene Techniken werden als Benchmarking angewandt.

Die „Best Demonstrated Practice" (BDP) vergleicht die Leistungen der einzelnen Einheiten innerhalb einer Firma. So lassen sich zum Beispiel die Umsätze pro Quadratmeter einer Einzelhandelsniederlassung an einem Standort mit denen einer anderen Niederlassung derselben Kette vergleichen. BDP zeigt normalerweise große Abweichungen auf, von denen einige durch mangelnde Vergleichbarkeit zu erklären wären, viele aber auch auf überlegene Technologien oder einfach größere Effizienz einzelner Standorte zurückzuführen sind. Diese Standorte können dann als Modelle genutzt werden, anhand deren die Leistungen der anderen gehoben werden.

Die „Relative Cost Position" (RCP – relative Kostenposition) analysiert alle Elemente der Kostenstruktur (zum Beispiel Herstellungskosten) pro Dollar Umsatz in der Firma X verglichen mit denen des Konkurrenten Y. Gute RCP-Analysen sind schwer anzufertigen, dafür aber sehr wertvoll, weil sie sowohl Einsicht in die Strategien der Konkurrenz gewähren als auch Anregungen für Kostenreduktion bieten.

Die „Best Related Practice" ähnelt der BDP, dehnt den Vergleich jedoch auf verwandte (normalerweise nicht konkurrierende) Firmen aus. Der direkte Vergleich ist oft aufgrund von Kooperationen zwischen den Firmen möglich, welche die entsprechenden Daten sammeln und austauschen.

Unternehmen, die das Benchmarking ernst nehmen, etwa die Xerox Corporation, unterhalten ein umfangreiches Netz von Benchmarking-Partnern sowohl innerhalb des Unternehmens als auch mit externen Partnern. So kann beispielsweise ein Industrieunternehmen seine Transport- und Lieferleistungen mit anderen Geschäftseinheiten oder mit Transportspezialisten wie Kurierunternehmen vergleichen. Dasselbe Unternehmen kann sein Buch-

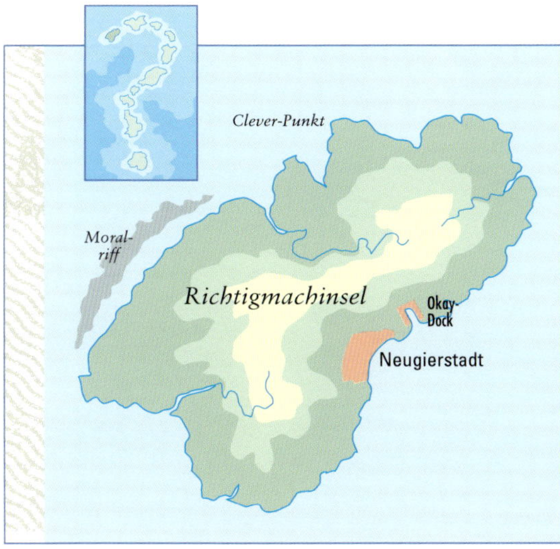

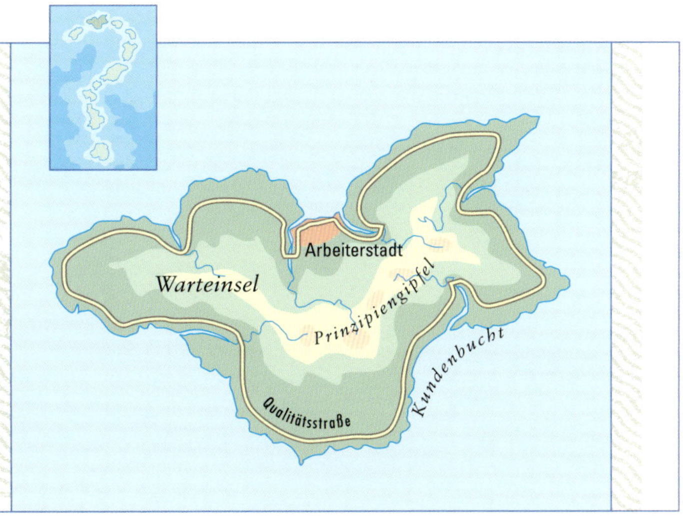

haltungssystem mit Finanzdienstleistern vergleichen und so fort.

Zehn Erfolgsgeheimnisse

Was macht ein Unternehmen erfolgreich? Wenn man sich durch die Gedanken der großen Unternehmenspraktiker und -denker arbeitet, stößt man doch auf einen gewissen Konsens in dieser großen Frage. Er ist eben nur nicht leicht zu finden. Wissen ist nun einmal ein schwer zu greifendes Gut. Führungskräfte sammeln Gratismeilen, während sie die Modellunternehmen der Welt nach den Best Practices abreisen. Dann wären da die hunderte von Wirtschaftsbüchern, die Jahr für Jahr gedruckt werden, sowie eine Flut von Fachjournalen und Magazinen. Das Cricketspiel wurde einmal als „fünf Minuten Spannung“ beschrieben, die auf fünf Tage gedehnt werden, und ähnlich muss man sich die Wirtschaftsweisheit vorstellen. Ein Regal voller Wirtschaftsbücher könnte den einen kleinen Hinweis enthalten, mit dem wir unser Unternehmen von Grund auf verändern. Wir müssen ihn bloß finden.

Damit wir nicht die gesamte Bibliothek der Harvard Business School durchlesen müssen, wurden hier die Wirtschaftsweisheiten auf zehn Erfolgsgeheimnisse gerafft.

1. Das erste Geheimnis ist, dass erfolgreiche Unternehmen nicht allein des Geldes wegen im Geschäft sind. Unternehmen, die um jeden Preis Geld verdienen wollen, tendieren im Allgemeinen nicht zum langfristigen Erfolg. Henry Ford bemerkte einmal, ein Unternehmen, das bloß Geld macht, wäre gar kein richtiges. Und er hatte Recht. Denn das Geld ist ein Nebenprodukt erfolgreicher Unternehmen, die es richtig anfangen.

2. Geheimnis Nummer zwei ist eine Begleiterscheinung von Geheimnis Nummer eins: Erfolgreiche Unternehmen haben eine klarere Vorstellung davon, warum sie im Geschäft sind. Sie haben Werte. Sie wissen, wofür sie stehen, was ihnen wichtig ist, und genau das spiegelt sich in ihren Erwartungen an die Mitarbeiter wider.

3. Erfolg dreht sich um Kultur. Erfolgreiche Unternehmen pflegen eine starke Unternehmenskultur. Dieselben Regeln gelten auch beim Sport. Die besten Teams haben nicht unbedingt die besten Spieler. In den letzten zehn Jahren haben sich Fussballteams wie Manchester United und Arsenal gleichermaßen dank ihrer Erfolgskultur wie ihrer spielerischen Fähigkeiten nach vorn gearbeitet und sogar viele Spiele in den letzten Minuten gewonnen.

Das heißt nicht, dass Kulturen immer und überall erhellend und menschenfreundlich sind. Erfolgreiche Unternehmen pflegen bisweilen Kulturen, die partiell unerfreulich und unausgewogen sind. So ermutigen sie beispielsweise ihre Mitarbeiter, zu allen möglichen Tageszeiten zu arbeiten oder unentwegt zu reisen. Unternehmenskulturen kommen in den unterschiedlichsten Formen und Farben daher, aber sie spornen die Leute an, sich dem Unternehmen und seinen Zielen zu verschreiben.

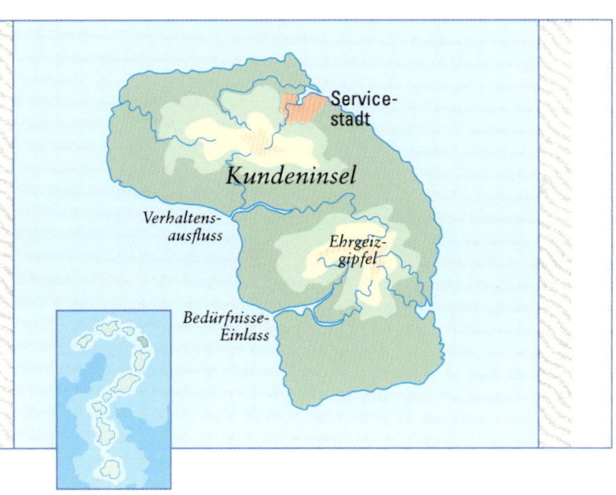

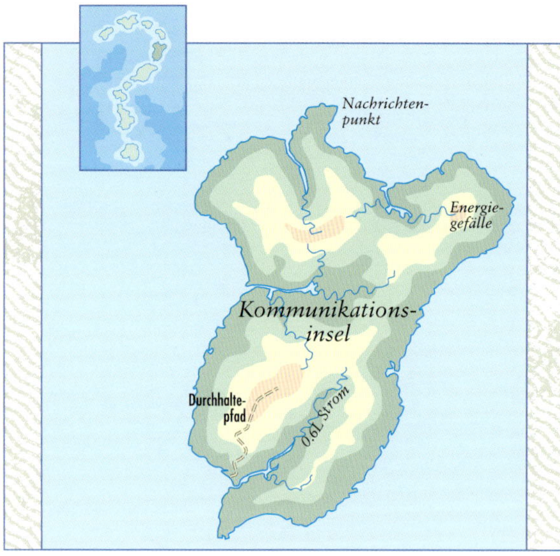

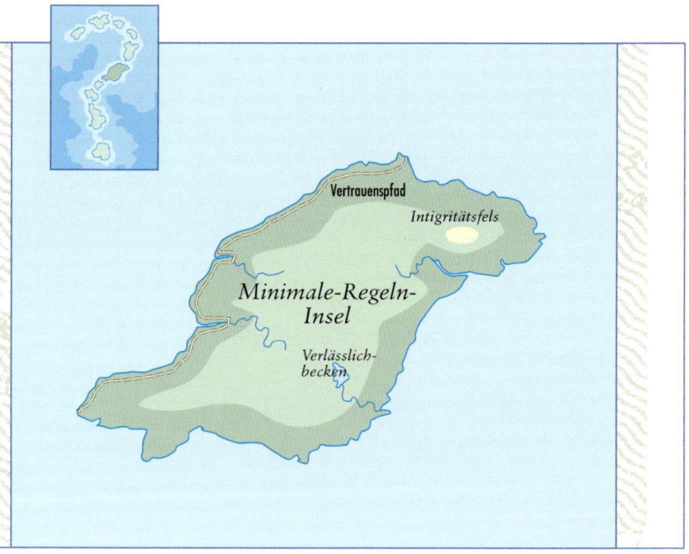

4. Die vierte Gemeinsamkeit hochgradig erfolgreicher Unternehmen ist, dass sie ihre Kunden kennen. Sie haben nicht bloß eine vage Vorstellung davon, was in den Köpfen der Verbraucher vorgeht. Sie sind vielmehr vertraut mit ihren Bedürfnissen, Wünschen und Verhaltensweisen. Diese Erkenntnis ist nicht weltbewegend, das wissen wir bereits. Und dennoch erleben wir heute genauso viel schlechten Service wie seit eh und je.

All dem Gerede über Customer Relationship Management und Kundenloyalität zum Trotz hat sich nichts gebessert. Gehen wir in die einzige verbliebene Bankfiliale bei uns am Ort, finden wir uns meist am Ende einer ewig langen Warteschlange. Ebenso lang ist die Schlange, die uns gleich danach in der Post erwartet, wo aus irgendwelchen Gründen keine Kreditkarten akzeptiert werden. Die Liste unerquicklicher Serviceerlebnisse ist lang und wird nicht kürzer! Die eigenen Kunden zu kennen und ihnen entsprechend zu geben, was sie wollen, bleibt somit die Ausnahme von der Regel.

5. Das fünfte Geheimnis ist, dass erfolgreiche Unternehmen kontinuierliche und wirksame Kommunikatoren sind. Unternehmenspolitik tötet die Kommunikation. Die Leute behalten Informationen und kluge Ideen für sich oder kommunizieren höchstens ein paar ausgewählte. In den besten Unternehmen hingegen werden kontinuierlich Informationen und Ideen ausgetauscht. Scott McNealy von Microsystems hat eine Lieblingsformel: 0,6L. Danach gehen jedes Mal, wenn eine Information eine Ebene (engl. layer) im Unternehmen passiert, nur 60 Prozent von ihr durch. Da summieren sich die Mengen schnell, die es nicht über die Ebenen schaffen – insbesondere in hierarchisch organisierten Unternehmen. Entsprechend sollte die konstante Kommunikation zur Pflicht werden, will man, dass die Botschaften auch ankommen.

6. Geheimnis Nummer sechs ist, dass große Unternehmen ihre Regeln reduzieren. Einige Unternehmen haben sich zu veritablen Bevormundungsapparaten gemausert, so umfangreich sind ihre Unternehmensrichtlinien. Regeln jedoch engen ein. Unternehmen mit einer starken Kultur und klaren Wertvorstellungen brauchen keine Benimmfibeln Stalin'scher Couleur. Wie sich die Leute zu verhalten haben, versteht sich von selbst. Und die Mitarbeiter machen ihre Jobs zuverlässiger, wenn sie nicht durch Regeln eingeengt sind.

Natürlich war das berühmteste Beispiel für ein Unternehmen ohne Regeln Enron. Die größte Pleitefirma unserer Zeit verbarg ihr Fehlverhalten hinter der Fassade einer freizügigen Unternehmenskultur, in der die Führungskräfte die Freiheit besaßen, sich selbst zu

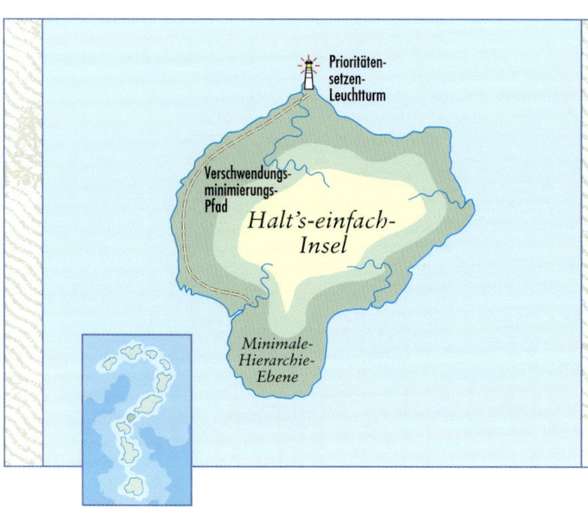

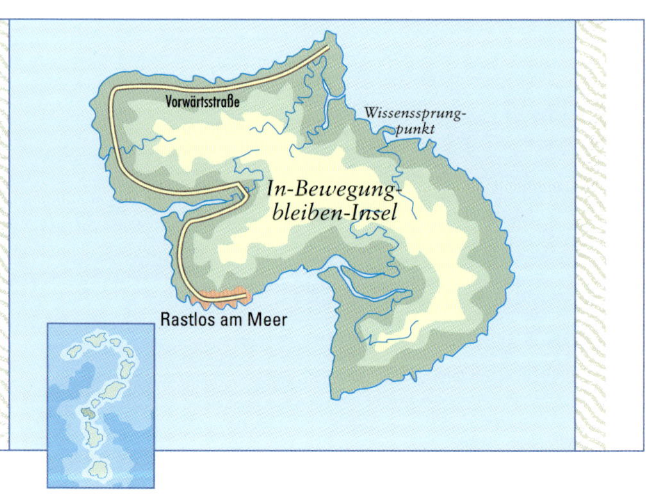

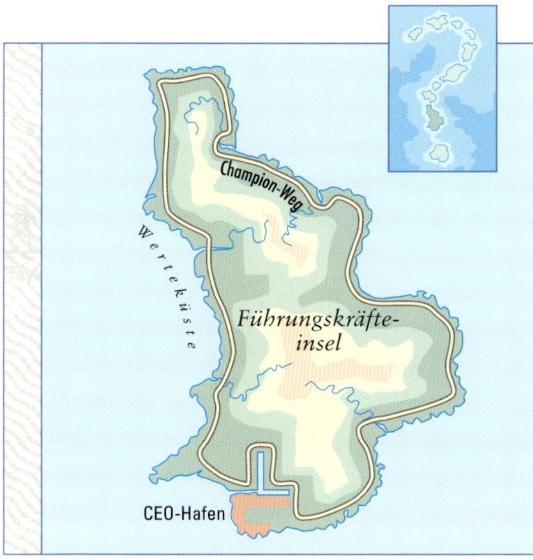

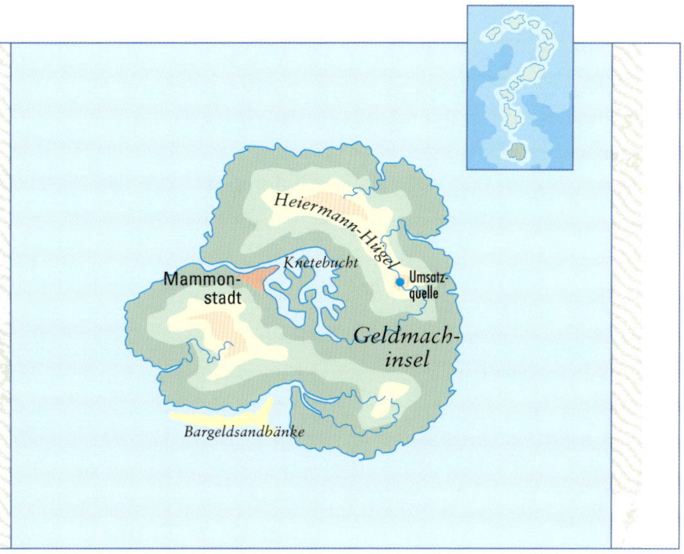

verwirklichen. Per se ist dieser Ansatz durchaus löblich, doch bewies Enron, wie furchtbar die Sache schief gehen kann, wenn weder klare Werte noch Integrität mit von der Partie sind. Enron nämlich besaß weder noch.

7. Das siebte Geheimnis ist gar kein Geheimnis: Einfachheit. Große Unternehmen, große Führungskräfte und große Unternehmer begeistern sich für Einfachheit. Sie führen ihre Unternehmen einfach. Sie verzichten auf alles Überflüssige und auf Hierarchie. Sie konzentrieren ihre Köpfe auf die Dinge, auf die es ankommt.

Die Dinge einfach zu halten ist schwerer, als es auf den ersten Blick scheinen mag. Zu leicht lassen wir uns ablenken, uns gefangen nehmen oder uns hinreißen. Den Glauben an einfache Praktiken und Prinzipien zu bewahren bedeutet, sich auf die wenigen ausgewählten zu beschränken. Denken wir beispielsweise an Warren Buffett. Der Meisterinvestor war gänzlich unbeeindruckt vom Dot.com-Boom. Er schien die Zeichen der Zeit zu verkennen. Aber er lag richtig. Buffett blieb seinen simplen Investmenttheorien über Jahrzehnte treu. Sie funktionierten, mehr brauchen wir wohl nicht zu sagen.

Erfolgreiche Unternehmen erklären, was sie tun, oft mit überzeugender Einfachheit. Bei Disney lautet die süßliche Vision, man wolle „die Menschen glücklich machen", bei Motorola beschränkt man sich auf ein Wort: „drahtlos". 3M konzentriert sich auf „das Lösen unlösbarer Probleme". Und AT&T spricht von „IM&M" – „Information Movement & Management" (Informationsbewegung und -management).

8. Sie halten die Dinge nicht nur einfach, sondern erfolgreiche Unternehmen ruhen sich zudem auch nie auf ihren Lorbeeren aus – ganz gleich, wie eindrucksvoll diese Lorbeeren sein mögen. Sie stehen nicht still. Ob Dinge gelingen oder scheitern, sie lernen aus ihnen und bleiben in Bewegung. Sehen wir uns Microsoft an. Das Unternehmen ist rastlos kreativ. Es erfindet, führt ein und fängt wieder von vorn an. Es befindet sich in einem Zustand permanenter Neuerfindung. Bill Gates ist zu neugierig, um sich mit Selbstbeweihräucherung aufzuhalten.

9. Erfolg hat auch mit Führung zu tun. Erfolgreiche Unternehmen haben Führungskräfte, welche die Unternehmenswerte leben und kontinuierlich die Kultur vorgeben. Die Rolle des CEO besteht nicht darin, Investmentanalysten zu bezirzen oder immer noch größere Akquisitionsmöglichkeiten aufzutun. Der Job der CEOs besteht darin, die Kultur und die Werte des Unternehmens zu erhalten.

Und hierin findet sich die Gemeinsamkeit zwischen so unterschiedlichen Führungskräften wie Lord Weinstock, Richard Branson und Herb Kelleher von Southwest Airlines. Sie geben den Ton an. Wie sie es tun, ist unerheblich.

10. Das letzte gemeinsame Merkmal sehr erfolgreicher Unternehmen ist, dass sie eine Menge Geld machen. Dieses Geld ist das erfreuliche Resultat der vorangegangenen neun Wesenszüge.

Die Kehrseite der Medaille

Geschäftsleute sind süchtig nach Erfolg. Sie wollen mit erfolgreichen Leuten verkehren, weil sie glauben, deren Glanz würde auf sie abfärben. Sie marschieren scharenweise in die Seminare und Konferenzen, die erfolgreiche Geschäftsleute abhalten. Sie lesen Bücher von erfolgreichen Führungskräften.

Aber was ist mit dem Scheitern? Wer jemals in der Wirtschaft tätig war, weiß, dass Scheitern zum Spiel dazugehört. Führungskräfte scheinen einen nur sehr begrenzten Lerneifer zu haben, wenn es um den Umgang mit Fehlschlägen oder mit Problemen allgemein geht. Sie ziehen es vor, eine Kultur der Schuldverweigerung zu pflegen. Deshalb ist die Wirtschaftswelt ja überflutet mit Erfolgsgeschichten und zuckersüßen Ghostwriter-Geschichten von Unternehmenstriumphen. In dieser vorgegaukelten Welt schätzen die gehobenen Manager ihre Mitarbeiter, sind Unternehmensvisionen grundsätzlich einfallsreich, ist Teamwork eine nicht versiegende Quelle der Stimulation und die Arbeit eine einzige Freude. Eine großartige Entscheidung folgt auf die andere und die Weltherrschaft steht unmittelbar bevor.

Glücklicherweise versteht es die Realität, solche Unternehmensidyllen auf ganz eigene Weise zu zerstören. Die hübschen und strahlenden Benchmark-Unternehmen von heute werden morgen im Papierkorb gelandet sein. Das berühmteste Beispiel für dieses Phänomen ist der 1982 erschienene Wirtschaftsbestseller *Auf der Suche nach Spitzenleistungen*.

Auf der Suche nach Spitzenleistungen stellte, zumindest oberflächlich, die Sonnenseite einer amerikanischen Krise dar. Die Japaner schienen die Industriewelt zu übernehmen, die Arbeitslosigkeit stieg, es herrschte eine Rezession und die Aussichten für die Zukunft waren trübe. Die Managementwelt war also mehr als bereit für die guten Nachrichten, mit denen Tom Peters und Bob Waterman aufwarteten.

Peters und Waterman hatten nach gemeinsamen Merkmalen bei Beispielunternehmen gesucht, die andere sich aneignen könnten, um ihre Performance zu verbessern. Ihre Erkenntnisse fassten sie zu acht wesentlichen Charakteristika zusammen. Diese überlebten größtenteils bis heute: eine proaktive Haltung; Nähe zum Kunden; Autonomie und Unternehmertum; Produktivität durch Menschen; greifbare Werte; bei der Sache bleiben; einfache Formen; verschlankte Belegschaft; lockere Strukturen.

Exzellenz ist allerdings nicht unbedingt von Dauer, wie Peters und Waterman bald feststellen sollten. Im November 1984 brachte die *BusinessWeek* einen Artikel unter der Überschrift „Oops" heraus, in dem sie das schwindende Glück von 14 der Unternehmen beschrieb, die Peters und Waterman als Beispiele für Exzellenz genannt hatten.

Seit Erscheinen des Buchs hatten die darin beschriebenen Firmen ihre Höhen wie ihre Tiefen durchlebt. Einige, wie GE, Disney und Hewlett-Packard, blieben erfolgreich. Andere sind verschwunden. Arco wurde von British Petroleum gekauft, NCR von AT&T. Western Electric ging in Lucent Technologies auf, Westinghouse löste sich langsam auf, Digital Equipment Corporation ist am Ende und Wang Labs musste Konkurs anmelden, ehe es wieder auferstehen konnte.

Insgesamt kann man also sagen, dass alle Unternehmen irgendwann zum Scheitern verurteilt sind. Von den ursprünglich zwölf Unternehmen, die bei Einführung des Dow Jones Industrial Index 1896 aufgelistet waren, gibt es nur noch eines – GE.

Unternehmenstouristen sollten daran denken, dass das, was heute als Best Practice und als exzellent gilt, im nächsten Jahr vielleicht nicht mehr exzellent sein wird. Die tollsten Modelle geben irgendwann nach. Das jüngste Beispiel dafür ist Enron. Das Unternehmen wurde schnell zu einem bevorzugten Reiseziel der Unternehmenstouristen. Es war ein leuchtendes Beispiel dafür, wie man in der komplizierten modernen Geschäftswelt Erfolg hat. Gurus, Wissenschaftler und Kommentatoren standen Schlange, um die leitenden Enron-Manager zu interviewen. Wir alle wissen, was dann geschah.

Ein Teil des Problems bei der Bewunderung, die Firmen wie Enron vonseiten der Wirtschaftsmedien zuteil wird, ist, dass stets dieselben Firmennamen als Benchmarks emporgehalten werden. Der Erfolg wird wiedergekäut. Entsprechend besteht der Trick darin, sich unterschiedliche Erfolgsgeschichten zu suchen, die abseits der bevorzugten Gleise liegen, aber nützliche Lektionen bieten, die Unterschiede im Denken und Handeln von Managern verdeutlichen. Geschichten wie die von Innocent Drinks. Man nehme ein hoch verderbliches Produkt und verkaufe es über dem Durchschnittspreis. Das klingt nicht gerade nach einem Patentrezept für wirtschaftlichen Erfolg. Und dennoch funktionierte dieses Rezept für das Start-up-Unternehmen Innocent Drinks, in erster Linie wegen einiger magischer Extrazutaten (auf die sie bei ihren Produkten voller Stolz verzichten).

Innocent Drinks ist der klassische Fall des wilden Unternehmens, von dem die eher am Mainstream orientierten Unternehmen lernen können. Gestartet wurde es 1999 von drei Cambridge-Absolventen. Nachdem die drei eine Zeit lang mit verschiedenen Geschäftsideen geliebäugelt hatten, verlegten sie sich schließlich auf Fruchtgetränke. Dafür mixten sie Gallonen von Fruchtsaft, füllten ihn in Flaschen ab und verkauften sie auf einem Jazz-Festival, wo sie ihre Kunden einluden, darüber abzustimmen, ob sie ihre Jobs weiter behalten sollten oder nicht, indem sie die leeren Flaschen in eine Ja- oder eine Nein-Tonne warfen. Das war Marktforschung in ihrer Rohform. Die Ja-Stimmen überwogen und die drei Unternehmer hängten am nächsten Tag ihre Jobs an den Nagel.

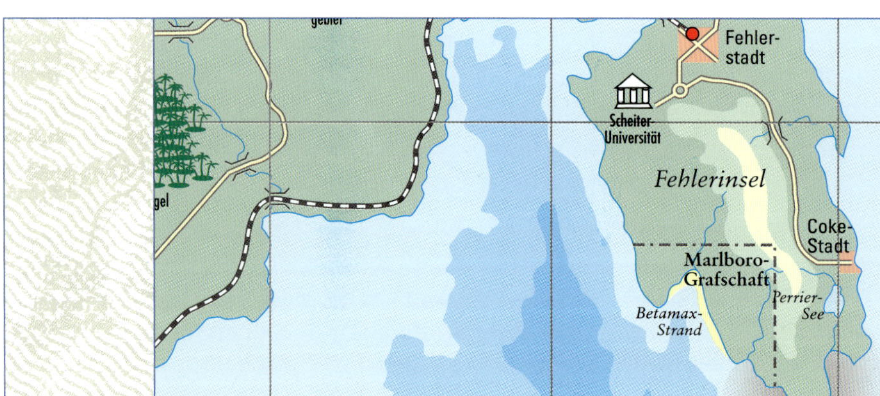

Nehmen Sie die Fehlerinsel-Linie, um einen lehrreichen Blick auf das werfen zu können, was jenseits der Grenzen von Wild-Side geschieht.

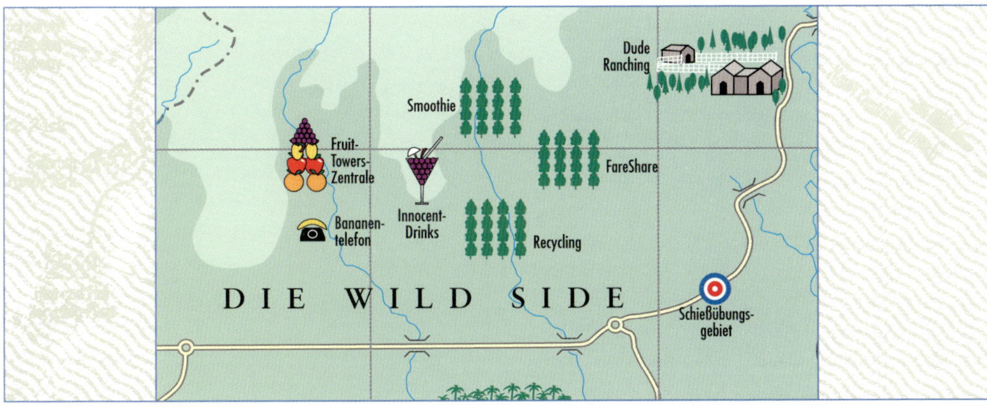

All jenen, die eine Pause von der traditionellen Zivilisation brauchen, bietet die Wild-Side Abenteuer und Herausforderung.

Bis heute ist Innocent Drinks, auch wenn es inzwischen ein sehr erfolgreiches Unternehmen ist, etwas eigenartig.

Die Lieferwagen sind in Kuhform verziert oder mit Gras bedeckt. Die Mitarbeiter werden ermutigt, sich um eine Belohnung von 1.000 Pfund für das Erreichen eines Lebensziels zu bewerben oder für eine Belohnung von 2.000 Pfund, wenn sie ein Kind bekommen, und sie werden einmal im Jahr zum Snowboarden eingeladen. Kein Wunder, dass das Unternehmen regelmäßig zu einem der beliebtesten Arbeitgeber gewählt wird.

Das Marketing ist ähnlich unkonventionell. Das Unternehmen hat zehn Millionen Flaschen abgesetzt, ohne nennenswert in Werbung zu investieren. Ein exzellentes Produkt, überzeugende Unternehmenswerte und Mundpropaganda waren die eigentliche Werbung.

Nehmen wir allein die Etiketten (www.innocentdrinks.co.uk/bored/bored.html.). Die Verbraucher werden aufgefordert, die Firma auf dem Bananentelefon anzurufen oder die Firmenzentrale zu besuchen – die Fruit Towers. Eine angenehme Abwechslung in Zeiten, da man problemlos einen ganzen Tag mit dem Versuch verbringen kann, die Kontakt-Telefonnummer eines Unternehmens auf dessen Website ausfindig zu machen.

Und die Leute gehen hin. Unter anderem war auch der legendäre Markenberater Wally Olins da – und höchst beeindruckt. Na, wenn das keine gute Mundpropaganda ist!

Und nicht zu vergessen: Sie tun Gutes. Unter anderem wurden Firmengelder dafür verwendet, die Lebensumstände der Dorfbewohner nahe Bangalore in Indien zu verbessern. Das Unternehmen verteilt seine überzähligen Aktien über die Wohltätigkeitsorganisation FareShare an Obdachlose und stellt seine Flaschen ausschließlich aus Recycling-Kunststoff her. Die Kosten dafür werden nicht an die Kunden weitergegeben. Innocent Drinks pflanzt Bäume in den Großstädten … und die Liste geht noch weiter.

Man darf das Konzept allerdings nicht falsch deuten. Innocent Drinks ist kein Wohltätigkeitsverein, sondern ein Unternehmen und noch dazu ein sehr erfolgreiches, von dem viele anderen lernen können.

Ein weiterer Punkt, auf den Touristen achten sollten: Es ist eine Sache, sich anzusehen, wie andere klarkommen, aber eine gänzlich andere, diese Arbeitsweise auf ein anderes Unternehmen zu übertragen. Unternehmenstouristen, die darauf hoffen, wertvolle Lektionen mit nach Hause zu nehmen, werden vielleicht enttäuscht sein, wenn sie feststellen, dass nicht alle Ideen einen Ortswechsel verkraften.

Andere werden erkennen, dass Aspekte, die sie übernehmen wollten, bereits von neuen und besseren Arbeitsmethoden überholt wurden.

Führungskräfte dürfen nicht vergessen, dass sie ebenso viel aus den Fehlern anderer Unternehmen lernen können wie aus deren Erfolgen. Schon ein flüchtiger Blick in die Annalen der jüngsten Wirtschaftsgeschichte zeigt uns, wie man nicht auf eine Unternehmenskrise reagieren sollte – Perrier; warum überlegene Technologie und der Erste zu sein nicht immer die beste Vision sind – Betamax; warum man eine Erfolgsformel nicht wechseln sollte – New Coke; wie eine Marke durch Kostensenkung in Rauch aufgeht – Marlboro; und viele, viele mehr.

Wegmarken

- *Wenn Sie können, besuchen Sie andere Unternehmen und sehen Sie sich an, wie sie ihre Unternehmen führen – Ihre Konkurrenten, gute und schlechte Unternehmen. Sehen Sie sich die Best und Worst Practices an.*
- *Selbst wenn Sie nicht persönlich reisen können, lesen Sie die Wirtschaftspresse und die Management-Magazine und blättern Sie die Blogs durch.*
- *Skizzieren Sie, worin Ihre Exzellenz liegt, und suchen Sie nach Bereichen, die verbesserungswürdig sind: Lernen Sie etwas über die Erfolgsgeheimnisse von anderen und fügen Sie sie Ihrer Karte der Veränderungen hinzu.*
- *Seien Sie mutig. Eignen Sie sich ein paar Gepflogenheiten an, die nicht dem Mainstream entsprechen. Bei jedem Rennen finden einige der spannendsten Szenen und besten Leistungen im hinteren Feld statt, also sehen Sie sich auch außerhalb der Top 100/500 um.*

Strand der besten verwandten Praktiken
Relative-Kosten-Positionsfeuer
Best-Practice-Höhe
Benchmarking-Feuer
Kulturgrafschaf
Medien-stadt
Sloan Management Review
Harvard Business Review
Internet-platz
McKinsey-Bezirk
Strategy & Business
California Management Review
Talent-gehege
Statistik-damm
Benchmark-Stadt
BEST-PRACTICE-STAAT
Finanz-stadt
UPS-Bahnhof
Logistik-stadt
American-Express-Bahnlinie
Will-man-wissen-Fluss
Muss-man-wissen-Fluss
Liebt-Southwest-Flughafen
Unternehmenstourismus-Ringstraße
Exzellenz-stadt
Einfach-Marktplatz
Zur-Sache-Straße
Besten-Hauptbahnhof
Kundenpflege-zentrum
Werte-U-Bahn
Produktivitäts-fabrik
Peters und Waterman-Observatorium
NASA
Locker-straff-Park
Handlungsbereit-schaftsstadion
Unternehmer-markt
What-if-Kreuzfahrt-Linie
Perlenri
Top-Dog-Kreuzfahrt-Linie
Spitzenleistungsgrafschaft
Cisco Systems
Glücksstraße
Zieleküste
Erfolgs-geheimnisinseln
SRI International
Weiche-Elemente-Sandbänke
IDEO
Technologie-sicherheit-Küstenwache
Harte-Elemente-Felsen
Das Containerlager
Delancey Street Foundation (Drogenhilfestiftung)
M
MASSSTAB FÜR BEST PRACTICES
Geheimnisse
Benchmarks
Spitzenleistungen

Auf der Suche nach Spitzenleistungen

Eine Reise durch dieses Gebiet wäre nicht komplett ohne eine Klettertour entlang den Benchmarking-Feuern über die direkte Vergleichslinie. Diejenigen, die lieber Sesselreisen unternehmen, können sich auf den Internetmarkt in der Medienstadt begeben und hier an den Erfahrungen anderer teilhaben.

Die unvergesslichste Exkursion allerdings ist die übers Wasser zu den Erfolgsgeheimnisinseln mit ihren poriftablen Schlussfolgerungen auf der üppigen Geldmachinsel.

Wie sollte mein Karriere-Management aussehen?

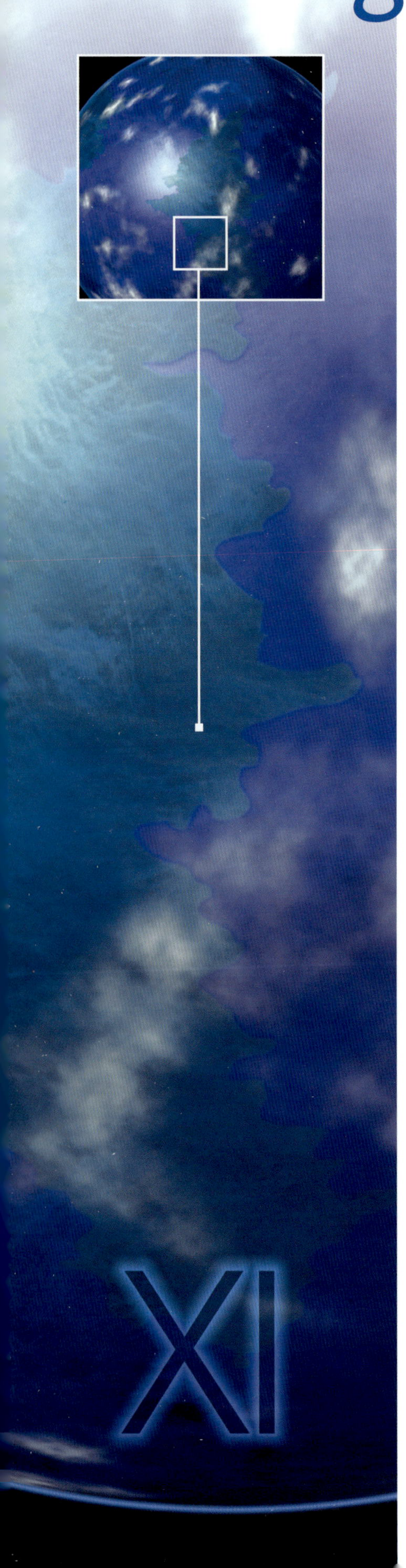

Früher hatten wir unseren Job fürs Leben. Dass diese Zeiten vorbei sind, beweisen die Statistiken auf eindrucksvolle Weise. 2002 betrug die Verweildauer von Angestellten bei einem Arbeitgeber nur noch 3,7 Jahre. Auch die Art ihrer Arbeit hat sich verändert. In den USA sind etwa fünf Millionen Frauen selbstständig. Die Zeitarbeitsverträge nehmen rasant zu, während sich die Menschen immer häufiger aussuchen, wann, wo und wie sie arbeiten wollen.

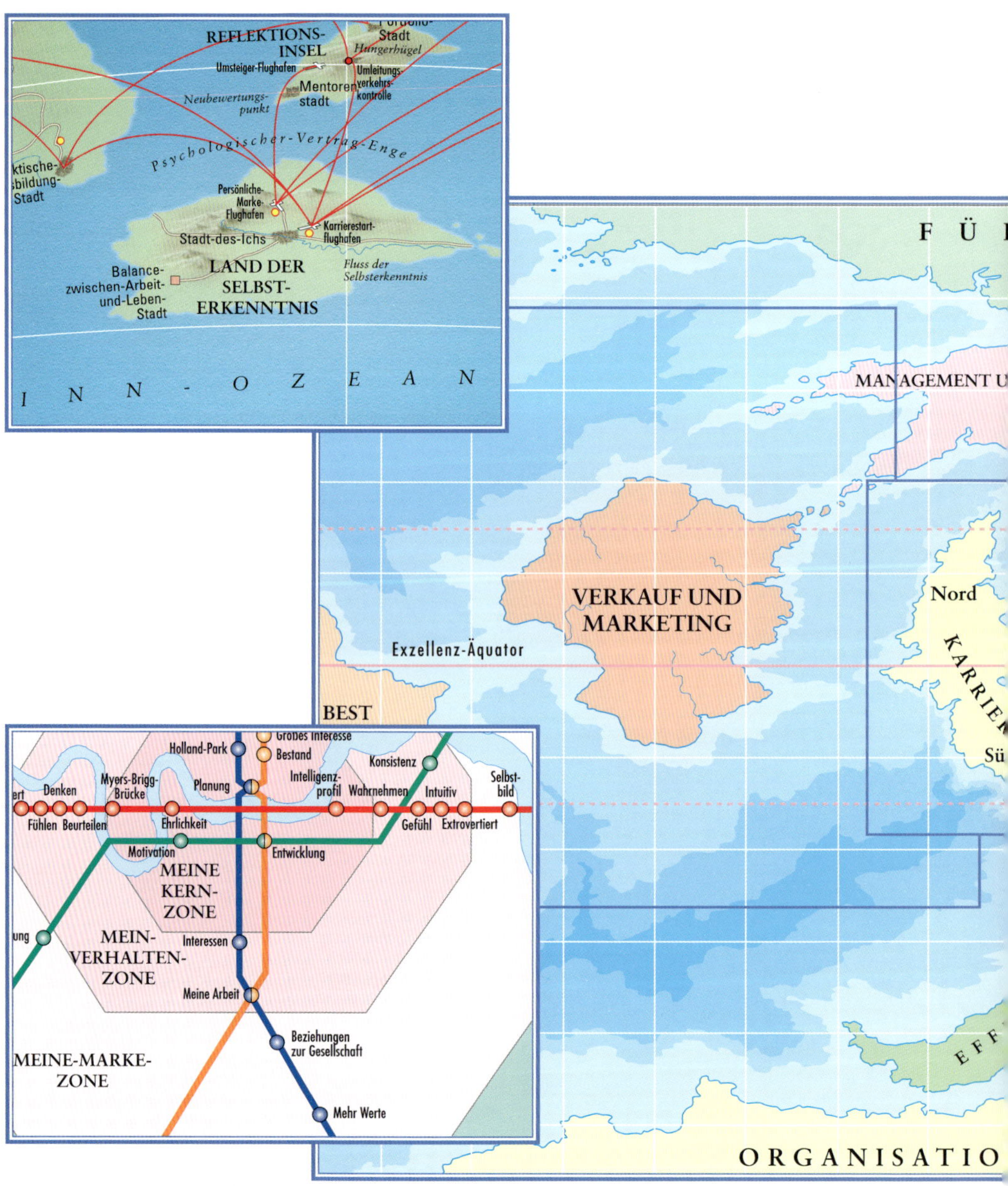

Diese Revolution des Arbeitslebens ist wahrlich eine globale. In Japan, dem Land der Lohnarbeiter, ist die Vorstellung vom Job fürs Leben noch tief verwurzelt. Aber gerade hier sind die Arbeitslosenstatistiken unverändert hoch, was vor allem auf die weit reichende Umstrukturierung in den Firmen und das Outsourcing zurückzuführen ist. Überall auf dem Globus wandelt sich die Arbeiterschaft ebenso wie die Einstellungsdynamik.

Aber warum ist das so? Einige sagen, die Verbraucher seien schuld daran. Sie sind das 50-Wochen-Jahr, den Neun-bis-vier-Uhr-Trott und die 45-plus-Woche leid und hätten daher die Kontrolle über ihr Leben und ihre Karriere selbst übernommen. Demnach habe der Wunsch nach mehr Ausgewogenheit von Arbeit und Leben, nach mehr persönlicher Freiheit und finanzieller Unabhängigkeit eine flexiblere Arbeitnehmerschaft hervorgebracht – mitsamt einer steigenden Zahl von Ruheständlern, die wieder arbeiten gehen, und mit arbeitenden Müttern.

Die Zynischeren unter uns behaupten, eine flexiblere Arbeitnehmerschaft bedeute zwangsläufig eine billigere; veränderte Arbeitsmuster hätten vor allem mit Kosteneinsparungen und Unternehmens-Umstrukturierungen zu tun; trotz all des Geredes von Talentekriegen und Wissensökonomie liege in der Mehrzahl der Fälle die Macht nach wie vor beim Arbeitgeber und nicht beim Arbeitnehmer. Und sie haben bis zu einem gewissen Grad sogar Recht.

Der psychologische Vertrag, der einst einen Arbeitgeber an einen Arbeitnehmer band, ist längst Geschichte. Für den heutigen Arbeitnehmer gibt es keine Sicherheit mehr, was Karrierefortschritte betrifft.

Und wo bleiben wir dann mit unseren Karriereplanungen? Eine moderne Berufslaufbahn wird eher nicht so geradlinig verlaufen wie früher. Dennoch können wir, trotz der gewandelten Arbeitslandschaft, eine zufrieden stellende Karriere machen, sofern wir mit den richtigen Fertigkeiten und dem richtigen Wissen gerüstet sind.

Handy & die Portfolio-Karriere

Als ehemalige Führungskraft im Ölgeschäft, die zum Akademiker wurde, genießt Charles Handy gerade seine dritte und glänzende Karriere: die des populären Sozialwissenschaftlers.

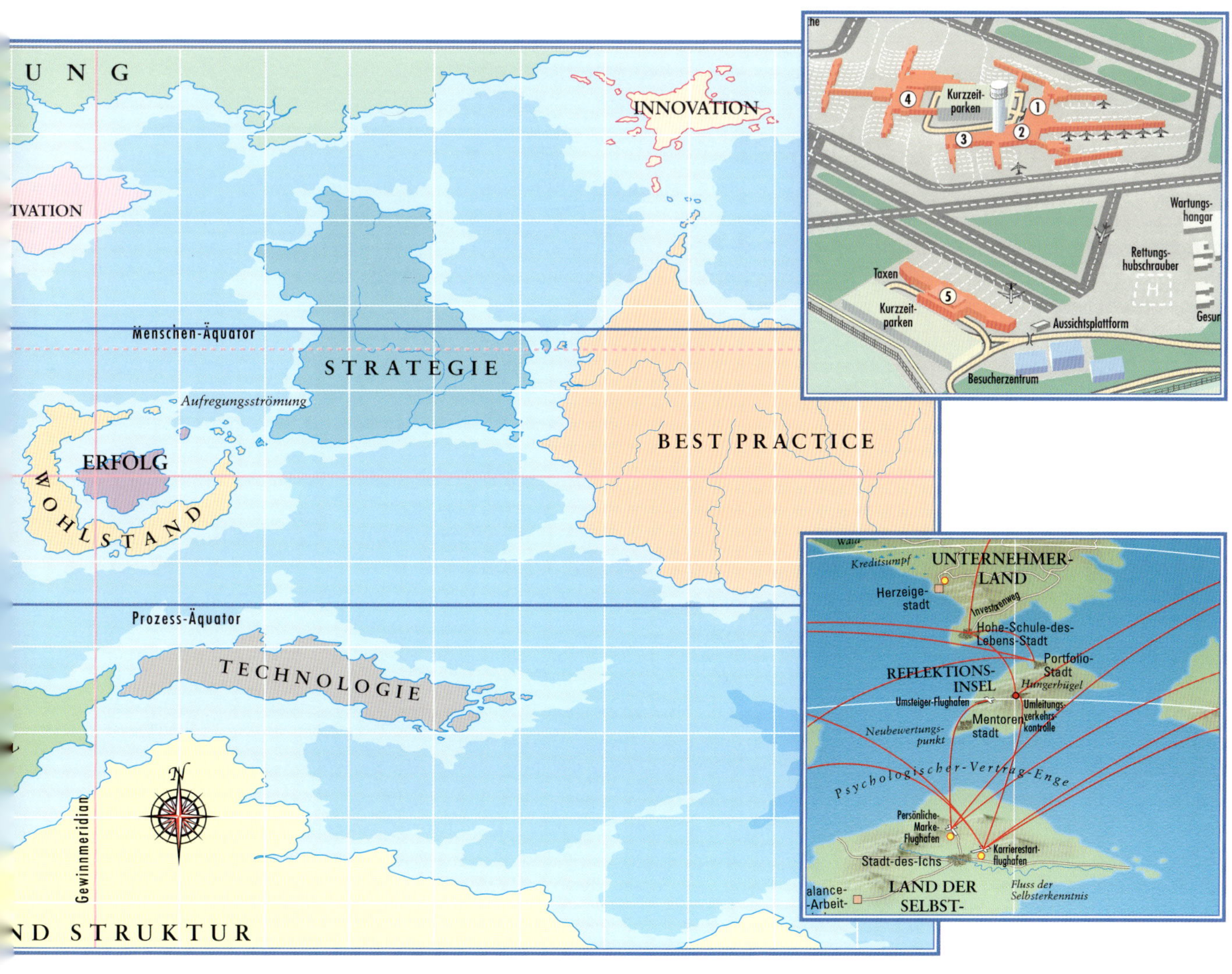

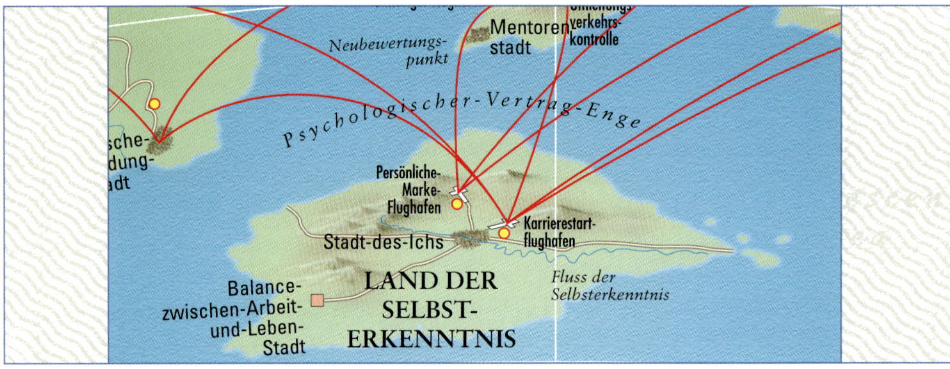

Der Karriereflug startet von dieser Insel aus, deren Hauptflughafen nahe der Stadt des Ichs liegt.

Die eigene Lebenserfahrung ist eine gute Einstiegslektion für jeden, der sich gerade mit persönlichen Karriereentscheidungen plagt.

Handy brauchte einige Jahre, um herauszufinden, was er wirklich machen wollte. Er arbeitete für die Ölgesellschaft *Shell International,* die er verließ, um an der London Business School zu lehren. Er schrieb eine Reihe von Sachbuch-Bestsellern, machte jedoch erst 1987 ein breiteres Publikum auf sich aufmerksam, als er sein Buch *The Future of Work* veröffentlichte. Von Handy stammt der Ausdruck *Portfolio-Karriere,* den er prägte, als ihm klar wurde, dass eine Karriere fortan kein linearer Fortschritt mehr sein konnte, sondern vielmehr die Form eines Bündels annehmen würde, eines Portfolios von unterschiedlichen Arbeitserfahrungen eben.

„Als ich zur Schule ging, wollte ich ein großer Athlet werden, als Student träumte ich erst von einer Zukunft als bewunderter Salonlöwe, dann als Geschäftsmann und später als Kopf einer großartigen Institution“, berichtet er.

„Ich brauchte nicht lange, bis ich erkannte, dass ich in keiner dieser Rollen erfolgreich sein würde. Doch das hielt mich nicht davon ab, sie alle auszuprobieren und immer mehr von mir selbst enttäuscht zu sein. Das Problem war, dass ich ständig versuchte, jemand zu sein, und mich darüber nicht genügend auf die Person konzentrierte, die ich sein könnte [...] Ich war glücklicher damit, mich gemäß den Konventionen der Zeit zu verhalten und Erfolg nach Geld und Rang zu messen, Leitern emporzuklimmen, die andere mir hinstellten, Dinge und Kontakte zu sammeln, als meine eigenen Überzeugungen und meine Persönlichkeit auszudrücken.“

Handy fasst hier zusammen, was viele Menschen empfinden. Selbst jene mit erfolgreichen Karrieren können sich seltsam unbehaglich fühlen. Tief in ihrem Innern wissen sie, dass ihre professionelle Persönlichkeit nicht mit dem vereinbar ist, was sie wirklich sind. Handy hatte den Mut – und das Talent –, etwas dagegen zu tun.

Handys Karriere lehrt uns gleich zweierlei. Zum einen zeigt sie uns, dass das Planen, Entwickeln und Steuern einer Karriere damit beginnt, ehrlich zu sich selbst zu sein und seine tatsächlichen Wünsche zu formulieren. Und zum anderen beweist sie, dass es nie zu spät ist, um etwas Neues anzufangen.

Sehet den fleißigen Handwerkern zu ...

Karriereentscheidungen waren einmal ganz einfach: Bei welcher Firma am Ort wollte man den Rest seines Arbeitslebens verbringen? Wie die Karriere dort verlief, war weitestgehend der Firma überlassen. Externe Karriereservices waren gar nicht nötig und die vielen Arbeitnehmer, die mit ihrer Stellung unzufrieden waren, konnten ohnehin kaum etwas ausrichten. Sobald aber der psychologische Kontrakt im Schredder gelandet war, mussten Arbeitnehmer auf einmal losziehen und sich selbst um ihre Berufslaufbahn kümmern. Heute gibt es eine ganze Branche, die sich mit dem Anbieten von Karriereprodukten und -dienstleistungen befasst, um den Bedarf an Rat und Information zu bedienen.

Kenne dich selbst

Bevor wir darüber nachdenken, wie wir unsere Karriere am besten steuern, sollten wir sichergehen, dass wir uns auf der richtigen Bahn befinden und uns die Laufbahn ausgesucht haben, die am besten zu uns passt.

Und wie finde ich heraus, welche Karriere am besten zu mir passt? Glücklicherweise bietet sich zur Beantwortung dieser Frage jede Menge Hilfe an.

Einige der nützlichsten Produkte sind Hilfsmittel und Techniken zur besseren Selbsterkenntnis. Sie decken vier wesentliche Bereiche ab: die Persönlichkeit, die Fertigkeiten, die Werte und die Interessen. Die Idee dahinter ist, je besser wir uns selbst kennen, umso eher sind wir in der Lage, die richtige Laufbahn für uns zu finden.

Nehmen wir die Persönlichkeitstests. Der Myers-Brigg Type Indicator (MBTI) ist die bekannteste Persönlichkeits-Test. Er wurde in den 1970er-Jahren von Isabel Brigg Myers erfunden und wird jährlich von über drei Millionen Menschen benutzt. Nach dem Myers-Brigg werden die Leute eingestuft in: extrovertiert oder introviert, rational oder intuitiv, nachdenklich oder spontan, entscheidungsfreudig oder abwartend. Die Menschen fühlen sich entweder mit der einen oder mit der anderen Arbeitshaltung wohler.

Werte sollten ebenso als wesentliches Kriterium für die Karrierewahl berücksichtigt werden. Unsere Werte sind die Prioritäten, die unser Handeln motivieren. Sie lassen sich in zwei Kategorien unterteilen: in die immanente und die äußere. Dabei beziehen sich immanente Werte auf die

Arbeit, die wir machen, und darauf, in welcher Relation sie zur Gesellschaft steht. Die äußeren Werte haben mit externen Faktoren wie Bezahlung, Ort und Arbeitsumfeld zu tun. Eine gute Übereinstimmung zwischen den Werten des Unternehmens, in dem wir arbeiten, und unseren eigenen bietet eine solide Basis für eine befriedigende Karriere.

Die Einschätzung der Fähigkeiten ist ein weiterer wichtiger Faktor bei der richtigen Karriereentscheidung. Fähigkeiten lassen sich grob in arbeits- oder berufsspezifische und übertragbare unterteilen. In der modernen Arbeitswelt sind übertragbare Fähigkeiten, die sich von einem Job auf einen anderen transferieren lassen, ebenso wichtig wie berufsspezifische. Beispielsweise ist eine gute Kommunikationsfähigkeit an jedem Arbeitsplatz wünschenswert.

Karrierefertigkeiten

Wie maximiere ich meine Karriere? Viele Faktoren können hier entscheidend sein, einschließlich des Aufbaus eines Netzwerks, des Umgangs mit Unternehmenspolitik, des Selbstmarketings und der Ausgewogenheit von Arbeit und Leben.

Zum Grundaufbau eines Netzwerks gehört zunächst einmal der regelmäßige, wenn auch nicht unbedingt häufige Kontakt zu Freunden und Verwandten. Natürlich nennen wir das nicht direkt Netzwerk, sondern sprechen hier eher davon, Kontakt zu haben. Nichtsdestoweniger erfordert dieser Kontakt dieselben Fertigkeiten und Disziplinen wie das Unterhalten jedes anderen Netzwerks. Bei Netzwerken geht es letztlich darum, den Kontakt zu halten – allerdings zu sehr vielen Leuten. In seiner komplexesten Form kann es bedeuten, sich in professionelle Networking-Unternehmen einzuklinken und hunderte von Kontakten zu unterhalten.

Natürlich öffnen einige Netzwerke mehr Türen als andere. Das erklärt auch die ungebrochene Beliebtheit von exklusiven Clubs. Geschäftsleute waren immer schon ein clubfreudiges Völkchen, doch die netzwerkbesessene moderne Arbeitswelt hat hier völlig neue Möglichkeiten eröffnet. Zu einem intellektuellen Netzwerk zu gehören kommt einem Gütesiegel gleich.

Denken wir an Global Business Network (GBN) mit Sitz in Emeryville, Kalifornien. Gegründet wurde GBN vom Planungs-Guru und früheren Shell-Manager Peter Schwartz und vier seiner Freunde im Jahr 1987 – aufgrund einer Idee, die an einem Billardtisch in einem Kellergeschoss in Berkeley, Kalifornien, gefasst wurde.

Selbsterkenntnis-U-Bahn

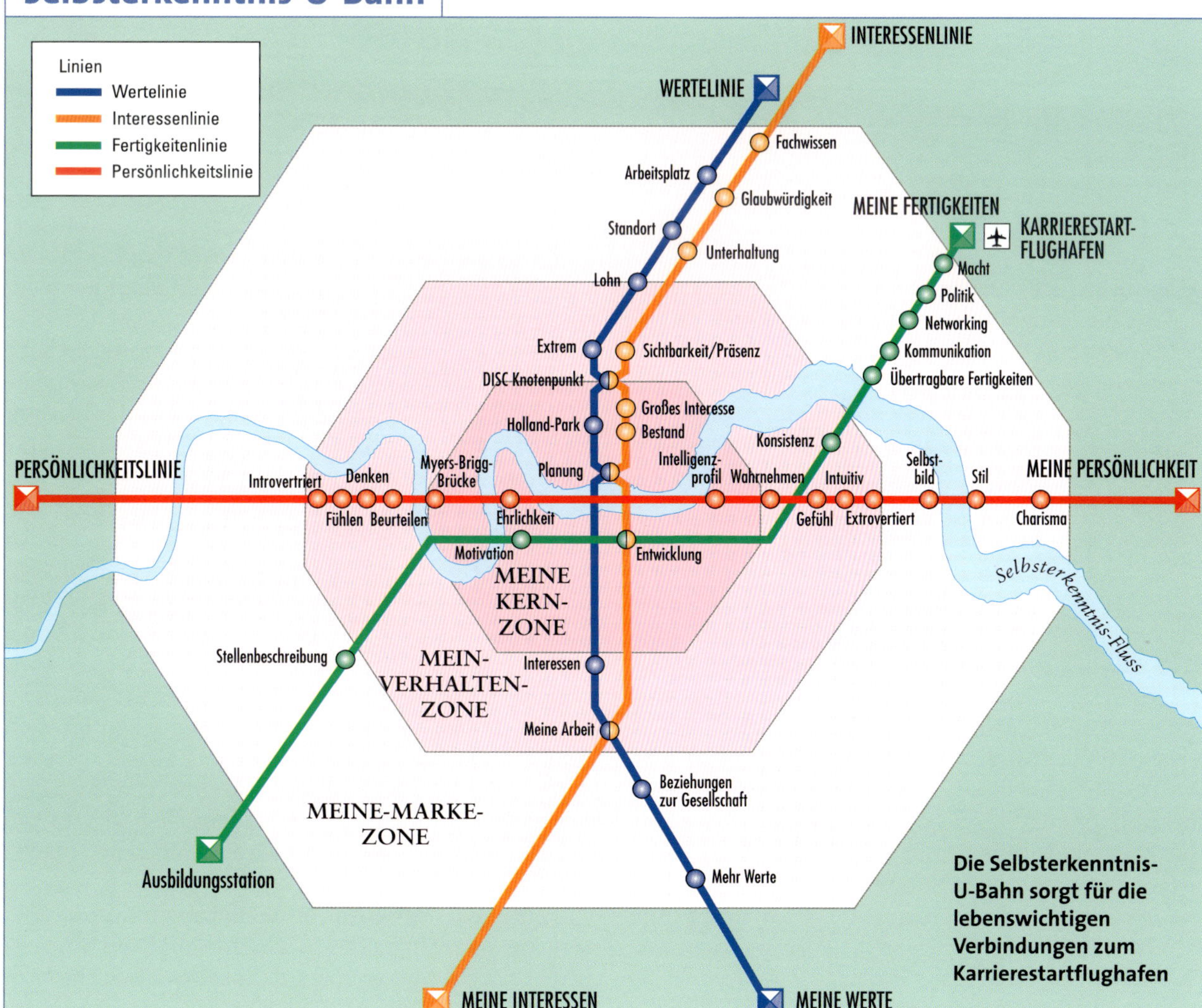

Die Selbsterkenntnis-U-Bahn sorgt für die lebenswichtigen Verbindungen zum Karrierestartflughafen

Karrierestartflughafen

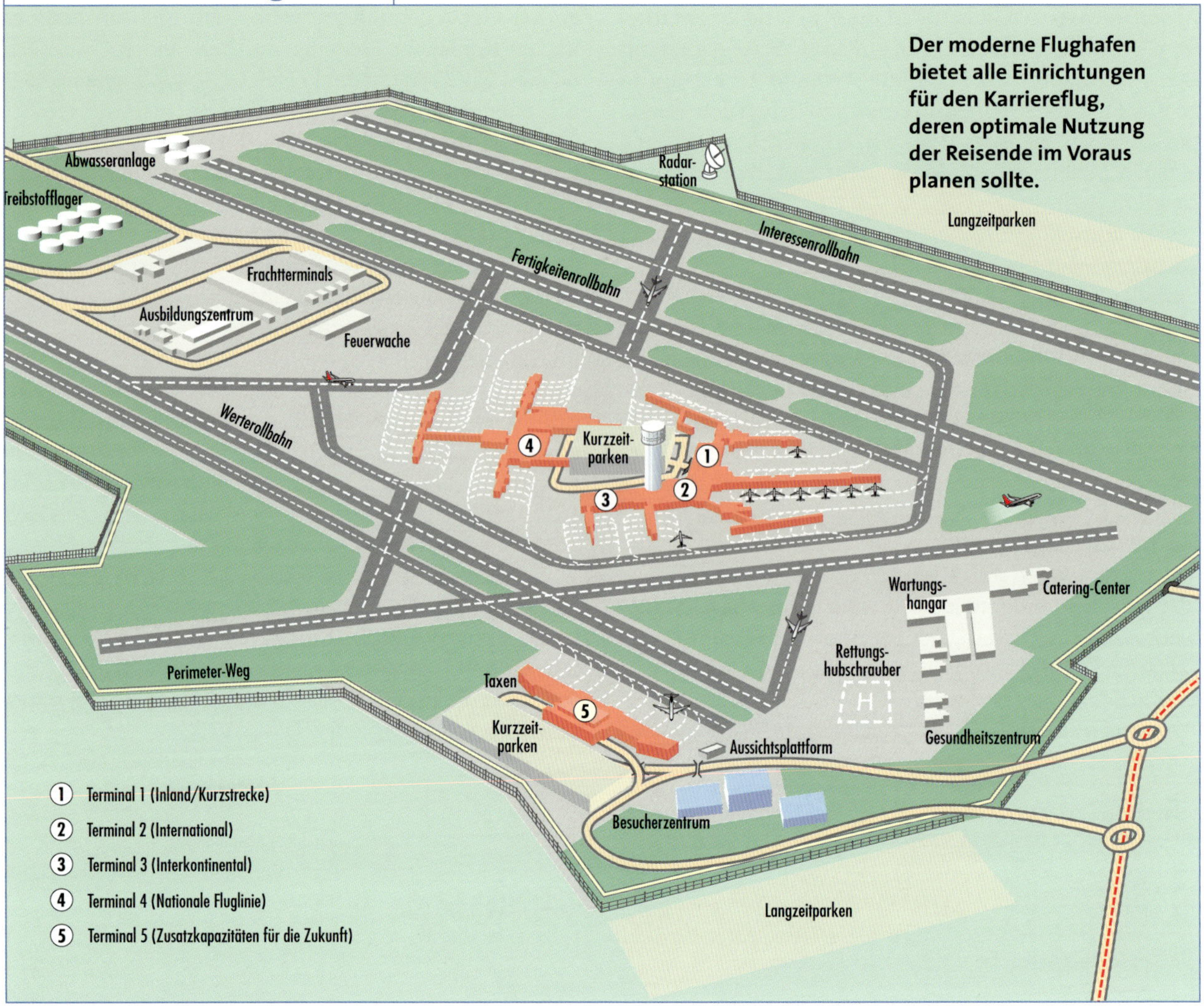

Die fünf Gründer stellten sich eine weltweite Lerngemeinschaft von Unternehmen und Einzelnen vor. Als Gegenleistung für ihre Mitgliedsausweise bekamen die zahlenden Führungskräfte die Chance, sich mit anderen bei Seminaren und Konferenzen auszutauschen und dabei jede Menge Anregungen und Ideen zu gewinnen. Sie gehören einem exklusiven Club an, unter dessen Mitgliedern sich Wirtschafts-Gurus, Show-Biz-Größen und ein ehemaliger Apollo-Astronaut befinden.

Netzwerke außerhalb des Arbeitsplatzes zu unterhalten ist eine Sache, mit Kollegen zurechtzukommen eine ganz andere. Unternehmen sind Brutkästen für Intrigen. Warum? Weil sie von Menschen bevölkert sind. In kleinen Unternehmen mag sich die Politik auf das Gerüchteverbreiten am Kopierer oder an der Kaffeemaschine beschränken. In großen Unternehmen aber ist die Büropolitik der Stoff, aus dem Karrieren geschneidert werden. Und je höher wir in der Hackordnung aufsteigen, umso erbarmungsloser wird die Politik. Machiavelli lebt, ist wohlauf und wahrscheinlich ein CEO.

Haben wir uns erst einmal mit dem Gedanken arrangiert, dass Unternehmen politische Systeme sind, können wir anfangen, Dinge in die Wege zu leiten. Die Unternehmenspolitik bringt uns neue Erkenntnisse. „Je lockerer die Unternehmensstrukturen werden, umso mehr Macht bekommen die Einzelnen", sagt Dr. David Butcher von der Cranfield School of Management, der ein Experte auf diesem Gebiet ist. „Die Frage ist dann, wie wir sicherstellen können, dass die ausgeübte Macht auch eine prinzipiengelenkte ist. Das bezieht sich insbesondere auf die Unterscheidung zwischen guter und schlechter Unternehmenspolitik."

Prinzipiengelenkte oder gute Politik ist konstruktiv statt destruktiv. Ihr geht es um die Ausgewogenheit von persönlichen und unternehmerischen Motiven. Zugleich kann sie vieles beinhalten, das wir mit den schlimmsten unternehmenspolitischen Manövern assoziieren. Dazu gehören Entscheider, die sich hinter verschlossenen Türen absprechen, das Ausnutzen von Einfluss und Macht sowie ein ziemlich unverkrampfter Umgang mit der Wahrheit. Gewiss ist jedenfalls, dass wir solche Sachen nicht in unserer Stellenbeschreibung finden, also achten wir darauf, welche Politik um uns herum gemacht wird. Vielleicht möchten wir damit nicht allzu viel zu tun haben, aber wir müssen dennoch eine politische Antenne entwickeln.

Haben wir das Gefühl, in einem Labyrinth zu stehen, kann ein Führer hilfreich sein. Eine Methode, um sich Hilfe beim Karriere-Management zu holen, ist die Suche nach einem Mentor.

Karriereabflug-Kontrollzentrum

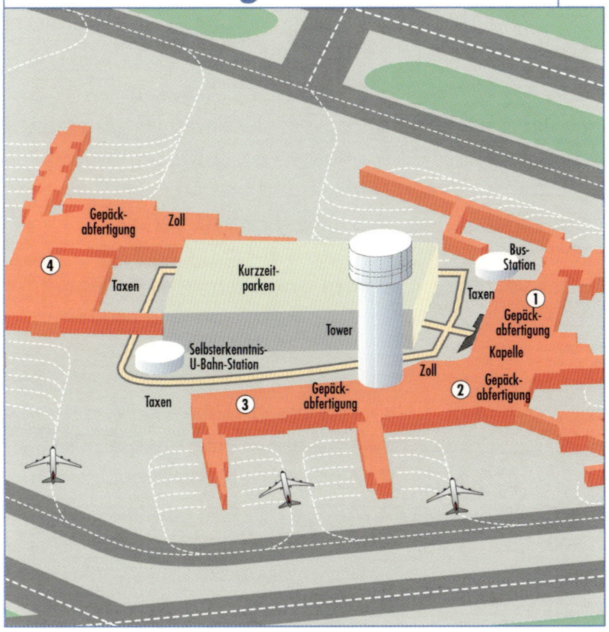

Ein Mentor zu sein – ein weiser und vertrauenswürdiger Berater außerhalb oder innerhalb des Arbeitsumfeldes – gilt seit Langem als nützliche Praxis in der Wirtschaft. Bei einer Umfrage unter 1.200 Topmanagern der größten amerikanischen Unternehmen in den 1980er-Jahren etwa kam heraus, dass über zwei Drittel von ihnen einen Mentor gehabt hatten. In einer späteren Umfrage unter den Fortune-500-CEOs antworteten viele von ihnen auf die Frage, welche Faktoren zu ihrem Erfolg beigetragen hätten, ein effektiver Mentor hätte eine zentrale Rolle dabei gespielt. Frauen finden Mentoren besonders hilfreich als Mittel, um die Glasdecke zu durchbrechen. In einer Umfrage unter weiblichen Führungskräften gaben 99 Prozent an, einen Mentor gehabt zu haben.

Einige Unternehmen, einschließlich Federal Express, Johnson & Johnson, der Internal Revenue Service und die US Army, richteten formelle Mentoring-Programme ein. Sie alle erkannten für sich, dass produktives Mentoring strukturierter Programme bedarf, in denen die Mentoren für ihre Aufgabe ausgebildet werden. Außerdem konnten dank dieser Programme auch solche Mitarbeiter Mentoren finden, die wahrscheinlich mit eigenen Mitteln keine gefunden hätten.

Ein brandneues Selbst

Markengestaltung beschränkt sich nicht bloß auf Unternehmen. Der Management-Guru Tom Peters mahnt Einzelne, dieselben Markenstrategien anzuwenden wie Unternehmen. In der modernen Arbeitswelt, so Peters, sind wir alle CEOs unseres eigenen Unternehmens, unseres Selbst, unserer Einer-Einheit. Es besteht kein Grund, weshalb Individuen keinen solchen Lärm um sich veranstalten sollten wie es Sony bei der Einführung seiner Playstation, seines Walkman oder anderer elektronischer Neuheiten tat – wenngleich das Budget normalerweise kleiner ausfällt.

Die Definition einer persönlichen Marke beginnt mit der Suche nach den Qualitäten, in denen man sich von anderen unterscheidet. Wie unterscheide ich mich vom Nachbarn? Welches sind die Persönlichkeitsmerkmale, die Charakterzüge, die Qualitäten, die mich als Person ausmachen?

Unternehmen verwenden häufig ein Merkmal-Nutzen-Modell, wenn sie Marken schaffen. Zu jedem Merkmal, das ein Produkt oder ein Service bietet, wird sogleich der Nutzen genannt, den es für den Verbraucher hat. Fragen wir uns also: Was tue ich, das einen messbaren, besonderen Mehrwert einbringt? Was habe ich bereits getan, das ich nutzen kann, um meinen Markenwert zu erhöhen? Fragen wie diese geben uns mehr Klarheit über unsere persönlichen Markenwerte.

Der nächste Schritt ist die Vermarktung der Marke. Für Schüchternheit oder Bescheidenheit gibt es keine Preise. Peters empfiehlt denn auch, Einzelne sollten ihre Marke „auf Teufel komm raus" vermarkten: Netzwerke unterhalten, überall präsent sein, an Meetings bei der Arbeit teilnehmen und selbst welche abhalten – all das fördert die Präsenz. Wir dürfen allerdings nicht vergessen, dass damit auch die potenziellen Stolpersteine kommen.

In diesem zerklüfteten und bergigen Land mischen sich große Erfolge und tragische Fehlschläge.

Fallstudie

Alle verändern sich

Diejenigen, die das Gefühl haben, sich auf ihrer beruflichen Laufbahn festgefahren zu haben, oder die glauben, nach 40 könne man nichts Neues mehr anfangen, mögen sich von den folgenden Beispielen für unorthodoxe Karrieremanöver Mut machen lassen. Großbritanniens berühmter Premierminister Winston Churchill hatte eine Karriere, die sich vom Kriegsberichterstatter über den öffentlichen Bediensteten bis hin zum erfolgreichen Autor schlängelte. Und auch in der Geschäftswelt gilt, dass Veränderungen weit besser sein können als Stillstand.

Nehmen wir den Werbemanager David Ogilvy. Ogilvy kam auf einem weiten Umweg zur Werbung. Nach einem kurzen Aufenthalt an der Oxford University ging er nach Paris, um in der Küche des Hotels Majestic zu arbeiten. Als er genug von Frankreich hatte, kehrte er nach England zurück und schlug eine Laufbahn als AGA-Kocher-Vertreter ein. Dann hatte er kurz erste Berührungen mit der Werbung bei der Agentur Mather & Crowther, bevor er nach Amerika zog. In den USA folgte auf einen Job als Meinungsforscher für Dr. George Gallup ein wunderlicher Lebensabschnitt als Tabakfarmer in einer Amish-Gemeinde in Lancaster County, Pennsylvania. 1948 schließlich, mittlerweile war Ogilvy in den Dreißigern, gründete er seine eigene Werbeagentur. Mit seinem Gespür für einprägsame Formulierungen machte er sich bald unter seinen Kunden wie unter seinen Konkurrenten einen Namen als brillantester Werbekopf seiner Generation. Er zog sich 1975 aus dem Geschäft zurück, nachdem er Ogilvy & Mather zu einem Unternehmen mit einem Jahresumsatz von 800 Millionen Dollar ausgebaut hatte.

Ray Kroc war ebenfalls ein Spätstarter. Nach seinem 50. Geburtstag strebte er einen bequemen Ruhestand nach einer mittelmäßig erfolgreichen Karriere als Milchshake-Mixer-Verkäufer an, als er in ein kleines Hamburger-Restaurant in San Bernardino, Kalifornien, marschierte, das den McDonald's-Brüdern gehörte. Sein Besuch 1954 sollte zum Auslöser einer weltweiten Ernährungsrevolution werden. Krocs Vision

Abheberflugplan

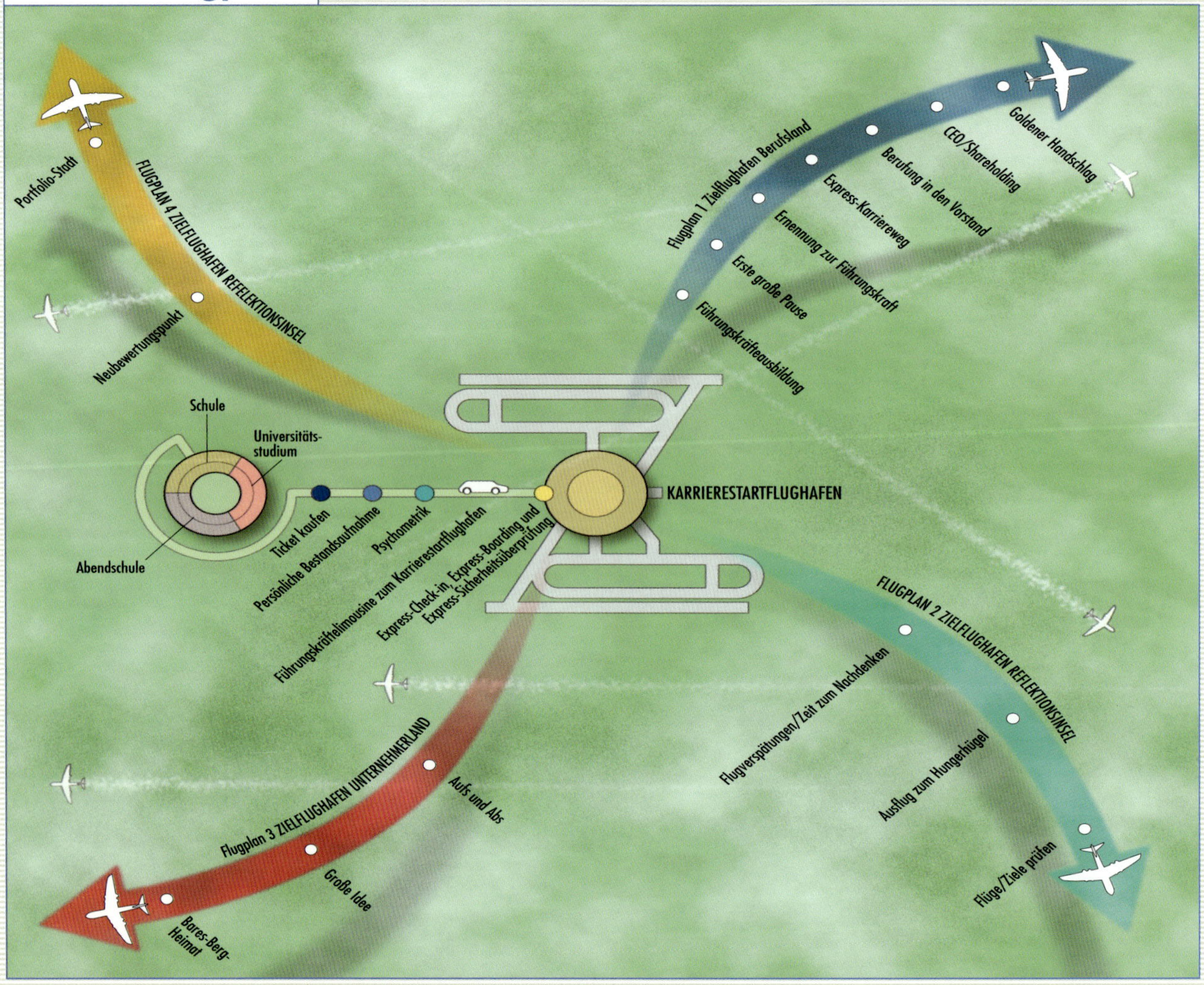

erstreckte sich weit über die Grenzen von San Bernardino hinaus. Er schloss einen Vertrag mit den McDonald's-Brüdern und machte sich daran, ein Franchise-Netzwerk aufzubauen.

1961 zahlte er die McDonald's-Brüder für den Spottpreis von 2,1 Millionen Dollar aus. Bis 1963 hatte das Unternehmen eine Milliarde Burger verkauft und Restaurant Nummer 500 eröffnet. 1965 ging McDonald's an die Börse. Bis in die 1970er-Jahre hatte Kroc aus seiner 2,1-Millionen-Dollar-Investition ein Vermögen von 500 Millionen Dollar gemacht.

Wenige Leute haben das Glück, eine Karriere innerhalb einer Karriere zu verfolgen. Nehmen wir beispielsweise Anita Roddick. Roddick ist wahrscheinlich die berühmteste Sozialunternehmerin ihrer Generation. Als Gründerin des Body Shop schuf sie ein Unternehmen, das das Ansehen des Kosmetikeinzelhandels veränderte und dem Franchise-Geschäftsmodell zu einiger Beliebtheit verhalf. Body Shop war ein sowohl profitables als auch sozial verantwortungsvolles Unternehmen. Es war der Beweis dafür, dass man durchaus ein großes Unternehmen führen, die Shareholder belohnen und parallel Gutes tun konnte. Zugleich setzte Roddick ihr Engagement für eine Vielzahl von sozialen Projekten unablässig und leidenschaftlich fort.

Nach 25 Jahren an der Spitze eines der weltweit erfolgreichsten Kosmetik-Einzelhandelsunternehmen gab Roddick ihren Posten als CEO von Body Shop 1998 auf und zog sich 2002 auch aus der Co-Leitung zurück. Sie hätte ihre Anteile verkaufen und sich zur Ruhe setzen können. Stattdessen aber steckte sie ihre Energie in ein neues Untenrehmen, Anita Roddick Publications (www.anitaroddick. com), während sie sich weiter sozial engagierte und in ihrer Eigenschaft als nicht geschäftsführende Direktorin für den Body Shop arbeitete.

Sam Walton, der Gründer des Wal-Mart-Imperiums, war ebenfalls ein Spätstarter. Er eröffnete seinen ersten Wal-Mart-Laden erst mit 44 Jahren. Nach einer harten Kindheit im rezessionsgebeutelten mittleren Westen der USA arbeitete er für JC Penney, bis er sich von seinem Schwiegervater 25.000 Dollar lieh, um eine Franchise-Lizenz für einen Ben-Franklin-Laden in Newport, Arkansas, zu kaufen. Nachdem der Vertrag für den ersten Laden ausgelaufen war, eröffnete er einen zweiten, dann einen dritten, bis er eine kleine Sammlung von Einzelhandelsniederlassungen hatte. Um die genaue Kontrolle über seine Geschäfte zu haben, flog er in einem altersschwachen Flugzeug von einem zum anderen. Seinen ersten Wal-Mart eröffnete er 1962, den zweiten 1964. Bis 1987 gab es über 1.000. Bis zu seinem Tod im Jahr 1992 hatte Walton eines der weltweit größten Einzelhandelsimperien aufgebaut.

Manche Menschen wechseln ihre Karrieren auch in Serie. Jim Clark begann ziemlich ruhig mit einer Karriere bei der Navy. Nebenher betrieb er ein Leihgeschäft. Nachdem er die Navy verlassen hatte, machte er 1971 seinen Abschluss in Physik an der Louisiana State University und 1974 seinen Ph. D. in Computerwissenschaften an der Universität von Utah. Danach lehrte er, arbeitete als Berater und wurde schließlich Professor an der Stanford University, ehe er sich 1982 wieder für einen anderen Berufsweg entschied. Diesmal gründete er die Technologiefirma Silicon Graphics. Zwischen 1982 und 1994 galt das Unternehmen als Vorreiter in Sachen Computergrafik-Technologie.

1994 schwenkte der rastlose Clark wiederum auf eine andere Karrierespur ein. Er war ungefähr 24 Stunden lang arbeitslos, ehe er sich mit dem engelsgesichtigen Marc Andreesen zusammentat und Netscape gründete. Und ein weiteres Mal legte er damit den Grundstein für einen Unternehmenserfolg. Über mehrere Jahre beherrschte Netscape den Browser-Markt, ehe die Firma gegen Microsoft und Internetexplorer im Browser-Krieg unterlag. Von der Niederlage kaum erschüttert, gönnte Clark sich lediglich eine kurze Pause, bevor er bei der Gründung anderer Dot.com-Unternehmen wie shutterfly.com und MyCFO.com mitwirkte. Mit ihnen baute Jim Clark zwei unglaublich erfolgreiche Unternehmen auf und spielte eine zentrale Rolle in der Dot.com-Revolution.

Was verraten uns diese Karriere-Skizzen? Dass alle Wege ans Ziel führen. Die wichtigste Lehre aus den zuvor genannten Beispielen ist, dass man jederzeit eine neue Berufslaufbahn einschlagen kann, selbst in einem Alter, in dem die meisten Leute sich in den Ruhestand begeben. Natürlich gibt es keine Garantie für Erfolge à la Ray Kroc oder Jim Clark, aber wenn wir nicht unserem Instinkt folgen und nicht ein oder zwei Risiken eingehen, werden wir nie erfahren, ob wir vielleicht ebenso erfolgreich sein könnten.

Einige Unternehmen mussten auf schmerzliche Weise lernen, wie leicht man seine Marke beschädigen kann. Und auch Einzelne, die ihre persönliche Marke schaffen wollen, sollten stets auf der Hut sein. Ihr Verhalten darf keine Sekunde von ihrer Markenidentität abweichen.

Wie im Marketing allgemein ist auch beim Kreieren einer persönlichen Marke ein fester Platz für Stil vorgesehen. Äußerlichkeiten sind entscheidend dafür, wie eine Marke beurteilt wird. Immerhin geht es bei der Markengestaltung darum, die Köpfe der Verbraucher zu erobern. Bei der Gestaltung der persönlichen Marke sind Glaubwürdigkeit und Macht unverzichtbare Qualitäten. Einige der erfolgreichsten Marken sind jene, mit denen ein gewisser Status assoziiert wird. Ähnlich sind auch die stärksten persönlichen Marken jene, mit denen andere gern in Verbindung gebracht werden. Was das in der Praxis bedeutet, ist, dass man etwas haben muss, was andere wollen. Fertigkeiten, Kontakte und angenehme Umgangsformen zählen.

Individuelle Markengestaltung gibt es bereits seit Langem. Wie oft hören wir über jemanden, er oder sie besäße Charisma, eine besondere Anziehungskraft, ein großes Fachwissen oder einen ganz eigenen Charme? Ob geplant oder nicht, diese Menschen schufen ihre eigene Marke. Und jetzt sind Sie dran.

Vorsicht vor dem Burnout!

„Ich arbeite viel, wenn auch nicht mehr so viel wie früher", sagte Bill Gates einmal. „Ich erwarte nicht, dass andere Leute so viel arbeiten wie ich. An den meisten Tagen arbeite ich nicht mehr als zwölf Stunden und an den Wochenenden selten mehr als acht. Es gibt auch Wochenenden, die ich mir freinehme, und ich mache Urlaub." Viel freie Zeit bleibt also nicht.

Was die Arbeitsstunden angeht, sind die Amerikaner die Spitzenreiter in der industrialisierten Welt. Der durchschnittliche Amerikaner sammelt an die 1.900 Arbeitsstunden im Jahr. Trotz der Geschwindigkeit, mit der technologische Neuerungen in die Firmen Einzug halten, sind die Arbeitsstunden in Amerika seit 1980 praktisch gleich geblieben. Im Vergleich zu vielen anderen Nationen schneidet Amerika sogar schlecht ab. Norwegische Arbeitnehmer leisten durchschnittlich unter 1.400 Stunden pro Jahr und der allgemeine Trend ist rückläufig.

In Irland beispielsweise gingen die Arbeitsstunden pro Jahr von 1.900 in den 1980er-Jahren auf 1.688 im Jahr 2002 zurück. Und in derselben Zeit verdoppelte sich die Produktivität.

Dabei handelt es sich nicht um ein rein amerikanisches Phänomen. Eine Fünfjahresstudie des britischen Institute of Management und des University of Manchester Institute of Science and Technology ergab, dass die Ausgewogenheit von Arbeits- und Privatleben nach wie vor ein Hirngespinst ist.

Über 80 Prozent aller Führungskräfte arbeiten mehr als 40 Stunden die Woche und 10 Prozent über 60 Stunden. Beeindruckende – und deprimierende – 86 Prozent gaben an, dass die langen Arbeitszeiten einen negativen Einfluss auf ihre Beziehung zu ihren Kindern hätten, und 71 Prozent sagten, sie würden ihre Gesundheit beeinträchtigen.

Lange Arbeitszeiten sind nicht bloß der Preis, den man dafür zahlt, ein Investmentbanker, ein Unternehmensberater oder ein Wirtschaftsanwalt zu sein. Heute betreffen sie jeden, vom Barkeeper bis zum Lehrer. Wie die Medien immer wieder so gern erzählen, leben und arbeiten wir in einem globalen Markt. Die globale Ökonomie, der verschärfte Wettbewerb, die erhöhte Nachfrage der Verbraucher, der deregulierte Arbeitsmarkt, die Informationstechnologie – all das hat vor allem eine Konsequenz: Die Unternehmen müssen mehr aus ihren Arbeitskräften herausholen, um im Geschäft zu bleiben.

In den USA kennt man das Phänomen des Karriere-Burnout schon länger. Mitarbeiter, die zu lange zu hart arbeiten, können demotiviert und deprimiert werden und im Extremfall sogar Nervenzusammenbrüche oder Schlimmeres erleiden.

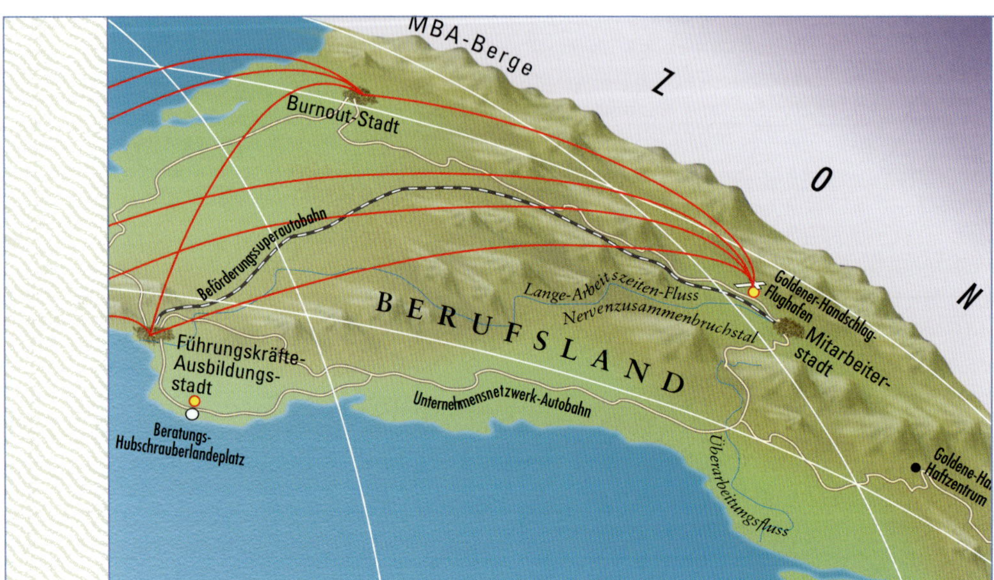

Arbeitshingabe gepaart mit Ehrgeiz treibt die Menschen in dieser schnelllebigen und bisweilen verräterischen Gesellschaft um.

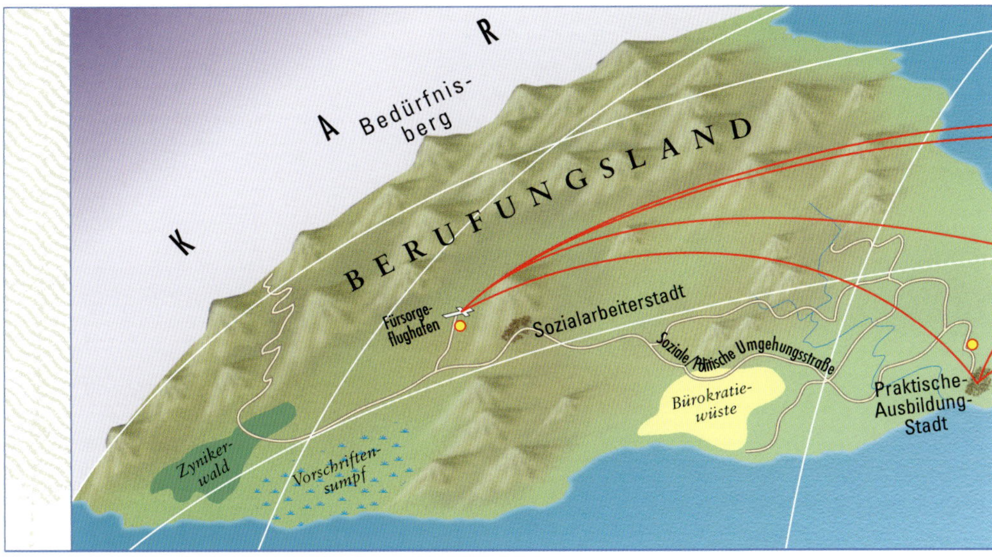

Die idealistischen Bewohner dieses Landes bemühen sich darum, ihre Visionen mit den gesetzlichen Vorschriften zu vereinbaren.

Die Situation ist mittlerweile so katastrophal, dass beinahe ein Drittel aller Arbeitskräfte sich von der ihnen zugeteilten Arbeit überfordert oder gar erschlagen fühlt.

In der Untersuchung *Feeling Overworked: When Work Becomes Too Much,* die vom unabhängigen Families and Work Institute durchgeführt wurde, wird Überarbeitetsein definiert als „ein psychischer Zustand, der potenziell die Einstellung, das Verhalten, die sozialen Beziehungen und die Gesundheit sowohl am Arbeitsplatz als auch im Privatleben beeinträchtigt".

Auf die Frage, wie oft sie sich über einen Zeitraum von drei Monaten von ihrer Arbeit überfordert und/oder erschlagen fühlten, gaben über die Hälfte der 1.003 fest Angestellten an, sie fühlten sich manchmal so, und eine erschreckend hohe Zahl antwortete sogar, sie fühlte sich meistens so.

Unternehmensrestrukturierungen führten zu erhöhter Unsicherheit, reduzierten die Zahl der Arbeitnehmer und brachten höhere Arbeitsbelastungen für diejenigen, die bleiben durften.

Einige Arbeitnehmer bezahlen ihre Loyalität sogar mit dem Höchstpreis. In Japan sterben jedes Jahr zahlreiche Manager am berufsbedingten Stress. Dort erfand man eigens dafür einen Begriff – karoshi, Tod durch Überarbeitung.

Professor Andrew Kakabadse von der Cranfield School of Management in Großbritannien befasste sich im Rahmen einer weltweiten Studie über Topmanager mit dem Burnout-Syndrom. Seine Daten, die auf einer detaillierten Umfrage unter 6.500 Managern in zehn Ländern basieren, legen nahe, dass alle Führungskräfte anfällig für einen Burnout sind, ihre Unternehmen es allerdings zu beschämend finden und deshalb nichts davon wissen wollen.

„Alle Firmen müssen Termine einhalten und natürlich kann die Arbeitslast nicht gleichmäßig verteilt werden, was bedeutet, dass Unternehmen sich ihre Workaholics schaffen, ungeachtet der Wünsche Einzelner", sagt er. „Hinzu kommt, dass ein organisatorisches Chaos herrscht, die meisten Arbeitgeber aber trotzdem implizit von ihren Mitarbeitern erwarten, ‚unternehmensbezogen' zu denken und zu leben und davon zu träumen, im Unternehmen Erfolg zu haben."

Wie Professor Kakabadse meint, sollte besonders darauf geachtet werden, wie es zum Burnout kommt, wie man es erkennt, damit umgeht und wie man es bekämpft. Zu den Symptomen gehören: zunehmende Müdigkeit, Unkonzentriertheit beim Zuhören; sich von der Arbeit überlastet fühlen und außerstande sein, an Routinegesprächen teilzunehmen.

Was die Zeichen so schwer zu erkennen macht, ist jedoch, dass schwindende Arbeitsmoral und Gefühle von persönlicher Ohnmacht sich normalerweise langsam und verdeckt entwickeln.

Gehäuft tritt das Problem in Unternehmen auf, in denen eine Macho-Alleskönner-Kultur das Delegieren als Zeichen von Schwäche auslegt. Ehrgeizige junge Manager sind geradezu besessen davon, all ihre Teller allein zu balancieren, was auf Kosten ihrer Gesundheit geht. Flachere Unternehmensstrukturen bedeuten weniger Beförderungen, sodass die Leute über lange Zeiten auf derselben Stelle festsitzen.

Arbeitnehmer, die am Burnout-Syndrom leiden und sich von der Arbeit überlastet oder gar erschlagen fühlen, sind schädlich für das Unternehmen.

Gemäß der Studie des Families and Work Institute kommt es bei überarbeiteten Angestellten häufiger vor, dass sie Fehler bei der Arbeit machen; ihren Arbeitgebern übel nehmen, dass sie ihnen so viel zumuten; Kollegen verachten, die weniger tun als sie; sich nach neuen Jobs umsehen.

Während all diese Folgen schlecht für den Arbeitgeber sind, kommt es für die Arbeitnehmer noch schlimmer. Die Studie ermittelte, dass Arbeitnehmer, die sich überlastet fühlen, öfter an Schlafstörungen leiden, sich eher selbst vernachlässigen, seltener angeben, bei guter oder bester Gesundheit zu sein, mehr Konflikte am Arbeitsplatz erleben, ein ausgeprägteres Stressbewusstsein haben und weniger imstande sind, mit dem Alltag zurechtzukommen.

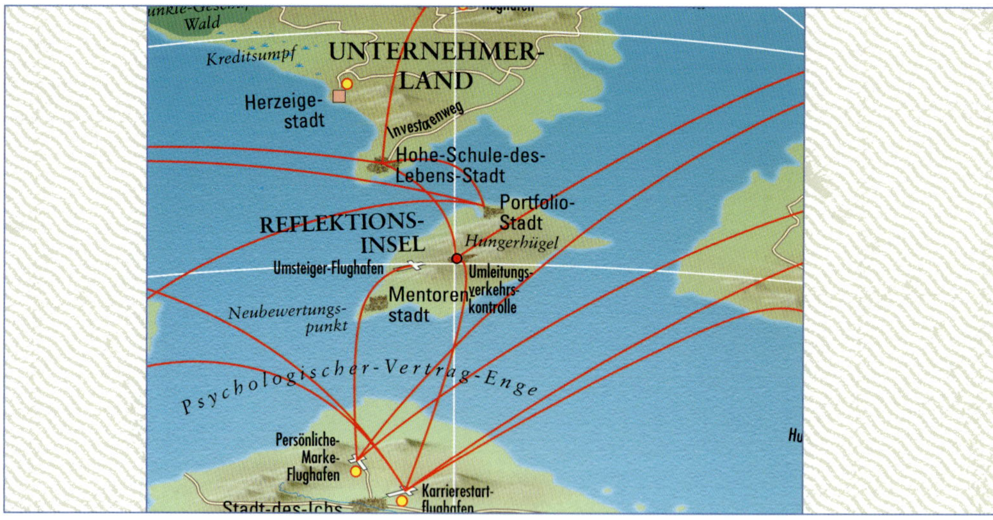

Die auf dieser Insel verbrachte Zeit ist keine Freizeit, sondern eine wichtige Zwischenstation auf jeder Flugroute.

Kommt Ihnen irgendeines der Symptome bekannt vor? Leute, die an deutlicher Überlastung leiden oder sich ständig von der Arbeit erschlagen fühlen, sollten über einen Wechsel nachdenken. Es muss ja nicht unbedingt ein anderer Arbeitgeber sein. Vielleicht lassen sich auch mit dem gegenwärtigen andere Arbeitszeiten, andere Aufgaben oder eine andere Position innerhalb desselben Unternehmens verhandeln. Sollten allerdings keine Kompromisse möglich sein, könnte es an der Zeit sein, sich nach einem neuen Arbeitgeber oder einer neuen Berufslaufbahn umzusehen.

Die Zukunft der Karriere

Was Karrieren angeht, ändern sich die Erwartungen der modernen Arbeitskräfte. Aktienoptionen, Sondervergütungen oder Vergünstigungen genügen ihnen nicht mehr. Die neue Generation will eine bessere Balance von Arbeit und Familie. Sie betrachten sie nicht als ein Entweder-oder, sondern wollen beides. Bei einer Umfrage unter MBA-Studenten im letzten Jahr gaben 45 Prozent von ihnen an, ein ausgewogener Lebensstil hätte für sie oberste Priorität bei der Wahl der künftigen Karriere. 90 Prozent sahen die Ausgewogenheit von Beruf und Familie als Schlüsselfaktoren bei der Entscheidung für oder gegen einen Arbeitgeber.

Damit demonstrieren sie eine Einstellung zum Verhältnis Berufs- und Privatleben, die sich über die Generationen verstärkt hat. Für eine Studie der Gemini Consulting über International Workforce Management wurden 10.000 Manager in Europa, den USA, Russland und Japan befragt. Dabei kam heraus, dass „Ausgewogenheit von Arbeitsanforderungen und jenen der Familie oder des Privatlebens" als das wichtigste oder zweitwichtigste Kriterium für einen Job angesehen wurde. Die Ausgewogenheit rangierte in fast allen Ländern höher als die Bezahlung.

Die Menschen reden viel davon, eine Ausgewogenheit in ihrem Leben erreichen zu wollen. Sie reden auch davon, was sie eigentlich tun wollen. Und doch übernimmt oft die Arbeit die Kontrolle. Der Weg zu persönlicher Verwirklichung und einem „interessanten Leben" wird von Meetings mit Kapitalgebern blockiert.

Das Gleichgewicht erweist sich als schwer zu greifendes Gut. Einige erreichen es dennoch, und wie es sich für jeden Einzelnen darstellt, kann sehr unterschiedlich sein. Die Suche nach Ausgewogenheit führt die neue Generation in eine Vielzahl von Richtungen. Nicht alle laufen los und gründen ihr eigenes Unternehmen, während sie noch damit beschäftigt sind, sich vom Angestelltendasein abzunabeln. Duale Karriereplanung – ein scheußlicher Begriff, zugegeben – wird zusehends populär. Immer mehr Leute versuchen ihre Gründungsaktivitäten in ihren ohnehin schon vollen Zeitplan als Führungskräfte zu stopfen.

Flexible Arbeitszeitmodelle

„Zwei Drittel aller britischen Familien haben duale Karrieren", sagt Professor Cary Cooper. „Britische Arbeitnehmer leisten die meisten Arbeitsstunden in ganz Europa und kommen in den entwickelten Ländern gleich nach den Amerikanern. Und die neuen Technologien haben die Barrieren zwischen Arbeit und Privatleben aufgehoben. Die Herausforderung besteht in dem Entwurf einer Zukunft, in der die Technologie für uns arbeitet und unseren Arbeitnehmern die Flexibilität bietet, die sie brauchen, um effiziente Leistungen zu erbringen und die Produktivität zu erreichen, die unsere Unternehmen brauchen."

Eine Art, diese Herausforderung anzugehen, ist die des flexiblen Arbeitens. Die Mehrzahl unserer Großväter arbeitete zu festen regelmäßigen Zeiten, ob unten im Bergwerk, in der Fabrik oder im Büro, ob an fünf, sechs oder sieben Tagen in der Woche. Unsere Eltern konnten sich vielleicht mehr Freiheiten bei ihren Arbeitszeiten leisten, aber nicht viel mehr. Die Neun-bis-fünf-Uhr-Bürozeiten waren auch für sie noch Standard, ebenso wie die feste Arbeitswoche. Heute hingegen kann eine Arbeitswoche eine Vielzahl von Formen annehmen. Da gibt es Flexitime, Jobsharing, Teilzeit, Vollzeit, Schichtarbeit, Heimarbeit, unglaublich lange Arbeitszeiten und nach Jahren gemessene Arbeitsstunden – was immer man will. In der Theorie hatten die Arbeitnehmer nie eine so große Auswahl, wann und wie sie ihre Arbeitsstunden leisten wollten. Und die Nachfrage nach diesen neuen Zeitmodellen ist enorm.

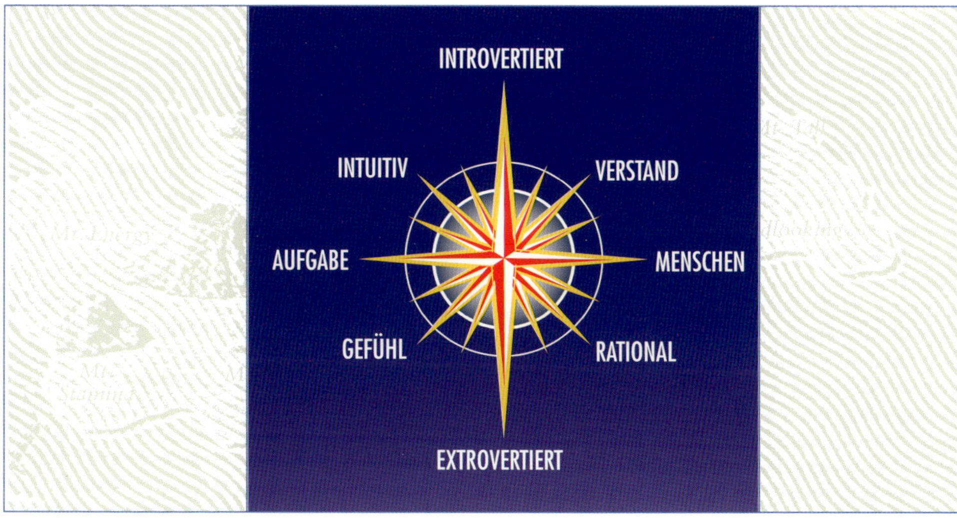

Für den Erfolg und die Annehmlichkeit der Karrierereise ist entscheidend, dass die Persönlichkeit, die Werte, die Fertigkeiten und das Verhalten harmonieren.

Ein Drittel aller Frauen und ein Viertel aller Männer würden laut einer Umfrage zum Beispiel sehr gern Bezahlung gegen Zeit eintauschen.

Wie also werden die Karrieren in Zukunft aussehen? Welche Form werden sie annehmen? Wird es überhaupt so etwas wie eine Karriere geben oder wird das Leben so fragmentiert sein, dass von Karrieren im eigentlichen Sinn gar keine Rede mehr sein kann? Eine Sichtweise wäre die Portfolio-Karriere, wie sie Charles Handy prophezeit, bei der ein Einzelner eine gewisse Anzahl von unterschiedlichen Jobs hat oder mehrere Karrieren gleichzeitig verfolgt. Andere glauben, der Wunsch nach Stabilität werde auch künftig überwiegen und wieder zurückführen zu den Tagen, als sich eine Karriere noch innerhalb eines Unternehmens verfolgen ließ.

Beide Sichtweisen werden von Experten untermauert: „Für eine Menge Leute ist das Unternehmen auch der Ort, an dem sie Beziehungen knüpfen", sagte der verstorbene Sumantra Ghoshal von der London Business School. „Daher wird sich das stete Wandern von einem Job zum anderen – das Portfolio-Karrieren-Konzept – mit Ausnahme der wenigen Eliten meiner Meinung nach nicht langfristig durchsetzen." Stattdessen war Ghoshal davon überzeugt, dass sich eine neue Beziehung zwischen Einzelnem und Unternehmen herausbilden wird, in der das Unternehmen ein ganzes Portfolio anbieten wird, was die Entwicklungschancen angeht – maßgeschneidert für den Einzelnen, der danach seinen Weg durch das Unternehmen entwirft.

„Es wird genug Variationsmöglichkeiten innerhalb der Unternehmen geben, genug Autonomie und genug Wahlmöglichkeiten, damit wir schrittweise zu einer größeren Kontinuität der Beziehung kommen, die sich sehr von der alten Vorstellung der Jobsicherheit als Gegenleistung für Gehorsam und Loyalität unterscheiden wird", sagte er. „Das Konzept der Karriere ist also nicht tot und es wird auch nicht jeder zu einem Söldner."

Marketing-Guru Patty Seybold hingegen sieht die künftige Entwicklung eher so wie Handy: „Die Karrieren der Leute werden eine Folge von Projektsequenzen sein, die sowohl innerhalb der Unternehmen als auch von Unternehmen zu Unternehmen verfolgt werden. Für jedes Projekt werden neues Wissen, neue Erfolgsbilanzen und die Fähigkeit, andere auszubilden, gefordert sein."

Und wie sieht das wahre Bild der morgigen Karrierewelt nun aus? Wahrscheinlich ist, dass es irgendwo zwischen den beiden Vorhersagen liegt. Nichtdestoweniger tun all jene, die sich gerade mit dem Steuern der eigenen Karriere in eine ungewisse Zukunft herumplagen, gut daran, zu berücksichtigen, dass eine zufrieden stellende und erfolgreiche Karriere immer mit Selbsterkenntnis beginnt. Als Nächstes kommt die Frage, welche Karrierefertigkeiten erworben werden sollen, von denen einige in diesem Kapitel angesprochen wurden, und welche Faktoren eine Karriere beeinflussen können. Darüber hinaus geht es vor allem um harte Arbeit – und ein bisschen Glück.

Wegmarken

- ***Auch wenn die Arbeitsplatzsicherheit nicht gänzlich verschwunden ist, so ist sie doch deutlich flüchtiger geworden. Studien belegen, dass die Leute ihre Jobs und ihre Karrieren häufiger wechseln. Also stellen Sie sich darauf ein, dass Sie flexibel sein müssen.***
- ***Wenn Sie einen nichtlinearen Karriereweg verfolgen, sollten Sie über jobspezifische und allgemeine Fähigkeiten verfügen.***
- ***Ein Blick auf die großen Geschäftsmänner und Geschäftsfrauen zeigt, dass es nie zu spät ist, eine neue Karriere zu beginnen. Viele fanden die Karriere, die zu ihnen passte, erst im Alter von 40 oder 50 Jahren.***
- ***Echte Karrierezufriedenheit beginnt mit Selbsterkenntnis. Stellen Sie sich ein paar Fragen, was Sie sich wirklich von der Arbeit und vom Leben erwarten. Überlegen Sie, eventuell eine PersonalMap® zu erstellen, um Ihre persönlichen und beruflichen Ambitionen zu skizzieren: Wo genau liegt für Sie das „wahre Glück"?***

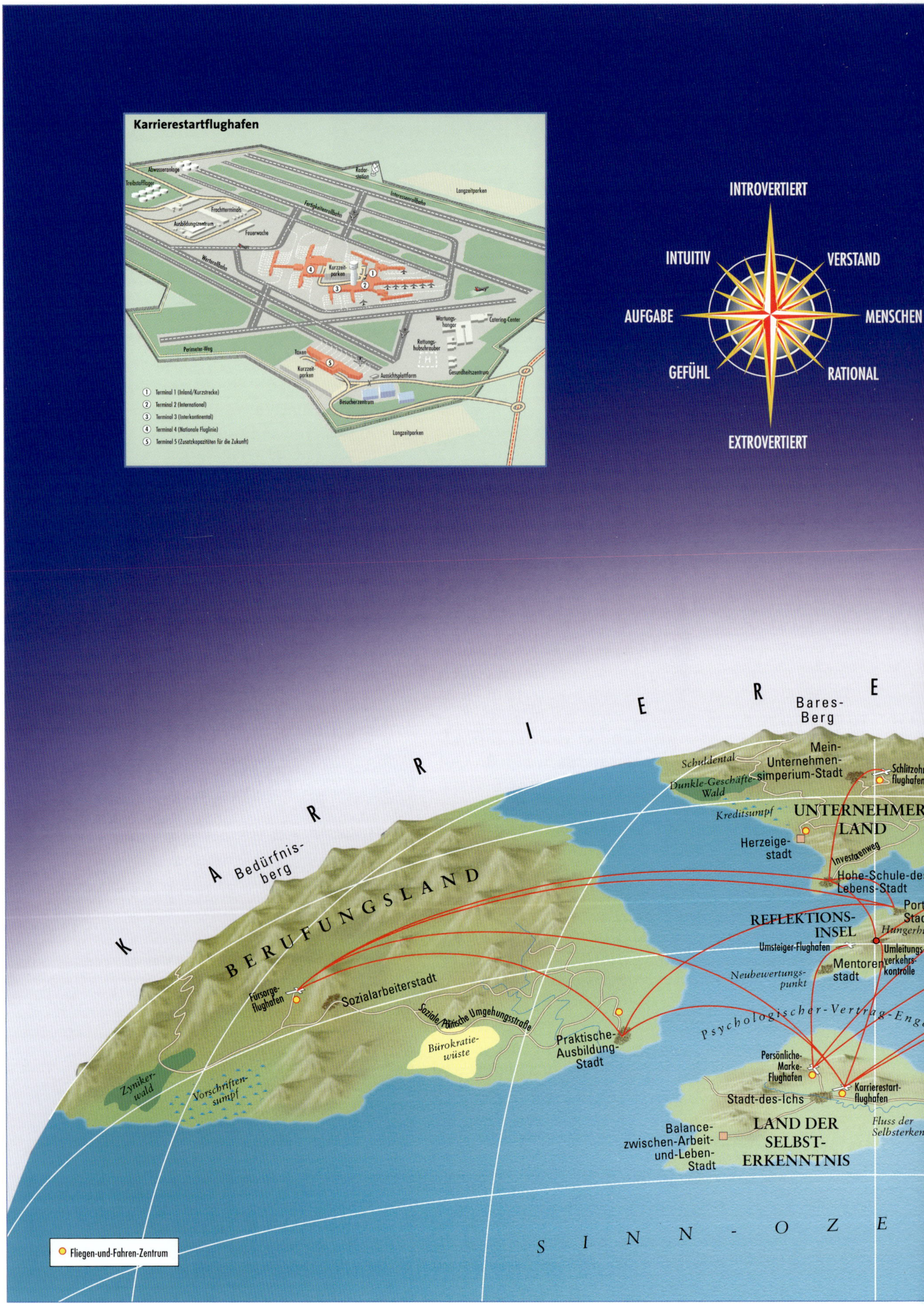
Karrierestartflughafen
Abwasseranlage
Radar-station
Treibstofflager
Interessenrollbahn
Langzeitparken
Frachtterminals
Fertigkeitenrollbahn
Ausbildungszentrum
Feuerwache
Werterollbahn
Kurzzeit-parken
Wartungs-hangar
Catering-Center
Rettungs-hubschrauber
Perimeter-Weg
Taxen
Kurzzeit-parken
Aussichtsplattform
Gesundheitszentrum
Besucherzentrum
Langzeitparken
① Terminal 1 (Inland/Kurzstrecke)
② Terminal 2 (International)
③ Terminal 3 (Interkontinental)
④ Terminal 4 (Nationale Fluglinie)
⑤ Terminal 5 (Zusatzkapazitäten für die Zukunft)
INTROVERTIERT
INTUITIV
VERSTAND
AUFGABE
MENSCHEN
GEFÜHL
RATIONAL
EXTROVERTIERT
K A R R I E R E
Bares-Berg
Bedürfnis-berg
Schuldental
Mein-Unternehmen-simperium-Stadt
Dunkle-Geschäfte-Wald
Schlitzohr-flughafen
Kreditsumpf
UNTERNEHMER LAND
Herzeige-stadt
Investorenweg
Hohe-Schule-des-Lebens-Stadt
BERUFUNGSLAND
REFLEKTIONS-INSEL
Umsteiger-Flughafen
Umleitungs-verkehrs-kontrolle
Neubewertungs-punkt
Mentoren-stadt
Fürsorge-flughafen
Sozialarbeiterstadt
Soziale/Politische Umgehungsstraße
Psychologischer-Vertrag-Enge
Bürokratie-wüste
Praktische-Ausbildung-Stadt
Persönliche-Marke-Flughafen
Karrierestart-flughafen
Zyniker-wald
Vorschriften-sumpf
Stadt-des-Ichs
Balance-zwischen-Arbeit-und-Leben-Stadt
LAND DER SELBST-ERKENNTNIS
Fluss der Selbststerken
S I N N - O Z E
Fliegen-und-Fahren-Zentrum

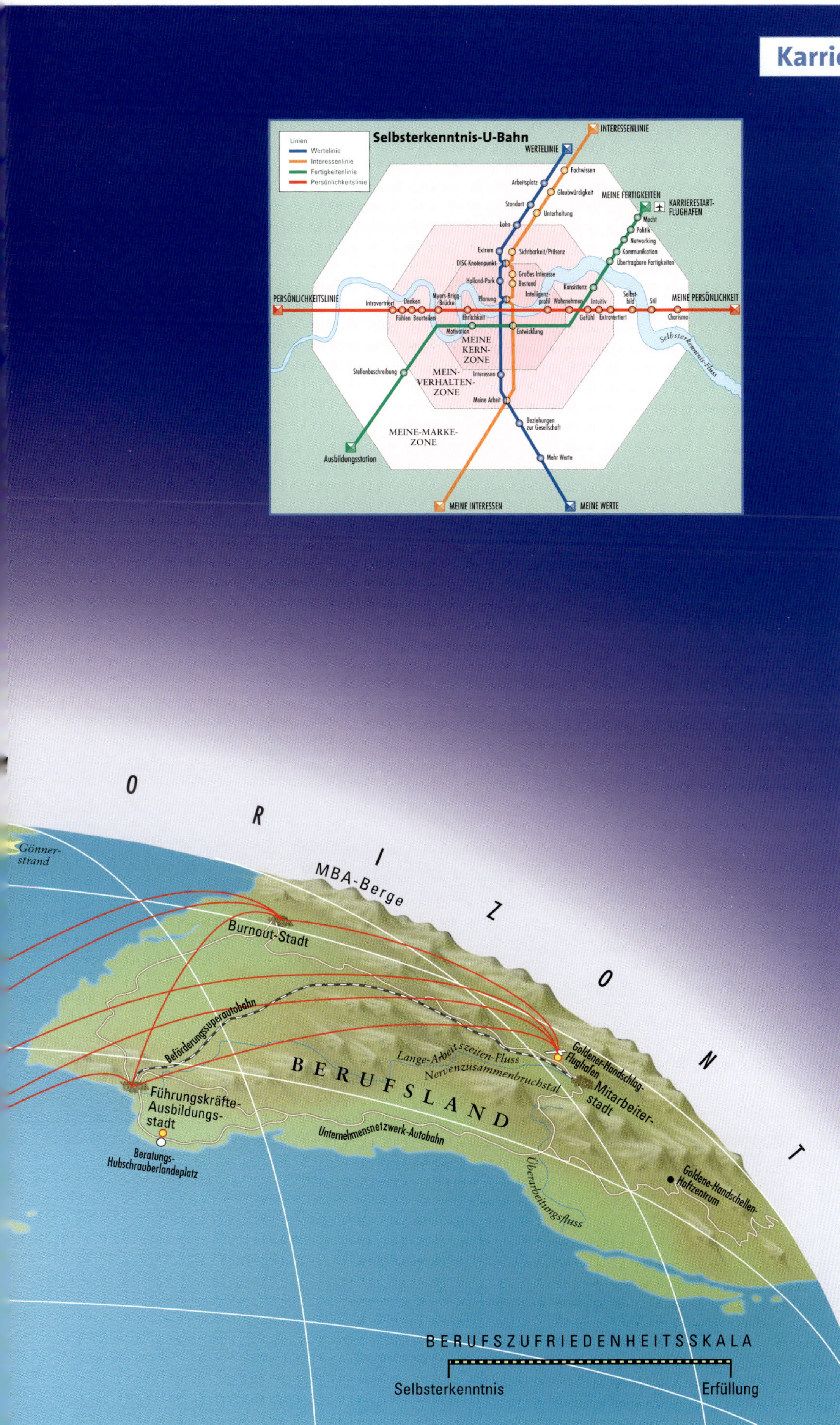

Karriereflugkarte

Der Karriereflug kann in beliebige Teile des Globus führen. Diese Karte ist ein Schnappschuss-Ausblick auf einige der Zielorte. Das tatsächliche Ziel jeder Reise hängt größtenteils vom Einzelnen ab. Keine Route gleicht der anderen. Die Reisevorschriften hingegen sind für alle gleich, auch wenn manche meinen, sie könnten ihre eigenen Regeln aufstellen. Von der Stadt des Ichs gelangt man mit der Selbsterkenntnis-U-Bahn zum Karrierestartflughafen; schon dieser Weg verläuft für jeden anders. In seltenen Fällen schaffen es die Flieger nicht von der Startbahn und landen direkt in der Abwasseranlage. Obwohl ausnahmslos alle Reisenden glauben, sie würden ihre Reiseroute selbst bestimmen, sieht die Wirklichkeit weniger einfach aus, denn hier können bisweilen die Luftverkehrskontrollen Flüge umleiten, was sich mal positiv, mal negativ auswirkt. Die besten Routen sehen regelmäßige Zwischenstopps auf der Reflektionsinsel vor, wo auch die besten Reiseplanungen stattfinden. Wohin man auch fliegt: Man sollte stets seinen Selbsterkenntnis-Kompass dabeihaben, der einem hilft, sich selbst treu zu bleiben. Er ist der Schlüssel zu einer erfolgreichen Reise.

Welches ist die wahre Bedeutung von Erfolg?

Erfolg ist ein wankelmütiger Gefährte. Wie viele von den Unternehmen, die zu Beginn des 20. Jahrhunderts gefeiert wurden, existieren noch? Erfolg kann Unterschiedliches bedeuten. In der Vergangenheit wurde unternehmerischer Erfolg an der Größe der Firmenzentrale, am Bankguthaben des CEOs, am Aktienpreis gemessen. Die Definition unternehmerischen Erfolgs reflektiert die gegenwärtigen Werte unserer Gesellschaft. Und es gibt Anzeichen dafür, dass sich am Beginn des neues Jahrhunderts ebendiese Werte verändern.

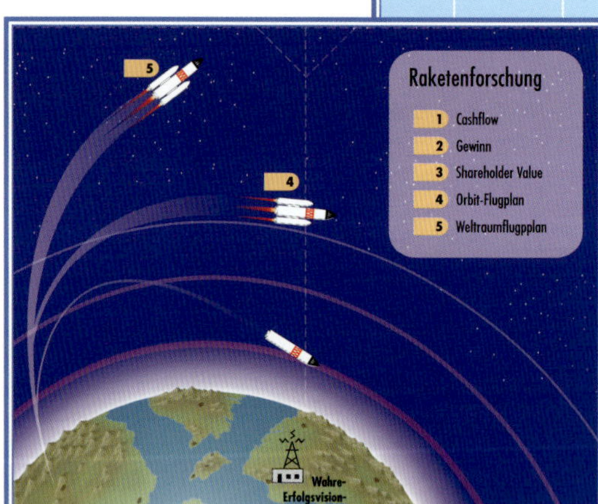

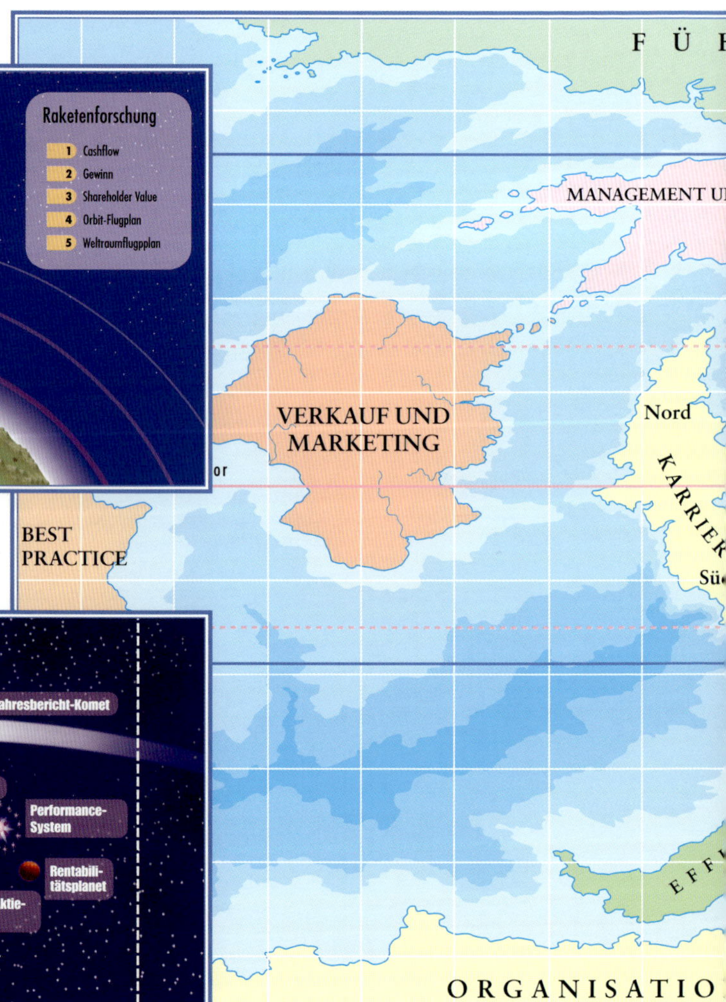

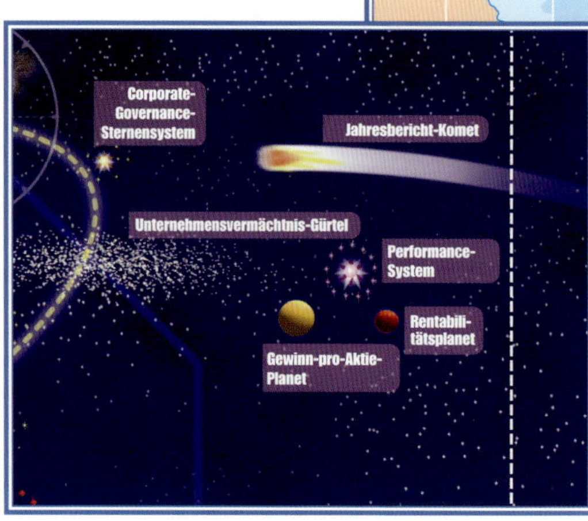

In den 1980er- und 1990er-Jahren wurde ein neuer Maßstab für unternehmerischen Erfolg, der Shareholder-Value, in den Sitzungsräumen der Welt populär. Aus dem Shareholder-Value bezogen die Unternehmen ihre Daseinsberechtigung. Andere Stakeholder – die Kunden, die Mitarbeiter, die Gemeinden – wurden in ihrer Bedeutung degradiert. Es galt nur noch, die Shareholder bei Laune zu halten.

Blinder Gehorsam gegenüber den Diktaten des Shareholder-Value wird nun wieder zusehends seltener. Ein ganzer Schwung von Unternehmensskandalen – Enron und Konsorten – löste eine heiße Debatte über den Shareholder-Value aus und führte vor allem zu einer ernsthaften Diskussion darüber, wie Unternehmenszweck und Unternehmenserfolg eigentlich zu definieren seien. Welchem Zweck dienen Unternehmen? Wonach sollen wir ihren Erfolg beurteilen?

Das Wörterbuch definiert Erfolg als „das Erreichen von etwas Erwünschtem, Geplantem oder Versuchtem" oder „das Erfüllen eines bestimmten Zwecks". Erfolg wäre demnach die Vollendung einer Reise mit einem bestimmten Ziel. Der Schlüssel zum Verständnis dessen, was den Erfolg eines Unternehmens ausmacht, läge also darin, zu erkennen, wer entscheidet, welchen Zweck ein Unternehmen verfolgt, sprich: wer die Reiseroute festlegt und wer bestimmt, ob der Zweck erfüllt ist oder nicht.

In einer Aktiengesellschaft zum Beispiel wären die Aktionäre diejenigen, die entscheiden, was Erfolg heißt. Entsprechend ist der Erfolg eng mit dem Investitionsgewinn verknüpft – oft mit dem kurzfristigen Investitionsgewinn. Aktionäre verlangen Einkommen oder Kapitalwachstum. Wenn der Aktienpreis nach oben tendiert, sind sie glücklich.

Profite und Aktionärsdividenden mögen heute ganz oben in den Köpfen der Führungskräfte stehen, doch dem war nicht immer so. Es gibt eine lange Tradition von Führungskräften, die über das Erzielen von Profiten hinausdachten, die ihre Unternehmen als Mittel sahen, um soziale Probleme zu lösen. Einige der größten Führungskräfte der Vergangenheit werden mit einer Definition von Erfolg in Verbindung gebracht, die alle Beteiligten einschloss – die Kunden, die Arbeitnehmer und die Region.

Viele dieser sozial eingestellten Führungskräfte gründeten Unternehmen, die bis heute existieren.

Allerdings ist es auch nicht unüblich, dass sich die Vision und der Zweck, an den sie glaubten, änderten, sobald sie die Kontrolle aus der Hand gaben. Die Wirtschaft, die Marktkräfte und die Verzerrung der ursprünglichen Vision und der Werte des Gründers schaffen ein vollkommen neues Konzept des Erfolgs in ihren Unternehmen.

Dieser Widerstreit überträgt sich denn auch auf das Verständnis der wahren Bedeutung von Erfolg. Unternehmen werden von der Vision und den Werten ihrer Gründer auf einen bestimmten Kurs gebracht, von dem sie mit der Zeit immer weiter abdriften, bis sie schließlich ziellos vor sich hintreiben oder untergehen.

Vielleicht lautet die eigentlich wichtige Frage gar nicht „Welches ist die wahre Bedeutung von Erfolg?“, sondern vielmehr „Wer sollte entscheiden, welches die wahre Bedeutung von Erfolg ist?“. Gibt es so etwas wie eine „richtige“ Route, die Unternehmen einschlagen sollten? Und wenn ja, wie können Unternehmen sicher sein, auf dem richtigen Kurs zu bleiben?

Anbetung der Aktien-Performance

Es gibt viele Messlatten, mit denen man den Erfolg eines Unternehmens einstufen kann. Im modernen Unternehmen richten sich die meisten von ihnen eng an Finanzkennzahlen aus wie Umsatz, Nettogewinn oder anderen Bilanzposten. Mitarbeiterzufriedenheit oder gar Kundenzufriedenheit tauchen eher nicht in den Jahresberichten auf, um bei einem einfachen Beispiel zu bleiben. Das jüngste Kriterium, das auf weite Verbreitung stieß, war der Shareholder-Value.

Durchgesetzt wurde er in den frühen 1990er-Jahren von Wall-Street-Analysten und amerikanischen Wirtschaftsprofessoren. Er soll den Wert eines Unternehmens für seine Aktionäre bestimmen (nachdem künftige Geldflüsse bereits in Form angemessener Kapitalkosten subtrahiert wurden). Shareholder-Value ist heute der dominante Maßstab für die Unternehmens-Performance – und der Maßstab für den Erfolg oder das Versagen des jeweiligen CEOs. Der Shareholder-Value basiert auf einer recht simplen Idee. Shareholder investieren in Unternehmen, weil sie Investitionsgewinne wollen. Sie erwarten, dass diese Gewinne genauso hoch oder höher ausfallen als die, die sie für ihr Geld auf einem Guthabenkonto oder für weniger riskante Investitionen wie etwa Schuldverschreibungen bekommen hätten.

Für das Unternehmen stellen die Zahlungen an die Shareholder die Kosten für das Akquirieren von Kapitalinvestitionen dar (so wie es auch dafür bezahlen müsste, wenn es sich Geld von einer Bank liehe). Indem es dem Investor einen Gewinn einbringt, schafft das Unternehmen Shareholder-Value. Der Wert, den es für den Aktionär schöpft, besteht aus zweierlei: Kapitalwachstum – die Erhöhung des Werts der Aktien, die der Shareholder bereits hält – und jährliche Zahlungen in Form von Dividenden.

Das Interesse an diesem Konzept schürte der Finanz-Guru Professor Alfred Rappaport mit seinem 1986 erschienenen Buch *Shareholder Value. Wertsteigerung als Maßstab für die Unternehmensführung*. Rappaport behauptete schlichterdings, die traditionellen Mittel zur Einschätzung von Unternehmensleistungen wie das Preis-Ertrags-Verhältnis oder die Gewinne pro Aktie wären unangemessen.

Stattdessen bot Rappaport alternative Kriterien für die Evaluation von Unternehmensstrategien – den Shareholder-Value. Jede Unternehmensstrategie und jede Unternehmenstätigkeit sollte danach beurteilt werden, welchen ökonomischen Gewinn sie für die Shareholder generierten. „Bares ist eine Tatsache, Profit ist eine Meinung“, behauptete Rappaport.

Die Idee, dass Shareholder-Value eine genauere Messung der ökonomischen Performance bot, setzte sich schnell durch. Beraterfirmen und andere erkannten ihre Chance und entwickelten ihre eigenen Variationen zu dem Thema. Doch trotz der verwirrenden Kürzel und komplizierten Berechnungen blieb das Grundkonzept unverändert. Shareholder-Value zu schaffen hieß, einen Gewinn für die Aktionäre zu erzielen.

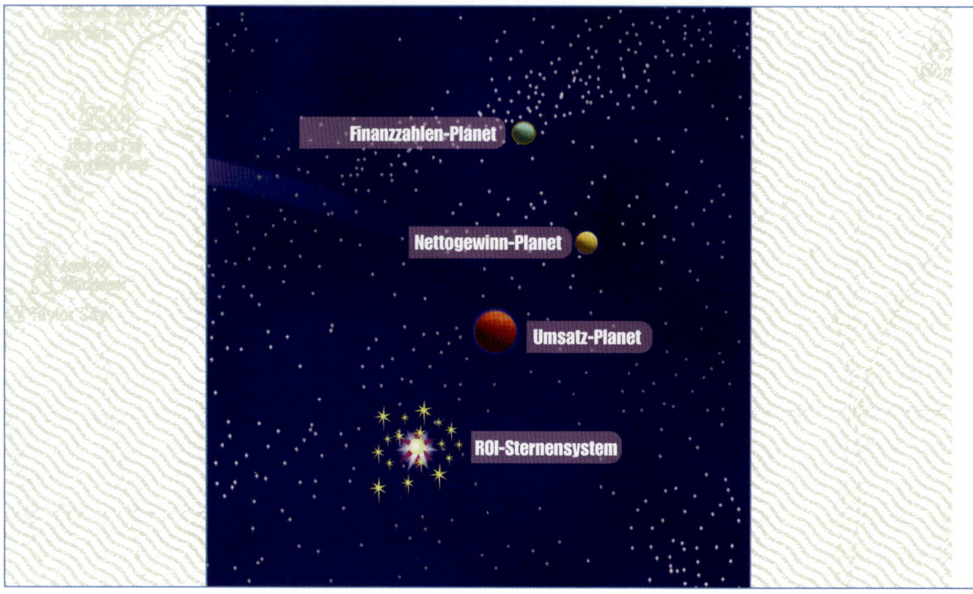

Der gelbe ROI-Gigant mit den ihn umkreisenden massiven Planeten „Umsatz“ und „Nettogewinn“ beherrscht den Kommerzieller-Erfolg-Bereich.

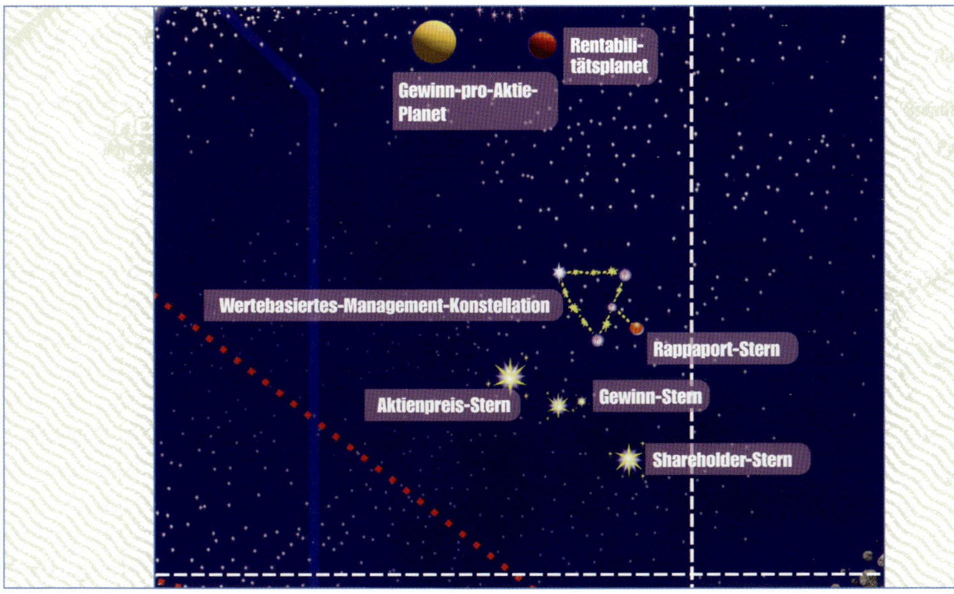

Die Wertebasiertes-Management-Konstellation direkt neben dem Rappaport-Stern weist den Weg zur Wahrer-Erfolg-Galaxie.

Seit Rappaports Buch wurde das wertbasierte Management zum Mainstream. Die Aktienpreisentwicklung, die Dividendenzahlungen und die ökonomischen Profite galten danach als Schlüsselindikatoren für unternehmerische Kompetenz.

Gemäß dieser Einstellung besteht der Zweck eines Unternehmens darin, seinen Aktionären zu dienen. Das tatsächliche Geschäft ist lediglich ein Mittel zum Zweck.

Auf dem Drahtseil

Wenn der Shareholder-Value der wesentliche Maßstab für den Erfolg ist, die Aktienpreise direkt auf diesen Shareholder-Value einwirken und die Informationsfilter und -freigaben vonseiten des Vorstands wiederum den Aktienpreis beeinflussen, dann sind die potenziellen Risiken offensichtlich. Die Versuchung für den CEO und andere Mitglieder des Führungsteams ist groß, alles in ihrer Macht Stehende zu tun, um den Aktienpreis in die Höhe zu treiben und möglichst hohe finanzielle Belohnungen einzustreichen.

Der Vorstand mag ja noch dem externen Druck widerstehen, den Aktienpreis kurzfristig nach oben zu treiben. Aber es sind noch andere Kräfte am Werk. CEOs und sonstige Topmanager werden oft mit Boni belohnt, die sich nach der Aktien-Performance richten. Und sie erhalten Aktienoptionen. Auf diese Weise die Interessen des Führungsteams mit denen der Aktionäre auf eine Linie zu bringen ist dem externen Shareholder gewiss nur recht, kann aber leicht zu einem Interessenkonflikt führen.

Schlechte Nachrichten kommen in der Investmentgemeinde schlecht an, weshalb schon einmal die kreative Buchhaltung bemüht wird, um Rückschläge in der Performance zu verbergen. Und wenn es richtig hart auf hart geht, scheuen manche Führungskräfte nicht einmal vor Verschleierung und Betrug zurück. Vor diesem Hintergrund wirken Skandale wie Enron nicht sonderlich überraschend, ja, geradezu vorhersehbar.

Einige Leute sagen, das Problem wären bloß ein paar schlechte Führungskräfte. Andere sprechen von menschlichem Versagen. Die gute altmodische Gier wuchs unter den CEOs zu monströsen Proportionen heran, weil laxe Vorschriften, unzulängliche Prüfungen und eine schwache Corporate Governance im Spiel waren.

Welches immer die Antwort sein mag: Solange die Shareholder den Maßstab für den unternehmerischen Erfolg stellen, werden solche Probleme weiter auftauchen, mit derselben Regelmäßigkeit, mit der sie es seit der Gründung der Börsen tun. Der Kreislauf von Skandal und in die Knie zwingenden Vorschriften kann sich höchstens ändern, wenn sich bestimmte Umstände ändern. Eine erstrebenswerte Änderung wäre ein Kader von Führungskräften, die ehrlich, moralisch gefestigt und tadellos in ihrem Verhalten sind. Was wir bisher über die menschliche Natur wissen, sagt uns, dass diese Veränderung kaum eintreten wird!

Eine alternative Lösung wäre eine Entkopplung der unternehmerischen Erfolgskriterien von den persönlichen Erfolgskriterien der Führungskräfte. Oder ein radikales Umdenken in puncto Unternehmenserfolg, wonach sich dieser nicht mehr am Aktionär orientiert, sondern stattdessen an anderen Aspekten des Geschäfts wie etwa Kundenzufriedenheit, Mitarbeiterzufriedenheit oder anderen „weichen Faktoren". Mit anderen Worten: Unternehmen werden auf einen neuen Kurs gesetzt, der eine größere Gruppe von Beteiligten berücksichtigt und es jemand anders als dem Aktionär überlässt, zu entscheiden, worin der Zweck des Unternehmens besteht.

Das Gewissen erleichtern – Unternehmen und Gemeinwesen

Unter den großen Führungskräften der Vergangenheit stoßen wir auf eine lange Tradition des unternehmerischen Sozialgewissens. Im frühen 20. Jahrhundert baute der Gründer von National Cash Registers, John H. Patterson, ein „zukunftsweisendes" Gebäude für seine Angestellten,

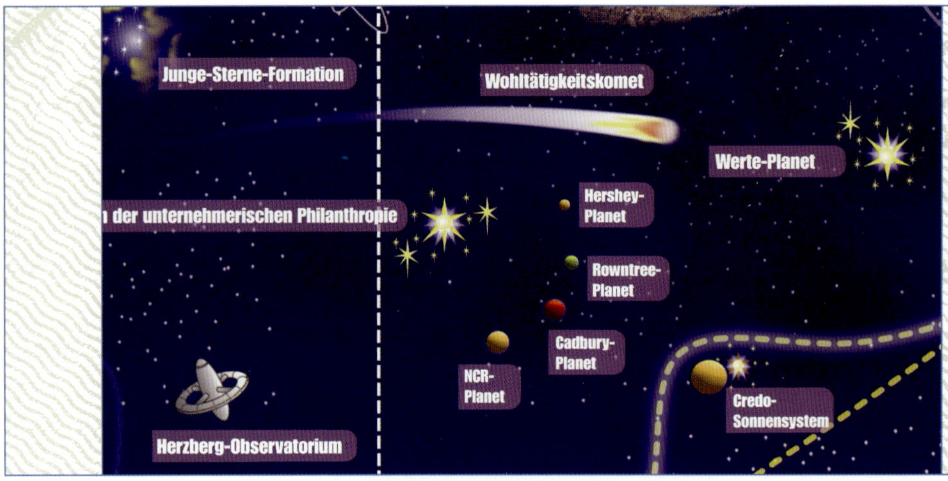

In diesem nahe der Wahrer-Erfolg-Galaxie gelegenen Quadranten scheinen die Sterne hell und klar.

in dem es Vorlesungsräume, Klimaanlagen, Duschen und Filmvorführungsräume gab. Er machte seinen Privatbesitz der Öffentlichkeit zugänglich, einschließlich seines Golfplatzes und seines Swimmingpools.

Milton Hershey, Gründer von Hershey-Schokolade, baute eine Stadt, die seiner Sozialphilosophie entsprach, wie es die britischen Schokoladenphilanthropen Joseph Rowntree und George Cadbury vor ihm in England getan hatten.

Hershey entwarf Pläne für eine idyllische Kommune, die nicht bloß Häuser für die Einwohner bot, sondern darüber hinaus jedes ihrer Bedürfnisse bediente, einschließlich einer Beschäftigung in der Hershey-Schokoladenfabrik. Als Hershey-Town fertig war, gab es dort Parks, Kirchen, eine Schule, ein Hotel, einen Golfplatz und sogar einen Zoo.

Diese CEOs und viele andere mehr glaubten an ihre Pflicht gegenüber der Arbeiterschaft, den Verbrauchern und der lokalen Gemeinde. Sie wurden nicht davon angetrieben, ihre Unternehmen in erster Linie zum Wohle der Aktionäre zu führen, sondern von einer ganze Reihe von Gründen, zu denen auch Neugier, Selbstverwirklichung und der Wunsch gehörten, ein besserer Mensch zu sein. Es ist gut möglich, dass ihnen, als sie sich daranmachten, ein florierendes Unternehmen aufzubauen, der Gedanke an die Aktionärsdividenden eher selten, wenn überhaupt, in den Kopf kam.

Mit der Zeit jedoch wurde die unternehmerische Beschäftigung mit sozialen Fragen immer aufgesplitterter, formeller und mit Etiketten wie „Unternehmensphilanthropie“ oder „Sozialverantwortung von Unternehmen“ versehen. In vielen Unternehmen kommt sie nur noch marginal vor. Dafür gibt es mehrere Gründe. Einer davon ist das Werk von Milton Friedman, der den Weg für Führungskräfte ebnete, die nach einer Rechtfertigung suchten, andere Stakeholder zugunsten der Shareholder zu ignorieren.

In seinem Buch *Kapitalismus und Freiheit,* das 1962 veröffentlicht wurde, behauptet Milton Friedman, sozial motivierte Taten von Unternehmen seien unangemessen, da die soziale Verantwortung nicht in die Unternehmen gehöre. Besonders bekannt wurde seine These, soziale Verantwortung sei eine „grundsätzlich subversive Doktrin“. „Es gibt eine und nur eine soziale Verantwortung in der Wirtschaft“, sagt Friedman. „Ihre Ressourcen zu nutzen und sich in Aktivitäten zu engagieren, die darauf zielen, den Profit zu steigern, solange alles im Rahmen der Spielregeln bleibt, das heißt, sich im offenen und freien Wettbewerb zu engagieren, ohne Betrug oder Verrat.“ Die Rolle des Unternehmens ist, Profite zu machen und dem Aktionär Wert zu bieten. Die Shareholder griffen Friedmans Worte natürlich bereitwillig auf.

Aber es gibt keinen triftigen Grund, weshalb Unternehmen vermeiden sollten, einem sozialen Zweck zu dienen. Was Friedman anscheinend ignorierte und Führungskräfte geflissentlich übersahen, war, dass es durchaus möglich ist, beiden Interessen zu dienen – denen der Gesellschaft und denen der Shareholder.

Nehmen wir die Unternehmensphilanthropie. Wohltätige Zuwendungen scheinen im Schwinden begriffen. Prozentual zu den Gewinnen sind die Unternehmensspenden innerhalb von 15 Jahren um 50 Prozent zurückgegangen. Nichtsdestoweniger weist der Harvard-Professor und Strategie-Guru Michael Porter in seinem Artikel im *Harvard Business Review*, „The Competitive Advantage of Corporate Philanthropy“, Friedmans Argument klar zurück und setzt sich für unternehmerische Großzügigkeit ein. Porter stellt einige der Annahmen infrage, die Friedmans Behauptung zugrunde liegen, vor allem die, dass unternehmerische und soziale Zwecke verschieden und daher zu trennen seien. Wie Porter ausführt, können Unternehmen die Philanthropie nutzen, um die Qualität des Geschäftsumfelds zu heben, in dem sie tätig sind.

Im Zuge dieser Art strategischer Philanthropie könnte ein Unternehmen ein Programm zur Reduzierung der Arbeitslosigkeit starten. Solch ein Programm würde die Leute dort weiterbilden, wo das Unternehmen ansässig ist, und sie mit den Fertigkeiten ausstatten, die im Unternehmen gebraucht werden. Eine derart kontextbezogene Philanthropie würde unternehmerische Großzügigkeit nur in Situationen befürworten, in denen die unternehmerischen Interessen mit den sozialen übereinstimmen.

Sozial verantwortliche Unternehmen

Russell Sparkes, ein Direktor des UK Social Investment Forum und Autor des Buches *Socially Responsible Investment – A Global Revolution* definiert Corporate Social Responsibility (CSR – unternehmerische Sozialverantwortung) als die Situation, in der Unternehmen beurteilt werden „nicht nur nach den Produkten und den Profiten, die sie machen, sondern auch danach, wie diese Profite gemacht werden".

CSR war einst allein den sozial progressiven Unternehmen vorbehalten. Heute scheint jedes auf den CSR-Zug aufzuspringen, doch die meisten nicht aus uneigennützigen Gründen. Vielmehr erkannten die Unternehmen, dass ihnen eine CSR-Agenda viele Vorteile bietet: Sie können sich auf ihr Kerngeschäft konzentrieren, Profite machen, Wert für die Shareholder schöpfen und sich immer noch sozial verantwortungsvoll geben.

Sozial verantwortliche Geschäftspraktiken sind durch verschiedene Faktoren motiviert. CSR kann eine wichtige Rolle im Risikomanagement spielen. Unternehmen, die eine Krise durchlebten oder in einen Skandal verstrickt waren, wenden sich oft dem CSR als Teil des Risikomanagement-Programms zu. Und eng mit dem Risikomanagement verbunden kommt ein weiterer Aspekt zum Tragen: Das Rufmanagement. In einer markenbewussten Welt müssen Unternehmen den Wert ihrer Marke schützen.

Nicht immer ist CSR intern motiviert: CSR kann auch durch externen Druck auf ein Unternehmen angetrieben sein. Stakeholder, etwa Gemeinden und Shareholder oder Regulierungsbehörden, können Unternehmen in Richtung CSR lenken. Auch Pressure-Groups spielen bisweilen eine wichtige Rolle in diesem Prozess. Außerdem hoffen Unternehmen, wenn sie auch nur ein oberflächliches Interesse an CSR zeigen, würden ihnen weitere Vorschriften erspart bleiben.

Ein anderer wichtiger Faktor ist der Anstieg des sozial verantwortlichen Investments (socially responsible investment – SRI). In den USA machen SRI-Funds immerhin über zwei Billionen Dollar an Investmentwert aus. Bei diesem Investitionsaufkommen will keine Firma das Stigma riskieren, von der Liste der akzeptablen Investments gestrichen zu werden.

Zyniker bleiben dennoch unbeeindruckt und tun CSR als „Stil statt Substanz", Public-Relations-Übung und nacktes Eigeninteresse ab. Das ist vielleicht ein bisschen hart. Und es scheint auch etwas unfair gegenüber Unternehmen wie McDonald's, Nike und Starbucks beispielsweise, die viele Sozialprogramme fördern und dafür wahrlich keine übertriebene Anerkennung ernten. Wie einige Aktivisten sagen, ist es allemal besser, wenn sich diese und alle anderen Unternehmen in irgendeiner Form sozial engagieren – aus welche Gründen auch immer –, als dass es niemand tut.

Persönliche Erfüllung

Was den persönlichen Erfolg ausmacht, ist ein bisschen komplizierter zu verstehen. Jeder individuelle „Zweck" im Leben dürfte anders aussehen. Zum Teil versteht man besser, wie die Menschen ihren persönlichen Erfolg bestimmen, wenn man weiß, was sie motiviert. Soziologen und Psychologen verbrachten eine Menge Zeit damit, zu ergründen, was die Einzelnen am Arbeitsplatz motiviert.

Im vierten Kapitel sprachen wir die Arbeit des klinischen Psychologen Frederick Herzberg in den 1950er-Jahren bereits an. In einem der bemerkenswertesten Beispiele für Motivationsforschung befragten Herzberg und seine Kollegen 203 Ingenieure und Buchhalter in Pittsburgh, was ihnen an ihrer Arbeit gefiele und was nicht.

Der Ansatz selbst war nicht gerade originell, Herzbergs Schlussfolgerung allerdings durchaus. Er unterteilte die Motivationselemente der Arbeit in zwei Kategorien: in diejenigen, die den animalischen Bedürfnissen der Menschen dienten (Hygienefaktoren), und in diejenigen, die den einzigartig menschlichen Bedürfnissen dienten (Motivationsfaktoren).

Zu den Hygienefaktoren – auch als Erhaltungsfaktoren bezeichnet – zählten nach Herzbergs Einteilung Supervision, zwischenmenschliche Beziehungen, physische Arbeitsbedingungen, Bezahlung, Unternehmenspolitik und Verwaltungspraktiken, Vergütungen und

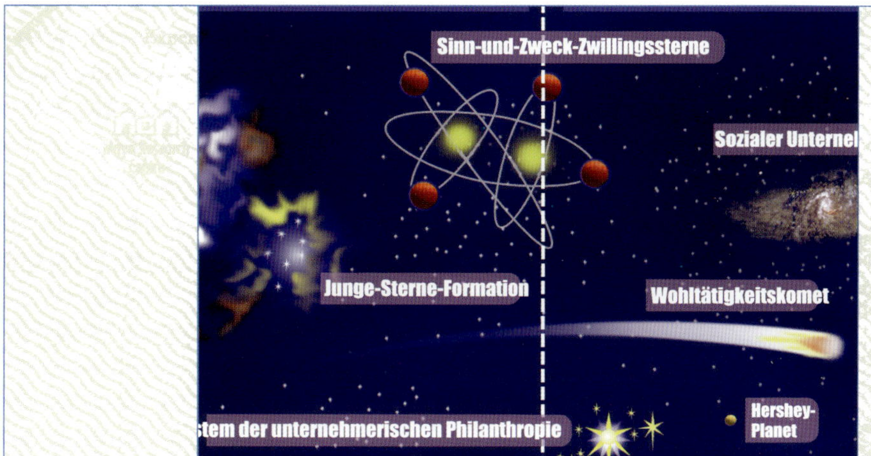

Das Zwillingssternensystem von Sinn und Zweck war lange Zeit Beobachtungsobjekt des Herzberg-Weltraum-Observatoriums.

Fallstudie

Erfolg in der Krise: Johnson & Johnson

Die Tylenol-Krise begann im Herbst 1981 mit der Nachricht, dass sieben Leute in Chicago unter mysteriösen Umständen gestorben waren. Die Tode wurden schnell mit dem Analgetikum Extra-Strength-Tylenol in Verbindung gebracht. Es schien, dass einige der Tylenol-Kapseln mit Zyanid überzogen gewesen waren – wie sich herausstellte mit 65 Milligramm und damit dem 10.000-Fachen der für Menschen tödlichen Dosis.

Von Anfang an stellte der Tylenol-Hersteller Johnson & Johnson die Sicherheit der Kunden über den

Auszug aus dem Logbuch des Kapitäns

Sternendatum: 29. September, 0600 Uhr WEZ Bericht aus der Krankenstation: Einer unserer niederen Bediensteten starb, nachdem sich Symptome einer einfachen Grippe gezeigt hatten. Sternendatum: 1. Oktober, 19:00 Uhr WEZ Bericht aus der Krankenstation: ... Die Zahl der Toten ist auf sieben angestiegen. Wir gehen von einem möglichen Eindringen durch Aliens in unsere Medikamentenvorräte aus ... Sternendatum: 2. Oktober, 19:00 Uhr WEZ ... Bestätigtes Vorhandensein von morphosem Kaliumzyanid LD10.000 in den Vorräten der Krankenstation. Nehmen Kurs auf Credo-Sonne zwecks Notfallreparaturen ... Sternendatum: 3. Oktober, 1900 Uhr WEZ ... Credo-Datenbank rät zur vollständigen Überprüfung der Medikamentenvorräte, nachdem ein Eindringen von Aliens bestätigt wurde. Techniker stocken den Vorrat mit zusätzlichen fälschungsresistenten Technologien auf ... Sternendatum: 1. November, 19:00 Uhr WEZ ... Unsere umfangreichen Reparaturen konnten dank der freundlichen Hilfe von Credo-System abgeschlossen werden. Sie kosteten uns viel Zeit und Geld.

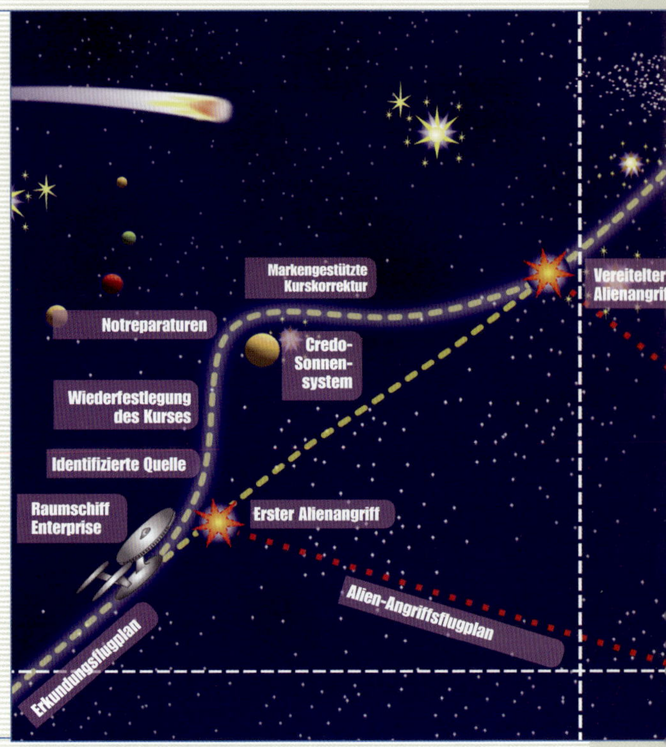

Arbeitsplatzsicherheit. „Wenn diese Faktoren auf ein Niveau unterhalb dessen sinken, was für den Arbeitnehmer akzeptabel ist, folgt Arbeitsunzufriedenheit", beobachtete Herzberg. Hygiene allein reicht aber nicht aus, um „Arbeitsmotivation" zu bieten.

Herzberg führte aus, dass die Faktoren, die Zufriedenheit schaffen, ganz andere sind als jene, die zu Unzufriedenheit führen. Erfolge, persönliche Entwicklung, Jobzufriedenheit und Anerkennung: Sie alle sind Faktoren, die Einzelne motivieren. Nach diesen Kriterien beurteilen die Menschen ihren persönlichen Erfolg.

Herzbergs Arbeit hatte einen beachtlichen Einfluss auf die Belohnungs- und Vergütungspakete, die Unternehmen anboten. Zunehmend geht der Trend hin zu „Cafeteria"-Vergütungen, bei denen die Leute die freie Wahl aus einem breiten Angebot haben. Entsprechend suchen sie sich die Elemente aus, die für sie eine Motivation zur Arbeit darstellen.

Ähnlich kann man die gegenwärtige Betonung von Selbstentwicklung, Karrieremanagement und eigengesteuertem Lernen als Symptom sehen, das auf Herzbergs Erkenntnisse zurückgeht.

Eine neue Belohnungsgeneration

Herzbergs Arbeit wird der neuen Generation der Arbeitnehmern bekannt vorkommen. Immerhin tun sich derzeit Zeichen auf, dass eine Verschiebung stattfindet, weg von einer Profit- und Shareholder-Value-dominierten Perspektive von Unternehmenserfolg hin zu einer moralischeren und ganzheitlicheren Betrachtungsweise. Zum Teil mag das an der neuen Generation von Arbeitnehmern liegen, deren Werte sich von denen ihrer Vorgänger ebenso unterscheiden wie ihre Vorstellungen davon, was persönliche Erfüllung und Erfolg ausmacht.

Finanzen spielen für diese Generation nicht mehr dieselbe Rolle wie für ihre Vorgängergeneration. Sie sind nicht etwa engelsgleiche Gestalten, die finanzielle Belohnungen für unwichtig halten. Sie wollen schon noch ihr Stück vom Kuchen und finden auch, dass Mühe mit entsprechendem Lohn vergolten werden sollten. Durch sein Angestellten-Aktienoptionsprogramm schuf Microsoft angeblich über 10.000 Millionäre. Auch die jetzige Generation erwartet angemessenen Lohn, doch das Geld allein als Motivation genügt ihr nicht mehr.

Zentral für die Motivation der neuen Generation ist

Unternehmensprofit. Johnson-&-Johnson-CEO Jim Burke bot damit eine Lektion in Sachen Medienoffenheit.
Das Unternehmen sagte seinen Kunden, sie sollten das Produkt nicht anwenden, stellte die Produktion ein und rief alle Tylenol-Kapseln zurück. Die Rückrufaktion bezog sich auf über 30 Millionen Flaschen in den Regalen mit einem Wert von über 100 Millionen Dollar.
Was veranlasste Johnson & Johnson zu dieser Reaktion? Einer der Hauptgründe waren die Richtlinien des Unternehmens, das Credo.
„Das Credo veranlasste uns zu den ersten Entscheidungen, die es uns möglich machten, frühzeitig richtig zu handeln, und diese frühen Entscheidungen leiteten schließlich auch unsere Comeback-Phase ein", bemerkte David R. Clare, seinerzeit President von Johnson & Johnson.
Der langjährige Unternehmenschef Robert Wood Johnson hatte „Our Credo" in den 1940er-Jahren verfasst, in dem er die Verantwortung des Unternehmens gegenüber seinen Stakeholdern darlegte – gegenüber „den Verbrauchern und den Medizinern, die unsere Produkte nutzen, den Gemeinden, in denen unsere Leute leben und arbeiten, und gegenüber unseren Aktionären".
Johnson war überzeugt, dass ein Unternehmen soziale Verantwortung übernehmen sollte und dass diese Verantwortung Vorrang vor dem Profit haben musste. Wenn Johnson & Johnson seinem Credo treu blieb, würden die Profite folgen.
Tylenol bleibt eines der meistverkauften rezeptfreien Mittel und eines von Johnson & Johnsons erfolgreichsten Produkten. J & J investierte eine Menge, um Tylenol wieder auf seine alte Position zu hieven – der Marktanteil hatte bei 37 Prozent aller rezeptfreien Schmerzmittel gelegen. „Es wird eine Zeit brauchen, es wird Geld kosten und es wird schwierig werden. Aber wir betrachten es als moralischen Imperativ und als ein gutes Geschäft, Tylenol wieder zu seiner vorherigen Position zu verhelfen", sagte Jim Burke. Dank der verantwortungsvollen Reaktion des Unternehmens konnten sich die Umsätze schnell wieder erholen.
Der Tylenol-Fall zeigt, dass klar formulierte Werte für ein Unternehmen in schwierigen Zeiten eine wichtige Orientierungshilfe bieten.

Auszug aus dem Johnson-&-Johnson-Credo
Wir müssen kompetentes Management bieten, dessen Handeln gerecht und ethisch zu sein hat. Wir tragen eine Verantwortung gegenüber den Gemeinden, in denen wir leben und arbeiten, wie auch gegenüber der Weltgemeinschaft. Wir müssen gute Bürger sein – gute Werke und Wohltätigkeit unterstützen und unseren gerechten Anteil an den Steuern tragen. Wir müssen städtische Verbesserungen fördern wie auch bessere Gesundheit und Bildung. Wir müssen das Vermögen, das zu nutzen unser Privileg ist, in guter Ordnung erhalten, die Umwelt und die natürlichen Ressourcen schützen. Unsere letzte Verantwortung gilt unseren Aktionären. Das Geschäft muss einen anständigen Profit machen. Wir müssen mit neuen Ideen experimentieren. Wir müssen forschen, innovative Programme entwickeln und für unsere Fehler bezahlen.
(ww.jnj.com/our_company/our_credo/)

etwas anderes als Lohn und Vergünstigungen. Den Protagonisten dieser neuen Generation geht es vor allem darum, das Leben anderer auf positive Weise zu beeinflussen. Sie glauben an das, was sie tun und was sie erreichen wollen. Selbst auf die Gefahr hin, naseweis zu klingen: Aber machte jemals irgendjemand einen guten Job, ohne dass er mit Feuer und Flamme bei der Sache war? Vielleicht einmal, doch gewiss nicht Tag für Tag.

Paul Allen, der Microsoft-Gründer, erinnert sich an den Tag, an dem Bill Gates und er eine Million Kopien von BASIC verschickten, und sagt: „Wir dachten: Wow, eine Million Leute nutzen unseren Code, um wer weiß wie viele interessante Dinge zu tun. Es war eine so erhebende Vorstellung, dass wir imstande waren, etwas Positives im Leben anderer Leute zu bewirken."

Der Wandel in den Einstellungen zeigt sich auch in den Interessen der nächsten Generation von Führungskräften. Immer mehr MBA-Studenten richten den Blick auf das Ganze und denken über soziales Unternehmertum – Unternehmertum mit einem sozialen Anspruch – als Karriereoption nach.

Die neue Generation will Sinnvolles tun. Sie lehnt viele der alten Vorstellungen vom Kapitalismus ab. Sie glauben nicht an die „Gier ist gut"-Haltung der 1980er-Jahre, sondern sehen den sozialen Wandel. Sie legen größeren Wert auf die sozialen Auswirkungen der Wirtschaft. Seit den 1960er-Jahren bejammern die Leute die Zerstörung unseres Planeten und andere Probleme, die neue Generation aber will etwas dagegen unternehmen.

Unternehmensdinosaurier

Ein Unternehmen ist ein legales Gebilde, das aus einer Registrierungsnummer, ein paar Gesetzes- und Steuerprotokollen und wenig anderem besteht. Wie wir schon der gegenwärtigen Begeisterung für intellektuelles und menschliches Kapital entnehmen können, sind Unternehmen jedoch nichts ohne die Menschen darin. Und dennoch wollen viele führende Management-Denker uns glauben machen, die Langlebigkeit von Unternehmen setze den eigentlichen Maßstab für Erfolg. Auch Jim Collins und Jerry Porras gehen von der Prämisse aus, es sei gesund für Unternehmen, über mehrere Generationen zu bestehen.

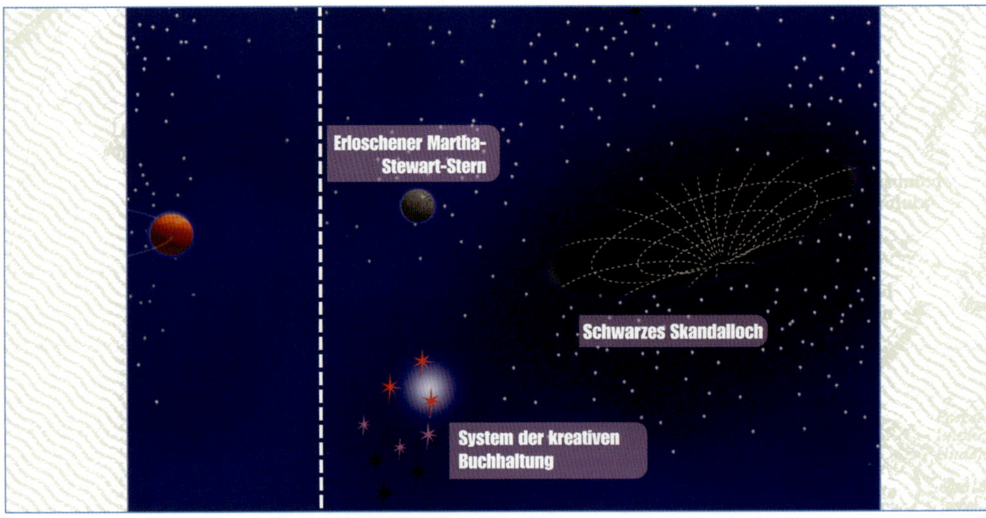

Viele Gefahren lauern im Schwarze-Löcher-Quadranten – hier muss die Enterprise stets gegen Angriffe gewappnet sein.

Für einige trifft das sogar zu. Shell, Hewlett-Packard, Johnson & Johnson, Disney und dergleichen werden für ihre Überlebensfähigkeit gefeiert und für das im Allgemeinen humane und weitsichtige Management, das ihnen ihr langes Leben möglich machte. Es sind löbliche Unternehmen – wenngleich ihre Geschichten von den üblichen Höhen und Tiefen geprägt sind. Das Leben und das Geschäft verlaufen nun einmal nicht wie ein langer ruhiger Fluss. Aber während diese Erfolgsgeschichten besungen werden, gleiten viele andere große und ebenfalls langlebige Unternehmen allmählich den langen Abhang hinab in die Vergessenheit.

Denken wir an General Motors. Es war einmal das größte Unternehmen der Welt, der globale Maßstab, und gilt heute als das klassische Beispiel für ein Unternehmen, das es versäumte, sich selbst neu zu erfinden. 1927 verkaufte GM erstmals mehr Fahrzeuge als Ford. Unter Alfred P. Sloan war das Unternehmen auf dem Vormarsch. Doch statt Sloans Erbe auszubauen, stolperte GM einfach blind weiter. In einem 1998 erschienen Artikel wurde erwähnt, dass GM es nicht schaffte, die Probleme der Coolidge-Administration zu lösen.

GM ist ein Paradebeispiel für unternehmerische Euthanasie. Würde man das Unternehmen einmal von seinem Sockel herunterholen, könnte es seinen eigentlichen Wert vielleicht erkennen und – was noch wichtiger ist – sich von der schweren Last seiner Geschichte befreien. Doch dass das geschieht, ist eher unwahrscheinlich. CEOs haben normalerweise nicht die Gewohnheit, große Unternehmen zu zerschlagen oder ihre eigenen Jobs zu vernichten.

In der Vergangenheit gaben die Unternehmen den Ton an. Sie herrschten über alles. Heute hingegen werden sie mehr und mehr zu Randspielern in den Karrieren und Leben der Menschen. Wenn man innerhalb von zehn Jahren für fünf verschiedene Firmen arbeitete, nimmt man ihre Rolle vollkommen anders wahr als jemand, der zehn Jahre in einem Unternehmen verbrachte und davon ausgeht, die nächsten 20 ebenfalls dort zuzubringen. Der Schatten, den Unternehmensgiganten werfen, wird kürzer. Möglicherweise läuft es darauf hinaus, dass wir künftig Unternehmen schaffen und lenken, die ein kurzes, aber fruchtbares Leben führen.

Eine einfallsreiche Lösung

Die neue Generation will mehr als nur das Gehalt am Ende des Monats. Sie verlangt Sinn und Zweck für ihr Tun. Sie will die Welt verändern. Eine Art, das zu erreichen, ist das soziale Unternehmertum – Unternehmertum mit einem sozialen Auftrag.

Liam Black, derzeit Chef von Jamie Olivers Cheeky-Chops-Wohltätigkeitsfirma, war früher geschäftsführender Direktor der in Liverpool ansässigen Firma Furniture Resource Center. Er gehört zur neuen Linie der sozialen Unternehmer. Als solcher lebt er in einem Paralleluniversum – einem, in dem es beim Geschäft nicht vorrangig darum geht, Profite zu machen, sondern soziale Probleme anzugehen.

Für nicht Eingeweihte mag soziales Unternehmertum eines sein, bei dem die sozialen Ziele vor den finanziellen kommen. Doch ehe die Leser sich jetzt kopfschüttelnd abwenden, sei gesagt, dass die besten sozialen Unternehmen es verstehen, sowohl ihre sozialen als auch ihre finanziellen Ziele zu erfüllen. „Ein soziales Unternehmen ist eines, das kommerziell lohnenswerte Handelsaktivitäten erfindet, um soziale Zwecke zu erfüllen", erklärt Black.

Das Furniture Resource Center ist ein Beispiel dafür, wie Unternehmer etwas bewegen können. Wer die FRC-Fabrik in Liverpools alten Docks besucht, dem werden die Augen geöffnet. Die Schiffe sind längst verschwunden – untergegangen in den Wellen der Industriegeschichte. Die Gegenwart allerdings ist weit vielversprechender. FRC ist in einem renovierten Lagerhaus untergebracht, gleich neben dem Mersey. Und wir haben es hier nicht mit einem improvisierten Betrieb zu tun. Mit dem luftigen Glas-Atrium und den komfortablen Büros ist FRC der Inbegriff unternehmerischer Modernität. Es sieht aus, fühlt sich an und riecht wie jedes andere schnell wachsende kleine bis mittelständische Unternehmen. Dabei sind die Ursprünge gänzlich andere.

FRC fing als kleines Second-Hand-Möbellager an, das Familien mit niedrigen Einkommen zu einer

Einrichtung verhalf. Gegründet wurde es 1988 von Nic France, einem ehemaligen Broker, der Vikar wurde und heute in Australien lebt. Seit Mitte der 1990er-Jahre hat sich FRC gewandelt. 1996 stammten 90 Prozent seiner Einnahmen aus Spenden. Heute sind es zehn Prozent.

Das Unternehmen betreibt jetzt einen Rundum-Einrichtungsservice. Es entwirft, baut, sammelt, restauriert, verkauft und liefert Möbel an die Menschen in Liverpool und ganz England und hat Vertragsabkommen mit Lieferanten für Kühlschränke, Kleiderschränke und anderes. Wenn eine der örtlichen Behörden gemeindeeigene Bauten einrichten will, bietet FRC eine Komplettlösung für die Möblierung.

Was aber macht dann den wesentlichen Unterschied zwischen einem sozialen und einem herkömmlichen Unternehmen aus? „Die Leute", sagt Black, als er die Einstellungspolitik von FRC beschreibt. „Wir setzten alle Hebel in Bewegung, um Leute zu bekommen, die schlecht ausgebildet sind, die wenig Chancen am regulären Arbeitsmarkt hätten, die im Gefängnis waren. Dafür sind wir da. Wir öffnen unsere Türen für diese Menschen."

FRC ist, wie viele andere soziale Unternehmen, ein Pionier in der Entwicklung eines Zwischenarbeitsmarktes. FRC-Angestellte erhalten Qualifikationen und erfahren, was es wirklich heißt, sich seinen Lebensunterhalt selbst zu verdienen. Der Sinn dabei ist, ihr Selbstvertrauen zu stärken und sie für den regulären Arbeitsmarkt attraktiv zu machen – damit sie woanders Arbeit finden können. Das Unternehmen stellte 2003 beispielsweise 41 Arbeitslose ein, von denen 80 Prozent ihre Ausbildung beendeten. Von den 41 fanden 32 Arbeit bei örtlichen Arbeitgebern und zwei begannen eine Weiterbildung. Drei wurden entlassen, drei gingen zurück in die Arbeitslosigkeit und einer verließ das Unternehmen aus gesundheitlichen Gründen.

Sozialunternehmer wie Black haben gezeigt, dass es möglich ist, mit zwei (oder sogar drei) Bilanzzielen zu arbeiten und auch zu florieren. Black erklärt das Konzept des dreigeteilten Bilanzzieles wie folgt: „Ein Bilanzziel ist, dass wir mehr einnehmen, als wir ausgeben. Das zweite ist, dass wir auch Langzeitarbeitslose von der Sozialhilfe weg und zurück auf den Arbeitsmarkt holen. Und das dritte ist der Einfluss auf das Umfeld."

Grundsätzlich gilt es zwar als erfreulich, dass ein Nettogewinn erzielt werden kann, doch der soziale Auftrag ist wichtiger. FRC nimmt seine Sozialbilanz sehr ernst und unterhält eine Vielzahl von verschiedenen Sozialkonten. Trotzdem wird die finanzielle Seite nicht vernachlässigt. Das Unternehmen wirft einen gesunden Profit ab. FRC ist ein lohnendes Geschäftsmodell. Und es steht für den Kapitalismus mit sozialer Agenda. Wunschdenken, sagen manche. Und dennoch gewinnt das soziale Unternehmertum zusehends an Boden.

Mehrere Wirtschaftsakademien bieten soziales Unternehmertum als Teil ihrer MBA-Kurse an.

Soziales Unternehmertum war ebenfalls ein Diskussionsthema beim Weltwirtschaftsforum in Davos. In Großbritannien wurde eine Sozialunternehmensabteilung an der Handelskammer eingerichtet.

Wäre demnach das soziale Unternehmen die Lösung für die Probleme des Kapitalismus – der unerreichbare dritte Weg? „Wir sind ein Teil der Mischung", sagt Black. „Wir sagen nicht, soziales Unternehmertum könnte oder sollte an die Stelle der Privatunternehmen treten. Und das wird es natürlich auch nicht. Es wird eine Rolle spielen, indem es Stellen erreicht, die der private Sektor nicht erreichen kann oder will. Und genau an diesen Stellen gedeihen wir, in dieser Lücke."

Raketenforschung

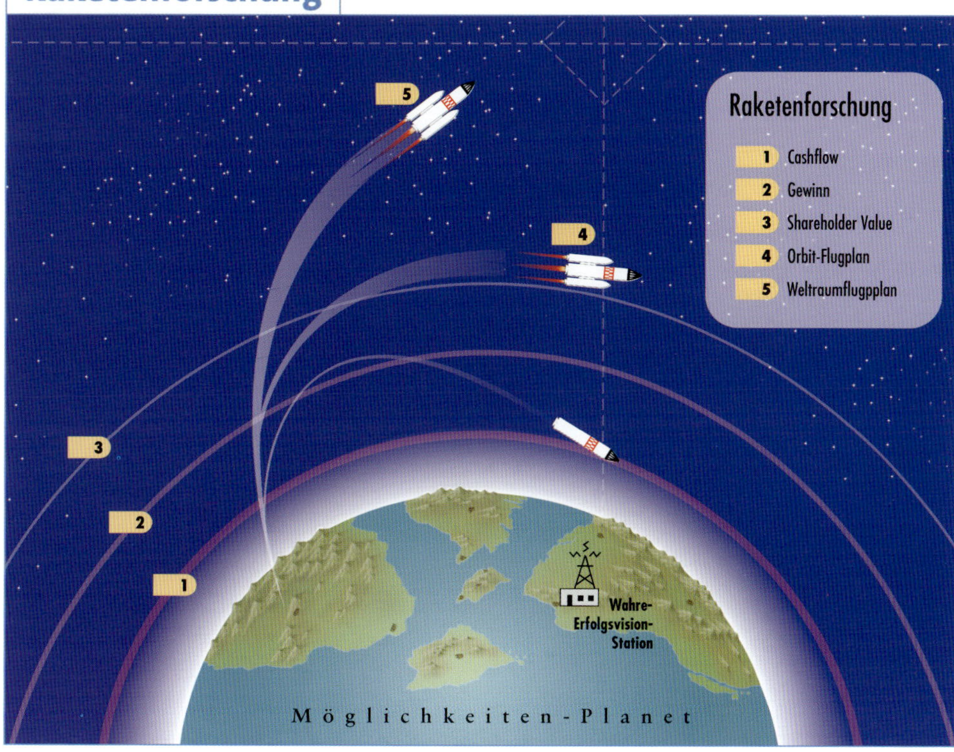

Der Erkundungsauftrag für den Weltraum stützt sich auf frühe Raketenforschungen, die es dem Raumschiff ermöglichen, jederzeit mit hinreichender Geschwindigkeit in den Erhaltbare-Gewinne-Orbit zu fliehen.

Denken wir daran, welches Vermächtnis wir denen hinterlassen, die uns folgen? Die Antwort, zumindest bei Topmanagern, sollte ein entschiedenes Ja sein, denn darin unterscheiden sich großartige Führungskräfte vom Rest.

„Wandern Sie einmal über einen beliebigen Landfriedhof, um sich daran zu erinnern, dass auch Sie irgendwann unter dem Gras landen werden", bemerkte einst Peter Job, CEO von Reuters. „Daher ist es nur sinnvoll, sich zu fragen: Wie lange möchte ich, dass meine Firma nach mir weiterbesteht?"

Das unternehmerische Vermächtnis geht weit über das Hier und Jetzt hinaus. Es wirft die Frage auf, was eine Management-Generation der nächsten mitgeben sollte. Eine der wichtigsten Aufgaben besteht wohl darin, die Unternehmenswerte zu bewahren. In jedem langlebigen Unternehmen stehen Generationen von CEOs einer Kultur vor, erben Werte von ihren Vorgängern und geben sie an ihre Nachfolger weiter. Und diese Werte, die von einer Generation zur anderen weitergetragen werden, machen den wesentlichen Teil des Vermächtnisses aus.

Wenn der unternehmerische Auftrag und die Vision ausdrücken, welches der Sinn der Unternehmensreise ist, dann sind die Werte das Leitsystem, mit dessen Hilfe der Kurs gehalten wird: Sie sind die Grundüberzeugungen, das, wofür das Unternehmen steht, die Essenz seiner Identität – die Unternehmens-DNS. Langlebige, möglichst unverrückbare Werte sind die Leitprinzipien, an denen das Unternehmen seinen Kurs über das Wirtschaftsmeer orientiert oder, wenn wir in die Zukunft sehen, den Kurs durch die Weiten des Kosmos. Und je schwerer der Auftrag ist, umso wichtiger sind die Werte, nach denen wir navigieren.

Unter Jack Welch beispielsweise waren General Electrics Werte eng mit den Leistungen der Manager verknüpft. Welch trug sie auf einer laminierten Karte in seiner Tasche mit sich herum. Diese Werte nicht zu leben galt als Kündigungsgrund. In einem Meeting überraschte Welch seine Zuhörer mit den Worten: „Sehen Sie sich um: Hier sitzen fünf Leute weniger als im letzten Jahr. Einer von ihnen wurde wegen der Zahlen gefeuert, vier wegen ihrer [mangelnden] Werte."

Einige Firmen unternehmen beträchtliche Anstrengungen, um ihre Kultur und ihr Vermächtnis zu erhalten. Merrill Lynch etwa hat seine fünf „Prinzipien" auf Tafeln eingraviert, die in den Korridoren der Zentrale hängen.

In ihrem Buch *Immer erfolgreich* untersuchen James C. Collins und Jerry Porras die Faktoren, die Unternehmen charakterisieren, die über viele Jahre erfolgreich sind. Sie fanden heraus, dass klare Werte für Kontinuität und für ein Identitätsgefühl sorgten.

Solche Unternehmen stellen ihre Werte über die Gewinnmaximierung. Dennoch legen Umfragen nahe, dass sie bessere Leistungen erzielen als Unternehmen, bei denen die Profite an erster Stelle stehen, und somit auch langfristig mehr Gewinn für die Shareholder bringen. Die von Collins und Porras ermittelten Firmen beispielsweise lagen in ihren Leistungen seit 1925 um den Faktor zwölf über dem allgemeinen Börsentrend.

Wenn der eigentliche Sinn der Werte verloren gegangen ist, sich die Werte in die falsche Richtung entwickelt haben, dann besteht die Aufgabe des Führungsteams darin, diese Werte neu zu definieren und neu zu interpretieren, damit sie wieder relevant werden.

Besonders wichtig wird diese Neudefinierung dann, wenn der oder die Gründer eines Unternehmens die Leitung aus der Hand geben. Was die großen CEOs vom Rest unterscheidet, ist ihre Fähigkeit, den Fortbestand ihres Unternehmens zu sichern. Bill Gates und Richard Branson sind beide auf ihre Weise große Führungskräfte, aber welches Vermächtnis werden sie hinterlassen?

Cadbury-Schweppes ist ein Unternehmen, das dieses Problem lösen konnte. Heute vertreibt der Softdrink- und Nahrungsmittelgigant seine Markenprodukte in über 200 Ländern und kann zugleich seine Geschichte bis ins 19. Jahrhundert zurückverfolgen, als John Cadbury

Das wichtigste Navigationsinstrument der Enterprise ist die Leuchtanzeige über der Kapitänskonsole.

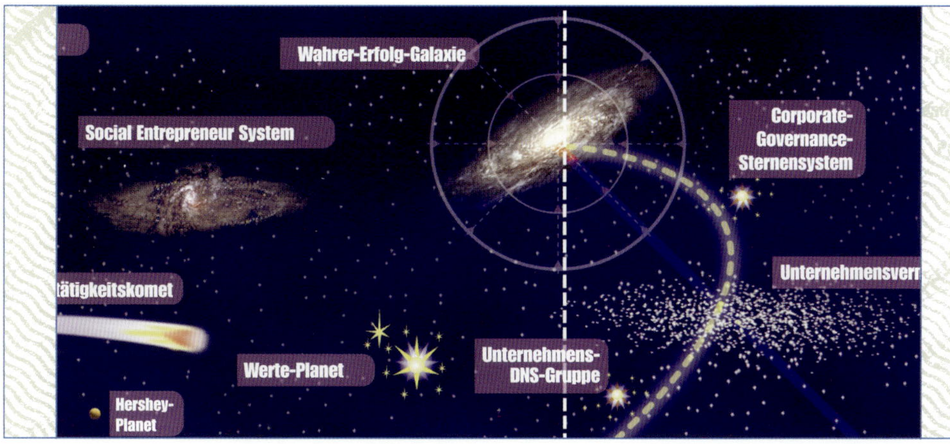

In der Wahrer-Erfolg-Galaxie bieten sich der Enterprise viele mögliche Ziele.

in Birmingham erstmals mit dem Verkauf von Tee und Kaffee begann. Während der 1970er-Jahre machte das Unternehmen nach der Fusion mit Schweppes eine Phase des Übergangs durch. 1976 ergriff Sir Adrian Cadbury, zu der Zeit Vorstandsvorsitzender, Maßnahmen zur Sicherstellung, dass Cadburys Werte dauerhaft in die Kultur des neuen Unternehmens integriert wurden.

Die Cadbury-Werte waren in einem Dokument festgehalten, „The Character of the Company". Zu ihnen zählte die Verpflichtung zu Wettbewerbsfähigkeit, Qualität, klare Zielsetzungen, Einfachheit, Offenheit und Verantwortung gegenüber den Stakeholdern. Diese Werte halfen Cadbury-Schweppes, seine Position in einer sich verändernden Welt zu behaupten. Manch einer mag sogar sagen, die Befolgung dieser Wertvorgaben wäre der eigentliche Erfolgsmaßstab für Cadbury.

Heute sind andere Kräfte im Unternehmen am Werk. Der 1996 ernannte CEO John Sunderland, heute Vorstandsvorsitzender, kündigte in einem Meeting an, das Unternehmen plane, seinen Aktienpreis alle fünf Jahre zu verdoppeln, und stellte ein wertbasiertes Managementprogramm vor, das sich vor allem auf hohe Aktionärsgewinne konzentrierte. Im Oktober 2003, nachdem innerhalb von drei Jahren etwas über 4,9 Milliarden Pfund für Akquisitionen ausgegeben worden waren, gab das Unternehmen Pläne zur Streichung von 5.500 Stellen bekannt sowie Einsparungen zwischen 2004 und 2007 in Höhe von 400 Millionen Pfund jährlich.

Was bei Cadbury-Schweppes passiert, fasst sehr treffend die Debatte darum zusammen, was Unternehmenserfolg ausmacht. Kann das Unternehmen seine Leitwerte mit den neu ausgerufenen Zielen vereinbaren? Wie verträgt sich ein auf Werte bauender Ansatz und das öffentlich erklärte Ziel, die Aktienpreise zu verdoppeln, mit den Unternehmenswerten? Was wird aus der Identität des Unternehmens? All diejenigen, die sich für das Wesen des unternehmerischen Erfolgs interessieren, werden neugierig zusehen, was hier geschieht.

Wegmarken

- *Die sklavische Anwendung eines einzigen Maßstabs, zum Beispiel des Shareholder-Value, bietet kaum eine stabile Grundlage für den langfristigen Unternehmenserfolg.*
- *Unternehmerischer Erfolg ist, wie auch persönlicher, ausnahmslos zielgebunden. Wenn Sie nicht wissen, wohin Sie gehen, wie wollen Sie dann wissen, wann Sie angekommen sind? Eine Karte von Ihren Zielen anzulegen ist eine klare Visualisierung für Sie und andere, dass Sie Ihre Ziele erreichen müssen.*
- *Arbeit sollte sich nicht nur um Profite drehen, sondern um Menschen. Unternehmen müssen dafür sorgen, dass ihre Mitarbeiter in der Arbeit eine persönliche Erfüllung finden. CSR spielt innerhalb wie außerhalb der Unternehmen eine Rolle und schafft Mehrwert und Langlebigkeit.*
- *Ein CEO ist nicht bloß der Leiter eines Unternehmens, sondern auch der Hüter seiner Werte und Traditionen. Versuchen Sie, diese Elemente zu skizzieren: Sie werden womöglich überrascht sein!*

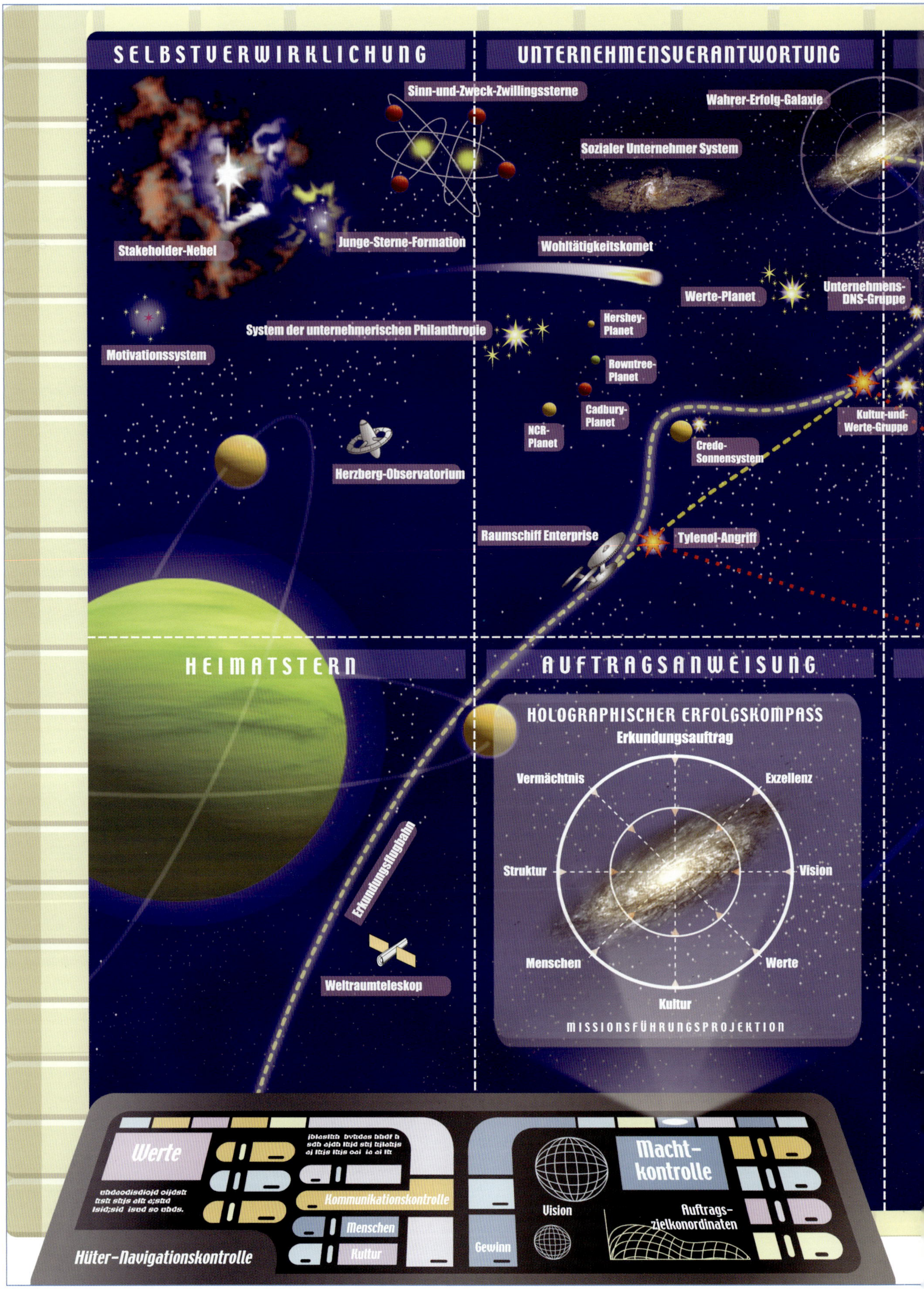

SELBSTVERWIRKLICHUNG
UNTERNEHMENSVERANTWORTUNG
Sinn-und-Zweck-Zwillingssterne
Wahrer-Erfolg-Galaxie
Sozialer Unternehmer System
Stakeholder-Nebel
Junge-Sterne-Formation
Wohltätigkeitskomet
Werte-Planet
Unternehmens-DNS-Gruppe
Hershey-Planet
System der unternehmerischen Philanthropie
Motivationssystem
Rowntree-Planet
Cadbury-Planet
NCR-Planet
Kultur-und-Werte-Gruppe
Credo-Sonnensystem
Herzberg-Observatorium
Raumschiff Enterprise
Tylenol-Angriff
HEIMATSTERN
AUFTRAGSANWEISUNG
HOLOGRAPHISCHER ERFOLGSKOMPASS
Erkundungsauftrag
Vermächtnis
Exzellenz
Struktur
Vision
Menschen
Werte
Kultur
MISSIONSFÜHRUNGSPROJEKTION
Erkundungsflugbahn
Weltraumteleskop
Werte
Kommunikationskontrolle
Menschen
Kultur
Hüter-Navigationskontrolle
Gewinn
Vision
Macht-kontrolle
Auftrags-zielkonordinaten

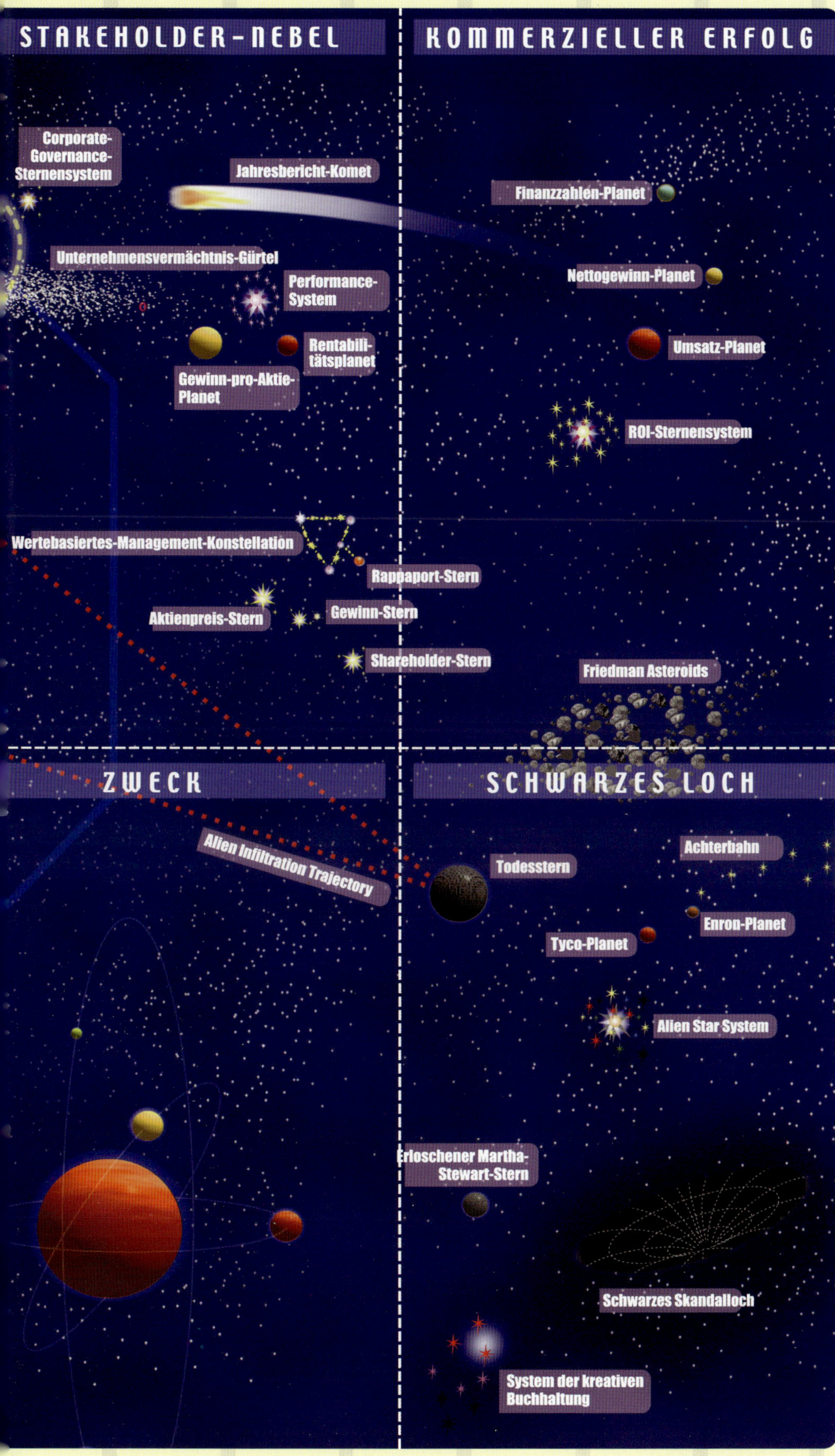

Erkundungsflug zu den Sternen

Der eigentliche Weg der Enterprise führt das Raumschiff durch die Gefahrenzonen des Weltraums zur Wahrer-Erfolg-Galaxie.

Eine Mischung aus Visionen und Werten, die von einer loyalen Crew mitgetragen werden, sorgt dafür, dass die Mission zu einem Erfolg wird, und dennoch ist die exakte Navigation des Kapitäns unentbehrlich.

Außenstehenden mag die Flugbahn simpel vorkommen, basiert sie doch auf der lächerlich anmutenden frühen Raketenforschung. Nichtsdestoweniger steht das Vermächtnis vieler Weltraumexpeditionen für den einfachen Fortschritt, das Überwinden von Fehlern und sogar das Vermeiden von Desastern.

Planung und Entschlossenheit führen die Enterprise in die Wahrer-Erfolg-Galaxie – an ein Ziel, das vielleicht erst von künftigen Generationen erreicht wird.

Keine Reise – ob übers Meer, über Land oder durchs All – dürfte ohne diese drei zentralen Komponenten funktionieren: die Karte, den Kompass und die Wegmarken.

Literaturverzeichnis

Kapitel 1

Bossidy, Larry & Charan, Ram: *Confronting Reality.* Crown Business. New York 2004

Cribb, Joe: *Die faszinierende Geschichte der Zahlungsmittel. Vom Silberbarren bis zur „intelligenten" Chipkarte.* Gerstenberg. Hildesheim 2002

Davies, Glyn: *A History of Money. From Ancient Times To The Present Day.* University of Wales Press. Cardiff: 1994

Dickens, Charles: *David Copperfield.* Ueberreuter. Wien 2002

Freemantle, David: *The Stimulus Factor: The New Dimension in Motivation.* Financial Times Management. London 2000

Raymond, Eric: *Die Kathedrale und der Basar.* Übersetzt von Lukas Müller.

Kapitel 2

Allan, Dave/Kingdon, Matt/Murrin, Kris/Rudkin, Daz: *Sticky Wisdom: How to Start a Creative Revolution at Work.* Capstone. Oxford 2002

Chesbrough, Henry: *Open Innovation: The New Imperative for Creating and Profiting from Technology.* Harvard Business School Press. Cambridge, MA, US 2003

Goldratt, Eli/Cox, Jeff: *The Goal: A Process of Ongoing Improvement.* North River Press. New York 1992

Johnson, Spencer: *Die Mäuse-Strategie für Manager. Veränderungen erfolgreich begegnen.* Ariston. München 2000

Morrison, Andy: *Corporate Innovation – Going Beyond The Idea.* Henley Management College. Henley 2003

Peters, Tom/Austin, Nancy: *Leistung aus Leidenschaft. A Passion for Excellence.* Hoffmann & Campe. Hamburg 1993

Prahalad, C. K./Ramaswamy, Venkat: *Die Zukunft des Wettbewerbs: Einzigartige Werte mit Kunden gemeinsam schaffen.* Linde. Wien 2004

Rigby, Darrell/Zook, Chris: *Open-Market Innovation.* Harvard Business Review, Oktober 2002, S. 80-89

Kapitel 3

Carlyle, Thomas: *Über Helden, Heldenverehrung und das Heldentümliche in der Geschichte.* Reclam. Leipzig 1900

Collins, Jim: *Der Weg zu den Besten. Die sieben Management-Prinzipien für dauerhaften Unternehmenserfolg.* dtv. München 2003

Diehl, Daniel/Donnelly, Mark: *How Did They Manage? Leadership Secrets of History.* Spiro Press, UK 2003

Gladwell, Malcolm: *Tipping Point. Wie kleine Dinge Großes bewirken können.* Goldmann. München 2002

Goleman, Daniel: *EQ. Emotionale Intelligenz.* dtv. München 1997

Griffin, Gerry: *The Power Game.* Capstone Publishing. Oxford 1999

Machiavelli, Niccoló: *Der Fürst.* Insel Verlag. Frankfurt am Main 2001

Plutarch/Perrin, Beradotte (Übersetzer): *Plutarch Lives.* Harvard University Press. Cambridge, MA, US 1916

Kapitel 4

Barnard, Chester: *The Functions of the Executive.* Harvard University Press. Cambridge, MA, US 1938

Champy, James/Hammer, Michael: *Business Reengineering. Die Radikalkur für Ihr Unternehmen. „So erneuern Sie Ihre Firma".* Campus. Frankfurt am Main 1994

Griffith, Victoria: *„It's a People Thing".* Financial Times. 24. Juli 1997

Handy, Charles: *The Elephant and the Flea.* Hutchinson. London 2001

Jaques, Elliot: *The Changing Culture of a Factory.* Tavistock Publications. London 1952

Maslow, Abraham: *Motivation und Persönlichkeit.* Rowohlt. Reinbek 2002

Taylor, Frederick Winslow: *Die Grundsätze wissenschaftlicher Betriebsführung.* VDM Verlag Dr. Müller. Berlin 2004

Kapitel 5

Ansoff, Igor: *Corporate Strategy.* McGraw Hill. New York 1965

Chandler, Alfred: *Strategy and Structure.* MIT Press. Boston 1962

Collins, Jim/Porras, Jerry: *Immer erfolgreich. Die Strategien der Top-Unternehmen.* dtv. München 2005

Drucker, Peter: *Die Praxis des Managements.* Econ. München 1998

Drucker, Peter: *Sinnvoll wirtschaften.* Econ. München 1997

Hamel, Gary/Prahalad, C. K.: *Wettlauf um die Zukunft. Wie Sie mit bahnbrechenden Strategien die Kontrolle über Ihre Branche gewinnen und die Märkte von morgen schaffen.* Uberreuter Wirtschaft. Frankfurt am Main 2002

Machiavelli, Niccoló: *Der Fürst.* Insel Verlag. Frankfurt am Main 2001

Mintzberg, Henry: *Die Strategische Planung. Aufstieg, Niedergang und Neubestimmung.* Hanser. München 1995

Ohmae, Kenichi: *Strategy in a world without borders. Leader to Leader.* The Peter F. Drucker Foundation for Nonprofit Management. US 1998

Peters, Tom/Waterman, Robert: *Auf der Suche nach Spitzenleistungen. Was man von den bestgeführten US-Unternehmen lernen kann.* Redline Wirtschaft. 9. Auflage, Frankfurt am Main 2003
Porter, Michael: *Wettbewerbsstrategie. Methoden zur Analyse von Branchen und Konkurrenten.* Campus. 10. Auflage, Frankfurt am Main 1999
Tzu, Sun/Sunzi: *Die Kunst des Krieges.* DroemerKnaur. München 2001
von Clausewitz, Carl: Vom Kriege. Area. Erftstadt 2003

Kapitel 6

Chase, Richard/Dasu, Sriram: *„Want to perfect your company's service? Use behavioural science".* Harvard Busines Review. Juni 2001
Drucker, Peter: *Die Praxis des Managements.* Econ. München 1998
Frey, Albert: *Advertising.* Ronals Press Co. US 1947
Kotler, Philip: *Marketing-Management.* Schäffer-Poeschel. Stuttgart 2001
Lazer, William/Kelly, Eugene: *Managerial Marketing.* Richard D. Irwin. Illinois 1958
Levitt, Ted: *„Marketing myopia".* Harvard Business Review. Juli-August 1960
Rodgers, Paul: *„The Branson Phenomenon".* Enterprise. März-April 1997
Seybold, Patty: *The Customer Revolution: How to Thrive When Your Customers are in Control.* Crown Publishing Group. New York 2001

Kapitel 7

Campbell, Andrew/Goold, Michael/Alexander, Marcus: *Corporate-Level Strategy.* John Wiley & Sons. UK 1994
Chandler, Alfred: *Strategy and Structure.* MIT Press. Boston 1962
Peters, Tom/Waterman, Robert: *Auf der Suche nach Spitzenleistungen. Was man von den bestgeführten US-Unternehmen lernen kann.* Redline Wirtschaft. 9. Auflage, Frankfurt am Main 2003
Peters, Tom/Waterman, Robert: *Jenseits der Hierarchien.* Econ. Düsseldorf 1992
Posner, Barry/Kouzes, Jim: *The Leadership Challenge.* Josey-Bass IncPub. San Francisco 1998
Ridderstråle, Jonas/Nordström, Kjell: *Funky Business.* Financial Times Prentice Hall. München 2002
Tapscott, Don: *Digital Capital. Von den neuen Geschäftsmodellen profitieren.* Campus. Frankfurt am Main 2001
Toffler, Alvin: *Der Zukunftsschock. Strategien für die Welt von morgen.* Goldmann. München 1983

Kapitel 8

Champy, James/Hammer, Michael: *Business Reengineering. Die Radikalkur für Ihr Unternehmen. „So erneuern Sie Ihre Firma".* Campus. Frankfurt am Main 1994
Juran, Joseph: *Handbuch der Qualitätsplanung.* verlag moderne industrie. Landsberg am Lech 2001
Pascale, Richard/Athos, Anthony: *Geheimnis und Kunst des japanischen Managements.* Heyne. München 1982
Taylor, Frederick Winslow: *Die Grundsätze wissenschaftlicher Betriebsführung.* VDM Verlag Dr. Müller. Berlin 2004

Kapitel 9

Cram, Tony: *Customers That Count.* Financial Times Prentice Hall. London 2001
Peters, Tom/Waterman, Robert: *Auf der Suche nach Spitzenleistungen. Was man von den bestgeführten US-Unternehmen lernen kann.* Redline Wirtschaft. 9. Auflage, Frankfurt am Main 2003
Smith, Adam: *Reichtum der Nationen.* Voltmedia. Paderborn 2004
Taylor, Paul: *„Making close links with shoppers".* Financial Times. 17. März 1998

Kapitel 10

Freiberg, Kevin/Freiberg, Jackie: *Nuts! Southwest Airlines' Crazy Recipe for Business and Personal Success.* Bard Books. Austin, Texas 1996
Ohno, Taiichi: *Toyota Production System.* Productivity Press. US 1988
Olson, Jenni: *Extra Spartial: Ideo.* Chronicle Adult. US 2004
Peters, Tom/Waterman, Robert: *Auf der Suche nach Spitzenleistungen. Was man von den bestgeführten US-Unternehmen lernen kann.* Redline Wirtschaft. 9. Auflage, Frankfurt am Main 2003

Kapitel 11

Handy, Charles: *The Future of Work.* Basil Blackwell. Oxford 1984
Renee, Baron: *What Type Am I? The Myers-Brigg Type Indication Made Easy.* Penguin Group. USA 1998

Kapitel 12

Collins, Jim/Porras, Jerry: *Immer erfolgreich. Die Strategien der Top-Unternehmen.* dtv. München 2005
De Geus, Arie: *The Living Company.* Harvard Business School Press. Cambridge, MA, US 1997
Friedman, Milton: *Kapitalismus und Freiheit.* Piper. München 2004
Porter, Michael: *The Competitive Advantage of Corporate Philantrophy.* Harvard Business Review. Dezember 2002
Rappaport, Alfred: *Shareholder Value. Wertsteigerung als Maßstab für die Unternehmensführung.* Schäffer-Poeschel. Stuttgart 1995
Sparkes, Russell: *Socially Responsible Investment – A Global Revolution.* John Wiley & Sons. UK 2002

Stichwortverzeichnis